미국은 어떻게 망가지는가

HOW TO DESTROY AMERICA IN THREE EASY STEPS

미국은 어떻게 망가지는가

분열주의로 얼룩진 미국의 철학, 문화, 역사

벤 샤피로 저 | 노태정 옮김

기파랑

세계 역사상 가장 위대한 나라를 만들어 주신
미국 건국의 아버지들에게,
국부들이 했던 약속을 성취하기 위해 투쟁하고 싸우셨던
미국인들에게,
그리고 이들 모두로부터
미국이라는 선물을 상속받은 나의 자녀들에게,
이 책을 바칩니다.

"『미국은 어떻게 망가지는가』에서
벤 샤피로는 자신이 가진 최고의 모습을 보여준다.
다시 말해, 이 책은 영광스럽다는 뜻이다."

– 피터 로빈슨
(스탠퍼드대 후버연구소 선임정책연구원, 전 로널드 레이건 대통령 특별보좌관)

———

"이 책을 읽는다면 당신은 이 세상을 더 좋은 방향으로 변화시킨
시스템을 즐겁고 당당하게 변호할 수 있게 될 것이다."

– 아서 브룩스(하버드 케네디 스쿨 교수)

———

"지금껏 미국의 헌정을 이처럼 탁월하고 독자친화적으로
설명한 책은 없었다. 모두에게 일독을 권한다."

– 김승규(전 국정원장·법무부장관)

본문의 각주는 옮긴이의 것이며, 원주는 책 맨 뒤에 따로 모았습니다.

옮긴이의 말

미국은 특별한 나라다. 실제 미국은 건국 초기부터 지구상에 존재했던 어떤 나라와도 차이 나는 독특함을 가지고 있었다. 미국에선 모든 것이 다르다. 단적인 예로 거리 또는 길이를 나타낼 때 미국에서는 국제표준인 킬로미터 대신 마일을 사용하고, 센티미터 대신 피트와 인치를 쓴다. 무게를 잴 때도 킬로그램이 아니라 파운드 단위를 사용한다. 심지어 스포츠의 영역에서도 미국의 '유별남'은 여실히 드러난다. 전 세계적으로 최고의 인기를 구가하는 축구도 미국에서는 별로 인기가 없다. 그 대신 미국인들은 아메리칸 풋볼(미식축구), 농구, 야구 등 '미국에서 만들어진', '미국식' 스포츠에 열광한다.

위에서 언급된 것들은 모두 '미국 예외주의American exceptionalism'의 일환이다. 미국을 건국한 국부들에게는 미국이 다른 나라들과 (특별히 유럽의 나라들과) 차별화돼야 한다는 강박에 가까운 신념이 있었다. 미국의 국부들은 수천 년에 걸친 역사를 통해 나타난 국가들의 흥망을 심도 있게 연구했고, 그 역사적 학습의 기반 위에 자신들이 가지고 있는 신앙적 철학을 멋지게 결합해 냈다. 그들은 고대 그리스로부터 도도히 흘러 내려온 인간 이성에 대한 존중과 예루살렘의 초월성을 바탕으로 하는 유대 기독교적 도덕이 시너지 효과를 내며 작동하는 국가를 건설했다. 우리가 익히 알고 있는 미합중국은 그러한 노력의 결과물로 탄생했다.

혈통 대신 '가치' 위에 세워진 나라

미국은 혈통, 인종, 언어 등이 아니라 '가치관ideas'에 기반해서 세워진 국가다. 사실 이것은 세계 정치 역사상 유례가 없는 희귀한 현상이었다. 지금까지 지구상에 존재해 왔던 모든 나라들은 인종, 혈통, 민족, 언어 등을 기반으로 설립됐었기 때문이다. 같은 지역에서 동일한 인종과 언어를 공유하는 사람들끼리 커뮤니티를 이루며 살다 보니 자연스럽게 부족이 발전하여 도시가 되었고, 도시가 모여 국가를 형성했다. 우리는 흔히 이것을 '민족국가nation state'(흔히 '국민국가'로 번역하지만 이 맥락에서는 '민족국가'가 더 정확한 표현이라고 생각한다. 실제 학술적으로도 미국은 'nation state'로 분류되지 않는다)라고 부른다. 하지만 미국의 경우는 달랐다. 미국은 혈통이 아니라 가치관에 기반해서 세워졌기 때문이다. 그리고 그 가치관의 핵심은 '자유'였다.

미국의 연방대법관이자 미국 보수주의 사법 철학의 기틀을 마련한 인물이라고 평가받는 앤토닌 스칼리아Antonin Scalia는 18세기에 활동한 미국의 국부들이 "정부에 관한 새로운 과학new science of government"을 만들어 냈다고 이야기했다. 스칼리아는 다음과 같이 말했다.

"인류 역사를 되돌아보면, 특정 분야의 천재들이 집단적으로 출연한 '천재들의 시대'가 있었습니다. 기원전 5세기 아테네의 철학이 그러했고, 15세기 피렌체의 예술이 그러했으며, 18세기 미국에서 정부에 관한 이론이 그러했습니다."

나는 스칼리아 대법관의 말에 동의한다. 미국의 국부들은 양도할 수 없는 권리unalienable rights, 튼튼한 사회적 기관strong social institutions, 도덕적 시민들virtuous citizenry, 제한된 정부limited government, 견제와 균형checks and balances, 권력의 분산separation of powers, 연방주의federalism 등의 개념으로 특징되는 '새로운 과학'을 통해 개인의 자유를 보장하는 민주공화정을 성공적으로 창조해 냈기 때문이다. 그리고 지난 두 세기 반 동안 인류는 미국의 발전과 함께 다양한 혜택을 누려 왔다.

미국은 인류 역사상 최초로 시도된 신조형 국가credal nation였다. 국가에 대한 이야기를 하면서 종교적 맥락에서 사용되는 '신조creed'라는 단어가 왜 언급되는지 의문을 품는 사람도 있을 것이다. 일반적으로 우리나라 사람들은(그리고 미국을 제외한 대부분의 나라 사람들은) '국가'라는 단어를 들으면 '같은 혈통을 공유하는 사람들', '같은 언어를 사용하는 집단', 또는 '같은 민족'이라는 추상적 공동체 개념 등을 떠올리기 마련이다. 하지만 미국인들이 받아들이는 국가 개념은 이와 다르다. 미국에서 국가는 '동일한 이념과 가치관을 공유하는 집단'으로 정의되기 때문이다. 이는 마치 특정 신조를 받아들이기로 결정하면 해당 종교에 귀의할 수 있게 되는 원리와 같다. 미국의 국가론은 결정론적 숙명론이 아니라 자유의지적 선택론에 바탕하고 있다. 그렇기 때문에 미국은 '미국이 제시하는 신조American creed'를 충실히 받아들이기로 한 사람들에게 시민권의 문을 활짝 열어 놓은 것이다. 나는 국가 공동체에 관한 한 미국이 제시하는 방향이 옳다고 생각한다.

미국은 같은 조상들ancestors이 아니라 같은 후손들descendants을 공유하는 나라다. 미국인들(특별히 미국의 보수주의자들)은 자국의 건국 자체를 위대한 실험이었다고 생각한다. 미국은 시민 개개인에게 종교와 표현, 집회와 언론, 그리고 결사의 자유를 보장하기 위해 만들어졌다. 정부보다 먼저 존재한 개인의 권리individual rights predating government를 지키고 보장하기 위해 탄생한 정치 공동체였다. 인류 역사상 최초로 국가 건설을 통해 이뤄진 실험. 이것을 '미국의 실험the American Experiment'이라고 부른다. 그리고 그 실험은 대성공을 거두었다. 미국의 헌법이 오늘날까지 그 효력을 유지하는 헌법 가운데 가장 오래된 성문법이라는 사실, 또 미국의 탄생 이래로 지구상에서는 자유와 번영, 인권과 평화, 그리고 기술과 진보가 점진적으로 확대되어 왔다는 사실이 바로 그 점을 입증한다.

코로나 팬데믹 앞에서조차 분열된 미국

문제는 오늘날 이러한 미국이 국내적으로 심각한 위협에 직면하고 있다는 사실이다. 미국의 정신이 위협받고 있다.

이 책의 원저는 지난 2020년 7월에 출판됐다. 하지만 샤피로가 저술 작업을 시작한 건 2019년 중순이었다. 책이 완성되고 감수 작업이 한창 진행 중이던 2020년 2월 코로나 팬데믹 사태가 터졌다. 후일담을 들어보면, 당시 샤피로는 '이 책의 중요도가 조금은 떨어지겠구나'라고 생각했다고 한다. 왜냐하면 미국의 분열을 지적하며 문제에 대한 해결책을 제시하는 책을 썼는데, 코로나 팬데믹이라는 전대미문의 국가 재난을 맞이했기에, 미국인들은 위기 극복을 위해 단결할 것이고, 그렇게 되면 분열의 위기를 경고한 책에 대한 관심사가 다소 떨어질 것이라고 판단했기 때문이다. 실제 과거 9·11 테러가 발생했을 때 보여 준 것처럼, 미국인들은 평소 서로 정치적 견해 차이로 대립각을 세우다가도 난관이 닥치면 똘똘 뭉쳐 보란 듯이 위기를 극복하곤 했다.

하지만 샤피로의 예상은 보기 좋게 빗나갔다. 코로나 사태라는 국가적 재난상황 가운데서도 미국인들은 연합이 아니라 더욱 분열하며 서로에 대한 엄청난 적대감을 표출하기 시작했기 때문이다. 특별히 인종차별 논란을 야기했던 조지 플로이드George Floyd의 사망은 미국의 내적 분열을 외부적으로 폭발시키는 도화선이 되었다. 대선을 앞둔 2020년 여름, 미국 전역은 약탈과 방화, 시위,

폭동 등으로 점철된 혼란의 도가니 속으로 빠져들어 갔다. 그 결과 미국 분열의 원인과 이에 대한 해결책을 제시한 샤피로의 책은 출간 즉시 베스트셀러가 되었다. 출판 시기로 보자면 이보다 더 좋을 순 없었던 것이다. 이 책이 세상에 나왔을 당시 미국인들은 자신들의 나라가 무너져 내려가는 것을 현장에서 두 눈으로 똑똑히 바라보고 있었으니 말이다.

어떻게 보면 이 책은 샤피로의 전작前作 『역사의 오른편 옳은편 *The Right Side of History*』(2019, 국역 2020)의 속편이라고 할 수 있다. 『역사의 오른편 옳은편』이 출간된 후 언론과 했던 한 인터뷰에서 "책의 저자로서 어떤 챕터에 가장 애정이 가는가?"라는 질문에 대해 샤피로는 과학과 기술의 발전, 고전적 자유주의의 대두, 그리고 미국의 승리를 설명한 5장을 가장 좋아한다고 답한 바 있다. 샤피로의 답변을 근거로 살펴보자면, 『미국은 어떻게 망가지는가』는 『역사의 오른편 옳은편』에서 미국의 승리에 관해 설명한 챕터에 포커스를 맞춰 이를 확대 설명한 책이라고 추측해 볼 수 있다. 이 책에서 샤피로는 미국이 어떤 철학을 바탕으로 건국됐으며, 현재 미국은 어떤 국가적 위협을 당면하고 있는지, 또 이를 극복하기 위한 방안은 무엇인지에 대해 역사와 철학을 넘나들며 탁월하고 명쾌한 설명을 이어 간다.

연합주의 대 분열주의

『미국은 어떻게 망가지는가』에서 샤피로는 대립되는 비전을 가진 서로 다른 두 집단을 비교 분석한다.

먼저 미국의 역사는, 다른 어느 나라의 경우와 마찬가지로, 결점과 아쉬움을 내포하고 있었지만, 그럼에도 불구하고 시간이 지남에 따라 미국인들은 인간의 죄악된 본성을 극복해 나가며, 보다 나은 국가적 연합을 이뤄 왔다는 시각을 가진 사람들이 있다. 책에서 샤피로는 그와 같은 철학을 가진 사람들을 '연합주의자Unionists'라고 지칭한다. 연합주의적 철학을 설명하며 샤피로는 미국의 독립선언서와 헌법, 『연방주의자 논집』, 토크빌의 『미국의 민주주의』 등을 독자 친화적인 방법으로 해설한다. 또 미국의 문화는 개척과 도전을 예찬하고, 기업가 정신을 보상하며, (개인의) 권리를 보호하고, 독립과 자립을 장려하는 문화라고 설명한다.

반면 미국의 과거와 현재, 미래를 또 다른 시각으로 바라보는 사람들도 있다. 미국은 건국 때부터 죄악 가운데 태어났으며, 미국의 헌정은 노예제와 경제적 계층 구분이라는 위계질서를 통해 백인들의 기득권을 유지하기 위해 만들어진 체제였고, 새로운 미래를 만들기 원한다면, 현재 시스템을 완전히 무너뜨리고 미국의 과거를 새롭게 고쳐 써야 한다고 주장하는 사람들이 있다는 것이다. 책에서 샤피로는 이러한 사람들을 '분열주의자Disintegrationists'라고 지칭한다. 미국에서 연합주의자들과 분열주의자들의 갈등은 삶의 거의 모든 영역에서 관찰되고 있다.

　과거 미국이 가졌던 강점은 정치적 견해를 달리하는 사람들을 하나로 묶을 수 있는 문화적 상징자산을 충분히 가지고 있다는 것이었다. 예를 들면, 과거 미국의 보수와 진보는 서로 갈등하며 논쟁을 하다가도 주말이 되면 교회에 가서 함께 예배를 드렸다. 또 슈퍼볼과 월드 시리즈를 함께 관람했으며, 심야 토크쇼와 할리우드 영화를 보며 '미국'이라는 나라 자체에 대한 자부심과 애국심을 공유할 수 있었다. 하지만 오늘날 분열주의자들은 종교, 스포츠, 문화, 기업 등을 비롯해 미국 사회 거의 모든 영역을 정치화시켜 버렸다. 연합주의적 세계관을 가진 평범한 사람들은 숨조차 쉴 수 없을 만큼, 오늘날 미국 사회의 일상은 급속도로 정치화되고 있다.

　연합주의와 분열주의 사이의 갈등이 격화됨에 따라 미국인들은 정치적 견해를 달리하는 사람들과 더 이상 어울리지 않으려 한다. 서로를 친구 또는 이웃이 아닌 적으로 대하는 사람들이 점점 늘어나고 있다. 심지어 2020년 대선이 끝난 후 미국의 유명 라디오 토크쇼 진행자 러시 림보Rush Limbaugh는 "이제 미국이 나눠지는 것을 진지하게 고민해 봐야 할 때다"라는 심각한 말을 남기기도 했다. 2020년 미국 대선이 치러지기 한참전에 쓴 이 책 서문에서 샤피로는 "만약 트럼프가 당선된다면 미국에서 국가적 이혼이 발생할 확률은 치솟게 될 것이고, 트럼프가 낙선된다고 해도 그 확률은 동일하게 치솟게 될 것"이라고 예견했는데, 그 말은 정확하게 현실이 되고 말았다. 오늘날 미국에서 국가적 이혼을 요구하는 목소리는 날이 갈수록 높아지고 있다.

왜 이러한 현상이 발생하게 된 것일까? 도대체 분열주의자들은 어떤 생각을 가지고 미국을 파괴시키고 있는 것일까? 그들이 추구하는 체계적인 파괴의 종착역은 어디일까?

대한민국의 철학, 문화, 역사는?

흥미로운 건 미국에서 나타나고 있는 현상과 비슷한 일들이 한국에서도 동일하게 발생하고 있다는 사실이다. 대한민국이라는 공간 안에서도 연합주의자들과 분열주의자들 사이의 대립은 날이 갈수록 격화되고 있다. 분열주의자들은 건국을 부정하고, 지금껏 대한민국이 국가로서 성취해 온 놀라운 일들을 평가절하하며, 이것들은 모두 '기득권'과 '친일파' 세력이 일궈 낸 불공정의 결과물이라는 식의 주장을 펼친다. 이들은 한국 사회의 제도를 근본적으로 뒤집어 놓지 않는 이상 정의로운 사회를 만들 수 없을 것이라고 주장한다. 물론 모든 국민이 그런 생각을 가지고 있는 건 아니다. 하지만 무시 못 할 영향력을 가진 분열주의자들은 한국의 정치, 문화, 외교, 학계, 언론 등 전반에 걸친 영역에서 자신들의 세를 급격히 확산해 나가고 있다.

나는 분열주의자들에 의해 파괴되고 있는 미국의 현실을 지적한 『미국은 어떻게 망가지는가』가 한국의 상황에도 적지 않은 시사점을 안겨줄 수 있다고 생각한다. 비록 표면적으로는 다른 형태로 발현되고 있지만, 미국과 한국에서 나타나는 분열주의 철학과 문화, 역사관은 서로 동일한 이념적 뿌리를 공유하고 있기 때문이다. 이 책에 묘사되는 분열주의자들의 전략 중 어떤 부분에서는 미국의 과거 사례가 한국의 미래로 나타날 수 있을 것이다. 또 어떤 점에 있어서는 한국에서 발생했던 일이 미국의 미래로 반복되는 부분도 있을 수 있다. 앞으로 책에서 미국 상황을 설명하는 샤피로의 글을 읽어 나가면서, '어, 이건 우리나라 이야기인데?'라고 공감을 표현하는 독자들도 꽤 있을 것이라고 생각한다.

미국 분열주의자들의 국가 파괴 행위로부터 교훈을 도출하는 소극적 적용 외에도, 자연권과 천부인권을 바탕으로 개인의 자유를 보장하기 위해 디자인된 미국 헌정 체제와 연합주의적 문화를 학습함으로써 우리나라의 정치 환경 개선을 도모하는 적극적 적용 역시 도출할 수 있다.

건국 대통령 이승만 박사는 한국전쟁 종료 후인 1954년 7월 미국을 방문해 상하원 합동연설에서 미국 건국 정신에 대한 극진한 존중을 표현하며 다음과 같이 말했다.

"여러분과 같이 저도 워싱턴과 제퍼슨, 링컨에 의해 감화를 받았습니다. 여러분과 같이 저도 여러분의 걸출한 조상들께서 모든 인류에게 전해주기 원했던 바로 그 자유를 지키고 영속화하기 위해 내 삶을 바치겠노라고 맹세했습니다Like you, I have been inspired by Washington, Jefferson, and Lincoln. Like you, I have pledged myself to defend and perpetuate the freedom your illustrious forefathers sought for all men."

실제 이승만은 미국 국부들이 언급했던 이상이 실현되는 나라를 꿈꾸며 대한민국을 건국했다. 이승만의 과거 증언과 그에 관한 사료를 찾아보면, 이승만은 젊은 시절부터 미국식 공화정을 가장 이상적인 정치체제로 인식했음을 발견할 수 있다. 그리고 그 이상을 바탕으로 여러 사람들의 도움을 받아 1948년 8월 15일 대한민국을 건국했다. 따라서 개인의 자유와 권리를 지키고 보호하기 위해 만들어진 미국 건국의 이상은 '개인의 근본적 자유'를 보장하기 위해 만들어진 대한민국 건국 이상과 무관하지 않다고 생각한다. 비록 아직 이 땅에서 그 이상이 온전히 실현되진 않았을지 모르지만 말이다. 앞으로 그와 같은 이상에 대한 논의가 진행되는 데 있어 이 책이 조금이나마 기여할 수 있게 되길 바란다.

샤피로의 이번 책을 번역하면서 새삼 깨닫게 된 것은, 한 국가의 영혼은 그 나라의 철학, 문화, 역사를 통해 규정된다는 사실이다. 개인에게도 영혼이 있지만, 국가에게도 영혼이 있다. 이런 생각을 하다 보니 대한민국의 영혼이 무엇인지에 대해 고민하지 아니할 수 없었다. 대한민국의 영혼은 무엇인가? 대한민국이 제시하는 철학은 무엇인가? 대한민국의 문화란 무엇인가? 전 국민이 공유할 수 있는 대한민국의 역사는 어떤 것인가? 대한민국의 신조는 무엇인가?

　1948년 건국 이후 줄곧 한국 좌파는 이와 같은 주제에 대해 치열하게 고민하며 '대한민국의 영혼'을 자신들의 방법대로 규정하기 위해 각고의 노력을 기울여 왔다. 반면 한국의 우파 또는 보수 세력은 경제적 성장과 물질적 번영, 정치적 이해관계, 당면한 선거에만 관심을 가졌을 뿐, 국가의 영혼을 향한 싸움에는 손을 놓고 있었던 것이 사실이다. 오늘날 우리 사회가 맞이하고 있는 비극적 현실의 근본 원인은 바로 여기 있다고 생각한다. 지금이라도 늦지 않았다. 이제부터라도 한국 보수는 국가의 영혼을 위한 싸움을 시작해야 한다. 대한민국의 철학, 대한민국의 문화, 대한민국의 역사를 위한 싸움을 시작해야 한다. 이 책을 통해 국가로서 대한민국을 구성하는 공유된 철학과 역사, 그리고 문화가 무엇인지에 대한 활발한 토론이 이뤄질 수 있기를 기대한다.

　책의 각주는 모두 내가 단 것이다. 샤피로는 미국인들을 주요 독자로 상정하고 글을 썼기 때문에 원문에서 참고문헌 인용 외에는 별다른 각주를 달지 않았다. 하지만 미국의 정치, 사회, 문화, 제도, 판례, 법철학, 총기 관련 이슈 등에 익숙하지 않은 우리나라 독자들은 글을 읽으면서 내용을 파악하는 데 다소 어려움이 따를 수 있다고 생각했다. 그래서 각주를 달았다. 관련 정보를 이해하고 전반적인 맥락을 파악하기 원한다면 각주를 관심 있게 읽는 것도 책을 소화하는 데 유용할 것이라 생각한다. 원문의 각주는 맨 뒤에 미주로 처리했음을 밝힌다.

이 책이 세상에 나오는 데 도움을 준 분들이 계신다. 『역사의 오른편 옳은편』에 이어 또 한 권의 샤피로 책 출간을 결정해 주신 기파랑의 안병훈 사장님과 박정자 주간님께 감사의 말씀을 드린다. 또 편집 과정에서 도움을 주신 김세중 선생님, 그리고 원고의 편집과 교정을 맡아 수고해 주신 윤구영 선생님께도 감사의 말씀을 드린다. 두 분의 작업 덕에 이 책이 더욱 빛날 수 있게 되었다. 혹시 번역 가운데 오류가 있다면 그건 오롯이 나의 몫이다. 작업을 하는 동안 때때로 지칠 때가 있었는데, 그때마다 버팀목이 되어 준 가족에게도 고맙다는 말을 전하고 싶다. 그리고 만물의 주관자 되신 살아계신 하나님께 감사를 드린다.

2021년 3월
노태정

| 차 례 |

미국을 하나로 유지해 주는 것은 무엇일까? 최근 들어 이 질문의 중요성이 새롭게 조명받고 있다. 미국인들은 서로를 좋아하지 않는다. 문제는 이런 현상이 시간이 지날수록 더욱 강화되고 있다는 것이다. 미국인들은 서로 어울리지 않으려 하고, 이웃으로 함께 지내려고 하지 않는다. 미국인들은 점점 같은 나라를 더 이상 공유하고 싶지 않은 것처럼 보인다. 붉은 지역들red areas은 더욱 붉게 변하고 있고 파란 지역들blue areas＊은 더욱 파랗게 변하고 있다. 2018년 11월에 실시된 액시오스Axios 여론조사에 따르면 공화당 지지자들 중 54퍼센트는 민주당이 악의적 의도를 갖고 있다고 믿는 반면에, 민주당 지지자들 가운데 61퍼센트는 공화당을 인종차별적이고, 편견에 사로잡혀 있으며, 성차별적인 정당으로 인식하고 있었다. 공화당과 민주당 지지층 중 약 20퍼센트는 상대 진

＊ 'red states'는 전통적으로 공화당 지지세가 강한 텍사스, 유타, 사우스캐롤라이나 등 주로 미국 중남부 주들, 'blue states'는 반대로 민주당 지지세가 강한 캘리포니아, 뉴욕, 코네티컷 등 주로 동서부 해안 주들.

영을 '사악하다'고 판단한다.[1] 2016년에 실시된 퓨리서치 조사 역시 비슷한 결과를 나타내고 있었다. 민주당 지지자들 중 70퍼센트는 공화당 지지자들이 편협하다고 생각했고, 공화당 지지자들 가운데 52퍼센트는 민주당 지지자들이 편협하다고 판단했다. 같은 조사에서 58퍼센트의 공화당 지지자들은 2016년 대통령 선거가 치러질 때까지 민주당에 대해 비호감의 이미지를 드러냈고, 55퍼센트의 민주당 지지자들 역시 공화당에 대해 동일한 반응을 보인 것으로 나타났다.[2]

2017년 워싱턴포스트 여론조사에 따르면 미국인 10명 가운데 7명은 미국의 정치적 양극화가 베트남전 시절만큼 심각하다고 느꼈는데 이는 양극화가 위험수위에 도달했다는 신호였다.[3]

미국기업연구소American Enterprise Institute, AEI가 2019년 실시한 조사에 따르면 미국인들 가운데 약 절반의 사람들은 자신과 정치적 성향이 다른 미국인들이 국가를 위해 최선의 길을 추구하지 않는다고 생각한다. 이 같은 결과가 발생한 이유는 아마 미국인들이 점점 더 자신과 다른 정당에 투표하는 사람들의 의도 그 자체를 오해하기 때문이 아닌가 싶다. 예를 들어 민주당과 공화당 지지자들 모두는 민주당 내에서 세속주의와 급진주의에 따른 영향을 지나치게 과대평가하고 있다.[4] 모어 인 커먼More in Common에서 발표한 또 다른 조사 결과에 따르면 미국 양당 지지층 가운데 55퍼센트는 상대 정당 지지자들 대다수가 극단적인 견해를 갖고 있다고 믿는 것으로 드러났다. 하지만 현실에서 극단적인 견해를 가진 정당 지지자들의 비율은 '대다수'가 아니라 30퍼센트였다. 실례를 하나 들어 보자. 민주당 지지자들은 공화당 지지자들 가운데 절반가량만이 미국에서 인종차별의 실존을 인정한다고 판단했지만, 실제 공화당 지지자들 가운데 미국 내 인종차별의 존재를 인식한다고 답한 비율은 80퍼센트 정도로 민주당원들의 오해와는 큰 차이가 있었다. 반대로, 공화당원들은 민주당 지지자들 가운데 약 절반만이 미국인으로서 자부심을 가지고 있다고 판단하고 있었지만, 스스로 미국인인 것이 자랑스럽다고 생각하는 민주당 지지자의 실제 비율은 80퍼센트인 것으로 나타났다.[5]

이와 같은 현상은 미국인들의 실제 삶에도 밀접한 영향을 주고 있다. 퓨리서치 조사에 따르면 미국인들 중 79퍼센트는 미국인들이 서로에 대해 '지나치게 적거나' '매우 적은' 신뢰를 하고 있다고 생각하는 것으로 나타났고, 응답자들 가운데 64퍼센트는 서로에 대한 미국인들의 신뢰도가 점차 줄어들고 있다고 답했다.[6]

철학적으로, 또 문화적으로 미국을 하나 되게 만들었던 구심력은 더 이상 작동하지 않는다.

역사적 시기라는 맥락에서 살펴본다면 이 같은 양극화는 다소 의외인 것처럼 보인다. 지난 몇 세기 동안 미국을 갈라 놓았던 문제들은 획기적으로 개선되었다. 성향이 리버럴한 매체들이 다른 주장을 펼치고 있긴 하지만, 미국에서 인종차별 문제는 역대 최저를 기록하고 있다. 코로나로 인한 팬데믹 상황이 펼쳐지기 전까지 미국의 경제는 역대 최고의 황금기를 구가하고 있었다.

우리는 함께 행복해져야 한다.

하지만 많은 미국인들은 원만하지 않은 이혼을 바라고 있는 것처럼 보인다. 그리고 재산분할 과정에서 양쪽 진영은 모두 은식기류와 강아지를 자신의 소유로 두고 싶어 한다. 미국 우파 관점에서 합중국으로서 미국의 전망은 암울해 보인다. 미국의 보수주의자들은 미국의 기본 가치를 고쳐 쓰고, 정체성 정치identity politics라는 극단적 비전을 강요하며, 자신들의 정치문화적 지배력을 필연적으로 영구화하는 인구적 변화*를 주장하는 데 노골적으로 혈안이 된 미국 좌익 진영이 승리를 거듭하고 있다고 인식한다.

민주당 지지자들의 입장에서도 합중국으로서 미국의 미래는 역시 동일하게 암울하다. 미국의 좌파들은 미국의 우익 진영이 반동주의적이라고 생각한다. 또 그들은 미국의 보수 세력이 마지막 남겨진 구舊질서old order의 흔적을 움켜쥐고 한동안 누려 왔지만 이제는 점차 소멸되는 권력을 유지하기 위해 수단과 방법을 가리지 않는 사람들이라고 인식한다.

미국 좌파와 우파가 가지고 있는 첨예한 비전의 대립은 트럼

---

* 한편으로 약 2천2백만 명(2018년)의 불법 이민자들을 적극 수용하여 미국 시민으로 만들고, 다른 한편 민주당 친화적인 주를 늘려 나가려는 민주당의 선거 전략.

프의 당선이라는 결과를 낳았다. 민주당 지지자들의 관점에서 트럼프 대통령은 일종의 정치적 착시를 상징하는 사람이다. 당신은 드레스가 푸른색과 검은색으로 보이는가, 아니면 흰색과 금색으로 보이는가?* 어떤 경우에도 이 두 가지 색의 배합이 동시에 보일 수 없는 노릇이다. 미국의 우파에게 트럼프는 밀물처럼 밀려오며 미국 사회를 잠식해 나가는 좌파 급진주의로부터 자신들을 방어해 주는 방파제 같은 인물로 상징된다. 국가의 미래가 위태로워 보이는 현실 앞에서 보수주의자들에게는 트럼프의 심각한 성격적 결함조차 부차적인 이슈가 되어 버린다. 만약 2020년 11월 선거에서 트럼프가 재선에 실패한다면 보수주의자들은 패닉 상태에 빠질 가능성이 크다. 만약 그렇게 되면 미국 내에서 국가적 이혼이 발생할 확률은 치솟게 될 것이다.

좌파 진영에 있는 사람들에게 트럼프의 당선은 그들이 우파에 대해 생각하는 최악의 인식이 결코 허구가 아니라 현실이라는 점이 입증되었음을 의미한다. 다시 말해 우파는 잔인하고, 편견에 사로잡혀 있으며, 부패했다는 바로 그 인식 말이다. 좌파 진영은 트럼프의 성격적 결함에도 불구하고 보수 진영이 그를 받아들였다는 사실은, 보수주의 운동이 '작은 정부small government'라는 그럴싸한 명분으로 포장되어 있지만, 실상은 시대에 역행하려는 충

---

* 2015년 온라인에서 '파검 대 흰금' 논쟁을 촉발시킨 영국 의류업체 로먼 오리지널스의 '더 드레스(the Dress)'.

동에 뿌리 깊이 사로잡혀 있다는 점을 확증하는 증거일 뿐이라고 판단한다. 만약 2020년 선거에서 트럼프가 재선에 성공한다면, 미국 내에서 국가적 이혼이 발생할 확률은 치솟게 될 것이다.

그럼에도 불구하고 트럼프는 진짜 이슈가 아니다. 트럼프는 그의 당선 이전부터 이미 완연하게 진행되고 있던 미국 사회의 깊은 균열을 표면적으로 드러내 주는 상징일 뿐이다. 그 균열은 시간이 지남에 따라 더욱더 깊어지고 있다.

이 균열을 치유하기 원한다면 우리는 애초 왜 우리가 국가적 연합marriage을 결성했는지를 기억해야 한다. 그리고 지난 오랜 세월 동안 왜 우리가 미국이라는 나라의 틀 안에서 함께 지내 왔는지를 생각해 봐야 한다.

분열 대
연합

역사적으로 미국인들은 여러 번 국가적 이혼을 진지하게 고려해 왔다. 오늘날 우리가 겪고 있는 암울한 현실이 역사상 전례가 없지 않다는 얘기다. 실제 미국 역사의 주요 위기 때마다 거의 대부분 미국의 지도자 급에 있는 일부 인사들은 함께 지내는 것보다 이혼하는 편이 더 나을 것이라고 말하곤 했다. 그들 주장의 요지를 살펴보면, 우리 미국인들을 하나로 묶어 놓는 요소는 그다지 많지 않으며, 미국의 건국은 이해관계를 바탕으로 한 결혼이었을 뿐, 실제 사랑의 결실로 맺어진 결혼은 아니었다는 논리로 귀결된다. 따라서 편익의 요소가 줄어들면 결혼 역시 끝나고 마는 것이다. 이 같은 논리에 따르면 우리는 각자의 길을 찾아 서로 갈라지는 편이 나으며, 그렇지 않으려면 미국적 가치 그 자체를 뿌리부터 재정의해야 한다는 결론에 도달하게 된다. 결국 이 역시 동일한 결과와 함께 마무리된다.

이와 같은 사상의 흐름은 18세기 남북전쟁 시기 노예제의 유지를 주장한 분리독립주의자들secessionists로부터 20세기 초반에 등장한 정치적 진보주의 운동, 그리고 오늘날 대안우파alt-right*들과 정체성 정치를 추구하는 좌파 진영에까지 이어져 내려오고 있다. 이 같은 운동들은 모두 소수의 미국인들만을 대변했을 뿐이다. 이들은 과거에도 그랬지만 지금 역시 자신들의 세勢에 맞지 않는 과도한 영향력을 누린다. 분열의 철학은 권력 정치power politics의 철학이다. 이 철학적 개념 속에서 미국이란 나라는 위계질서 최상위에 올라서서 자신들의 지배구조를 강화하려고 혈안이 되어 있는 기득권 세력에 의해 만들어진 허구적 구성물에 불과하다고 묘사된다. 분열의 철학은 미국적 연합을 나타내는 개념을 거짓

---

* 'alternative right'의 준말. '백인들의 미국'을 건설하고자 하는 백인 우월주의 정치 집단.

말이라고 조롱하는 동시에 에이브러햄 링컨이 "애정의 끈bond of affection"과 "신비로운 기억의 화음mystic chords of memory"[*]이라고 표현한 미국 시민 사이의 연결고리를 철저히 부식시켜 버린다. 그리고 미국 시민들 간에 존재하는 유대관계를 해체하고 우리 모두를 표류하게 만든다.

앞으로 이 책에서 나는 그와 같은 철학을 '분열주의Disintegrationism'라고 표현할 것이다.

반면 이와는 전혀 다른 또 하나의 철학적 계통이 있다. 고통과 투쟁을 동반했고, 때때로 우리의 선조들은 이 가치를 지키기 위해 죽음이라는 값을 치르기도 했지만, 미국의 역사가 진행되는 내내 이 또 다른 계통의 철학은 결국 승리를 거둬 왔다. 이 철학은 우리 미국인들을 연합시키는 요소들이 우리를 분열시키는 요소들보다 훨씬 깊고 강하다고 말했고, 우리가 서로에게 한 맹세는 피로 보증된 것이기에 우리는 서로 불가분의 관계로 엮여 있다고 주장했다. 따라서 이 철학을 신봉하는 사람들은 서로에게서 분리되는 것은 각자를 죽이는 길이 되리라고 경고했다.

이와 같은 철학은 건국의 아버지들로부터 에이브러햄 링컨과 1960년대 민권 운동에 이르기까지 미국의 역사 가운데 도도하게 흐르고 있다. 이 철학의 흐름은 정념과 부족주의가 아니라 인간

* 링컨의 1861년 첫 번째 대통령 취임 연설에서.

이성과 보편적 도덕을 옹호했고, 민주주의의 가치와 개인의 권리에 대한 믿음을 만들어 냈다. 민주주의와 개인의 권리라는 가치들은 항상 옳았지만 역사 가운데 단 한 번도 제대로 적용된 적이 없었다. 이 계통의 철학에 따르면 미국은 언제나 불완전한 연합을 이루고 있는 나라다. 그럼에도 불구하고 미국은 국가로서 연합을 이루고 있으며, 우리 미국인들은 미국 건국 이념의 기반 위에서 언제나 그 연합을 강화시키고 성장시켜 나가는 과정 가운데 놓여 있다고 설명한다.

앞으로 이 책에서 나는 그와 같은 철학을 '연합주의Unionism'라고 표현할 것이다. 대부분의 미국인들은 연합주의자다. 하지만 이들은 분열주의를 지지하는 사람들로부터 지속적이며 완고한 공격을 받고 있다. 국가로서 우리를 하나 되게 만들었던 결속력은 점점 약화되고 있다. 그 결과 혼돈이 뒤따르게 되었다. 연합주의라는 결속이 부재한 상황에서 국가로서 미국의 중심은 유지될수 없다. 실제 우리는 그 현실을 목도하고 있다.

연합주의의
구성요소

그러면 좀 더 세부적인 주제로 들어가 보자. 정확하게 무엇이 미국을 하나의 국가로 결속시켜 왔는가? 또 왜 우리는 그와 같은 결속을 유지해야 하는 것일까?

미국을 미국답게 만드는 요소는 세 가지라고 할 수 있다.

첫째, 미국의 철학이다.

미국의 철학은 보통 세 가지 원리에 기반하고 있다. 첫째로, 정부가 탄생하기 전에 개인의 자연권이 먼저 존재했으며, 이 자연권은 그 누구에게도 양도할 수 없고inalienable, 따라서 이 권리는 소중하다는 것이다. 둘째로, 모든 인간은 자신의 권리를 행사할 때 법 앞에 평등하다는 개념이다. 그리고 마지막으로, 정부는 오직 앞에서 명시된 개인의 자연권을 지키고 법 앞의 평등을 집행하기 위해 존재한다는 원리다. 미국의 철학은 독립선언서에 기록된 언어를 통해 위의 세 가지 원리가 '자명하다self-evident'고 천명했다. 미국 건국의 아버지들은 독특한 정부 조직 및 구조를 통해 미국의 철학을 실현하고 싶어 했다. 미국의 헌법은 제한된 정부limited government라는 시스템으로 미국의 철학을 보존하기 위해 만들어진 합의의 결과물이었다. 미국 헌법 시스템에 열거된 권력은 의회의 입법권이 구현되는 행동의 필요성과 행정부의 폭정을 방지할 필요성 사이에서 균형을 이뤘다. 헌법 시스템에 명시된 견제의 기능은 국가적 위협에 대처하고 법을 집행할 수 있을 만큼 강력한 행정부의 필요성과 견제와 균형의 원리 속에서 발생할 수 있는 전제정치의 출현 가능성을 원천적으로 차단할 필요성 사이에서 균형을 이뤘다. 미국 헌정 시스템에 명시된 연방주의는 지방 자치단체들 가운데 독재 체제가 출현할 가능성을 제거하는 동시에 지방 자치단체들이 가지고 있는 고유한 특성을 범국가적인 계획의 일부로 뭉뚱그려 편입시키려는 연방정부의 의도를 차단하기 위해 만들어졌다.

그럼 다음으로, 미국의 문화에 대해 살펴보도록 하자. 미국의 문화는 네 가지 특징적 요소로써 설명될 수 있다. 첫째는 타인의 권리에 대한 폭넓은 관용인데, 특별히 이 관용은 타인이 행사하는 권리를 우리가 별로 좋아하지 않을 때 더욱 강조된다. 우리는 각자 서로 다른 의견을 가지고 있다는 사실에 대해 동의해야 하고, 이를 인정하며 살아 나가야 한다. 둘째로, 미국의 문화는 튼튼한 사회적 기관들social institutions *을 소중하게 생각하며 이를 간직해 나간다. 이 같은 사회적 기관들은 사회 안전망을 형성하여서 정부의 강제성이 없는 상황에서도 시민들이 서로를 신뢰할 수 있도록 만들어 준다. 세 번째로, 미국의 문화는 언제나 자유를 지키고 보호하기 위해 소란스러운 일들을 감당해 왔다. 미국인들은 우리 자신의 자유뿐만 아니라 타인의 자유를 지키기 위해 언제나 분연히 일어나 목소리를 낼 수 있어야 한다. 마지막으로, 미국의 문화는 언제나 도전정신을 가진 사람들을 격려하며 이들의 행위를 보

* 교회, 성당, 유대교 회당(시나고그) 등 종교 기관과 각종 자선단체, 장학회, 복지 사업회 등 자발적으로 결성된 순수 민간조직을 의미.

상해 왔다. 서부시대의 개척자들, 카우보이들, 발명가들, 그리고 위험을 감수하고 도전하는 사람들을 미국은 언제나 환영해 왔다.

이와 같은 삶의 태도는 미국의 철학으로부터 비롯되었고, 미국인들의 삶과 사고 전반에 걸쳐 스며들어 갔다. 미국인으로서 우리가 권리를 누리기 위해 꼭 건국의 철학을 심도 있게 이해해야 하는 것은 아니다. 권리장전Bill of Rights*의 강력한 언어는 우리 일상의 언어 속에 스며들어 있다. 정치적 이슈를 놓고 논쟁을 할 때 우리의 주장은 필연적으로 "표현의 자유freedom of speech"와 "사유재산의 보호protection of private property" 등의 맥락 속에서 표현된다. 정부에 대한 논쟁을 할 때 우리는 흔히 "정당한 법적 절차에 따른 보호due process protections"와 개인의 권리에 대한 정부의 "불합리한 침입unreasonable intrusion" 등의 언어를 사용하며 대화를 이어간다. 사회의 이슈들을 놓고 논쟁할 때 우리의 대화는 "종교의 자유freedom of religion"와 "결사의 자유freedom of association" 등의 개념을 중심으로 이뤄진다. 반면에 미국 시민으로서 우리의 의무는 유대 기독교적 가치에 기반한 사회 안전망에 대한 전통적 이해에 그 바탕을 두고 있다.

마지막으로, 미국의 역사에 대해 이야기해 보자. 전통적으로 미국의 역사는 미국 정부 및 사회 기관들을 통해 미국의 철학과

* 미국 수정헌법 중 제1~10조에 해당하는, 연방정부의 권력을 제한하고 시민의 표현, 언론, 집회, 종교, 자유, 무기 소지의 자유와 권리를 보장하는 조항.

문화를 더 나은 방향으로 성취해 나가는 이야기로 인식되어 왔다. 전통적으로 미국인들은 독립선언서에 명시된 가치들이 영원하며 진실되다고 배워 왔다. 때로는 영웅적인, 또 때로는 끔찍한 고통이 동반된 과정을 거쳐가며, 권리에 대한 우리의 문화가 점차 많은 미국 시민들에게 확대 적용되어 왔다는 사실을 학습했다. 또 미국의 헌정 시스템은 자유를 상징하며, 점진적으로 그 효력을 발생시켰다고 배워 왔다. 만약 그러하다면 이런 관점 속에서 미국의 역사는 인간 본성의 비극을 극복하고 자유의 승리를 이뤄 낸 이야기인 동시에 노예제와 극심한 편견을 극복하고 이뤄 낸 자유의 승리이기도 했다.

이성과 평등, 자유와 제한된 정부에 기반한 미국의 철학, 개인의 권리와 사회적 의무를 강조하는 미국의 문화, 또 시민들이 함께 공유하는 미국의 역사라는 이 세 가지 요소는 지금까지 국가로서 미국을 규정해 왔다고 볼 수 있다. 미국을 결속시키려면 위의 요소들 가운데 어느 하나만 가지고는 충분하지 않았다. 국가로서 미국을 결속시키려면 이 세 가지 요소가 모두 필요하기 때문이다. 공유된 문화와 역사가 부재한 상황에서 미국의 철학 하나만 남겨진다면 이는 무익하고 터무니없는 이념이 되어 버린다. 철학은 반드시 실제 문화 및 역사에 대한 시민들의 공유된 기억과 결합돼야 하기 때문이다. 그렇지 않다면 철학은 공허한 외침이 되어 버린다. 인간 이성 그 자체에만 의존한다면 미국인들은 자신의 이웃에 대해 부풀어 오르는 형제애를 느끼지 못할 것이다. 공유된 철학과 역사가 없다면 권리에 대한 미국의 문화는 군중 심리의 먹잇감이 되어 버리고 말 것이다. 공유된 철학과 역사가 부재한 상태에서 군중의 의지와 개인의 권리가 충돌하는 상황이 발생한다면 개인의 권리는 빠르게 소멸될 것이기 때문이다. 이성에 기반한 철학과 개인 권리에 기반한 문화가 없어진다면 미국의 역사는 그저 권력 정치를 추구하는 이들에 의해 발생했던 서로 일관성 없는 사건의 조각들로 전락하고 말 것이다.

미국의 철학, 문화, 역사 중 단 하나라도 없어지는 경우 미국은 심각한 위기상황에 빠지게 된다. 미국의 철학이 없어진다면 이성은 부족주의로 전락한다. 미국의 문화가 없어진다면 개인의 권리는 집단주의적 독재로 전락하고, 개인의 의무는 방탕으로 인해 파산된다. 미국의 역사가 없어진다면 우리를 연합시켰던 상징들은 도리어 우리를 분열시키게 된다.

에이브러햄 링컨이 자신의 첫 번째 대통령 취임연설에서 한 말처럼 미국인들은 단결해야 한다. 왜냐하면 함께 뭉치지 않는다면 우리는 홀로 남겨져 죽음을 맞이하게 될 것이기 때문이다. 남북전쟁의 시작을 알린 포트 섬터Fort Sumter 전투에서 남부군이 북부군을 향해 발포했을 때 링컨은 말했다.

"우리는 친구이지 적이 아닙니다. 우리는 적이 되어서는 안 됩니다. 비록 서로에 대한 감정이 뒤틀렸다고 하더라도 애정에 대한 우리의 끈은 절대 끊어져선 안 됩니다."

분열주의의
구성요소

하지만 미국을 이와 또 다르게 설명하는 사람들도 있다. 이 이야기는 특별히 정치적으로 좌파 진영에 있는 사람들 사이에서 영향력을 확대하고 있다.

2020년 아이오와Iowa 경선이 있기 두 주 전, 버몬트주Vermont의 무소속 상원의원이자 민주당의 정신적 지주이며 미국 전역에서 젊은 민주당 지지자들의 화신으로 추앙받고 있는 버니 샌더스Bernie Sanders 후보는 에임스Ames에서 집회를 열었다. 참석자들은 집회 장소를 가득 메웠고, 수천 명에 달하는 사람들이 모여들었다.[7] 집회는 인기 록밴드인 포르투갈. 더 맨Portugal. The Man의 음악으로 시작됐다. 그때 밴드의 멤버인 잭 캐로터스는 자리에서 일어나 아메리카 원주민 세 명을 무대 위로 초청한 뒤 말했다.

"우리가 지금 밟고 있는 이 땅은 우리의 땅이 아닙니다."

그 발언이 있은 후 무대 위로 초청된 원주민 여성들은 '토지 배상'을 요구하며 미국 정부가 토착인들로부터 아이오와주를 강탈했다고 설명했다. 원주민 여성들의 발언이 마무리된 후 급진적 영화를 제작하는 마이클 무어Michael Moore 감독이 무대 위로 올라 왔다. 그는 미국이 "집단학살과 노예제에 기반하여" 만들어진 나라라는 주장을 펼쳤다. 또 미국의 인종차별 문제는 지금껏 조금도 해결되지 않았으며 미국은 "다수를 희생하는 대가로 소수에게 혜택을 돌리는 시스템"이라는 주장을 이어 갔다. 무어 감독이 발언을 끝마치자 뉴욕에 지역구를 둔 민주당 하원의원 알렉산드리아 오카시오코르테스Alexandria Ocasio-Cortez, AOC가 연단 위로 올라 왔다(오카시오코르테스는 자신의 정치 성향을 민주적 사회주의자Democratic Socialist 라고 정의한다). 오카시오코르테스는 소리 지르며 환호하는 군중 앞에서 샌더스의 지지자들이 "사회, 경제, 인종적 정의를 실현하는 운동"의 일부이며, 그 운동은 "미국의 공공 정책을 변화시켜서, 결국 미국이 21세기의 인권을 증진할 수 있게 될 것"이라고 말했다. 오카시오코르테스는 "미국에는 근본적인 변화가 필요하며, 그 변화는 우리 모두를 변화시키고 개인으로 성장시키게 될 것"이라고 선언했다. 뒤이어 코르테스는 "보다 선진적인 나라를 만들기 위해선 공동의 노력이 필요하다"라고 언급했다.

앞선 연사들의 연설이 끝난 후 마침내 버니 샌더스가 연단에 모습을 드러냈다. 도널드 트럼프 대통령에 대해 성토하는 장황한 설명을 반복한 후, 샌더스는 오카시오코르테스가 말한 약속들을 성취하겠다고 맹세했다. 샌더스는 과두제 기득권층이 미국인들을 가난하게 만들었다고 비판하면서 미국의 시스템은 기득권층을 위해 철저히 조작되어 있다고 말했다. "우리는 소수 기득권층이 아니라 우리 모두를 위해 존재하는 나라를 원합니다"라고 샌더스는 말했다. 그러면서 그는 근본적인 변화를 맹세했다. "우리 모두 함께 소매를 걷어붙입시다. 우리가 함께하면 이뤄낼 수 있다고 여러분과 제가 확신하는 바로 그런 나라를 만들기 위해 일어나 싸워 나갑시다".

그런 후 샌더스는 의료보험 국유화로부터 학자금 대출을 국가가 대신 갚아 주는 것까지, 또 에너지 산업 분야에 정부가 막대한 통제를 실시하는 것으로부터 어마어마한 증세안에 이르기까지, 자신이 구상하는 정책들을 하나씩 풀어 나가기 시작했다.[8]

과거에 존재했던 미국은 철저히 뒤로해야 했다. 버니 샌더스와 그 지지자들에 따르면 미국의 철학은 부패하고 착취적이었기 때문이다. 이들은 미국의 문화가 인종차별적이며 잔인하다고 인식했다. 또 미국의 역사는 소수자와 약자들에 대한 학대로 점철되어 있는 역사로서, 미국의 철학과 문화를 전복시키기 위해 이따금 나타난 혁명이 발생할 때에만 그 학대가 중단되곤 했다고 말한다.

바로 이것이 흔히들 자동차에 붙이고 다니는 범퍼스티커bumper sticker 수준에서 요약되는 분열주의에 대한 간략한 설명이다. 분열주의의 철학은 미국의 철학과 문화, 그리고 역사에 대해 직접적이고도 단호한 공격을 이어 나가고 있다.

미국의 철학은 공격받고 있다. 분열주의자들은 자연권이 존재하지 않는다고 주장한다. 이들은 애초 특정 기준에서 개념화될 수 있는 인간의 본성과 이성이 존재하지 않기 때문에 인간의 본성과 이성을 통해서는 그 어떠한 권리도 발견할 수 없다고 주장한다. 이들에 따르면 인간의 본성은 본질적으로 환경에 따라 빚어지는 가변적 구성물이다. 또 이들에게 인간의 이성은 정적政敵들이 반대 의견을 묵살하기 위해 휘두르는 권력의 도구에 불과할 뿐이다.

이와 마찬가지로 분열주의 철학의 관점에서 법 앞의 평등은 도덕적으로 잘못된 개념이다. 왜냐하면 법 앞의 평등은 그저 현존하는 정치적 위계 질서를 강화시키는 데 사용되는 개념일 뿐이기 때문이다. 법 앞의 평등이나 개인의 권리상의 평등이라는 개념 대신 분열주의자들은 결과의 평등을 추구한다.

마지막으로, 분열주의자들은 정부를 개인의 권리와 법 앞의 평등을 보장해 주는 매개체라고 생각하지 않고 모든 문제가 한데 합쳐진 만병통치약이라고 생각한다. 이들은 정부라는 도구를 통해 사람들의 마음과 생각을 바꿀 수 있다고 믿으며, 또 그와 같은 방식으로 정부를 사용할 수 있다는 확신을 한다. 이와 같은 결과를 만들어 내기 위해서 분열주의자들은 건국의 아버지들이 그들의 철학을 실현하기 위해 만들어 놓은 미국 헌정 시스템의 틀을 공격하기 시작했다. 분열주의자들은 헌법에 명시된 대로 권력을 제한한다면(정부가 헌법에 열거된 권력만을 행사할 수 있게 된다면) 시민들의 모든 필요를 충족시킬 수 없다는 이유를 들먹이며 제한된 권력이라는 헌법 개념에 반대한다. 이들은 견제와 균형이 진보의 장애물로 작용하고 있다고 생각한다. 또 이들은 억압을 만들어 내는 체제라는 이유로 연방주의에 반대한다.

미국의 문화 역시 공격받고 있다. 분열주의자들은 개인의 권리 그 자체가 공공선에 대한 위협이 되고 있다고 주장한다. 이들에 따르면 표현의 자유를 보장하는 법은 혐오 표현 규제라는 입법을 통해 대체되어야 하고, 여기서 그들이 말하는 '혐오 표현'의 정의는 임의로 남겨지게 된다. 또 이들은 종교의 자유는 세속적인 보편주의에 의해 대체돼야 한다고 말한다. 만약 결사의 자유와 계약의 자유가 종족적, 인종적, 또는 성적 다양성의 기준에 부합하지 않는다면, 그와 같은 자유 역시 금지되어야 한다고 주장한다(예를 들면, 이 같은 기준상에서 흑인으로만 구성된 학교는 다양성이 있다고 여겨지는 반면, 능력과 자격에 기반하여 인원을 선발했다 하더라도 해당 지역의 인종 구성 비율을 경찰서 인력에 그대로 반영하지 않았다는 이유로 특정 지역의 경찰서는 차별적이라는 낙인을 얻게 된다). 떼법mob rule이 적법한 절차를 대체하게 되고 사유재산은 공공의 필요에 따라 언제나 강탈당할 수 있게 된다.

더 나아가 분열주의 철학은 사회적 기관들이 미국의 죄악을 뒷받침해왔다고 주장한다. 분열주의자들의 관점에서 이 같은 기관들은 더 나은 세상을 만들기 위해서 반드시 파괴되어야 한다. 마을은 불타 없어져야 하고 영광스러운 신도시glorious new city*가 그 자리에 대신 들어서야 한다고 이들은 주장한다.

분열주의 철학에 기반한 문화는 개인의 권리를 지키려는 미국인들의 강경한 태도가 부패한 위계질서로 가득 찬 시스템을 지키려는 그들의 완고한 입장을 대변하는 것이라고 간주한다. 분열주의자들은 미국인들이 개인주의적인 이단 사상으로부터 치유 받으려면 먼저 정부로부터 내려오는 지침에 순응하는 훈련을 해야 한다고 말한다.

분열주의적 문화는 위험 감수를 보상하는 미국의 문화를 집단으로부터 비롯된 근심의 문화로 바꿔 놓으려 한다. 이들은 위험을 감수하며 도전하는 이들을 탐욕스러운 거머리로 비하하고, 위험 감수를 보상하는 시스템이 있다면 그 시스템은 도덕적 혐오의 대상으로 취급돼야 한다고 말한다. 또 분열주의자들은 미국인들이 도전정신 대신 강탈의 정신을 함양해야 하며, 오직 지대 추구rent-seeking**를 통해서만이 궁극적 정의가 구현될 수 있다고 주장한다.

마지막으로, 미국의 역사 역시 심각한 위협에 직면하고 있다. 분열주의자들은 전통적으로 학습해 온 미국의 역사가 신화에 불과할 뿐이라고 말한다. 실제 미국의 역사는 착취의 역사이며, 독

* 급진 좌파가 꿈꾸는 사회.
** 공공 정책이나 경제 상황을 악용·왜곡·조작함으로써 사적 이익을 취하는 행위.

립선언서에 나타난 이상들은 작성했을 당시 그저 자화자찬적인 글 조각에 불과했다는 논리다. 이들은 미국의 헌법이 기득권 권력의 위계질서와 더불어 모든 종류의 편견을 영구히 보전하기 위해서 만들어졌다고 생각한다. 이들에게 미국은 세계를 지배하는 데 혈안이 되어 있는 제국주의적인 괴물에 불과하며, 탐욕스러운 자본주의를 전 세계에 전파하는 짝퉁 민주국가다. 이런 관점에서 생각한다면 더 이상 미국을 결속시키는 역사는 존재할 수 없다. 엄밀하게 말해서, 역사는 우리를 분열시킬 뿐이다. 분열주의자들에게 미국의 국기는 냉소적 농담 그 이상도 이하도 아닌 걸로 치부된다.

앞으로 우리가 살펴보도록 하겠지만, 분열주의자들의 주장은 철저하게 틀릴 뿐만 아니라 심지어 위험하기까지 하다. 하지만 문제는 오늘날 미국 사회에서 시간이 지날수록 이와 같은 주장이 힘을 얻고 있다는 사실이다. 그리고 분열주의자들의 주장이 미국인들 다수가 공유하는 세계관으로 자리 잡게 될 때 미합중국은 더 이상 합중국으로서 존재하지 못할 것이다.

분열주의자들의 문제점

미국의 철학이 근본부터 비뚤어졌으며, 미국의 문화는 병들었고, 미국의 역사는 악으로 가득하다는 주장을 하기 위해서, 다시 말해 미국을 위대한 해방자이자 부의 창출자, 권리의 보호자가 아니라 거대한 착취자로 바라보기 위해서, 분열주의자들은 미국의 현실에 대해 놀라울 정도로 왜곡된 태도를 견지한다. 이들은 미국의 죄악을 설명하는 데 심혈을 기울인다. 물론 그러한 죄악이 발생했던(또는 발생할 수밖에 없었던) 맥락을 병행해서 설명한다면 역사적 과오를 설명하는 것 그 자체로는 별 문제가 되지 않는다. 하지만 이들은 미국의 죄악을 설명할 때 해당 역사의 모든 전후 문맥과 향후 진행사항을 생략해 버린다. 착취는 모든 인간 사회에서 나타나는 하나의 특징이다. 한 집단이 또 다른 집단을 학대하는 것은 역사상 대부분의 문명권에 걸쳐 흔하게 나타난 일종의 반복된 현상이라고 할 수 있다. 하지만 이와 달리 번영과 평화, 그리고 자유는 인간 역사 속에서 드물었던, 다시 말해 전례가 없는 현상이었다.

미국 국부들의 이념이기도 한 재산권 보호에 바탕을 둔 자본주의가 국내적으로나 전 세계적으로나 평화와 번영을 확대하는 데 유례 없는 성공을 거둬 왔다는 건 누구도 부인할 수 없는 사실이다. 개인의 권리를 소중히 여기고 자본주의의 뿌리인 사유재산권을 보호하는 현상이 나타난 계몽주의 시대 이후로 세계 GDP는 충격적일 만큼 기하급수적으로 증가해 왔다. 서기 1년을 기준으로 전 세계 GDP는 약 1천8백30억 달러 정도였다고 추산된다.

1000년도가 되었을 때 그 수치는 2천1백억 달러쯤으로 증가했다. 1500년도를 놓고 봤을 때 세계 GDP는 여전히 4천3백10억 달러 정도에 머물러 있었다. 1700년도에 그 수치는 6천4백30억 달러쯤 이었다. 하지만 2013년을 기준으로 글로벌 GDP의 수치는 무려 101조 달러에 육박했다. 서기 1년으로부터 첫 밀레니엄인 1000년 이 될 때까지 전 세계의 GDP는 약 15퍼센트 증가했다. 그리고 1000년부터 1500년도까지 세계적으로 1백5퍼센트 GDP 증가가 있었다. 1500년도부터 1700년도까지는 49퍼센트의 증가가 나타 났다. 반면 1700년도부터 지금(2020년)에 이르기까지 국제 GDP는 1만 5천7백 퍼센트가량이나 폭발적으로 증가했다.[9]

미국이 세계 초강대국으로 자리 잡게 된 후 전 세계적으로 평화가 확대되었다는 것 역시 부인할 수 없는 사실이다. 2차세계대전 이후 해가 지날수록 국제 전쟁에 의한 사망자의 숫자는 급격하게 감소해 왔다. 2차대전이 마무리될 당시 10만 명당 전사자의 수는 거의 2백 명에 육박했지만 20세기가 마무리될 때쯤에는 그 수치가 10만 명당 0.5명으로 급격하게 줄어들었다.[10] 1900년대 이후 국제 평균 수명은 약 2배로 증가했다.[11] 미국은 지구상에서 가장 관용적인 국가가 되었다. 워싱턴포스트에 보도된 한 스웨덴 연구소의 조사에 따르면 영국, 미국, 캐나다, 오스트레일리아, 그리고 남미에 있는 몇몇 국가 출신 국민들이 일반적으로 자신과 다른 인종의 이웃을 가장 잘 포용하는 것으로 나타났다. 다른 유럽 국가들은 위에서 언급된 나라들만큼 관용적이지 않았다.[12] 다만 이들 가운데 어느 한 곳도 흑인을 자신들의 대통령으로 당선시킨 나라는 없다. 그것도 두 번이나 말이다. 참고로 오바마 전 대통령은 두 번에 걸친 대통령 선거 모두에서 6천5백만 표 이상의 표를 받고 당선됐다.

마지막으로, 세계적으로 미국의 영향력이 확대된 곳에서는 언제나 자유가 확대되어 왔다는 사실을 꼭 언급하고 싶다. 메릴랜드 대학의 폴리티 프로젝트Polity Project에 따르면 현재 세계적으로 민주화의 진전도는 그 어느 때보다 높으며 특별히 소련의 붕괴 이후 이와 같은 현상은 더욱 도드라져 나타나 왔다고 한다.[13] 물론 이 같은 소련의 붕괴는 케네디 대통령이 취임연설에서 한 말처럼, "자유의 존속과 성공을 보장하기 위해 그 어떤 값을 치르더라도, 그 어떤 짐을 짊어지더라도, 그 어떤 역경을 맞이하더라도, 그 어떤 우방국을 지원하더라도, 또 그 어떤 적국과 맞서 싸워야 한다 할지라도" 기필코 이뤄 내고 말겠다는 미국의 확고한 의지가 없었다면 불가능한 일이었다. "미국은 두 번이나 유럽을 압제로부터 구해 주었고, 공산주의라는 재앙을 종식시켰으며, 전 세계적으로 수십억 명의 사람들을 해방시켰다." 이와 같은 문구는 미국 차량 범퍼스티커에서 종종 발견되는데, 결코 틀린 말이 아니다. 그렇지만 분열주의자들이 제시하는 기준선은 이보다 훨씬 높다. 그 기준선을 넘어서기 위해서 분열주의자들은 영리하고 매혹적이며 매우 사악한 전략을 채택해야 했다.

분열주의의
전략

그렇다면 분열주의자들은 어떻게 수백만의 미국인들에게 미국의 철학과 문화, 역사를 모두 내던져 버려야 한다고 설득시킬 수 있었을까? 분열주의자들은 불순하지만 매혹적인 방법을 통해 미국이 사악하다는 인식을 사람들에게 주입하기 시작했다. 그리고 교차성intersectionality을 중심으로 한 연대에 기반해서 새로운 형태의 연합을 대안으로 제시했다. 만약 교차성이 원래 의미 그대로 적용되었다면 달리 문제될 것이 없었다. 교차성 이론의 원래 개념에 따르면 미국인으로서 자신의 정체성이 하나 이상의 소수 집단에 해당되는 경우 멤버십의 종류에 따라 표적화되어 공격받을 수 있다는 걸 의미했기 때문이다. 예를 들자면, 흑인 여성은 일상을 살아가면서 백인 여성이 겪는 것과는 다른 종류의 차별을 겪을 수 있다는 뜻이다. 이와 같이 원래 의미로 교차성을 사용하는 대신 분열주의자들은 미국이 완고하게 굳어진 위계질서에 바탕하고 있으며 이 위계질서에 의해 발생하는 문제들은 오직 미국 시스템 전체를 무너뜨리는 방식으로만 해결될 수 있다는 그들의 슬로건을 정당화하는 데 교차성의 개념을 도구로 활용하기 시작했다.[*] 역사적으로 피해자 입장에 선 그룹에 소속되었다는 사실 그 자체는 반反연합주의 진영에 소속된 사람들의 결속을 강화시키는 접착제가 되었다. 새롭게 나타난 분열주의자들의 연대는 미국의 시스템에 대한 반대를 바탕으로 형성됐다.

이와 같은 주장은 얼핏 보면 매우 매력적으로 들릴 수 있다. 특별히 정치적으로 좌익 진영에 속한 사람들의 주장을 뒷받침하는 철학적 거짓말을 감안한다면 말이다. 이들은 미국 사회에서 발생하는 모든 종류의 차이disparity가 차별discrimination을 상징한다고 주장한다. 특정 그룹 간에 발생하는 경제, 문화, 사회적 차이는 인류 역사상 어느 시대에나 존재한 현상이기 때문에 현실적으로 이 같은 차이는 결코 소멸될 수 없다. 하지만 미국인들에게 원인이 설명되지 않는 차이들이 미국의 철학, 문화, 기관, 그리고 역사 등을 포괄하는 미국 시스템에 의해 발생한다고 설득함으로써 분열주의자들은 시스템 전체를 무너뜨려야 한다는 주장을 간결하고 반박하기 힘든 논리로 포장할 수 있다. 다른 처우를 나타내는 모든 증거는 연합주의에 반대해야 한다는 그들 주장의 근거로 활용되

---

[*] 교차성(intersectionality)은 인종, 신분, 생물학적 성별, 성적 지향, 사회적 계급, 장애 유무 등에 따라 한 사회 내에서 계층적 위계질서가 발생한다는 이론이다. 이 위계질서상에서 예를 들어 전통적으로 더 많은 특권을 누려 온 '백인, 이성애, 기독교, 남성'보다 억압받아 온 '흑인, 동성애, 무슬림, 여성'이 더 많은 사회적 발언권을 부여받아야 한다는 것이 좌파의 주장이다.

었다.

이 같은 주장은 감정적인 공감을 불러일으킬 수 있긴 하다. 전통적인 미국의 정신에 따르면 미국의 시스템은 결코 완전한 적이 없었지만 시간이 지남에 따라 더 나은 방향으로 발전해 나갔다. 그 말인 즉, 미국인들은 역사적으로 그들을 괴롭혀 온 편견의 장애물들에 방해받지 않고, 과거 그 어느 때보다 수월하게 오늘날 성공을 이룩할 수 있다는 뜻이기도 했다. 이와 같은 세계관은 개인에게 끔찍할 정도로 큰 책임감을 부과한다. 만약 당신이 성공하지 못한다면, 개인 차원에서 발생한 악조건을 원망할 수 있다. 하지만 인생에서 실패했을 때 미국 국기 같은 것을 걸치고 당신을 쫓아다니며 당신이 꿈을 이루는 데 사사건건 방해를 놓는 해롭고, 실존적이며, 조직적인 유령 같은 존재에 책임을 전가하며 변명을 늘어놓을 수 없다는 뜻이다. 자유가 확대된다는 건 책임 역시 동일하게 확대된다는 걸 의미한다.

하지만 만약 이 세상에 존재하는 모든 차이를 시스템의 문제로 돌려 버린다면 개인 차원의 책임은 부수적인 문제가 되어 버린다. 실패는 더 이상 개인의 책임이 아니라, 시스템의 문제일 뿐이다. 이 같은 세계관 속에서 개인이 경험하는 모든 실패는 미국의 시스템을 허물어야 한다는 분열주의자들의 주장을 강화하는 근거로 활용된다. 앞서 내용을 다시 언급하자면, 이들의 태도는 결국 미국의 건국 이념을 다시 고쳐 써야 한다는 그들의 유일한 해결책으로 귀결된다.

이 같은 관점은 이제 민주당 급진 좌파 정치인들이 반복적으로 외치는 구호가 되었다. 이들은 역사적으로 소위 박해받아 온 그룹들이 하나로 연합해 분연히 일어나 미국 건국 이념의 본질 그 자체를 고쳐 써야 한다고 주장한다. 뉴욕주 상원의원인 커스틴 질리브랜드Kirsten Gillibrand는 "저항은 곧 여성이며, 교차성이고, 서로에 대한 우리의 믿음에 의해 강화된다"라고 말했다. 소셜미디어를 능숙하게 활용하는 민주당 대선 후보들은 자신이 얼마나 많은 교차성을 가지고 있는지를 대중들에게 어필하고, 그들이 스스로를 부유하고 영향력 있는 존재로 만들어 준 미국이라는 나라에 의해 얼마나 큰 피해를 입어 왔는지를 경쟁적으로 늘어놓는다. 그렇게 함으로써 이 같은 현실을 이해하지 못하는 동료 정치인들과 달리 자신은 교차성에 민감하다는 점을 호소하며 대중의 비판과 낙인을 피하려 하는 것이다. 이러한 정치인들은 실제 모든 정치의 뿌리가 되는 구체적인 정부 정책을 비판하는 데서 그치지 않는다. 대신 그들은 '시스템' 그 자체에 문제가 있다고 말한다. 이 같은 맥락을 이해하면 왜 민주당 상원의원인 엘리자베스 워런Elizabeth Warren이 미국의 형사 사법제도 그 자체를 두고 '인종차별적'이라고 말했는지를 이해할 수 있다. 캘리포니아에 지역구를 둔 민주당 상원의원인 카말라 해리스Kamala Harris는 정체성 정치가 결코 외면되어서는 안 되며, 정체성 정치를 없애자는 류의 주장 자체가 "우리 모두에게 영향을 주는 이슈들을 최소화하고 이를 의도적으로 무시하기 위해 만들어졌다"라며 "그런 식의 주장은 우리의 입에 재갈을 물리기 위한 목적으로 사용된다"라고 말했다.[14] 민주당의 잠재의식을 여실히 대변해 주는 전 텍사스주 하원의원 베토 오로크Beto O'Rourke는 2019년 연설에서 "이 나라는 출발점부터 시스템에 따른 고질적이고 근원적인 인종차별주의에 기반해 건국됐다"라고 언급했다.[15]

분열주의에 기초한 정치권의 영향에 따라, 언론은 미국에서 발생하는 인구적 변화가 급격한 정치적 변화를 알리는 전조 현상이라는 식의 보도를 끊임없이 내놓는다. 마치 인구통계에 따른 변화가 일종의 숙명이라도 되는 듯 말이다. 미국진보센터Center for American Progress˙ 소속 연구원인 스티브 필립스Steve Phillips는 더네이션The Nation에 기고한 기세 등등한 글에서 "오늘날 미국의 정치 지형을 형성해 나가는 단 하나의 강력한 힘은 미국의 인종별 인구 구성을 근본적으로 변화시키고 있는 인구통계적 혁명"이라고 말했다. 필립스에 따르면 민주당의 희망은 인종에 기반한 전략적 판단에 기반하고 있었다. 필립스는 이어 "유색인종들의 관심사가 오늘날의 정치를 이끌어 가야 하고, 미래에도 그와 같은 현상이 지속돼야 한다"라고 언급했다.[16] 이 같은 발언은 이제 민주당에서

˙ 2008년 오바마의 대통령 당선 후 미국 진보 진영에서 핵심 싱크탱크로 부상.

소수 의견에 머무르는 수준을 넘어선 지 오래다. 민주당 소속 지식인들 상당수에게 인구통계 변화에 기반한 정책은 그들 전략의 핵심으로 자리 잡게 되었다. 아이러니하게도 대안우파 세력들이 급진적 민주당 지지층들과 동일한 관점을 가진다는 것은 전혀 놀랄 일이 아니다. 대안우파는 인종적 구성의 급격한 변화가 미국의 시스템에 근본적인 위협을 가한다고 생각한다. 그리고 이들은 그들 자신만의(미국 급진 좌파와 차별화되는) 인종적 분열주의를 해결책으로 제시한다. 안타깝게도 이 같은 대안우파의 주장은 때때로 공화당 내부까지 흘러 들어와 영향을 주고 있다.

이 모든 극단적인 주장들은 국가를 분열되게 만든다. 하지만 분열주의자들은 국가의 연합을 망가뜨릴 수 있는 힘의 진짜 근원은 전통적인 미국의 가치를 옹호하는 사람들로부터 찾아낼 수 있다고 생각한다. 분열주의자들에게 연합은 특정 시스템에 반대하는 행위를 통해 만들어진다. 미국의 시스템 그 자체가 분열과 불평등을 생산해 내도록 디자인 됐기 때문에 그 시스템을 옹호하는 태도가 미국에서 발생하는 정치, 문화적 균열을 초래하는 진짜 원인이라는 주장이다. 이런 철학을 파악하고 나면 왜 분열주의자들이 성조기처럼 미국인들을 문화적으로 하나 되게 만드는 상징물들을 비판하며 이 상징물들이 본질적으로 분열적이라고 말하는지를 이해할 수 있게 된다. 만약 그들의 개념 속의 미국이 양극화적이라면, 미국의 국기 또한 양극화적이기 때문이다.[17] 분열주의자들은 미국 국가가 연주될 때 무릎을 꿇고 항의를 표현하는 것이 정자세를 하고 가슴에 손을 얹는 것보다 진정한 연합을 상징하는 행위라고 생각한다(베토 오로크는 "어느 때, 어느 곳, 어느 장소에서든 당신의 권리를 위해 평화적으로 목소리를 내는 것, 다시 말해 무릎을 꿇는 것*보다 더욱 미국적인 행동을 나는 생각해 낼 수 없다"고 말하기도 했다).[18] 합리적 대화에 가치를 두는 미국의 전통 그 자체는 이제 양극화를 초래하는 원인으로 치부된다. 물론 정중함civility은 남북전쟁 시절 남부연맹이 표면적으로 중시했던 가치이긴 하다(그런데 사실 남북전쟁 기간 동안 60만 명의 사망자가 발생했다는 점을 고려하면 실제적으로 남부연맹**은 그들이 표면적으로 주장한 정중함과 다소 거리가 있었다).[19] 과학적 탐구 결과는 편견에 바탕하고 있다고 취급되고, 결과의 평등을 만들어 내지 못하는 능력중심주의meritocracy는 그 자체로 차별적이라고 치부된다. 자유시장경제에 대해 믿음이 있다거나, 심지어 의료보험 전면 국유화에 반대하기만 해도 분열주의자들은 그런 태도가 미국이 노예제에 뿌리를 두고 있다는 점을 입증하는 증거일 뿐이라고 말한다.[20] 이들은 연방주의나 선거인단Electoral College 등 미국의 제도를 유지하려 하는 사람들을 본질적으로 차별주의자들이라 말하며 매도

* 미국풋볼리그(NFL)를 시작으로 스포츠 경기나 행사 등에서 미국 국가가 연주될 때 인종차별에 항의하는 의미로 무릎을 꿇는 행위.
** 남북전쟁 중 노예제 폐지에 반대한 남측이 '연맹(the Confederacy)', 노예제 폐지에 찬성한 북측이 '연방(the Union)'.

한다.[21]

분열주의자들에게 미국 시스템은 그 자체로 억압적이기 때문에 그들이 맞서 싸워야 할 대상으로 간주된다. 미국의 철학과 문화, 제도, 그리고 역사는 선善과 개인의 권리를 보장하는 데 역사상 비교의 대상이 없을 정도로 성공적이었다고 생각하는 사람들이 있다면, 이들은 분열주의자들에 의해 좋게 얘기하면 순진할 정도로 낙관적인 애국주의자, 나쁘게 말하면 완고한 꼴통으로 치부된다. 내가 보스턴 대학에서 "미국은 노예제가 아니라 자유에 기초해 만들어졌다"라는 제목으로 바로 이 주제를 놓고 강연했을 때 수백 명에 달하는 시위대가 강연장 밖에 모여 곧바로 나를 인종차별주의자로 낙인 찍었는데, 거기에는 다 이유가 있었다. 그 강연에서 내가 특별히 짐 크로Jim Crow법*과 노예제의 끔찍한 폐해, 그리고 미국 흑인들이 보여 준 자유를 향한 영웅적 투쟁에 초점을 맞췄다는 사실을 굳이 언급하진 않겠다. 더 나아가 나는 자유의 투사들이 승리를 거뒀으며, 그들은 미국 건국의 아버지들이 한 약속을 성취했고, 또 그들은 마틴 루터 킹 주니어가 독립선언서에 의해서 보장받았다고 언급한 "약속어음promissory note"을 실제 현금으로 인출하고 있다고 말했다. 하지만 이 모든 설명조차 강

---

* 1876~1965년 미국 각 주에서 시행된 제도적 인종차별법. 공공기관에서 인종 분리와 차별을 합법화했으며, 이를 "분리되었지만 평등하다(separate but equal)"라고 포장했다.

연장 밖의 시위대에게는 그저 거대담론 속에서 다뤄지는 폐기 처분되어야 할 인종차별주의적인 발언에 불과했다.

오늘날 미국에서 우리를 하나 되게 만들어야 할 바로 그 요소들은 국가적 불화를 초래하는 요소들로 묘사된다. 그리고 분열주의적 세계관에 굽실거리는 것만이 도덕적 면죄부를 받을 수 있는 유일한 길이라고 여겨진다.

그리고 실제 분열주의자들은 그와 같은 굴복을 요구하고 있다.

분열주의자들은 문화 기관의 권력을 지렛대 삼아 그들의 길을 가로막는 사람들을 목표 대상으로 삼고 파괴시켜 버린다. 분열주의자들의 전략은 단순한 원칙에 근거하고 있다. 우는 아이에게 젖을 주는 것이다. 소셜미디어상에서 분열주의자들은 위험 회피 경향이 너무 강한 나머지 표현의 자유나 그들이 추구하는 가치를 위해 목소리를 내며 싸울 줄 모르는 기업들을 타깃으로 한다. 예를 들면 이런 식이다. 분열주의 철학이 이념인 운동가들은 하루 종일 왜곡의 여지를 조금이라도 남기는 보수 매체 또는 방송을 인터넷에서 검색하면서 트위터에서 해당 방송을 보이콧하자며 구체화되지 않은 언어로 여론을 선동한다. 어떤 때는 몇몇 개의 트윗 멘션으로 인해 광고주들이 방송에서 광고를 철회하기도 한다. 또 유튜브에서 노란 딱지를 받게 한다거나, 소위 내부 커뮤니티 규정을 어겼다는 이유로 플랫폼에서 영구히 추방되기도 하며, 심지어 어떤 경우는 분열주의자들이 올리는 몇몇 개의 트윗으로 인해 정부 정책의 전반적 방향이 완전히 뒤바뀌기도 한다.

엘리트주의에 사로잡힌 분열주의 폭도들에 의해 날이 갈수록 변해가는 정치적 올바름의 기준선 앞에서 일반 시민들은 침묵 또는 동조라는 두 가지 선택지 중 하나를 강요받게 된다.

원칙적으로는 기업은 정치적 주장이 아니라 이윤을 기반으로 움직여야 한다. 하지만 많은 경우 기업들은 아주 미세한 압력에도 쉽게 굴복해 버린다. 좌익 진영이 기업에 대한 인식과 달리(좌익 진영은 기업을 포함해 이 세상에 존재하는 모든 단체가 정치적이라고 생각한다) 기업은 본질적으로 이념과 전혀 관계없는 집단이다. 기업은 구조적으로 골칫거리를 최소화하길 원하는 생리적 현상이 있다. 이 말인 즉, 거대한 회사 내에서 몇몇 인턴들이 작정하고 목소리를 높여 특정 문제를 이슈화 시킨다면 그들이 회사의 정책을 좌지우지할 수 있다는 뜻이다. 또 언론을 통해 약간이라도 타격을 입힌다면 수십억 달러의 가치가 있는 회사들이 표현의 자유를 제약하는 규정을 만들도록 충분히 유도할 수 있다는 뜻이기도 하다.

심지어 비영리 단체들조차 분열주의자들이 휘두르는 채찍을 피해 가진 못한다. 보이스카우트The Boy Scouts의 경우 그들이 보존해 온 원칙들이 유대 기독교적 도덕관을 함양하는 전통적 가치들과 부합한다는 이유로 분열주의자들에 의해 해당 원칙들을 버릴 것을 강요받는다. 칙필에이Chick-fil-A*는 정부와 비정부 단체 모두로부터 구세군The Salvation Army과 같은 종교 단체에 대한 기부를 중

단할 것을 강요받기도 한다.

분열주의자들이 다수의 행정처를 효율적으로 통제하고 있는 대학 캠퍼스에서는 보수주의적인 강연을 퇴출시키는 끔찍한 움직임과 함께 중국(중공)의 마오주의적인 사회적 낙인 찍기가 빈번하게 발생하고 있다. 학생들은 자신이 '백인 특권White Privilege'을 갖고 태어났음을 고백하도록 학습당하는데, 이러한 학습은 개인의 책임과 권리라는 미국 전통적 가치를 약화시키는 교차성 이론의 핵심 구성요소다. 만약 이를 거부하는 학생들이 있다면 그들은 캠퍼스에서 편견이 가득한 사람으로 낙인 찍힌다. 분열주의자들의 지배 앞에 무릎 꿇기를 거부하는 교수들이 있다면 그들은 캠퍼스를 떠날 것을 강요받는다. 만약 분열주의자들이 특정 과학자들의 연구 결과를 탐탁지 않게 여긴다면 해당 과학자들은 자신의 연구 결과를 버릴 것을 강요받는다.

할리우드 역시 분열주의자들의 위협으로부터 자유로울 수 없다. 연예인들은 특별히 부정적 언론 보도에 민감하게 반응하기 때문에 그들은 분열주의자들의 관점에 순응하거나 아니면 업계에서 퇴출되는 것 중 하나를 선택해야 한다. 과격한 좌파적 어젠다에 조금이라도 반대하는 의견을 말하는 즉시 해당 연예인은 자신의 커리어를 끝장 내는 결과를 맞이하게 될 수 있다. 예를 들어

• 미국의 치킨샌드위치 프랜차이즈. 기독교인인 창업주가 주일을 지켜야 한다는 이유로 일요일에 영업을 하지 않는다.

배우이자 작가로 활동하는 마리오 로페즈Mario Lopez는 "아이의 부모로서 3살 아이가 성별 혼란gender confusion을 느낀다는 이유로 그 아이가 실제 성별 불쾌감gender dysphoria*을 앓고 있다고 판단하는 것은 위험하다"라고 말하는 중대한 죄악을 저질렀다. "넌 그냥 어린아이야"라는 말을 덧붙였다. 로페즈가 이 같은 발언을 했다는 사실이 대중에게 알려지자 케이블 방송국인 E!은 로페즈에게 공개 사과를 하도록 압력을 넣었다. 물론 로페즈는 그가 마땅히 해야 할 사과를 대중들에게 할 수밖에 없었다.[22]

로페즈는 부양할 가족이 있었기 때문이다.

우리 모두가 처한 상황 역시 크게 다르지 않을 것이다.

분열주의자들은 이 점을 잘 알고 있다. 그리고 이들은 자신들의 독성이 미국인들 삶의 모든 영역에 하나도 빠짐 없이 닿게 될 때라야만이 진정으로 만족할 수 있는 사람들이다. 분열주의자들은 스포츠의 분야 역시 다양성을 관용하지 못하는 생물학**을 심판하는 자리가 돼야 한다고 생각한다. 또 음악가들은 사회 정의에 관한 최신 트렌드에 대해 자신의 의견을 밝힐 것을 강요받는다.

---

*   자신의 생물학적 성(sex)과 주관적 성정체성(gender)이 불일치한다고 느끼는 상태.
**   전형적으로, 남성에서 여성으로(m2f) 전환한 트랜스젠더 선수가 여성 선수로 뛰지 못하고, 반대로 여성에서 남성으로(f2m) 전환한 선수가 남성 선수로 뛰지 못하게 하는 것.

엔드게임

분열주의자들은 미국인의 삶 가운데 존재하는 모든 연결고리와 조직들을 제거해 나가고 있다. 이 같은 현상은 끊임없이 지속되고 있으며, 우리 삶의 모든 영역에서 발생하고 있다. 이제 미국인들은 더 이상 분열주의 철학을 접하지 않고서는 풋볼 경기를 시청할 수 없다. 우리는 매거진을 읽거나 교회 행사에 참석하고, 심지어 레스토랑에 갈 때에도 정치적인 이슈를 고려해야만 한다.

이 같은 분열주의자들의 전략은 효과적이다.

왜냐하면 이 같은 전략은 사람들의 혼을 쏙 빼놓기 때문이다. 분열주의자들은 실제 그런 의도를 갖고 그와 같은 전략들을 만들어 냈다. 분열주의 철학을 옹호하는 사람들은 미국인들에게 스스로의 의지와 주관을 단념한 후 분열주의자들의 명령에 순순히 따르는 것이 더 낫다고 설득한다. 만약 그와 같은 명령에 순응하지 않으면 정치적 방법을 통해 미국인들이 누리고 있는 삶의 모든 영역을 하나도 남김 없이 파괴시켜 버릴 것이라고 협박한다. 하지만 연합의 상태를 유지하기 원하는 나라에서는 분열주의자들이 제시하는 그 어떤 방법론도 적용될 수 없다. 연합주의 철학은 수많은 차이점에도 불구하고 우리는 여전히 뿌리 깊이 미국인으로서 정체성을 함께 공유한다고 말하기 때문이다. 반면 분열주의 철학은 우리가 미국인으로서 동일한 여권을 공유하고 있을지는 모르지만 뿌리 깊이 들여다보면 우리는 서로 다른 존재들이라고 이야기한다.

　분열주의자들이 숨기고 싶은 비밀이 하나 있다. 그건 파괴의 끝에 절대 연합이 존재할 수 없다는 사실이다. 파괴의 끝에는 더 심각한 파괴가 있을 뿐이다. 모든 혁명은 그 혁명의 주동자들을 삼켜 버린다. 미국의 철학과 문화, 기관, 그리고 역사가 초토화된 후에는 절대 새로운 세계가 건설되지 못할 것이다. 국가적 연합이 사라진 자리에는 종족주의가 들어설 것이다. 미국의 철학과 문화, 역사가 파괴된다면 분열주의 내에서 각기 다른 분파들을 현재 하나로 묶어 두고 있는 미국 시스템에 대한 반대라는 거대 명분의 아교 역시 녹아내리고 만다. 그렇게 되면 서로의 이해관계를 추구하는 양극화된 집단들만 남겨지게 될 것이다. 따라서 미국을 구하기 위한 싸움은 곧 연합주의를 지키고 보호하는 싸움이라고 할 수 있다. 우리는 현재 그 싸움을 맞이하고 있다.

1

미국의 철학

미국의 신조는 단순하다.

"우리는 다음과 같은 사실들을 자명한 진리로 받아들인다. 즉, 모든 인간은 평등하게 창조되었고, 그들은 창조주로부터 양도할 수 없는 특정한 권리를 부여받았으며, 그 권리 중에는 생명, 자유, 그리고 행복의 추구가 포함된다는 것이다. 이 권리를 확보하기 위해 인류는 정부를 조직하였고, 이 정부의 정당한 권력은 피치자들의 동의로부터 유래한다"(독립선언서).

미국을 건국한 국부들은 이와 같은 원칙들을 위해 생명을 걸었고, 의무를 다했으며, 고결한 명예를 바쳐 그것들을 지켜 냈다. 게티스버그 전투에서 전사한 군인들, 건국의 아버지들이 했던 약속을 성취하기 위해 분연히 일어나 시민의 평등한 권리를 위해 맞서 싸운 영웅들, 그리고 전 세계에 살아가는 수십억의 사람들에게 자유를 가져다준 미국의 군 장병들 역시 국부들처럼 독립선언서에 명시된 원칙을 위해 자신의 삶을 다 바쳤다. 때때로 진부하다 취급받기도 하고, 또 의도적으로 그 의미가 왜곡될 때도 있지만, 평등과 개인의 권리, 그리고 민주주의에 대한 확고한 지지를 표명한 독립선언서의 호소력 있는 메시지는 여전히 그 힘과 생명력을 유지하고 있다.

독립선언서에서 사용된 언어는 오늘날에도 그 뛰어난 근본적 관점을 잘 나타낸다. 독립선언서의 내용은 미국인들의 사고방식 속에서 지속적으로 유지되는 주제를 담고 있다. 해방 노예이자 미국의 두 번째 국부* 중 한 명이기도 한 프레드릭 더글러스Frederick Douglass는 독립선언서으로부터 자유를 향한 평온한 요청과 더불어(더글러스는 정치적 자유와 자연권적 정의를 명시하는 독립선언서의 위대한 원칙들을 적극 지지했다) 미국 내에 존재하던 노예제에 대한 준엄한 비판을 발견했다.[1] 링컨 역시 독립선언서에서 미합중국을 유지하는 철학적 중심 축axis mundi을 발견했다. 1858년 8월 17일 일리노이주 루이스톤에서 한 연설에서 링컨은 다음과 같이 말했다.

> 미국의 국부들은 현명한 정치가들이었던 만큼, 번영이 독재자를 만들어 낼 수 있다는 점을 잘 이해하고 있었습니다. 그래서 그들은 멀지 않은 미래에 어떤 사람, 어떤 파벌, 또는 어떤 이익집단이 출현해 자신들만의 기준을 만들고 부유하거나 백인인 사람들

---

* 남북전쟁의 위기를 극복하고 연방을 지켜내는 데 기여한 링컨, 프레드릭 더글러스, 새디어스 스티븐스(Thaddeus Stevens), 존 빙엄(John Bingham) 등.

만이 생명과 자유, 그리고 행복을 추구할 권리가 있다고 혹시 주장한다면, 미국인들은 다시 눈을 들어 독립선언서를 바라보고 용기를 내어 그들의 선조들이 시작했던 싸움을 다시 시작해야 하며, 그렇게 함으로써 진리와 정의, 긍휼의 가치, 또 인도적이며 기독교에 기반한 미덕들이 이 땅에서 소멸되지 않을 수 있다고 생각했습니다. 그리하여 이후로 그 어떠한 사람도 이 자유의 성전을 만들어 낸 위대한 원칙들을 감히 제한하거나 훼손하지 못하도록 경종을 울리기 위함이었습니다.[2]

그로부터 약 한 세기가 지난 후, 마틴 루터 킹 주니어는 독립선언서를 읽으면서 아직 현찰화되지 않은 약속어음을 발견했다. 독립선언서의 약속을 성취하기 위해 자신의 목숨을 바친 전직 대통령을 기념하기 위해 만들어진 링컨 기념관Lincoln Memorial에 올라서서, 킹 목사는 독립선언서에 명시된 약속을 이제 완전히 성취해야 할 때라고 호소했다.「나에게는 꿈이 있습니다I have a dream」라는 제목으로 익히 알려진 연설에서 킹 목사는 다음과 같이 말했다.

"미국 건국의 아버지들은 모든 미국인들을 상속자로 둔 약속어음에 서명했습니다. 그 어음은 흑인과 백인을 포함한 모든 인간에게 생명과 자유, 그리고 행복의 추구라는 양도할 수 없는 권리를 보장한다는 약속이었습니다."

킹 목사는 우레와 같은 목소리로 연설을 이어 나갔다.

"나에게는 꿈이 있습니다. 언젠가 이 나라가 함께 일어나 스스로를 존재하게 만든 건국 신조의 진정한 의미, 다시 말해 '우리는 모든 인간이 평등하게 창조되었다는 것을 자명한 사실로 받아들인다'는 독립선언서의 약속을 실현하게 될 것이라는 바로 그 꿈 말입니다."[3]

킹 목사는 연설에서 천지개벽을 일으킬 정도로 새로운 언어를 사용하지 않았다. 그리고 그가 연설에 사용한 언어의 의미 역시 전혀 새롭지 않았다. 킹 목사의 연설에 사용된 언어는 오래된 원칙들, 다시 말해 고대 그리스와 로마 철학, 유대 기독교적 가치, 그리고 영국적 전통에 뿌리를 두고 있는 바로 그 원칙들을 고스란히 담아내고 있었다.

1825년 5월, 사망하기 한 해 전에 썼던 편지에서 토머스 제퍼슨은 다음과 같이 말했다.

"저를 비롯한 미국의 국부들은 그 옛날 사람들이 한 번도 생각해 본 적 없고 언급한 적 없는 새로운 원칙을 발견하거나 새로운 주장을 만들어 내려 한 것이 아닙니다. 다만 우리는 누구로부터도 동의를 얻을 수 있을 만큼 명백하고 확고한 상식적 관점을 인류 앞에 제시하고, 우리가 취해야 할 독립적인 입장에 기반해서 우리 자신의 주장을 정당화한 것뿐입니다. 독립선언서를 작성할 때 우리는 현 시대의 글들과 더불어 아리스토텔레스, 키케로, 로크, 시드니 등이 공민권에 관해 기초적으로 설명한 글들에 나타

난 철학을 '당대의 정서sentiments of the day'와 결합하여 '미국의 정신
The American mind'을 표현해 내길 원했습니다."[4]

그렇다면, 제퍼슨이 언급한 '미국의 정신'이란 정확하게 무엇
일까? 왜 오늘날도 이것이 중요한 의미를 지니는 것일까?

독립선언서에 나타나 있는 것처럼 미국의 철학은 세 가지 원칙
을 중심으로 이루어져 있다. 정부가 탄생하기 전에 이미 자유, 생
명, 행복 추구에 대한 개인 차원의 자연권이 존재했다는 것과, 법
앞에 만인이 평등하다는 것, 그리고 정부는 오직 위의 두 가지 원
칙을 지키고 보호하기 위해 탄생했다는 사실이 그것이다.

독립선언서에 담긴 철학은 오늘날도 우리를 연합시키는 원칙
으로 남아 있다. 만약 이 철학이 사라지게 된다면, 남북전쟁의 역
사가 증명하듯이, 미국은 무너져 버리고 만다. 독립선언서의 철
학은 높은 이상을 담고 있다. 비록 완전히 도달할 수는 없겠지만,
영원히 변치 않는 그런 이상을 담고 있는 것이다. 만약 이 이상을
저버린다면 우리는 위험에 직면하게 된다.

우리는 개인의 자연권을
갖고 있다

독립선언서는 권리가 자명하며, 모든 개인은 '자연과 자연의

하나님Nature and Nature's God'에 의해 그와 같은 권리를 부여받았다고 말하고 있다. 그렇다면 우리의 권리란 무엇이며, 또 우리는 어떻게 그와 같은 권리를 알 수 있을까? 인간은 왜 권리를 가져야 하는 것일까?

앞으로 함께 살펴보겠지만, 이 질문들에 관한 답은 꽤나 개방되어 있다. 이 질문들은 오늘날 우리가 경험하는 정치적 갈등의 중심에 서 있다. 어떤 이들은 우리의 권리가 정부로부터 비롯되며, 따라서 정부는 그와 같은 권리를 빼앗아 갈 자격도 있다고 말한다. 또 어떤 이들은 권리는 단지 공리주의적인 개념에 따른 구성물일 뿐이라고 말하기도 한다. 이들에게 권리란 타인이 자신에게 해서는 안 될 일을 명시한 유용한 방법론이며, 또 이들은 만약 한 사회 내에서 다수의 관심사가 소수의 관심사보다 높은 비중을 갖게 된다면 개인의 권리 역시 침해될 수 있다고 판단한다.

하지만 미국의 국부들은 자연권의 틀 속에서 권리의 개념을 받아들였다. 왜 그랬을까? 그들은 인간으로부터 비롯된 권리는 진정한 권리가 아니라고 생각했기 때문이다. 미국의 국부들은 사람들이 사회적 합의를 통해 만들어 낸 권리는 언제든지 사회적 편의에 따라 사라질 수 있는 특권과 같다고 생각했다. 반면 인간보다 더 높은 존재로부터 비롯되는 권리야말로 진정으로 양도불가능unalienable한 개념이다. 이 같은 권리는 단순한 정부 권력 그 이상의 존재로부터 파생되기 때문에 권리를 부여받은 당사자가 원한다고 해서 그것을 타인에게 양도할 수 없고, 누구도 이 권리를 빼앗아 가거나 침해할 수 없다.

사실 이 같은 철학은 국부들의 머릿속에 어느 날 갑자기 번쩍하고 나타난 개념이 아니다. 이 철학은 유구하고 다채로운 역사를 가지고 있었다. 자연법 철학은 결국 자연권의 개념을 탄생시켰다. 자연법 철학은 미국 국부들의 세계관 속에 점진적으로 스며든 두 가지 전통에 그 뿌리를 두고 있었다. 흔히 예루살렘으로 대변되는 유대 기독교적 도덕과, 아테네로 대변되는 고대 그리스 철학이 바로 그것이다. 유대 기독교 사상에 기반한 도덕은 인간이 고유한 가치를 가지고 있음을 상정했다. 구약성경「창세기」1장 27절에 기록된 놀라운 구절은 인간이 평등하다는 사실을 선언함으로써 계급 시스템을 비판하는 데 가장 기초적인 논리를 제공해 주었고, 그로 인해 인류는 계급 사회를 무너뜨리는 기반을 닦을 수 있었다.

"하나님이 자기 형상 곧 하나님의 형상대로 사람을 창조하시되 남자와 여자를 창조하시고." 여기서 사용된 언어는 오직 왕 또는 귀족들만이 신의 형상을 갖고 있다고 설명하던 다른 고대 문명권들의 철학과 정반대되는 입장을 나타내고 있었다.[5]

한편 고대 그리스 철학은 인간을 인간답게 만드는 것이 인간에게 내재된 이성(reason, 로고스)의 능력이라고 말한다. 고대 그리스인들은 인간이 본질적으로 갖고 있는 특징이 외부 환경에 의해 빚

지도 변화하지도 않는다고 생각했다. 고대 그리스인들은 인간이 생래적으로 이성을 사용하도록 만들어졌으며, 바로 이 점에서 인간은 동물들과 결정적으로 구분된다고 말했다. 플라톤은 인간 영혼의 목적이 "관리하고, 다스리고, 숙고하는" 것이라고 주장했다.[6] 아리스토텔레스는 "인간이 해야 할 일은 이성에 따라 영혼의 활동을 해 나가는 것"이라고 말했다.[7]

'인간은 고유의 가치를 지니고 있다'는 유대 기독교적 핵심 전제가 '사고할 수 있는 능력이 인간을 차별화한다'는 그리스의 철학과 만나 자연법 개념이 탄생했다. 예루살렘과 아테네의 철학은 서구 문명을 구성하는 두 축이 되어, 때로는 예루살렘이, 또 때로는 아테네가 주도권을 잡았다. 수 세기에 걸치는 기간 동안 예루살렘과 아테네는 사실상 동일한 목적지를 향해 나아갔다. 두 번째 밀레니엄이 시작되면서 고대 그리스 철학이 기독교가 지배하던 서방에서 다시 영향력을 확보하게 되면서 그리스 철학은 학습의 폭발적 성장을 가져왔고, 특별히 가톨릭교회의 후원을 받던 대학들에서 그 현상은 더욱 도드라졌다. 당대 저명한 신학자였던 생빅토르의 휴(1096~1141)는 "모든 것을 학습하라. 훗날 그 어느 것도 불필요하지 않다는 것을 깨닫게 될 것이다"라고 말했고,[8] 토마스 아퀴나스(1225~1274)는 "창조를 설명하는 과학을science of creation 오해하는 태도는 하나님에 대한 잘못된 생각으로 귀결된다"고 말했다.[9]

종교적 갈등조차 자연법을 도출하는 과정을 방해하지 못했다. 오히려 종교 갈등은 종교적 파벌주의에 영향받지 않는 보편주의가 만들어지는 기반을 제공함으로써 자연법이 도출되는 데 나름의 기여를 했다. 잔인한 30년 전쟁1618~1648을 마무리하고 국제 관계의 새로운 질서를 수립한 베스트팔렌 조약이 체결됐을 당시 명망 있는 법철학자 후고 그로티우스가 자연법 사상에 기반해 자신의 입장을 호소했던 것은 전혀 놀라운 사실이 아니다. 그로티우스는 특정 행위가 그 자체로 합리적 본성에 부합하느냐 그렇지 않으냐에 따라 도덕적 근거 또는 도덕적 필요성의 특성을 가지고 있다는 점을 보여 주는 올바른 이성의 지시가 존재한다는 사실을 예찬하면서, 그와 같은 행위는 자연의 주관자인 하나님에 의해 금지되거나 허용된다고 말했다.[10]

자연법 사상은 자연권의 발달로 이어졌다. 인간이 본성을 가지고 있다면, 또 그 본성이 사고할 수 있는 능력이라면, 자신의 이성을 활용하는 것이 타인을 해치지 않는다는 전제하에 인간은 그 이성을 재량껏 행사할 권리를 갖고 있다는 결론이 도출된다. 그로티우스가 언급했듯이, "각 사람이 가지고 있는 소유물과 그들의 행동이 타인이 아니라 스스로의 주관하에 놓이도록 신은 자신의 통치권 내에서 인간을 자유롭게 창조하셨다."[11]

자연권 사상을 철학적으로 완성한 사람은 존 로크(1632~1704)다. 로크는 그로티우스와 마찬가지로 인간에게 사고하는 능력이 있고 그것은 우리의 본성이기 때문에, 또 우리 모두는 하나님*의 피조물로서 측량할 수 없는 가치가 있기 때문에, 인간에게는 권리가 있다고 생각했다. 로크는 자연 상태에서 인간은 특정한 권리를 갖는다고 주장했다. 로크는 "인간이 갖고 있는 자연 상태의 자유는 이 땅에 존재하는 어떤 우월한 권력으로부터도 자유로울 권리이며, 인간은 타인의 의지나 입법이 아니라 오직 자연법에 의해서만 통치를 받아야 한다"라고 말했다.[12]

로크가 말하는 자연법상의 권리란 무엇일까? 바로 생명, 자유, 재산에 대한 개인의 권리다. 로크는 인간이 자신의 생존 그 자체 속에 내재된 자기 방어의 권리를 갖고 있다고 생각했다. 인간은 타인의 권리를 침해하지 않는 한 자유롭게 생각하고 행동할 권한이 있다고 믿은 것이다. 또 로크는 인간이 스스로의 노동으로 축적한 재산에 대해 명백한 권한을 갖고 있다고 생각했다.[13]

자유시장에 대한 철학적 해설자로 널리 알려진 애덤 스미스는 이와 같은 로크의 주장을 적극적으로 받아들였다. 『국부론』에서 애덤 스미스는 다음과 같이 이야기했다.

• 영어에서 'God'는 유대 기독교적 유일신을 지칭할 때, 'god'는 일반적 신성을 내포한 존재를 지칭할 때 각각 사용된다. 이하 번역에서 본문에 'God'가 사용된 경우는 '하나님', 'god'가 사용된 경우는 '신'으로 옮김. 참고로 로크는 독실한 기독교인이었다.

자연 상태에서 존재하는 자유의 체계는 명백하고 단순하며 스스로를 저절로 확립한다. 정의의 법을 위반하지 않는 이상 모든 인간은 자신의 방식으로 스스로의 이익을 추구할 수 있으며, 자신이 종사하는 산업과 자본을 통해 타인의 산업 및 자본과 경쟁할 완전한 자유가 있다.[14]

이성을 활용하는 것은 인간의 본성이다. 인간은 그 본성에 따라 이성을 사용할 자유를 가지고 있다. 미국의 국부들은 모두 이 사실을 믿었다. 이성의 가치에 얼마나 큰 확신을 가졌던지, 토머스 제퍼슨은 조카에게 쓴 편지에서 "신의 존재조차 담대하게 의심해 보라. 왜냐하면, 만약 신이 존재한다면 그분은 우리가 눈이 가려진 상태에서 두려움을 느끼는 것보다 이성에 대해 경의를 표하는 것을 더 인정하실 것이기 때문"이라고 말하기까지 했다.[15] 제퍼슨은 미국이라는 나라가 "인간은 이성과 진리에 의해 통치받을 수 있다"는 사실을 입증하길 원했다.

『연방주의자 논집The Federalist Papers』*의 저자 중 한 명인 앨리그잰더 해밀턴Alexander Hamilton은 1775년에 쓴 글에서 제퍼슨과 비슷한 견해를 피력한다. 해밀턴은 "신은 인간을 존재하게 하셨을 뿐만

---

* 제임스 매디슨, 존 애덤스, 앨리그잰더 해밀턴, 존 제이 등 미국의 국부들이 작성한 미국 헌법 해설서. 총 85편의 수록 글은 미국 헌정 질서에 관한 탁월한 통찰을 담고 있다.

아니라, 그 존재를 보존하고 지극히 행복하게 만들 수단, 다시 말해 사고의 능력rational faculties 역시 함께 선물해 주셨다"고 언급했다.[16]

미국 독립혁명의 뿌리에는 이성과 변하지 않는 인간 본성의 경계선에 대한 합리적인 이해가 놓여 있었다. 미국의 국부들은 자연권이 단순한 관습이나 전통에 기반하고 있지 않다고 분명히 못박았다. 독립선언서가 만들어지는 데 초석을 닦은 인물이자 미국 국부 중 한 명으로서 버지니아를 대표한 리처드 헨리 리Richard Henry Lee는 권리란 자연, 영국의 헌정 체제, 대헌장(마그나 카르타), 그리고 태곳적부터 내려온 관습의 네 가지 기반 위에 세워진다고 말했다. 하지만 헨리 리는 영국적 전통에만 머무르지 않고 거기서 한 발짝 더 나아가 권리는 '가장 광범위한 기반the broadest Bottom'과 '자연이라는 토대the Ground of Nature'에 뿌리 박고 있다는 미국적 개념을 주장했다.[17]

바로 이와 같은 이유 때문에 독립선언서는 '자연의 법과 자연의 하나님의 법laws of Nature and Nature's God'에서 인간 권리의 근원을 발견할 수 있다고 명시하는 것이다. 이러한 설명에 따르면 인간의 이성은 인류의 특성과 활동을 파악할 수 있으며, 인류가 어떤 목적을 부여받았는지, 또 그와 같은 목적을 이루기 위해 어떠한 자유를 부여받았는지를 밝혀 낼 수 있다. 따라서 이성을 인간의 가장 고귀한 목적으로 여기는 자연법의 논리에 따라, 인간을 인간답게 만드는 가장 핵심적인 요소는 바로 자유라는 결론이 도출된다. 인권을 정당화하는 그 어떤 논리도 이와 같은 인간 고유의 본성을 빼놓고서는 설명될 수 없다.

국부들은 이와 같은 자연권이 그 어떤 상황에서도 침범될 수 없다고 판단했다. 그리고 이들은 정부가 개인의 권리를 만들어내는 것이 아니라 정부는 개인의 권리를 보호하는 존재가 될 것을 요구했다. 그렇게 미국 독립혁명의 기반이 마련되었다.

만인은 법 앞에 평등하다

건국의 아버지들은 사람들이 단순히 그들 본성의 미덕에 따라 권리를 부여받았다고 생각하지 않았다. 국부들은 모든 사람이 타고난 재능과 관계없이 동등한 권리를 부여받았다고 믿었다. 제퍼슨이 독립선언서의 초안에 썼던 원래 언어는 오늘날 우리가 익숙하게 접하는 독립선언서의 언어보다 훨씬 정확하게 이 점을 표현하고 있다. 제퍼슨의 초안은 이렇다.

"우리는 다음과 같은 사실들을 신성하고 부인할 수 없는 진리로 받아들인다. 즉, 모든 인간은 평등하고 독립적으로 창조되었고, 이 사실로부터 인간은 본질적이며 양도불가능한 권리를 얻게 되었다."[18]

모든 인간은 평등하고 독립적이며, 모든 인간은 평등하게 창조 되었다는 말이다.

엄밀하게 말하면 이와 같은 제퍼슨의 표현은 그다지 분명하지 않다. 독립선언서가 주장하는 것처럼 모든 인간이 동등한 권리를 갖고 창조되었다고 말하는 건 우리의 직관과 놀라울 정도로 어긋 나는 것처럼 느껴지기도 한다. 물론 우리 모두는 인간으로서 비 슷한 본성의 지배를 받는다. 하지만 다른 점들을 살펴보면 우리 가 서로 전혀 동등하지 않다는 걸 알 수 있다. 우리 중 어떤 사람 은 똑똑하고, 어떤 이들은 무식하다. 어떤 사람은 키가 크고, 어떤 이들은 작다. 어떤 이들은 운동신경이 뛰어난 반면, 어떤 이들은 샌님이다. 그런데 어떻게 국부들은 모든 인간이 자신의 권리가 평등하게 창조되었다는 사실이 자명하다self-evident고 말할 수 있었 던 것일까?

인류 역사 대부분의 기간 동안, 가장 현명하다고 평가받는 사 람들은 국부들이 말한 것과 정확히 반대되는 입장을 주장해 왔 다. 예를 들어 플라톤은 "철학자들이 통치하는 사회가 도래할 가 능성을 극대화하려면 그 사회는 하향식top-down으로 통치되어야 한다"면서 "철학자들이 왕으로 통치해야" 하고, "공동체는 지혜 를 담당하는 지배계급, 용기를 담당하는 수호자계급, 그리고 농 업·공업·상업 등에 종사하는 생산자계급 등으로 구분되어 다스 려져야 한다"고 제안했다. 아리스토텔레스 역시 계층 구분이 뚜렷한 불평등한 인간 관계를 옹호했다. 아리스토텔레스는 "남성과 여성의 관계는 본질적으로 우월과 열등, 지배와 피지배의 관계"라면서, "동일한 원리가 일반적인 인간 관계 전반에 필수적으로 적용돼야 한다"고 주장했다. 아리스토텔레스는 이와 같은 사실이 노예제를 정당화해 준다고 말하며 "영혼이 육체와 다르고 인간이 짐승과 다르듯이, 다른 사람들과 차이 나는 사람들은 천성적으로 노예라고 할 수 있다"고 주장했다.[19]

이 같은 배경을 고려하면, 미국을 건국한 유대 기독교적 가치가 얼마나 특별한지를 알 수 있다. 성경은 하나님의 시각에서 우리 모두가 동등한 가치를 지닌다고 말한다. 구약성경 「레위기」 19장 15절은 "너희는 재판할 때에 불의를 행하지 말며 가난한 자의 편을 들지 말며 세력 있는 자라고 두둔하지 말고 공의로 사람을 재판할지며"라고 명령한다. 기독교 신학은 이 같은 주제를 더욱 노골적으로 명시한다. 신약성경 「갈라디아서」 3장 28절은 "너희는 유대인이나 헬라(그리스)인이나 종이나 자유인이나 남자나 여자나 다 그리스도 예수 안에서 하나이니라"라고 말한다. 인간 평등의 개념은 유대 기독교 사상을 뒷받침하는 핵심 전제다.

마찬가지로, 미국의 철학을 뒷받침하는 영국적 전통은 시민권에서 평등의 개념을 주창했다. 「마그나 카르타」(1215)는 법 앞의 평등과 적법 절차 등의 개념을 분명히 명시했다. 미국 『의회의사진행일지Journal of the Proceedings of the Congress』1774년판의 커버 페이지

에는 열두 개의 팔이 「마그나 카르타」라는 제목이 적힌 문서를 붙들고 있는 그림이 실려 있다.[20]

미국의 국부들은 유대 기독교 전통과 영국의 입헌주의, 또 이성적 규범이 고대로부터 이어져 내려온 불평등한 인간관을 철저하게 배격한다는 사실을 꿰뚫어 보았다. 국부들은 이성에 뿌리를 둔 자연법이 자연 상태에서 이미 작동하고 있으며, 그 자연법은 모든 인간이 평등할 것을 요구한다고 주장한 로크의 철학을 적극적으로 받아들였다. 로크는 『통치론』(의 제2부)에서 이렇게 설명한다.

> 자연 상태에는 그 상태를 주관하는 자연의 법이 존재하며, 이 법은 모든 사람에게 의무를 부과한다. 그리고 바로 그 자연법 자체라고 할 수 있는 이성은 만인에게 가르침을 준다. 이성에 자문하는 만인은 평등하고 독립적인 존재이기에, 누구도 서로의 생명이나 건강, 자유, 소유권을 침해해서는 안 된다.[21]

국부들은 인간 평등에 관한 로크의 철학을 받아들였다. 토머스 페인Thomas Paine은 영향력 있는 저서인 『상식』(미국 건국 시기 가장 영향력 있는 정치 선전물 가운데 하나였다)에서 인간이 "창조 시기부터 원래 평등했기 때문에" 인간을 '왕과 신하'와 같은 계급으로 구분하는 행위는 철폐됐어야 한다고 주장했다. 그러면서 페인은 "왕에게 혈통적인 권한이 있다는 이야기가 허튼소리라는 걸 증명하는 가장 강력한 자연적 증거는 바로 자연이 그 사실을 부인한다는 점에 있는데, 만약 자연이 그 점을 부인하지 않는다면 사자처럼 용맹스러운 인간의 후손으로 얼간이가 태어나지는 않았을 것"이라고 익살스럽게 이야기했다.[22] 독립선언서와 미국 헌법 모두에 서명한 제임스 윌슨James Wilson은 사람들 사이에 기술과 미덕, 또 기질의 다양성이 존재한다고 해서 그 점이 인간은 평등하다는 근본적인 주장을 훼손하지는 못한다면서 "권리의 평등은 신과 자연의 모든 법칙에 의해 가장 큰 이익과 행복이 의도된 위대한 제도의 일부를 형성한다"는 말을 남겼다.[23]

독립선언서보다 한 달가량 앞서 조지 메이슨George Mason에 의해 「버지니아 권리선언The Virginia Declaration of Rights」이 작성되었다. 「버지니아 권리장전」의 문장에 기반해 독립선언서를 작성한 제퍼슨은 "본질적으로 모든 인간은 동등하게 자유로우며, 동등하게 독립적이도록 창조되었다"고 주장했다.[24] 존 애덤스가 1780년에 작성한 매사추세츠 헌법Massachusetts Constitution˙은 독립선언서의 몇몇 문장을 그대로 베껴 쓰다시피 했는데, 다만 매사추세츠 헌법은

˙ 1780년 작성된 매사추세츠주의 헌법. 오늘날까지 그 효력을 유지하는 헌법들 가운데 가장 오래된 역사를 자랑한다(미국은 각 주별 헌법이 존재한다). 7년 후인 1787년 작성된(비준은 1789년) 미국 헌법은 매사추세츠 헌법을 참고하여 만들어졌다. 따라서 정리하자면, 버지니아 권리장전은 독립선언서에 영향을 주었고, 독립선언서는 매사추세츠 헌법에 영향을 주었으며, 매사추세츠 헌법은 미국 연방헌법에 영향을 주었다고 할 수 있다.

독립선언서보다 훨씬 구체성을 띤다는 차이가 있다. 매사추세츠 헌법은 "모든 인간은 자유롭고 평등하게 태어났으며, 특정한 자연적, 본질적, 양도불가능한 권리를 가진다"고 천명했다.[25]

물론 이 같은 철학적 사변이 존재했다고 해서 미국 사회 내에서 노예제를 용인하던 위선이 곧바로 사라진 건 아니다. 실제 당시에도 많은 사람들이 이 점을 지적하고 나섰다. 영국의 새뮤얼 존슨 박사(1709~1784)는 "어째서 자유를 향한 외침이 흑인 노예를 부려 먹는 사람들 가운데 가장 크게 들려오는 것인가?"라고 일침을 가했다.

하지만 다음과 같은 점을 기억할 필요가 있다. 독립선언서가 작성됐을 당시 노예제는 전 세계에 걸쳐 일반적으로 나타나는 범세계적 현상이었다. 앞으로 이 책에서도 다루겠지만, 1833년까지만 하더라도 영국령 식민지들에서 노예제는 여전히 합법이었고, 인도에서는 1843년까지 노예제가 유지되었다. 또 앞으로 살펴보겠지만 미국의 국부들 역시 자신들이 가지고 있는 평등의 이상과 노예제 사이에 갈등이 있다는 사실을 익히 인지하고 있었다. 미국의 국부들 가운데 그 누구도 독립선언서에 표현된 고귀한 이상이 흑인들에게는 해당되지 않는다고 말하지 않았다. 사실 정치철학자 C. 브래들리 톰슨C. Bradley Thomson이 지적하는 것처럼, 독립선언서가 보장하는 인간 평등의 개념이 특정 인종에는 적용되지 않는다는 식의 주장은 노예제 폐지abolitionist 움직임에 맞서 일어난 전투적인 친親 노예제 운동이 영향력을 확대해 간 1830년대 이전까지만 해도 미국에 존재하지 않는 이론이었다.[26]

　로크식 철학의 전통은 미국의 역사 속에서 면면히 이어져 내려왔다. 에이브러햄 링컨은 게티스버그 연설에서 독립선언서에 기록된 핵심 메시지를 언급했다. 링컨은 미국이 "모든 인간은 평등하게 창조되었다는 전제에 기반하고 있는 나라"라고 언급했다. 미국 흑인들은 헌법에 의해 보호받지 못한다는 도덕적으로 끔찍한 결론을 내놓은 드레드 스콧Dred Scott 판결*에 대해 링컨은 미국의 국부들이 말한 것은 모든 인간이 피부색, 몸집, 지능, 도덕적 발달 수준, 사회적 능력 등 모든 영역에서 동등하게 창조되었다는 이야기가 아니라 "특정한 양도불가능의 권리, 다시 말해 자유, 생명, 행복의 추구"에서 모든 인간이 동등하다는 말이라고 설명했다. 국부들은 노예제가 횡행하던 시대에 모든 인간이 평등하게 창조되었다고 선언하는 것은 위선적이라는 사실을 잘 이해하고 있었다. 또 한편으로 국부들은 독립선언서를 쓰는 것 자체가 흑인 노예를 해방시키는 건 아니라는 사실 역시 이해하고 있었다. 이에 대해 링컨은 다음과 같이 설명했다. "우리의 국부들은 단지 권리를 선언하기 원했습니다. 그렇게 함으로써 향후 환경이 허락하는 대로 가능한 빨리 그와 같은 권리가 실제 집행되기를 기대

---

* 흑인은 시민으로 취급받을 수 없다는 1857년 미국 연방대법원 판결.

했던 것입니다." 그렇다면 국부들은 독립선언서에 사용된 언어를 통해 무엇을 이룩하고 싶었던 것일까? 이에 대해 링컨은 다음과 같이 설명했다.

그들은 독립선언서를 통해 모두에게 친숙하고 모두에게 존중받는 자유 사회를 위한 표준 공리를 설립하고 싶어 했습니다. 모든 사람들이 그 이상에 도달하기 위해 끊임없이 노력하고 우러러 보는 기준을 만들기 원했습니다. 비록 그 이상에 완전히 도달하지 못한다 할지라도, 사람들이 그에 가깝게 다가가려고 끊임없이 노력하게 만드는 그런 기준 말입니다. 그에 따라 영향을 심화시키고 확대해 나감으로써, 국부들은 피부색에 관계없이 이 세상에 존재하는 모든 사람들의 행복과 삶의 가치를 증대시키길 원했습니다. 감사하게도, 현재의 상황 역시 그 사실을 이미 입증하고 있지만, 독립선언서의 저자들은 그 선언서가 자유인들을 증오에 가득 찬 폭정의 길로 몰아넣으려고 하는 자들의 의도를 가로막는 장벽이 되길 기대했습니다.

독립선언서를 특정 인종에 국한된 문서로 해석하는 것은 독립선언서가 가지고 있는 생명력과 실용적 가치를 훼손하는 것이고, 인간 개인이 갖고 있는 권리의 기원을 송두리째 앗아가는 접근이기도 하다.[27]

물론 프레드릭 더글러스로부터 마틴 루터 킹 주니어에 이르기까지 민권 운동의 영웅들은 국부들과 링컨이 한 것과 동일한 방식으로 독립선언서의 의미를 받아들였다. 1913년의 전국흑인기업연맹 14차 모임에서 부커 T. 워싱턴Booker T. Washington●은 독립선언서를 '불멸의 문서'라고 예찬하면서 노예 해방 50주년을 기념했다.

　　"독립선언서가 작성됐을 당시 미국 흑인들이 그 문서의 적용 범위에 포함됐느냐 하는 것은 논쟁의 여지가 있는 주제다. 하지만 앞으로 미래 어떤 시점에 어느 정치적 협의체와 관련된 선언에서도 우리 흑인들의 권리가 포함되느냐 마느냐 하는 문제에 대해 감히 그 누구도 논쟁하지 못하도록 만들기 위해 미국의 흑인들은 독립선언서에 명시된 미국의 신조에 대해 당당한 권리를 주장해야 한다."[28]

정부는 건국 이전부터 존재했던
권리와 법 앞의 평등을 보호해야 한다

　　자연권 논리에 따르면, 모든 권력은 파기할 수 없는 권리의 보

●　미국의 교육가, 연설가로 당대 흑인 사회의 대표적 지도자.

고寶庫, repository로 기능하는 개인으로부터 비롯된다. 정부는 단지 개인의 권리를 위임받은 후견인일 뿐이다. 정부는 개인의 권리를 침해할 권한이 없고, 만약 그러한 시도를 할 경우 해당 정부는 정통성을 잃게 된다. 다시 말해, 성경의 사상은 바로 이와 같은 자연권 철학의 맹아萌芽를 품고 있었다. 성경에 나타난 하나님과 인간 사이의 관계는 정부와 인간의 관계보다 훨씬 더 근원적이며 본질적이다. 예를 들어 성경에서 모세는 군주의 행동을 제한하는 일련의 지침을 언급한다.[29] 구약성경에서 사무엘 선지자는 다채로운 방식으로 유대인들에게 왕의 폭정을 경고하며 한탄한다. "그날에 너희는 너희가 택한 왕으로 말미암아 부르짖되 그날에 여호와께서 너희에게 응답하지 아니하시리라(사무엘상 8:18)."[30]

고대 그리스 로마 사상에서, 철학자들은 덕(virtue, 다시 말하자면, 올바른 이성)의 집행을 보장하는 최상의 정부 체제가 무엇인지를 놓고 서로 논쟁하며 토론을 벌였다. 고대인들은 개인에게 자연권을 보장하는 것보다 자연법을 집행하는 데에 훨씬 큰 관심을 두었다. 예를 들면 플라톤은 『공화국』에서 철인왕이 인간 삶의 모든 영역을 통제하는 냉혹한 정권을 옹호했고, 사람들을 등급에 따라 엄격하게 체계화하여 분류했다.[31] 반면 아리스토텔레스는 그리스 전통의 통치 모델을 참고하여 민주정의 요소와 혼합된 귀족정을 옹호했다.[32] 아리스토텔레스 철학의 영향을 받았던 키케로는 통치의 책임 소재를 여러 사람들이 공유하는 혼합적 시스템을 옹호

했다.[33]

서구의 역사가 진행되면서, 사람들은 견제받지 않는 군주가 자신을 위해 새로운 권리를 손쉽게 만들어 내는 만큼, 개인의 권리 또한 손쉽게 제한할 수 있다는 사실을 깨닫게 되었다. 만약 권리가 정부보다 선행하지 않는다면, 또 만약 단순히 정부의 입맛에 따라 어떤 권리를 보장받는지가 결정된다면, 그 누구도 정부의 변덕이 초래할 위협으로부터 안전할 수는 없다.

군주와 시민 사이 존재하는 권력의 균형을 재고하게 만드는 데 지대한 기여를 한 마그나 카르타는 존 국왕의 실정과 그에 따른 귀족들의 불만 때문에 탄생했다. 최초의 세계대전이라고 할 수 있는 30년 전쟁(1618~1648)이 끝난 후(30년의 전쟁 기간 동안 약 400만에서 1천200만 명의 사망자가 발생했는데, 이는 당시 유럽 전체 인구의 최소 20퍼센트에 해당하는 엄청난 수치였다)[34] 베스트팔렌 평화 조약이 체결되는데, 이 협정에서 앞으로 유럽인들은 서로에게 특정 종교를 강요하기보다 차이점을 인정하며 살아가기로 결정했다. 30년 전쟁을 동시대로 경험했던 그로티우스는 권리의 지배dominion of rights가 왕이나 집권자에게 있는 것이 아니라 개인에게 놓여 있다고 주장했다. 그로티우스에 따르면 정부가 해야 할 일은 덕virtue을 집행하는 것이 아니라 권리를 보장하는 것이었다. 따라서 그로티우스는 "어떤 사람이 정의의 엄격성이 아니라 다른 미덕, 예를 들어 자유, 감사, 연민, 자선 등을 통해 타인에게 빚을 지고 있다면, 그 사람은 어떤 사법 재판소에서도 소송당할 수 없으며, 따라서 그와 같은 빚을 지고 있다는 이유로 해당 인물에 대해 전쟁을 일으킬 수 없다"라고 언급했다.[35]

개인의 권리에 대한 믿음이 확대되면서 정부의 본질 그 자체에 대한 사람들의 생각 역시 변화를 맞이하게 된다. 정부가 정통성을 가지려면 반드시 피치자의 동의가 전제되어야 했고, 그 정통성이 정당화가 되려면 정부는 반드시 개인의 권리를 보호해야 했다. 로크는 "법의 존재 목적은 자유를 폐지 또는 제한하는 것이 아니라, 그것을 보존 및 확대하는 데 있으며, 법을 만들어 낼 수 있는 피조물들의 모든 존재 상태에서, 법이 존재하지 않는다면 자유 역시 존재할 수 없다"고 명시했다.[36] 이와 같은 견해에 따르면 정부의 목적은 덕virtue을 추구하는 것이 아니라 자유를 보장하는 것이었다. 덕virtue은 올바른 이성을 추구하는 개인 차원의 목적이며, 이 목적을 추구하기 위해서는 자유가 필요했다. 로크는 만약 정부가 피치자의 동의를 무시하거나 그들의 양도불가능한 권리를 침해한다면, 정부에게 부여된 통치 권한은 완전히 상실된다고 주장하며 말했다.

"만일 입법자들이 국민의 재산을 강탈하거나 파괴하려 한다면, 또는 임의의 권력을 사용해 국민을 노예 상태로 만들려고 한다면, 그들을 스스로 국민과의 전쟁 상태에 빠뜨리게 되고, 그 시간부로 국민들은 정부에 대한 복종의 의무로부터 면제되며, 무력과 폭력에 맞서는 모든 이들을 위해 하나님께서 예비하신 공동의 피난처 속에 남겨지게 된다 (…) 권력은 자신들에게 원래 속해 있던 자유를 다시금 권한을 누리게 된 국민들에게 돌아간다."[37]

미국 독립혁명의 구호로 사용되기도 했던 로크의 철학을 한마디로 쉽게 표현하자면 "건드리면 죽어Don't tread on me•" 정도로 요약할 수 있다. 독립선언서는 로크가 규정한 정부의 역할과 권한에 전적으로 바탕을 두고 있었다. 그래서 다음과 같은 표현을 명시한 것이다.

"이러한 권리를 확보하기 위해 인류는 정부를 조직했으며, 이 정부의 정당한 권력은 국민의 동의로부터 비롯된다. 또 어떤 형태의 정부이든 이러한 목적을 파괴할 때, 국민은 언제든지 정부를 개혁하거나 폐지할 권리를 갖는다."

• 영국과 아메리카 식민지 사이의 갈등이 최고조에 달했을 때 벤저민 프랭클린이 신문에 당시 식민지의 여덟 개 자치주를 상징하는 여덟 토막 난 방울뱀 그림에 "뭉치면 살고 흩어지면 죽는다(JOIN, or DIE)"라고 쓴 만평을 실었다. 이를 모티프로 독립전쟁 때 장군이었던 크리스토퍼 개스댄(Christopher Gadsden)이 방울뱀 그림에 "Don't tread on me"라고 쓴 노란색 깃발을 제작했으며, 이후 미국 시민의 독립, 자유, 애국심을 상징하는 이 말과 방울뱀 로고를 미 해군, 해병대, 해양경찰, 보이스카우트 등 각종 단체 및 스포츠 팀이 채용하게 됐다.

연합주의 철학에 기반한
미국의 제도

개인에게 부여된 양도할 수 없는 권리와 법 앞의 평등을 보호하기 위해서 건국의 아버지들은 헌법을 만들었다. 미국의 헌법은 오직 다수의 합의에 따른 동의가 있을 때에만 중대한 국가적 필요에 대해 정부가 행동을 취할 수 있도록 제한을 걸어 두었다. 또 국민들 간에 심각한 의견 차가 있을 때는 시스템이 의도적인 교착상태gridlock에 빠지도록 만들었다. 그렇게 함으로써 다수의 독재로부터 소수를 보호하려 했다. 또 국부들은 헌법을 통해 지방 단체들의 자치 권한을 보장했고, 개인의 권리에 대해 연방 차원의 보호를 약속했다. 미국의 국부들은 왕정에 의한 독재를 두려워했지만, 그에 못지않게 존 애덤스가 '다수의 독재tyranny of the majority'라고 말한,**38** 또 제임스 매디슨이 "이해관계가 있는 고압적 다수의 우월적 힘"이라고 언급한 다수의 폭정을 두려워했다.**39** 건국의 아버지들은 선출되지 않은 과두제 권력 집단보다는 국민을 더 신뢰했지만, 국민의 집단적 자기 통제력보다는 개인의 권리를 훨씬 더 신뢰했다. 다시 말해서, 국부들은 순수 다수결의 원리pure majoritarianism로부터 발생하는 문제점을 정확하게 인지하고 있다는 뜻이다. 국부들은 다수결을 통해 개인의 권리가 침해되는 결과가 만들어질 수 있다고 생각했다. 국부들의 인식은 도덕적 상대주의와는 거리가 멀었다. 왜냐하면 그들의 판단은 현실주의와 더불어 국민의 여론보다 높은 차원에 존재하는 객관적 도덕에 대한 인식을 바탕으로 하고 있기 때문이다. 완전히 민주적인 정부는, 정의하자면, 다수결이 요구하는 바를 강제하는 정부다. 물론 가끔은 다수가 원하는 뜻을 관철시켜야 할 때가 있다. 하지만 많은 경우, 다수가 요구하는 바가 옳지 않을 때도 많다. 다수결의 원칙이 언제나 선한 결과를 만들어 낸다는 그 어떠한 보장도 존재하지 않기 때문이다. 다수결을 통한 결정은 대립하는 가치를 지닌 서로 다른 이익집단들이 총을 차지하기 위해 서로 힘을 겨루며 다투는 것이라고 이해하면 된다. 정부에 총을 휘두를 권한을 넘겨주기 전에, 당신은 자신과 정치적으로 반대편에 있는 사람들이 총을 차지한 후 당신의 눈앞에 총부리를 겨누고 있는 모습을 반드시 상상해 봐야 한다. 미국을 건국한 국부들은 이 사실을 너무나도 잘 이해하고 있었다.

건국의 아버지들은, 오바마 전 대통령이 말했던 것과 달리, "정부 그 자체가 우리government is us"인 건 아니라는 점을 인지했다.[40] 국부들은 우리와 정치적으로 뜻을 같이하지 않는 사람들이 정부를 장악한다 해도, 그 같은 상황 속에서 해당 정부가 하는 일을 우리가 반대하지 않을 만큼 재량을 제한하는 선에서 정부에게 권한을 허락해야 한다는 사실을 깨달았다. 국부들은 과두제적 집권층이 권력을 장악해 위로부터 자신들의 뜻을 관철시키거나, 다수의 뜻이라는 미명하에 아래로부터 독재가 발생할 경우, 정부 그 자체가 망가질 수 있으며, 그렇게 되면 자유와 미덕이라는 가치가 심각하게 위협될 수 있다고 내다봤다. 과두제적 독재 또는 다수의 독재를 허락하는 정부 시스템은 미국을 파멸의 길로 이끌 수도 있다. 만약 다수결의 동의를 받았다는 미명하에 정부가 특정 '공공선'을 국민 개개인에게 주입하려 한다면, 그에 동의하지 않는 소수의 국민은 합당한 저항을 하며 자신의 목소리를 낼 것이다. 또는, 그 같은 상황 속에서 소수의 국민은 자신의 합당한 권리를 보호하기 위해 국가 외부 세력의 사람들에게 도움을 요청할 수도 있다. 완전한 다수결의 원리에 따라 운영되는 국가에서 소수의 권리가 부당하게 침해된다면, 또 정부 그 자체가 소수의 권리를 침해하는 당사자라면, 어떤 일이 발생하게 될까? 시민들에게는 그다지 유쾌하지 않은 두 가지 선택지만이 남겨지게 된다. 그 나라를 떠나든지, 아니면 저항해서 싸우든지, 시민들은 둘 중 하나를 선택해야 한다.

국부들은 공동체의 도출된 판단이 독립선언서가 자명하다고 명시한 개인의 평등한 권리와 때때로 충돌할 수 있으며, 그럴 경우 해당 공동체의 뜻을 관철시키는 무기로 정부가 도구화될 수 있다는 점을 인지했다. 미국 독립혁명 당시의 상황이 바로 정확히 여기에 해당됐다. 당시 영국 정부는 자신들이 주장하는 '선good'이라는 미명하에 식민지에 거주하는 영국 시민들의 권리를 제한하려 했다. 물론 영국 정부가 '선'이라고 말한 것은 본국의 경제적 이익을 의미했다. 식민지에 거주하던 영국 시민들은 자신들의 권리를 대리해 줄 대표 선출의 권한을 박탈당했다. 독립혁명을 주동하던 제임스 오티스James Otis는 '대표 없는 과세taxation without representation'는 폭정이라고 외치며 저항운동을 이어 갔다. 오티스의 연설은 젊은 청년이었던 존 애덤스의 가슴에 불을 질렀다. 혁명에 가담한 애덤스는 그 순간을 다음과 같이 회고했다.

"내가 무기를 들고 나아가려 할 때, 그 자리에 있던 엄청난 청중들은 한 사람도 빠지지 않고 나에게 다가와 함께 가자고 말했다."[41]

독립선언서를 작성하기 전인 1775년 썼던 "무기를 들 필요성에 관한 선언문Declaration on the Necessity of Taking Up Arms"이라는 글에서 토머스 제퍼슨 역시 다음과 같이 말했다.

"우리는 짜증 나는 영국 정치인들의 폭정 앞에서 무조건적인 항복을 하거나, 그들에게 무력으로 저항하는 두 가지 중 하나를 선택해야 합니다. 우리는 후자를 선택할 것입니다. 우리는 이 갈등을 통해 발생할 피해를 계산해 보았고, 자발적인 노예 상태보다 더 참혹한 피해는 존재하지 않는다고 결론 내렸기 때문입니다."[42]

실제 국부들 다수가 노예를 소유하고 있었다는 점을 감안할 때, 그들이 '노예 상태slavery'라는 개념을 동원함으로써 개인의 권리를 약탈해 가는 광범위하고 근본적인 정부의 침해에 대해 성토했다는 것은 다소 아이러니하게 보이기도 한다. 하지만 바로 그 아이러니가 핵심이었다. 국부들은 공권력을 동원해 평등을 강요하기보다는 (흑인 노예들과 식민지 영국인들 모두가 함께 공유하는)자연권에 대한 단결을 통해 결과적으로 더욱 빠른 시간 내에 평등을 이룩할 수 있다고 생각했기 때문이다. 만약 미국의 국부들이 헌법이라는 강제성을 동원해 톱다운 방식으로 노예제를 폐지하려 했다면, (남부에 있는 식민 자치주들은 이를 철저히 반대했을 것이기 때문에) 미합중국은 애초에 탄생하지 못했을 것이고, 그렇게 됐다면 북미 대륙은 공식적으로 노예제가 합법인 국가와 노예제가 불법인 국가 둘로 분리됨으로써, 미국 남부는 노예제를 운영하는 국가로 오랫동안 남게 되었을 가능성이 크다. 건국의 아버지들은 노예제의 문제가 언젠가는 반드시 해결돼야 한다는 걸 인지하고 있다. 그래서 그들은 노예제에 대해 끊임없이 글을 쓰며 반대 목소리를 내는 것이다. 노예들의 천부적 권리가 억압적인 노예주slave masters들에 의해 침해당할 때 노예들을 적극 보호하지 않았던 국부들과 그 후손들의 잘못된 태도는 훗날 발생했던 남북전쟁의 씨앗을 뿌렸다고 할 수 있다. 노예제의 정당성을 주장하며 자신들의 뜻을 굽히지 않았던 남부주들의 비타협적 태도로 인해 미국인들은 남북전쟁의 상잔相殘이라는 비극적 열매를 맞이하게 된다.

남북전쟁 이후 미국에서 노예제가 완전히 종식되면서 미국 정부는 마침내 독립선언서에 명시된 약속들을 성취하고 개인에게 보장된 권리를 지켜 낼 수 있었다. 스스로가 해방 노예이기도 한 프레드릭 더글러스는 독립선언서에 기록된 영광스러운 문장들이 노예들에게 전혀 적용되지 않았고, 따라서 미국의 독립기념일은 노예들에게 그저 조롱거리에 불과했다는 점을 지적하며 말했다.

"미국 시민 여러분, 여러분들이 국가적인 경축일을 즐기는 동안, 저는 수백만 노예들의 신음 소리를 듣습니다. 오늘 이 땅에 울려 퍼지는 여러분들의 환호 소리를 노예들이 듣게 될 때, 어제까지만 해도 무겁고 통탄스럽게 느껴졌던 속박의 쇠사슬은, 그들에게 더욱더 큰 고통을 가하게 됩니다."

하지만 그 이야기를 마친 후 더글러스는 독립선언서와 미국 헌법이 보장하는 개인의 권리를 인용하며 하루 속히 노예들을 해방할 것을 호소했다.[43]

에이브러햄 링컨 역시 이와 같은 생각에 동의했다. 그리고 링컨은 그 일을 성취하고자 했다. 독립선언서의 약속을 성취하는 데 링컨은 다수의 힘이나, 정부에 내재된 힘에 의지하지 않았다. 링컨은 정부의 존재 목적이 다수가 정의하는 '선$_{good}$'이 아니라, 개인의 권리를 보호하는 것이라는 철학에 기반해 노예 해방을 추진한다.

정책을 추진할 역량을 갖추고 있지만 스스로의 존재 목적$_{raison}$ $_{d'etre}$을 위반하지 않는 정부를 만드는 것, 이것은 바로 국부들이 미국의 건국을 통해 이뤄내고자 했던 목적이었다. 『연방주의자 논집』의 51번 글에서 제임스 매디슨은 다음과 같이 말했다.

"공화국 내에서는 통치자들의 압제로부터 사회를 지키는 것 못지않게 사회 한 그룹에 의해 초래되는 부당함injustice으로부터 다른 그룹을 지키는 것 역시 중요하다. 각기 다른 계층의 시민들 사이에서는 필연적으로 각기 다른 이해관계가 존재하기 마련이다. 이 같은 상황에서 만약 다수의 시민들이 공통된 특정 이해관계에 의해 연합된다면, 소수의 권리는 불안정해질 것이다."[44]

그렇다면, 이 같은 상황을 방지하기 위해 미국 헌법은 어떤 해결책을 내놓았을까? 미국 헌법에는 세 가지 구체적 개념들이 실용적 해결책으로 제시되어 있다. 열거된 권력enumerated powers, 견제와 균형checks and balances, 그리고 연방주의federalism가 바로 그것이다.

국부들은 필요에 따른 사고로 인해 자연적 결과들이 나타나는 것을 방지하기 위해 정부 권력과 관련된 일들은 반드시 조문으로 열거되어야 한다고 믿었다. 국부들은 때때로 정부 차원의 행동이 필요한 시기가 올 것이라는 점을 알고 있었다. 하지만 그들은 일부 정부 행동에 대한 정당화가 정부의 핵심 기능과 범위를 확대시키는 결과로 귀결될 수 있다는 사실도 인지했다. 그러한 결과가 나타나는 것을 막기 위해서, 국부들은 그들의 판단하에 홉스식 리바이어던의 출현을 방지하는 동시에, 국가의 존재를 보존할 권한이 충분한 정부를 만들려고 노력했다. 예를 하나 들자면, 입법부의 권한을 설명하는 미국 헌법 제1조 1항을 살펴보면 된다.

"이 헌법에 의하여 부여되는 모든 입법 권한은 연방 의회에 속한다."

이 조항이 즉각적으로 내포하는 건, 실제로는 그다지 많은 권한이 정부에 부여되지 않는다는 뜻이다. 연방 헌법 제 1조 8항은 단지 18개의 권한만을 나열하고 있는데, 그중 입법부에 가장 광범위한 권한을 부여하고 있다.

제임스 매디슨은 『연방주의자 논집』 45번 글에서 정부는 헌법에 열거된 권한만을 사용할 수 있다는 점을 분명히 못 박으며 다음과 같이 말했다

"헌법에 따라 연방 정부에 위임되는 권한은 그 수가 적으며few 범위는 제한된다defined. 그와 같은 권한은 주로 외부의 일들, 예컨대 전쟁 선포, 평화협정 체결, 국외적 협상, 외국과의 통상 등의 일을 처리할 때 행사될 수 있으며, 그와 관련된 일들에서 대부분은 과세와 연결될 것이다."⁴⁵

여기서 핵심 표현은 권한의 수가 '적으며', '제한된다'는 것이다. 매디슨은 『연방주의자 논집』 14번 글에서도 비슷한 내용을 언급했다.

"일반 정부는 법을 제정하고 집행하는 모든 권한을 가지고 있지 않다. 정부의 관할권은 공화국 모든 시민들의 관심사를 포괄하는 열거된 특정 목적에 관한 것으로만 제한되고, 그 목적은 별

도의 어떤 조항을 통해서도 달성되지 않는다."[46]

　국부들 가운데 다수는 권리장전에 나열된 내용이 정부의 권한을 축소시키는 것이 아니라 확대시키는 방향으로 해석될 수 있다는 이유를 근거로 들어 권리장전에 대해 노골적으로 반대했다. 그와 같은 의견의 국부들은 권리장전이 정부가 무엇을 할 수 없는지를 명시하지만, 거기서 명시되지 않은 모든 것들은 정부가 할 수 있다고 우려했기 때문이다. 『연방주의자 논집』 84번 글에서 앨리그잰더 해밀턴이 주장한 것처럼, 미국 헌법의 구조는 그 자체로 개인의 권리를 보장하기 위해 만들어졌다. 해밀턴은 다음과 같이 말했다.

　"미국의 헌법은 어떤 합리적 의미로나, 또 어떤 유용한 목적으로나, 권리의 장전A BILL OF RIGHTS 그 자체라고 할 수 있다."[47]

　그럼에도 불구하고 반연방주의자들antifederalists°은 이와 같은 권리의 보장을 더욱 분명하게 명시하는 권리장전Bill of Rights을 추가로 제정할 것을 요구했다. 그래서 오늘날 수정헌법 제 10조가 존재하게 된 것이다.

　"헌법에 의하여 미합중국에 위임되지 않았거나, 헌법에 따라

°　미국 건국 초기, 강력한 연방정부를 주창하는 해밀턴, 제이, 매디슨 등 연방주의자(federalists)에 반대하여 주정부와 개인 자유를 강조한 제퍼슨, 패트릭 헨리, 제임스 먼로 등. 이들 반연방주의자들의 우려를 불식시키기 위한 타협안이 수정헌법 제1~10조의 '권리장전'이다.

각 주States에 금지되지 아니한 권한은, 각각의 주 또는 국민이 보유한다."

이건 정부가 해야 할 업무가 엄청나게 구체적으로 명시되어 있다는 뜻이었고, 또 정부는 그 지침을 철저히 따라야 한다는 뜻이기도 했다.

정부가 애초 디자인 된 경계선 바깥의 활동을 하지 못하도록 만들기 위해서, 국부들은 두 가지 구체적 장치를 고안해 냈다. 첫째는 연방정부 내에서 각 부처 사이의 견제와 균형을 제도화한 것이었고, 둘째는 연방주의를 실시해 각 주들로 하여금 연방정부로부터 발생할 수 있는 권리 침해를 견제하게 만든 것이었다. 미국의 모든 어린 학생들은 연방 정부를 구성하는 세 가지 권력기관의 구조 속에서 각자에게 부여된 권한을 다른 기관이 침해하지 못하도록 서로가 서로를 견제한다는 사실을 배운다(또는 과거에 그렇게 배우곤 했다). 입법부는 법을 만드는 기관으로 디자인 되었고, 대통령은 그렇게 만들어진 법을 집행하는 역할을 맡았으며, 사법부는 입법부에 의해 생성되고 행정부에 의해 집행되는 법을 해석하도록 만들어졌다.

미국의 헌법에 따르면 입법부는 인구 비례를 정확하게 대변하는 하원the House of Representative과 주를 대변하는 상원the Senate으로 나눈다. 그렇게 함으로써 입법부, 사법부, 행정부 삼권三權 중 가장 강력한 권력을 가진 입법부 내부에서 자체적인 견제 시스템을 구축한다. 원래 연방상원이 처음 만들어졌을 때는 주의회state legislature가 각 주를 대표하는 상원을 선출하는 간접선거 방식을 채택했기 때문에, 그렇게 선출된 상원의원들은 개인의 정치적 야심에 의해 큰 영향을 받는 하원의원들과 달리 주의 관심사를 비교적 잘 대변할 수 있었다(1913년에 도입된 수정헌법 제17조는 상원의 선출 과정을 직접선거로 변경하게 되는데, 그 결과 연방정부로부터 발생하는 권리 침해를 견제하는 주의 소중한 권한 하나를 멍청하게 없애 버리고 말았다. 그 이후로 상원의원들은 주의 자치 권한을 열렬히 수호하는 주의회의 눈치를 전혀 보지 않게 되었고, 하원의원들과 같이 대중들에게 직접 호소하기 시작했는데, 그에 따라 연방정부의 권력이 비대해지는 결과를 초래하게 되었다). 매디슨은 『연방주의자 논집』 51번 글에서 다음과 같이 설명했다.

"공화제를 운영하는 정부에서는 입법부가 필연적으로 권력의 주도권을 잡을 수밖에 없다. 이로 인해 발생하는 불편함을 해결하는 방법은 입법부를 두 개의 서로 다른 기관으로 분리시켜서, 각자 다른 방식으로 구성원을 선출하고 서로 다른 기능을 감당하게 만드는 것이다. 그렇게 나눈 두 개의 입법부는 서로 다른 기능을 감당하는 만큼 서로에 대해 관여하지 않도록 해야 하며, 대중들 역시 두 기관을 분리된 존재로 인정하도록 만들어야 한다."[48]

여기서 한 걸음 더 나아가, 국부들은 대통령의 법률안 거부권과, 입법부가 스스로 만든 법을 직접 집행할 수 없게 구조적 제한을 제도화했고, 헌법적 권한을 남용하는 법률안에 대해서는 사법부가 판결을 거부할 수 있도록 재량권을 보장함으로써, 입법부 권력이 제한되도록 만들었다.

행정부의 권한 역시 엄격하게 제한됐다. 미국 헌법은 대통령의 직무를 군대의 총사령관을 역임하고, 사면을 실시하며, 특별 회기 때 의회를 소집하고, 외국의 대사를 맞이하며, 적법한 절차에 따라 통과된 법안을 집행하는 선으로 한정했다. 대통령의 직무는 딱 거기까지였다. 그 외에 다른 권한들, 예를 들면 조약을 체결한다든지, 각료와 대법관을 임명한다든지, 법안을 만드는 등의 일들은 다른 권력 기관들, 특별히 의회에 이양되었다. 대표적인 연방주의자 앨리그잰더 해밀턴은 행정부의 힘을 줄이는 것을 골자로 한 미국 연합규약The Articles of Confederation*에 대해 반대 의사를 내비치면서 정부가 제대로 작동하기 위해서는 "행정부에 생기가 돌아야 한다energy in the executive"고 주장했다.[49] 그런 가운데서도 해밀턴은 대통령직이 군주의 역할과는 전혀 다를 것이라는 점을 충분히 이해했는데, 왜냐하면 대통령은 4년마다 한 번씩 새롭게 선출돼야 하고, 각종 감사 및 탄핵에 직면했으며, 입법부와 사법부

* 미국 독립전쟁 중이던 1781년 제정되어 1789년 미국 헌법 비준 때까지 유지된 사실상 미국 최초의 헌법. 연방정부의 권한을 최소화하고 각 주의 자치권을 폭넓게 보장했다. 미국에서는 연합규약에 따라 연방정부의 권한이 지나치게 축소됐기 때문에 징세, 징병 등의 기본적 국가 기능이 이뤄지는 데 심각한 지장이 있었다. 따라서 보다 포괄적인 국가 권한을 명시하는 연방헌법의 필요성이 대두되었고, 이는 연방헌법의 제정으로 이어지게 된다.

가 대통령에게 있는 대부분의 주요 권력을 견제할 것이었기 때문이다.[50]

미국의 국부들은 사법부가 '가장 덜 위험한 기관the least dangerous branch'이 될 것으로 내다봤다. 그들은 소수 과두적 집권층이 초입법부superlegislature와 같은 기관을 만들어서, 종신직을 보장받으며, 다른 권력기관 위에서 군림하는 상황이 발생하는 것을 원치 않았다.

해밀턴은 사법부가 "칼과 지갑에 대한 영향력을 행사할 수 없으며, 사회의 권력이나 부에 대해 특정한 지향성을 가지고 있지 않고, 그 어떤 종류의 능동적 결의도 할 수 없다"고 생각했다. 또 해밀턴은 사법부가 "힘FORCE과 의지WILL를 진정으로 갖고 있다고 말할 수 없고, 단지 판결judgment만을 내릴 수 있기 때문에, 사법부는 궁극적으로 판결을 내리는 일을 수행할 때라 하더라도 그 일을 효율성 있게 진행하려면 반드시 입법부의 도움에 의지해야 한다"고 이야기했다.[51] 해밀턴은 사법부가 특정 법안에 대해 위헌적이라고 판결할 합당한 권한이 있다고 주장했다.

하지만 판사들이 판결을 통해 엉터리 같은 권리를* 선언할 권한을 가진다거나, 검은색 법복을 차려 입고 써 내려간 '거룩한' 판결문을 통해 국가 전체가 떠받드는 도덕적 규범을 뚝딱 만들어 낼 수 있다는 식의 생각, 다시 말해 연방대법원이 헌법의 의미를

---

* 해밀턴이 한 말. 자연권인 생명, 자유, 사유재산권 외의 권리들과, 입법부에 의해 법률화되지 않은 권리들을 가리킨다.

최종적으로 결정하는 결정권자라는 식의 주장은 전혀 근거 없는 논리라고 이야기했다.

해밀턴은 만약 사법부가 초입법기관이 된다면, 사법부의 도덕적 권위는 손상될 것이며, 결국 사법부는 입법부와 하나의 기관으로 점차 합쳐지게 될 것이라고 경고했다.[52] 또 그렇게 삼권분립의 원리가 깨진 상황에서 사법부는 법원이 내리는 판결을 스스로 집행할 능력이 없기 때문에, 사법적 판결들을 실제 집행하려면 사사건건 행정부의 동의를 받아야 할 것이라고 이야기했다. 국부들이 디자인 한 '사법심사$_{judicial\ review}$'는 원래 다음과 같은 방식으로 작동해야 했다. 연방대법원이 특정 법률이 위헌이라고 판결한다. 이에 대해 행정부는 동의할 수도, 또 반대할 수도 있다. 사법부의 판결에 대해 입법부 역시 동의, 또는 반대할 수 있다.

하지만 이 상황에서 연방대법원은 절대 다른 권력 기관에 자신의 헌법 해석을 강요할 수 없었다. 연방대법원은, 입법부 또는 행정부와 마찬가지로, 다른 기관에 구애받지 않으며, 또 다른 기관을 구애하지 않는 방식으로 기능하도록 디자인 되었기 때문이다. 이와 같은 개별 부서주의$_{departmentalism}$가 국부들이 활동할 당시에는 당연하게 받아들여지고 있다.[53]

마지막으로, 미국의 헌법은 유권자들과 가장 가까운 거리에 있는 지방 정부가 해당 지역을 가장 잘 관리할 수 있다는 신념을 바탕으로 하고 있었다. 만약 주정부 차원에서 시민들을 상대로 한 끔찍한 권리 침해가 발생한다면, 그때 연방정부가 나서서 개인의 권리를 보호할 수 있었다. 예를 들어 "각 주의 시민은 다른 주에서도 그 주의 시민이 향유하는 모든 특권 및 면책권을 가진다"고 명시한 미국 헌법 제4조는 주 차원에서 발생할 수 있는 권리의 침해를 제한하는 동시에 연방정부에게 "연방에 속한 모든 주의 공화정 체제를 보장"하는 권한을 부여하기 위한 목적으로 쓰였다.[54]

그럼에도 불구하고 국부들은 정부 권력의 핵심이 지방 자치 정부에 머물러 있길 원했다. 매디슨은 『연방주의자 논집』 10번 글에서 다음과 같이 이야기했다.

"사회의 규모가 작을수록, 그 사회를 구성하는 서로 다른 집단 및 이해관계의 수도 적을 것이며, 서로 다른 집단 및 이해관계의 수가 적다면, 이해관계가 동일한 집단이 그 사회 내에서 다수를 구성할 가능성 역시 증가할 것이다."[55]

반면 매디슨은 적은 인원으로 구성된 사회에서는 동질성homogeneity으로 인해 소수의 목소리가 탄압받을 수도 있다는 점을 인정했는데, 그러한 이유로 중앙정부와 지방 분권 사이에서 균형을 이뤄 주는 연방주의가 유용한 시스템이 될 것이라고 생각했다. 따라서 『연방주의자 논집』 51번 글에서 매디슨은 다음과 같은 설명을 이어간다.

"공화국으로서 미국이라는 복합체 안에서, 국민에 의해 위임된 주권은 먼저 두 가지 각기 다른 형태의 정부로 나뉘어 위임된 후,

각각 다시 세분화된 각기 다른 부서들에게 위임된다. 따라서 국민의 권리를 보호하는 데 이중의 안전장치double security가 마련되는 것이다. 그렇게 되면 서로 다른 정부가 서로를 통제하는 동시에 각각의 권력 기관은 스스로를 자체적으로 통제할 수 있다."[56]

만약 미국의 각 주들이 연방정부에게 권력을 이양하는 걸 제 무덤을 파는 행위라고 인식했다면, 그들은 절대 자발적으로 권력을 넘겨 주지 않았을 것이다. 주에 거주하는 시민들 역시 그들의 권리가 주정부에 의해 침해당할 때 연방정부가 자신들을 보호해 줄 것이라는 확신이 들지 않았다면, 그들은 절대 연방정부에게 자발적으로 복종하지 않았을 것이다. 국부들이 디자인 한 연방주의 시스템상에서 주정부는 시민들의 일상적인 고충을 다루는 업무를 부여받았다. 반면 연방정부는 각 주정부 산하에 있는 놀라울 정도로 다양한 그룹들이 범국가 차원의 합의를 이뤄 특정 이슈에 대한 정책을 요구할 때 이를 처리할 업무를 부여받았다.

역사적으로 일반적인 나라에서는 그 나라를 구성하는 제도가 먼저 형성된 후, 그 제도를 설명 또는 정당화하는 철학이 뒤따라 오기 마련이었다. 하지만 미국은 달랐다. 미국에서는 제도가 아니라 건국 신조가 먼저 만들어졌다. 그리고 미국을 구성하는 제도 및 기관들은 철저하게 이 건국 철학을 바탕으로 해서 디

• '두 가지 각기 다른 형태의 정부'인 입법부와 행정부, 그리고 '각각 다시 세분화된 각기 다른 부서들'인 연방 및 각 주의 권력기관들.

자인 됐다. 링컨은 독립선언서를 '금 사과apple of gold'라고 표현하면서 독립선언서에 담긴 원칙이 "미국인들의 자유로운 정부와 지속적인 번영을 보장해 준다"라고 말했다. 하지만 현실에서 독립선언서의 원칙이 제대로 작동하려면 연방의 존재와 더불어 링컨이 '은 액자frame of silver'라고 표현한 미국의 헌법이 필요했다. 링컨은 미국의 헌법이 '은 액자'와 같아서, '금 사과'인 독립선언서를 치장하고 또 그 정신을 보존해 준다고 말했다.*57 링컨의 표현은 정말 탁월한 통찰을 담고 있었다. 독립선언서가 뒷받침되지 않는 헌법은 그저 빈 그릇에 불과하기 때문이다.

소결

미국의 철학은 다음 세 가지 근원적이고, 영원하며, 양도불가능한 원칙에 기반하고 있다.

첫째, 미국의 철학은 모든 인간이 실제적이고 뚜렷한 개인의 권리를 가지고 있다는 신념에 바탕하고 있다. 이와 같은 권리는 그 누구도 빼앗아 갈 수 없다. 이 권리는 집단으로부터 비롯되지 않는다. 인간이 이 권리를 가지는 이유는, 그 권리가 인간이라는

•   "경우에 합당한 말은 아로새긴 은 쟁반에 금 사과니라"(「잠언」 25장 11절).

존재 그 자체의 일부이기 때문이다. 모든 인간은 측량할 수 없는 가치가 있으며, 또 그들은 탄생과 함께 인간에게 해당된 고유한 사고의 능력을 부여받았다. 인간은 자유로운 의지를 가지며, 그들이 가진 선택의 능력은 신성하기까지 하다. 따라서 이는 결코 침해될 수 없다.

둘째로, 미국의 철학은 모든 인간이 평등한 권리를 갖도록 창조되었다는 사실이 자명하다고 간주한다. 이 말은 모든 사람이 동일한 역량, 또는 재능을 가지고 있다거나, 삶에서 맞이하는 결과가 평등할 것이라는 의미, 또는 모든 사람들이 동등한 기회의 출발선에서 경주를 시작할 것이라는 뜻이 아니다. 인간이 평등한 권리를 갖도록 창조되었다는 건, 법 앞에 만인이 평등해야 한다는 걸 의미하며, 통제할 수 없는 특성이 있다는 이유로 법의 적용에 차별을 두어서는 안 된다는 걸 의미한다.

셋째로, 미국의 철학은 '더 큰 선greater good'을 이룬다는 미명하에 정부가 개인의 권리를 침해할 수 없으며, 정부는 언제나 개인의 권리를 보호해야 한다는 것을 엄중히 명령하고 있다. 개인의 권리는 정부의 탄생보다 선행했고, 따라서 정부는 스스로의 권력이 사용되는 지향점에서 엄격한 제한을 받아야 한다. 정부는 인간의 천성을 개조하는 방향으로 국민을 이끌어 갈 것이 아니라, 인간의 본성을 보호해야 하고, 사람들의 각기 다른 권리 사이에서 발생하는 갈등을 방지하는 역할을 감당해야 한다.

미국의 국부들은 세계 역사상 가장 효과적인 정부 창립 문서였던 미국 헌법을 통해 세 가지 철학적 원칙들을 실행에 옮겼다. 헌법을 통해 열거된 권력만을 가지고, 견제와 균형에 의해 작동되며, 연방주의에 입각한 정부는 다수의 독재, 무능한 정부, 그리고 개인의 권리 침해라는 고질적 문제들을 해결하기 위해 건국의 아버지들이 내어 놓은 미국식 해답이었다고 할 수 있다.

미국의 역사 대부분의 기간 동안 미국 시민들은 이와 같은 철학적 기반들을 당연하게 받아들였다. 앞으로 살펴보겠지만, 그렇다고 해서 이 같은 철학들이 역사를 거듭해 오는 동안 현실에서 1백 퍼센트 실행에 옮겨졌다는 뜻은 아니다. 내가 말하고 싶은 건 비록 앞서 언급된 미국의 철학들이 이 땅에서 완전히 실현되지 않았다고 할지라도, 그동안 미국인들은 동일한 이상을 함께 공유하며 그 이상을 함께 이룰 것을 맹세했다는 사실이다. 미국의 철학은 우리 모두를 하나로 묶어 주는 끈끈한 줄이었고, 그에 힘입어 우리는 종족주의와 폭정이라는 심연深淵으로부터 빠져나올 수 있었다. 시간이 지날수록 이 밧줄은 더욱더 많은 미국인들을 아우를 만큼 확대될 수 있었고, 그런 가운데서도 밧줄의 인장 강도는 전혀 줄어들지 않았다.

분열주의자들이 그 밧줄을 끊어버리는 행위를 시작하기 전까지는 말이다.

2

미국의 철학 파괴하기

2013년 1월, 버락 오바마 대통령은 워싱턴에 있는 의사당 건물에 올라서서 무엇이 미국을 특별한 나라로 만드는지에 대해 자신의 생각을 표현했다. 오바마는 다음과 같이 이야기했다.

"우리를 특별하게 하는 것, 우리를 미국인 되게 하는 것은, 바로 두 세기도 전에 나타난 한 선언문에 명시된 이상, 다시 말해 '우리는 다음과 같은 사실들을 자명한 진리로 받아들인다. 즉, 모든 인간은 평등하게 창조되었고, 그들은 창조주로부터 양도할 수 없는 특정한 권리를 부여받았으며, 그 권리 중에는 생명, 자유, 그리고 행복의 추구가 포함된다'는 이상을 이루기 위해 우리 모두가 함께 충성을 맹세했다는 사실입니다."

오바마 대통령의 평소 가치관에 대한 배경지식이 없다면, 오바마가 독립선언서를 인용하며 했던 발언은 건국 때부터 이어져 내려오는 미국의 전통과 잘 부합한다고 생각할 수도 있다. 우리가 앞서 살펴본 것처럼, 미국의 신조는 오바마가 인용했던 바로 그 단어들 속에 뿌리를 두고 있기 때문이다.

하지만 오바마의 실제 세계관은 독립선언서의 정신과는 극명한 대조를 이루고 있다. 미국의 건국 철학은 정부가 만들어지기 이전부터 존재한 생명, 자유, 그리고 재산에 관한 개인의 자연권에 바탕을 둔다. 인간의 본성에 내재되어 있는 동시에 인간의 이성으로부터 유래되는 바로 그 자연권 말이다. 미국의 건국 철학은 속성상으로 나타나는 인간 평등이 아니라, 자연권의 보장과 더불어 동반되는 법 앞의 평등을 옹호한다. 또 미국의 건국 철학은 정부가 개인의 권리를 보호하기 위해 만들어졌으며, 그 정부는 피치자들의 동의로부터 정당한 권력을 얻는다고 명시하고 있다.

이에 반해 분열주의적 세계관은 도발적이고 매혹적인 대안을 제시한다. 분열주의자들은 개인의 권리가 인간의 본성과 이성으로부터 도출된다는 개념을 거부한다. 그 대신 분열주의자들은 인간이 본질적으로 환경의 영향을 받으며, 인간의 본성은 고정돼 있지 않다고 주장한다. 따라서 존재하지도 않는 인간의 본성으로부터 보편적인 개인의 인권 같은 개념을 도출하는 것 자체가 어불성설이라고 말한다.

반면에 분열주의자들은 사회적 변화를 통해 인간의 본성 그 자체를 새롭게 고칠 수 있다고 믿는다. 그리고 '더 나은 인간들Better Humans'이 어떠한 사회적 변화가 필요하고 중요한지를 결정할 수 있다고 생각한다. 오바마 대통령은 2차 세계대전을 종식시킨 히

로시마 원폭 투하 71년을 맞아 일본을 방문한 자리에서, 사실상 일본 측에 사과를 표명하면서, "우리가 인류의 구성원으로서 서로의 관계를 다시금 생각할 수 있게 만드는 도덕 혁명"이 필요하다고 주장했다.[1] 2008년 2월의 한 연설에서 미셸 오바마는 미국인들의 영혼이 고장 났지만, 오바마는 이를 고쳐낼 수 있다는 낙관주의적 전망을 내놓으며 말했다. "버락은 여러분들이 다른 사람이 될 것을 요구할 것입니다." 오프라 윈프리는 오바마가 인류를 "한층 더 높은 수준으로 진화시킬 것"이라고 말했다.[2] 앞서 언급된 '더 나은 인간들' 그룹에 포함될 가능성이 농후한 오바마는 2004년 한 인터뷰에서 죄$_{sin}$를 어떻게 정의$_{define}$하는지에 대해 질문을 받았다. 오바마는 간단히 답했다.

"죄는 제가 가지고 있는 가치관과 어긋나 있는 것이죠."

올바른 이성의 활용을 통해 도출된 영구적 가치들에 대한 언급은 전혀 없었다. 오바마에게는 '그가 갖고 있는 가치들$_{His\ values}$'만이 의미 있을 뿐이었다.[3]

오바마가 말한 가치들이 진짜 권리를 만들어 내는 기반으로 취급될 수도 있다. '더 나은 인간들'의 손을 통해 분배되는 특권, 또는 정부 지원금 혜택을 통해 재정의되는 자유의 개념 같은 요소들이 일종의 권리로 취급받게 되는 것이다. 이와 같은 맥락을 파

• 좌파 지도자들의 자칭.

악하면 왜 오바마가 미국 건국의 아버지들이 했던 약속을 인용하며 시작했던 바로 그 연설에서 자유의 개념이 철저하게 주관적이며, 자유는 개인적 차원에서 정의될 수 있다는 내용으로 재빠르게 화제를 전환했는지 이해할 수 있다. 연설에서 오바마는 발언을 이어 갔다.

"미국 건국 문서들에 나타난 정신에 충실하다는 것은, 우리 모두가 자유의 개념을 정확히 동일한 방식으로 규정한다거나, 행복을 얻기 위해 정확히 동일한 길을 따라야 한다는 걸 의미하지 않습니다."

하지만 이와 같은 오바마의 발언은 사실이 아니다. 미국의 국부들은 독립선언서와 헌법을 통해 어떤 종류의 자유를 보장할 것인지에 대해 꽤나 구체적인 개념을 가지고 있었다. 자연권을 주관적 욕구들의 집합체쯤으로 환원시켜 버림으로써, 오바마는 정부에 의해 새롭게 만들어진 '권리'를 보장한다는 미명하에 이뤄지는 적극적인 국가 개입의 문을 활짝 열어놓게 되었다.[4] 예를 들자면, 오바마는 바로 이와 같은 방식을 동원해 다른 미국인들의 노동을 통해 제공되는 의료 서비스가 개인 차원에서 비용을 지불하고 누리는 특권privilege이 아니라 모든 미국인들이 누려야 마땅한 권리right라고 일방적으로 선언할 수 있었다.[5]

여기서 더 나아가, 분열주의적 세계관을 가진 사람들은 권리의 평등이란 개념은 애초에 말이 되지 않는다고 주장한다. 왜냐하면 이들은 어떤 면을 놓고 보더라도 인간이 평등하게 창조되지 않았다고 생각하기 때문이다. 분열주의자들은 인간 평등의 개념을 단순히 권리의 평등 수준으로 환원시켜 버리면 어려운 삶을 살아가는 사람들은 그와 같은 굴종적 상태 속에 영구적으로 갇혀 있게 될 것이라고 이야기한다. 분열주의자들은 법 앞의 평등equality before the law을 옹호하는 대신 우리 모두가 법 앞의 불평등inequality before the law을 추구해야 하며, 그렇게 함으로써 다른 모든 평등을 이룩할 수 있다고 주장한다.

분열주의자들은 자신들만의 독특한 공정의 개념이 있는데, 그들은 인간에게 사고의 본성과 역량이 있다는 점에 기반하여 도출되는 인간 평등의 개념이 다만 진정한 불평등을 강화시킬 뿐이라고 주장한다. 그래서 오바마는 자신의 두 번째 취임 연설에서(앞서 언급된 바로 그 연설이다), "모든 인간은 평등하게 창조되었다"는 독립선언서 구절의 의미를 정반대로 완전히 뒤집어 놓은 것이다. 오바마는 독립선언서가 천명한 인간 평등의 개념을 결과의 평등을 합리화하는 데 사용했다.[6] 그렇게 함으로써, 오바마는 린든 베인스 존슨Lyndon Baines Johnson*의 발자취를 따라가게 되었다. 존슨은 하워드 대학에서 다음과 같이 연설했다.

"우리는 단순한 자유가 아니라 기회를 원합니다. 우리는 단순

---

*　미국 제36대 대통령. 케네디의 부통령이었다가 1963년 케네디 암살로 대통령직을 승계한 후 1964년 재선.

한 법적 정의가 아니라 인간의 능력을 원하고, 권리와 이론상의 평등이 아니라 현실로서의 평등, 또 결과의 평등을 원합니다. (…) 이와 같은 목적을 이루기 위해 기회의 평등이 보장돼야 하지만, 기회의 평등만으로는 절대 충분하지는 않습니다."[7]

물론 현실을 보자면 미국에 있는 그 어떤 사람도, 아니 지구상 어느 곳에 있는 어떤 사람도 '성공할 수 있는 동일한 기회'를 갖고 태어나지는 않는다. 왜냐하면 우리 모두는 각자 다른 재능을 가지고 다른 환경에서 태어나서 각기 다른 어려움을 맞이하기 때문이다. 진정한 기회의 평등을 이루려면 개인의 권리는 끔찍할 정도로 탄압돼야 할 것이다. 하지만 미국의 건국 이상을 통해 명시된 권리 평등의 개념을 신新마르크스주의적인 정책을 정당화하는 수단으로 재구성해 활용했던 분열주의자들의 접근법은 꽤나 매력적이고도 영리한 전략이었다.

마지막으로, 분열주의자들은 정부가 국민의 동의에 의해 운영돼야 하며 제한된 권력을 가져야 한다는 개념을 비웃는다. 대신 그들은 위에서 군림하며 대중을 개선하려 하는 엘리트들로 이뤄진 정부 형태를 통해 제한된 정부 구조를 대체하려 한다. 이들에게는 정부 탄생 이전에 개인의 권리가 존재했다는 개념 자체가 없기 때문에, 또 법 앞의 평등은 기득권의 부정injustice을 가리는 핑곗거리에 불과하다고 생각하기 때문에, 정부는 '헌법에 명시된' 권한만을 행사하는 것이 아니라, 오바마가 2013년에 언급한 것처럼 "정부 그 자체가 곧 우리government is us"이며, 정부가 행사하는 모든 권한은 정당하다고 판단한다.[8] 이들은 2012년 민주당 전당대회에서 한 내레이터가 말한 것처럼, "우리가 함께 공유하는 유일한 것은 정부"라는 결론에 도달하게 된다.[9] 이와 같은 분열주의자들의 논리는 "사람이 천사 또는 악마가 아니며, 우리는 이 사실을 고려해 권력을 분배하는 데 반드시 신중을 기해야 한다"[•]는 제임스 매디슨의 설명과는 너무나도 차이 나는 주장이라고 할 수 있다.[10]

그렇다면 분열주의자들은 제한된 정부에 관한 국부들의 구체적 설명에 대해선 어떤 생각을 하고 있을까? 분열주의자들은 한마디로 그 개념들이 틀렸다고 주장한다. 오바마의 설명을 한번 들어 보자.

"미국의 국부들은 우리에게 변화하는 시대에 따라 그 개념이 바뀌어 적용되는 권력을 물려주었습니다. 그들은 우리에게 자치 정부의 시스템을 작동시키는 법을 물려주었는데, 그에 따라 우리는 혼자서 할 수 없는 크고 중요한 일들을 함께 이뤄가는 데 사용할 도구를 갖게 된 것입니다."[11]

또 분열주의자들은 국부들이 피치자들의 '동의consent'라고 언급한 개념을 그저 이따금 이뤄지는 투표 정도와 동일하다고 치부해

[•] 『연방주의자 논집』 51번 글.

버렸다. 이들은 직업 관료 집단과 선출되지 않은 전문가들, 또 미국인들의 삶에 막대한 영향력을 행사하도록 임명된 '차르czars'들이 실질적으로 정책을 결정해야 한다고 주장했다.

요약하자면, 분열주의자들은 미국의 건국 이념을 비판하면서 세 가지를 구체적인 대안으로 제시한다. 첫째로, 인간의 본성은 환경에 따라 절대적인 영향을 받기 때문에 인간에게는 본연의 권리가 없으며, 둘째로, 법 앞의 평등은 불공정하기 때문에 삶의 모든 영역에서 결과의 평등이 보장돼야 하며, 마지막으로, 그와 같은 결과의 평등을 실현하고 특권을 배분하는 데 매개체로 사용될 수 있는 유일한 집단은 바로 정부여야 한다는 주장이었다.

분열주의자들이 제시하는 대안은 미국인들을 하나로 묶어 주는 연결고리에 정말로 심각한 위협을 가하고 있다. 분열주의자들의 철학은 인간을 제한받지 않는 정부의 상향식 통치를 통해 언제든 개조시킬 수 있는 일종의 소품 장치widget로 전락시켜 버린다. 분열주의 철학을 가진 사람들은 개인의 존재를 다음 두 가지 중 하나로 생각한다. 자신들의 일을 방해하는 장애물, 또는 그 목적을 이루는 데 이용할 수 있는 수단. 분열주의자들이 주도하는 세상에서 우리 모두는 자발적으로 '더 나은 인간들'의 지시에 복종하거나, 아니면 그들의 발꿈치에 짓밟혀 나가는 수밖에 없다. 이와 같은 철학적 폭정이 한 사회 내에서 주도권을 잡아간다면, 반동적 혁명을 준비하는 씨앗이 뿌려지게 된다.

우리는 환경에 따라 변화하며, 특권을 통해 개조될 수 있다

미국 건국의 아버지들은 개인에게 이성이 있고, 그 사실로부터 개인의 권리가 파생된다는 점에서 인류에 대한 경이로움을 발견했다. 이성을 활용하는 건 인간의 본성이었다. 이와 같은 인간의 본성은 생명, 자유, 그리고 재산에 대한 권리를 필요로 했다. 미국의 국부들은 인간의 본성이 변화하지 않는다고 생각했다. 엄밀히 말한다면, 국부들에게는 바로 그 점이 인간을 영광스러운 존재로 만들어 주는 핵심 요소였다. 인간은 합리적인 존재였다. 따라서 인간의 권리는 짓밟혀선 안 되었다. 인간의 계략은 인간의 본성에 의해 제한을 받았다. 자연법은 그와 같은 경계선을 나타냈다.

반면 분열주의자들의 철학은 인간의 본성에 대해 완전히 다른 설명을 제시한다. 분열주의자들에게 인간은 본질적으로 컬러 점토Play-Doh에 불과했다. 분열주의자들의 관점에서 자연 상태의 인간은 무죄한 정념을 가진 존재로 묘사된다. 하지만 미국인들은 국부들이 소중하게 여긴 바로 그 제도와 철학으로 인해 잔인한 사람들로 변모됐다고 주장하는 것이다. 특별히 사유재산권이 강조됨으로써 인간의 폭넓은 아량이 제한되었고, 미국인들은 스크루지 같은 존재들, 다시 말해 피도 눈물도 없는 개인주의자들로 변해 버렸다고 설명한다.

분열주의자들은 이 같은 재앙을 해결하는 유일한 방법이 사회를 근본적으로 개조하는 것이라고 말하며, '더 나은 인간들'이 그와 같은 임무를 부여받았다고 주장한다. 장 자크 루소는 인간에게 알려진 한계known limits란 존재하지 않는다고 말하며 "우리는 인간의 본성이 우리에게 무엇을 허용하는지를 알지 못한다"고 했다.[12] 또 루소는 (홀로 자연 상태에 남겨졌다면)완전해질 수 있는 인간이 사회 그 자체로 인해 파괴되었으며, 특별히 사유재산의 개념에 의해 큰 피해를 입었다고 주장했다. 루소는 "바깥세상과 접촉이 없는 땅 덩어리에서 살아가던 최초의 인간이 문득 어느 순간 '이건 내 거야This is mine'라는 생각을 했고, 그런 이야기를 믿어줄 만큼 순진한 사람들을 찾아내서, 문명 사회civil society의 진정한 창시자가 되었다"고 설명했다.[13]

비슷한 맥락에서, 마르크스주의 역시 식욕이나 성욕처럼 동물에게도 해당되는 특정 욕구를 제외한다면, 근본적으로 인간은 사회경제적 구조의 부산물이라고 설명했다. 마르크스주의에 따르면 인간의 진정한 본성은 사회적 동물이 되는 것이었다. 하지만 자본주의는 사람들이 타인과의 관계가 아니라 물질을 획득하는 데 관심을 쏟게 만듦으로써 인간을 소외시켜 버렸다는 것이다. 따라서 공산주의의 과업은 자본주의로 의해 '타락해 버린' 인간을 다시 본래의 상태, 다시 말해 '사회적 존재social being'로 되돌려 놓는 것이 되어야 했다.[14] 이에 대해 마르크스주의를 신봉한 심리학자였던 에리히 프롬Erich Fromm은 다음과 같이 말했다.

"사회주의를 주장하는 데 마르크스가 추구했던 목적은 인간의 해방이었다. 그리고 인간의 해방은 곧 생산적 관계성을 실현하고 인간을 본성과 일치시키는 일을 추구하는 과정에서 발생하는 인간 스스로의 자아 실현과 동일한 개념이었다. 사회주의의 목적은 개인의 성향individual personality을 개발하는 것이었다."[15]

이와 비슷하게 20세기 초 등장한 미국의 진보주의자들 역시 환경이 인간의 본성을 변화시킬 수 있다고 믿었다. 20세기 진보주의 진영을 이끈 사상가로 평가받는 존 듀이John Dewey는 자신이 생각하는 진정한 진보주의(liberalism. 이것은 개인의 권리에 기반한 '고전적 자유주의classical liberalism'와는 반대되는 개념이다)*를 설명하면서, 진정한 진보주의자는 인간이 완전해질 수 있다는 믿음을 갖고 있다고 말했다. 듀이의 설명을 한번 들어보자.

"진보주의는 인간에 관한 그 어떤 것도 고정되어 있지 않다고 말한다. 인간의 본성은 (태어날 때부터 결정되는 것이 아니라)성취되는 것이며, 그와 같은 성취는 고립된 상태가 아니라 문화적, 물질적 환경의 지원과 도움을 받을 때 이뤄질 수 있다. 여기서 말하는 '환

---

* 'liberal(ism)'의 뜻이 19세기 이래 유럽에서 써온 뜻과 다름에 주의. 미국에서는 20세기 이후 정치적 좌파들이 'liberal(ism)'을 전유한 바람에, 개인의 자유와 권리, 사유재산권을 강조하는 본래의 liberal(ism)은 'libertarian(ism)' 또는 '고전적 자유주의(classical liberalism)'로 불리게 됐다.

경'에는 문화적, 경제적, 법적, 정치적 제도뿐만 아니라 과학과 예술의 영역 역시 포함된다."

따라서 인간의 결점은 곧 제도의 결점으로 인식되었다.[16]

이와 마찬가지로, 보다 나은 정부를 통해 인간이 완전해질 수 있다는 신념을 가지고 있었던 우드로 윌슨Woodrow Wilson 대통령은(윌슨은 독일 철학에 심취해 있었다) 1914년 미국 변호사협회를 대상으로 다음과 같은 연설을 했다.

"우리는 의로운 정신, 동등한 정의의 정신, 또 완전해질 수 있는 법을 통해 인간의 삶 그 자체가 완전해질 수 있다고 믿는 희망의 정신을 관리하는 사람들입니다."[17]

이와 비슷하게, 철학자 존 듀이는 "인간 본성의 무한한 유연성"을 예찬하며 그 유연성은 오직 '습관'에 의해서만 굳어질 수 있으며, 그 습관 역시 변화될 수 있다고 말했다. 그러면서 듀이는 다음과 같은 주장을 이어 갔다.

"만약 인간의 본성이 변화될 수 없다면, 이 세상에는 교육이란 것 자체가 존재할 수 없으며, 교육을 위해 우리가 기울이는 모든 노력 역시 실패로 돌아가고 말 것이다. (…) 인간의 본성을 구성하는 요소가 고정돼 있기 때문에 변화가 불가능하다는 식의 주장은 '변화 자체가 바람직한 것인가,' 또 '어떻게 그러한 변화를 만들어 낼 수 있는가' 등과 같이 중요한 질문들로부터 우리의 관심을 멀어지게 만든다."[18]

인간 본성을 이 같이 바라보는 관점은 딱 하나의 문제를 가지고 있다. 한마디로 그 관점이 심각하고 구제 불능일 정도로 잘못됐다는 것이다. 인간의 본성은 분명 존재하며, 그 본성은 변하지 않는다. 또 그 본성은 죄악된sinful 동시에 합리적rational이기도 하다. 물론 어떤 부분에서 분열주의적 관점은 분명 매력적이다. 개인으로부터 책임을 면제해 주기 때문이다. 무엇보다, 분열주의적 세계관을 가지고 있으면 당신은 자신의 결점과 실수를 개인의 선택이 아니라 '시스템'의 탓으로 돌릴 수 있다. 또 중요한 사실은, 인간 본성이 환경에 따라 변할 수 있다고 설명하는 분열주의적 세계관은 인간의 노력만으로 유토피아적인 종착지를 만들 수 있다는 가능성을 제시해 준다는 것인데, 분열주의자들은 이 유토피아에서 모든 인간이 완전해질 것이고, 그들의 심성은 변화되며, 그들의 정체성은 집단에 의해 결정되고, 사람들은 개인적인 궁금증을 해소하려는 욕망, 또 타인의 판단으로부터 자유로워질 것이라고 주장한다. 플라톤이 말한 이상적 국가가 하향식 지도 편달을 통해 실현될 수 있다는 것이다.

버니 샌더스의 선거 담당자가 카메라 앞에서 당당하게 말했듯이, 그런 세상을 만들려면 우리에게 필요한 건 단 하나, 교화 수용소였다. 샌더스 캠프의 일원으로 활동한 카일 주렉Kyle Jurek은 "스탈린이 강제수용소gulag를 운영했던 이유가 다 있었지"라고 태연하게 이야기했다.[19]

하지만 분열주의자들은 자신들이 꿈꾸는 유토피아가 실현되는 걸 방해하는 세력이 있다는 점을 알고 있다. 실제 인간의 본성은 변하지 않으며, 인간의 이성은 그 본성의 핵심을 잘 대변하고 있다고 생각하는 사람들은 곧 분열주의자들의 적이 된다. 분열주의자들은 그와 같이 생각하는 사람들을 무심하고, 무정하며, 비인간적인 존재들이라고 생각한다. 희망이 없는 사람들이며, 꿈꾸는 걸 거부하는 사람들이라고 판단한다. 분열주의자들의 입장에서 이들은 인간 행복의 길을 가로막고 있는 장애물에 불과하다. 왜냐하면 분열주의자들은 오직 사회 자체를 뿌리째 개조함으로써, 그리고 이에 따라 인간성 그 자체를 개조함으로써, 인간 행복을 성취할 수 있다고 굳게 믿고 있기 때문이다.

분열주의 철학의 관점에서, 인간 본성에 경계가 있다고 믿는 것은 억압적이고, 비관용적이며, 삶을 옥죄이는 태도라고 할 수 있다. 따라서 분열주의자들은 기본적인 생물학적 진실을 인정하는 것을 편견이라고 비난한다. 또 만약 결과의 차이가 발생했을 때, 그 현상을 사회의 구조 자체에 결함이 있다는 주장과 연결시키지 않는다면, 그러한 태도는 시대에 역행하는 편협함을 드러내고 있다고 주장한다. 심지어 분열주의자들은 만약 과학적 과정을 거쳐 도출된 결과가 그들이 평소 이야기하는 철학과 일치하지 않는다면, 그와 같은 결과는 아무리 과학적 과정을 통해 도출됐다 하더라도 폐기처분돼야 한다는 주장을 펼친다. 하버드 대학의 심리학 교수인 스티븐 핑커Steven Pinker는 다음과 같이 말했다.

> 과학과 상식의 영역에서 인간의 본성이 존재한다는 걸 입증하는
> 증거들이 점점 더 많이 등장하고 있음에도 불구하고, 인간의 본
> 성이 존재하지 않는다는 잘못된 신념dogma은 인문학에 종사하는
> 많은 학자들로 하여금 증거와 진실을 경멸하는 태도를 갖게 만들
> 었다. 그보다 더 문제인 것은, 빈 서판blank slate*에 관한 이론이 인
> 간 행동은 오직 문화 하나만에 의해 결정된다는 극단적 입장을
> 마치 온건한 견해인 것처럼 보이게 만듦으로써, 또 인간 행동은
> 생물학과 문화 간의 상호작용에 의해 도출된다는 온건한 입장을
> 마치 극단적 견해인 것처럼 보이게 만듦으로써, 과학 그 자체를
> 왜곡한다는 데 있다.[20]

대부분의 급진주의자들에게 이와 같은 태도는 과학적 과정 그
자체를 공격하는 것이며, 과학에서 객관성을 없애 버리고, 심지
어 과학에서 객관성을 추구하는 것 자체를 상상 속에나 존재하는
개념으로 조롱하는 걸 의미한다. 전산생물학자 로라 보이킨Laura
Boykin은 최근 〈와이어드Wired〉 매거진과 한 인터뷰에서 "과학은 그
뿌리에서부터 구조적으로 인종차별적이며 성차별적"이라고 말했

* 인간의 인식은 태어날 때 백지(tabula rasa) 상태와 같다는 존 로크 등 경험론자들
  의 견해. 스티브 핑커의 책 제목이기도 하다.

다.[21] 또 예를 들면, 여성학자 도나 휴즈Donna Hughes는 여성학국제 포럼에 참석한 자리에서 "과학적 방법론은 이 세상에서 주도권을 형성하고 그걸 정당화하기 위한 도구에 불과하다"라고 말했다.[22] 구글의 연구 과학자로서, 구글에서 AI윤리를 담당하고, 'AI분야에 종사하는 흑인들Black in AI'이라는 단체를 만든 팀닛 게브루Timnit Gebru는 뉴욕타임스와 한 인터뷰에서 다음과 같이 말했다.

"우리는 과학과 기술에 대해 사람들을 교육하는 방식에 변화를 줄 필요가 있습니다. 오늘날 그 어느 곳에서도 과학이 객관적이 라고 가르치지 않으며('객관적'이라는 표현은 페미니스트 연구 관련 글을 읽다 가 알게 된 단어입니다), 또 어떤 사람들도 그와 같은 주장을 하지 않습 니다. 우리가 살아가고 있는 현 시대에 각기 다른 분야 간에 더욱 더 많은 교류가 있어야 하고, 또 사람들이 어떻게 배움을 얻는지 에 관한 재고가 필요하다고 생각합니다."[23]

2018년, 구글에 의해 부당하게 해고당한 제임스 다모어James Damore가 구글을 상대로 낸 소송을 살펴보면, 사내 통신망을 통 해 전달한 업무 메모에서 구글 경영진은 "개인의 성취individual achievement", "능력중심주의meritocracy", "우리는 객관적이다we are objective", "인종을 신경 쓰지 않는 프레임colorblind racial frame" 등의 단 어를 '백인 중심 문화'와 연관시키면서 '모든 것은 주관적이다'는 생각을 장려하라고 매니저들에게 압력을 넣은 것으로 드러났다.[24] 에버그린 주립대학에서 강의 시간에 "남성들이 평균적으로 여성들보다 키가 크며", "임신과 수유는 여성들이 해야 한다"고 말했다는 이유로 학생들로부터 수업 거부를 당한 생물학자 헤더 헤잉Heather Heying은[25] 한 언론에 기고한 글에서 "학계에서 논리와 가설, 반증과 엄격함을 해체시키는 운동가들이 점점 힘을 얻고 있다는 건 섬뜩한 일이다. 이것은 논의의 여지 없이 간단하고 단순한 갈등이다"라고 언급했다.[26] 헤잉이 기고한 글의 내용처럼, 오늘날의 과학은 고충을 들어 주는 정치적 활동으로 변질됐으며, 과학 분야에서 분열주의자들이 동의하지 않는 연구 결과들은 설 자리를 잃고 있다. 또 그와 같은 결과를 만들어 내는 학자들은 점점 따돌림을 당하고 있다.

사이비 과학에 기초한 고충의 정치는 학계에서 과연 어느 정도로 영향력이 있는 것일까? 2017년, 세 명의 학자들이 이 질문에 대한 답을 얻기 위해 실험을 감행했다. 수학 박사 과정 학생이던 제임스 린지James Lindsay, 포틀랜드 주립대학의 철학과 조교수였던 피터 보그호시안Peter Boghossian, 그리고 애리오매거진닷컴AreoMagazine.com의 편집자였던 헬렌 플럭로즈Helen Pluckrose는 20개의 가짜 논문을 전문가 동료들의 심사를 받는 학술지 여러 곳에 가명으로 제출했다. 20개 논문 중 7개가 학술지에 의해 채택되었으며, 그중 4개 논문은 실제 출판되었다. 그들이 제출한 논문에는 보디빌딩 업계가 어떤 방식으로 "뚱뚱한 사람에 대한 낙인을 찍는지"를 연구한 논문, 강아지 산책용 공원이 "강아지 '강간 문화'

의 배양소"가 되고 있다고 주장한 논문, 그리고 아돌프 히틀러가 쓴 『나의 투쟁』을 살짝 각색한 내용의 논문 등이 포함되어 있다. 위에서 언급한 세 개의 논문들은 모두 가짜였지만, 실험 참가자들이 제출한 논문 중 이와 비슷하게 황당한 연구 결과를 담고 있는 논문들 가운데는, 2017년 발표된 "다람쥐 먹이를 통해 살펴본 페미니스트 포스트 휴머니스트 정치"처럼, 진짜 논문들도 몇몇 포함되어 있었다. 실험 참가자 중 한 명인 린지는 "우리에게는 편견에 기반한 연구가 교육, 언론, 정책, 그리고 문화에 지속적으로 영향을 줌에 따라 발생하는 위험을 사람들에게 알리는 것은 이 실험을 감행함으로써 우리가 겪을지도 모르는 그 어떤 불이익보다도 더 중요한 문제였다"라고 이야기했다.[27] 포틀랜드 주립대학은 보그호시안 교수가 실제 사람을 대상으로 연구를 했다는 이유로(하긴, 엉터리 같은 학술지의 편집인들이 모두 '사람'이긴 했다), 그에게 징계 조치를 내렸다.[28]

　인간이 변하지 않는 본성을 가지고 있다는 연합주의자들의 주장에 대한 분열주의자들의 공격은 생물학적 성별을 말살하려는 그들의 시도에서 극치를 이룬다. 분열주의자들이 생물학적 성별에 대해 이와 같은 집착을 보이는 이유는 남성과 여성이 명백하게 다르다는 생물학적으로 엄연한 사실이 인간은 환경에 따라 변화하는 가변적 존재라는 분열주의자들의 주장에 대해 가장 확실한 반박이 되기 때문이다. 남성과 여성 사이에서 나타나는 생물학적 차이는 사회적 산물이 아니다. 그리고 그 차이는 환경에 따라 변하지 않는다. 남자가 여자가 아니라는 것, 그리고 여자가 남자가 아니라는 건 단순한 생물학적 사실이다.

만약 당신이 캐티Cathy라는 사람을 소개받는다면, 당연히 당신은 매너에 맞게 그 사람을 캐티라고 불러줘야 한다. 하지만 실생활에서 인간을 포함한 일반적 포유류는 생존을 위해 끊임없이 남성과 여성을 구분해야 하며, 그 구분을 인지하고 있어야 한다는 것이 엄연한 사실이다. 하지만 인간 본성이 변하지 않는다는 사실에 대해 분노하는 분열주의자들은 생물학적 성별의 차이를 인정하는 사람들을 자신들에 대한 일종의 위협으로 받아들인다.

심지어 이 같은 광기는 의학계에까지 그 영향력을 확대하고 있다. 시간이 지날수록, 점점 더 많은 미국의 의사들이 환자의 생물학적 성별이 아니라 환자 자신이 스스로를 인지하는 성별self-identified gender에 근거해 진료 차트를 작성하도록 지시받고 있다. 듀크대 의대 소속 의사인 디나 앳킨스Deanna Adkins는 환자 스스로가 인지하는 성 정체성gender identity이 "성별sex을 결정하는 유일한 의학적 요소"라고 주장하며, "특정인이 남성인지 여성인지를 구분하는 데 염색체, 호르몬, 내부 생식기관, 외부 생식기, 2차 성징 등을 환자 개인의 성 정체성보다 우선시하는 것은 의학에 반하는 행위"라는 의견을 덧붙였다. 이와 같은 주장은 일상적으로 염색체, 호르몬, 내외부 생식기관 등을 통해 환자의 성별을 분류하는 의사들, 그리고 DNA 테스트를 통해 태아의 성별을 거의 완벽하게 파악해 내는 태아 성별 확인 업무 관련 종사자들에게는 엄청난 충격으로 다가왔을 것이다.[29]

그럼에도 불구하고, 디나 앳킨슨이 언급했던 황당한 기준들이 의료계에 적용되고 있으며, 그에 따라 끔찍한 결과가 발생하고 있다. 예를 들면, 스스로를 남성으로 인지하는 한 여성이 임신을 한 후 병원을 찾게 되었는데, 간호사는 해당 환자의 차트에 '남성'이라고 기록했고, 그 차트를 바탕으로 환자를 진료한 의사는 임신의 가능성을 고려하지 않은 채 오진을 해버렸다. 그에 따라 환자의 배 속에 있는 태아가 사망한 사건이 있었다. 미시건대 의대 소속 의사인 다프나 스트롬사Daphna Stroumsa는 뉴잉글랜드 의학저널New England Journal of Medicine에 기고한 글에서 해당 사건이 발생한 원인은 생물학적 성별을 잘못 분류했기 때문이 아니라고 주장했다. 여기서 한 걸음 더 나아가 스트롬사는 "해당 환자가 '남성'으로 분류된 건 올바른 결정이었다"고 말하기까지 했다.[30]

자녀 양육에 관한 문제에서, 트랜스젠더 인권을 옹호하는 사람들은 자녀가 선택한 성별을 '긍정해 주지' 않는 부모가 있다면, 해당 부모는 자녀를 학대하고 있다고 주장한다. 이미 미국의 사협회는 동성애 성향을 보이는 어린 자녀들에게 부모가 전환 치료conversion therapy를 권하는 것을(다시 말해 그 아이가 원래 생물학적으로 태어난 성별에 익숙해지도록 권하는 것을) 추천하지 않을 뿐 아니라, 정부의 강권을 통해 그와 같은 치료를 금지시키는 걸 골자로 하는 입법 안을 준비하고 있다.[31] 이제 다음 단계에서는, 어린 자녀가 스스로의 성 정체성을 '전환'하려 할 때 부모가 이를 동의하지 않는다면, 정부가 그 자녀를 부모로부터 떼어 놓으려 할 것이다.[32]

분열주의자들은 '남자는 여자가 될 수 있으며, 여자는 남자가 될 수 있고, 모든 것은 주관적인 인식에 달려 있다'는 사회적 통념에 대해 동의하지 않는 것은 무례한 행위라고 생각한다. 하지만 분열주의자들은 그와 같은 사람들을 단순히 무례하다고 말하는 정도에서 그치지 않는다. 분열주의자들은 그와 같은 발언을 일종의 폭력이라고 생각한다. 따라서 그들 입장에서 성별 불쾌감은 정신질환으로 분류되어야 할지도 모른다는 글을 쓰는 사람은 직장을 잃을 각오를 해야 하는 것이다.

예를 들면, 브라운 대학 부교수로서 공중보건대학원에서 행동사회과학을 가르치는 리사 리트먼Lisa Littman은 작년에 한 연구 결과를 발표했다. 그 연구에서 리트먼 교수는 자신이 '급발성 성별 불쾌감rapid-onset gender dysphoria'이라고 정의한 주제를 다루고 있었다. 해당 연구에 따르면 '급발성 성별 불쾌감'이란 어린이 시절에는 존재하지 않았지만, 청소년기 또는 청년기에 증상이 발현되는 성별 불쾌감을 의미했다. 〈사이언스 데일리〉에 따르면 리트먼의 연구 결과 놀라울 정도로 높은 비율의 트랜스젠더 여자 아이들이 자신의 교제 그룹 구성원들의 성향에 따라 트랜스젠더가 되는 것으로 나타났다. 이 같은 연구결과는 명백하게 정치적 금기의 선을 넘어 버린 것이었다.* 결국 브라운 대학은 리트먼 교수의 연구 결과와 관련된 언론 보도자료를 철회했고, 공중보건대학원의 베스 마커스Bess Marcus 학장은 브라운대 전체 커뮤니티에 해명 편지를 돌렸다. 그 편지에서 마커스 학장은 다음과 같이 말했다.

"자유로운 탐구와 학술적 토론은 학문적 탁월함을 성취하는 데 핵심적 요소입니다. 하지만 동시에 우리는 공중보건 연구가들이 다양한 관점에 귀를 기울여야 하며, 그들이 자신들의 연구의 한계를 인지하고 이를 명시해야 한다는 점 또한 분명히 믿고 있습니다. (…) 성소수자들의 건강과 안녕을 연구하고 이를 지지하겠다는 브라운 대학의 약속은 결코 흔들리지 않습니다."[33]

한마디로, 리트먼 교수의 연구 내용이 위험했다는 뜻이었다. 인간 본성은 분명 존재한다. 하지만 분열주의자들은 변치 않는 인간 본성이 존재한다는 엄연한 사실이 자신들이 꿈꾸는 유토피아적 비전을 가로막는 장애물이라고 생각한다. 만약 인간 본성이 변하지 않는다면, 그리고 그 본성이 이성에 기반하고 있다면, 미국의 국부들이 이야기한 것처럼, 개인의 권리는 분명 실존하기

---

* 친동성애, 친트랜스젠더 진영은 동성애나 트랜스젠더라는 성적 지향이 태어날 때부터 결정된다고 주장하지만, 리트먼 교수의 연구 결과에 따르면 성적 지향은 환경에 따라 영향을 받는 것으로 나타났다. 그래서 샤피로는 이 연구가 분열주의자들이 정한 "금기의 선을 넘었다"고 하는 것이다.

때문이다. 그리고 만약 개인의 권리가 실존한다면, 인간 본성을 새롭게 고쳐서 이 땅에 유토피아를 건설해 보려는 분열주의자들의 비현실적 계획 역시 무너져 내릴 수밖에 없다. 따라서 만약 개인의 권리가 시스템 전체의 변화를 가로막고 있다면, 그런 개인의 권리는 사라져야 했다.

이런 사실을 알게 되면, 개인의 권리라는 개념 그 자체를 부인하는 분열주의자들의 태도가 결코 놀랍지 않게 다가온다. 국부들은 인간 본성이 존재하기 때문에, 또 그 본성은 이성에 뿌리를 두고 있기 때문에, 이성은 보호되어야 했고, 따라서 인간은 태어날 때부터 자연과 자연의 하나님에 의해 생명권, 자유권, 행복을 추구할 권리 등을 보장받았다는 신념을 갖고 있었다. 그러한 권리는 정부의 탄생 이전부터 존재해 왔으며, 따라서 정부에 의해 침해될 수 없었다. 반면에 분열주의자들은 그와 같은 권리들을(이 권리들은 정부로부터 침해받지 않을 권리를 의미하기 때문에 '소극적 권리negative rights'라고 종종 표현된다) 망상, 또는 한층 더 나아가서, 우리가 앞서 살펴본 것처럼, 결과의 평등을 추구하는 데 방해가 되는 실질적인 장애물로 인식한다. 분열주의자들의 관점에서 개인의 권리란 사회적 행복의 실현을 방해하는 장애물이고, 인간의 변혁을 이뤄 주는 가장 위대한 도구를 제한하는 요소에 불과할 뿐이다.

다시 말하지만, 이와 같은 분열주의적 철학은 장구하고도 부끄러운 역사를 가지고 있다. 프랑스혁명은 바로 이와 같은 신조에 바탕하고 있었다. 프랑스 인권선언The French Declaration of the Rights of Man은 권리가 정부로부터 비롯된다는 주장을 노골적으로 강조했다. 프랑스 인권선언 제3조를 한번 살펴보자.

"모든 주권의 원리는 본질적으로 국가nation에 있다. 어떤 단체나 개인도 국가nation로부터 직접 비롯되지 않는 어떠한 권력도 행사할 수 없다."[34]

프랑스 인권선언을 작성한 사람들은 개인을 구성하는 데 권력을 집행하는 정권이 존재하지 않는다면 허구적 개념으로 전락해버리고 마는 개인의 권리보다 일반의지general will가 훨씬 중요하다고 생각했다.

이와 비슷하게, 칼 마르크스는 개인의 권리라는 개념이 인간의 발달 과정을 변질시키는 요소라고 생각했다. 마르크스에 따르면 개인들은 천성적으로 불평등했다. 반면 인간 사회에 본질적 불평등이 존재함에도 불구하고, 권리의 개념은 개인들의 의지를 거스르는 권력은 사용될 수 없도록 제한함으로써, 불평등 그 자체를 고착화시키고 있다고 생각했다. 따라서 마르크스는 다음과 같은 결론을 내리게 된다.

"이 같은 사회적 결함을 해결하기 위해서 권리는 평등한 것이 아니라 오히려 불평등해야 한다."

마르크스는 집단을 위해서라면 개인의 권리가 희생될 수 있다고 판단하며 다음과 같이 말했다.

"능력에 따라 일하고, 필요에 따라 분배하자from each according to his ability, to each according to his need."[35]

미국의 진보주의자들 역시 이 깃발 아래 모여들었다. 그들은 진정한 자유를 실현하려면 소극적 권리를 희생시킬 수밖에 없다고 말했다. 존 듀이는 소극적 권리를 존중하는 것은 "현존하는 질서에서 나타나는 야만성과 불평등을 정당화하는 것일 뿐"이라고 이야기했다.[36]

심지어 우드로 윌슨은 듀이보다도 더 노골적이었다. 윌슨은 독립선언서의 철학을 갈기갈기 찢어 버렸다. 1911년 자신의 연설에서 윌슨은 "만약 독립선언서의 진짜 의미를 이해하고 싶다면, 서문을 반복해서 읽지 마십시오"라고 말했다.[37] 1907년의 연설에서는 더욱 노골적으로 자신의 생각을 드러내며 말했다. "독립선언서의 첫 문장은 정부 정책을 만들어 내는 데 기반이 되는 일반적 이론을 제공해 주지 못합니다. 물론 우리는 자유를 가져야 합니다. 하지만 각 세대는 그 세대에 맞는 각기 다른 자유의 개념을 반드시 만들어야 합니다." 윌슨은 미국 국부들의 철학이 "그들이 살았던 세대를 제외하고는 그 어떤 다른 세대의 목표 또는 목적을 명시해 주지 못한다"라고 말했다.[38] 윌슨은 국부들의 시대에나 통용됐던 소극적 권리의 개념은 이제 그 수명을 다했다고 주장했다. 이러한 윌슨의 관점은 오바마가 2013년 연설에서 사용한 언어를 통해 성취하려 한 것과 동일한 개념으로, 오바마는 자신의 연설을 통해 미국 시민과 정부 사이에 맺어진 계약을 완전히 새롭게 고쳐 쓰려고 했다.

창조주로부터 부여받은 양도할 수 없는 소극적 권리, 다시 말해 정부로부터 침해받지 않을 권리를 근본적으로 수정함으로써, 이를 '개인에게 자유를 부여해 주는 정부'에 의해 만들어진 환경(이렇게 정부를 통해 만들어진 권리를 '적극적 권리positive rights'라고 함)으로 대체하려는 노력은 윌슨으로부터 이어져 내려온 분열주의 철학의 핵심 개념이었는데, 이 철학은 프랭클린 델라노 루스벨트Franklin Delano Roosevelt, FDR의 언어를 통해 완전히 꽃피우게 된다.

루스벨트는 1944년 연두교서State of the Union Address에서 미국의 건국 철학이 국가를 운영하는 데 충분하지 않다고 언급하면서, 우리가 행복을 추구하는 데 소극적 권리의 개념이 우리에게 평등을 보장해 주지 못한다고 말했다. 연설을 이어 간 루스벨트는 다음과 같이 말했다.

"우리는 진정한 개인의 자유가 경제적 안정과 독립 없이는 존재할 수 없다는 사실을 분명히 깨닫게 되었습니다. '가난하고 궁핍한 사람은 자유인이 아니다'라는 말이 있습니다. 직장을 잃고 배고픔에 시달리는 사람들의 존재는 독재를 만들어 내는 요소 가운데 하나입니다."

자신의 철학을 실현하기 위해서 루스벨트는 "유익하고 충분한 보수를 제공하는 일자리를 가질 권리", "부족하지 않은 음식, 옷,

여가를 즐길 수 있을 정도로 충분한 돈을 벌 권리", "가족 모두가 지낼 수 있는 좋은 집을 가질 권리", "충분한 의료보험과 좋은 건강 상태를 유지하고 누릴 권리", "노년, 질병, 사고, 실업으로부터 비롯되는 경제적 두려움으로부터 충분히 보호받을 권리", "좋은 교육을 받을 권리" 등의 보장을 골자로 하는 '제2의 권리장전'을 도입할 것을 제안했다. 루스벨트는 미국인들이 "이와 같은 권리를 도입하는 걸 넘어서 새로운 인간 행복과 안녕의 단계로 넘어가야 한다"고 선언했다.[39]

루스벨트의 이 같은 철학은 오늘날까지도 미국에서 이어 내려오고 있다. 좌파 진영에 있는 많은 사람들로부터 '노토리어스 RBGNotorious RBG'라는 애칭으로 불리는 미국 연방대법원의 루스 베이더 긴즈버그Ruth Bader Ginsburg 대법관은 소극적 권리를 보장하는 미국 헌법이 국가적 번영과는 별 관계가 없다고 주장했다. 2012년 이집트에서 재스민 혁명이 일어난 직후 아랍의 한 언론매체와 한 인터뷰에서 긴즈버그는 만약 자신에게 새로운 이집트 헌법을 작성할 권한이 주어진다면, "미국의 헌법이 아니라, 핵심 정부 기관을 통해 기본적 인권을 보장할 것을 의도적으로 명시한 남아프리카공화국의 헌법을 참고해서 헌법 초안을 작성할 것"이라고 이야기한 바 있다.[40] 참고로 긴즈버그가 언급한 남아공의 헌법에는 집을 가질 권리, 의료 혜택을 누릴 권리, 음식에 대한 권리, 각종 연금을 받을 권리 등과 같은 적극적 권리가 대거 포함되어 있다.

만약 미국의 국부들이 이 같은 적극적 권리들을 보장해야 한다는 주장을 들었다면, 그들은 이를 정말 생소하게 받아들였을 것이다. 적극적 권리는 권리의 본질을 근본적으로 재정의했다. 적극적 권리의 개념에 따르면 권리란 정부의 탄생 이전 존재했던 개인의 자연권을 정부의 폭압으로부터 보호하는 것이 아니라, 단순히 정부에 의해 제공되는 몇몇 가지 물품들을 수령하는 것에 불과했다.

하지만 문제는 이 같은 권리의 개념이 미국 민주당 세계관의 기반이 되어 버렸다는 사실이다. 버몬트주의 무소속 상원의원이자, 민주당과 스스로를 민주사회주의자라고 부르는 사람들의 정신적 지주로 군림하는 버니 샌더스가 미국인의 삶 모든 영역에서 막대한 정부의 개입 없이는 권리가 보장될 수 없다고 주장했을 때, 그는 단지 프랭클린 루스벨트의 발자취를 따라가고 있을 뿐이었다. 조지타운 대학에서 했던 연설에서 샌더스는 다음과 같이 말했다.

"오늘날 미국인들은 우리가 갖고 있는 권리장전을 통해 헌법에 따라 보호되는 몇몇 가지 중요한 권리를 보장받습니다. 이제 우리는 한걸음 더 나아가 미국에서 살아가는 모든 남성, 여성, 그리고 아이들에게 기본적인 경제적 권리를 보장해야 합니다. 질 좋은 의료 서비스를 누릴 권리, 우리 사회에서 성공하기 위해 필요한 어떤 교육도 받을 수 있는 권리, 생활 임금을 보장하는 좋은 일자리를 가질 권리, 적당한 집을 가질 권리, 걱정 없이 은퇴할 권리, 또 깨끗한 환경에서 살아갈 권리 등을 보장해야 합니다."[41]

이처럼 날이 갈수록 범위를 확장해 가는 유사 권리들pseudo-rights을 보장하려면 실제 개인의 권리는 희생되어야 한다. 예를 들어서, 의사들은 자신의 노동을 스스로 통제할 소극적 권리를 가지고 있다. 다시 말해 어느 누구도 의사들에게 의료 서비스를 제공하라고 강요할 순 없다는 뜻이다. 하지만 만약 우리 모두가 의료 서비스에 대한 적극적 권리를 가지고 있다면, 누군가의 소극적 권리는 침해당할 것이다. 피해의 대상은 자발적 동의 없이 강제성에 의해 타인에게 자신의 노동을 양도해야 하는 의사들일 수 있고, 의사들의 봉급을 댄다는 명목으로 노동에 대한 자신의 권리를 몰수당하는 납세자들이 될 수도 있으며, 다른 사람들로 인해 꼭 필요한 의료 서비스에 대한 진료의 기회를 박탈당하는 환자들 역시 그 대상이 될 수 있다.

비슷한 원리로, 토지 소유자들은 자신의 땅에 건물을 짓고 이를 임대할 권리를 가지고 있다. 하지만 만약 우리 모두가 거주에 대한 적극적 권한을 가진다면, 누군가의 소극적 권리는 반드시 침해될 것이다. 그 피해의 대상은 자신의 의사와 관계없이 아파트를 임대해 줘야 하는 집주인들일 수 있고, 더 많은 거주시설들을 울며 겨자 먹기 식으로 만들어 내야 하는 개발업자들일 수 있으며, 자신이 내는 세금을 통해 집주인이나 개발업자, 또는 임차인들에게 보조금을 지급하도록 강요받는 납세자들이 될 수도 있다. 그렇다면 정부의 강제성이 없는 상황에서 어떻게 이와 같은 적극적 권리들이 실현될 수 있을까? 남아공의 헌법이 자국민들에게 주거, 음식, 물, 그리고 연금 등에 대한 적극적 권리를 명시한다고 해서 실제 남아공 사람들이 그와 같은 재화와 서비스를 누릴 수 있게 되는 건 아니다.

다시 한 번 이야기하지만, 분열주의자들이 제시하는 정책은 매혹적이다. 개인의 권리에 기반한 미국의 건국 철학이 자유를 약속할 때(국부들이 약속한 건 정부 지원금이 아니라 개인의 자유였다!), 분열주의 철학은 국민이 정부로부터 요구할 수 있는 사안에 대해 전혀 한계를 걸어 두지 않았다. 게다가 분열주의 철학은 정부 혜택의 수혜자들을 '광범위한 이타주의'라는 그늘 뒤에 숨게 만듦으로써 이기적이라고 비판하는 외부의 공격으로부터 그들을 방어해 준다.

또 분열주의자들은 평소 그들이 하는 방식에 따라 전통적인 연합주의 권리 개념을 갖고 있는 사람들의 입장을 의도적으로 왜곡해서 뒤집어 버린다. 분열주의자들은 의료 서비스에 대한 권리를 부인하는 사람들을 잔인하고 이기적인 사람들로 몰아간다. 분열주의자들은 이들을 마땅히 서비스를 받아야 할 사람들이 가지고 있는 권리를 명백한 의도로써 적극적으로 박탈하는 사람들로 묘사한다. 재화와 서비스를 '권리'로 새롭게 분류하는 건 지적으로 부정직하고 공허한 주장이라고 비판하면, 그런 말을 하는 사람들은 무정하다고 취급해 버린다. 만약 사람들이 필요로 하는 모든 것을 보장해 줄 정도로 거대한 정부가 과연 국민에 의해서 제대로 통제될 수 있는지에 대해 의문을 표시한다면, 당신은 그저 야비한 냉소주의를 나타내고 있다고 간주된다. 버락 오바마는 정확하게 이런 방식으로 자신의 정적들을 묘사해 왔다. 그들은 너무나 편협하기 때문에 자신이 추구하는 거대한 변화를 감히 수용할 수 없다는 식의 논리였다. 오바마는 다음과 같이 말했다.

"현상 유지를 원하는 세력들이 강력하게 저항하고 있습니다. (…) 권력과 특권을 누리는 사람들은 우리를 냉소적이고, 화나 있으며, 분열된 상태로 만들어 놓고 싶어 합니다. 왜냐하면 그렇게 함으로써 그들은 현상 유지를 할 수 있고, 그들의 권력과 특권을 지킬 수 있기 때문입니다."[42]

법 앞의 평등은 잔인한 철학이다

분열주의자들은 단순히 인간 본성이 존재하며, 바로 그 본성에 의해 우리 모두는 권리를 가진다는 명제에만 반대하는 것이 아니다. 분열주의자들은 "모든 인간은 평등하게 창조되었다"는 미국의 건국 철학에 반대한다. 우리가 살펴본 것처럼, 연합주의적 철학을 가졌던 미국의 국부들은 절대 모든 인간이 능력 또는 재능이 평등하다거나, 또는 만인이 비슷한 환경 가운데 태어났다고 주장하지 않았다. 그들은 인간이 종種, species으로서 평등함을 가지고 있다고 이야기했을 뿐이다. 국부들은 우리 모두가 인간이라는 종에 소속되어 있기 때문에 평등하다고 말했다. 따라서 우리 모두는 예외 없이 양도할 수 없는 권리를 가진다는 점에서 평등하다고 말했다.

반면에 분열주의자들은 기본적인 생물학적 차원에서 모든 인간이 평등하게 창조되지 않았다는 사실을 강조하는데(물론 그건 틀린 말이 아니다), 그와 같은 주장은 국부들이 언급했던 '평등한 권리'가 실상은 '불평등한 권리'였다는 논리로 이어진다. 예를 들어, 말을 할 수 없는 사람에게는 표현의 자유가 평등한 결과를 만들어내지 못한다. 또, 덜 가치 있는 노동력을 가진 사람에게는 노동을 자신으로부터 분리해 낼 권리 그 자체가 평등한 결과를 만들어 주지 않는다.

오늘날 이와 같은 주장은 다양한 그룹들을 돕거나 해치는 두 방향 모두로 적용될 수 있다. 인간은 결과적으로 평등할 수 없다는 주장이 최초로 제시되었을 때, 해당 논리는 불평등을 경험하던 사람들에 대한 법적 차별 대우를 정당화하는 근거로 사용됐다. 노예제를 열성적으로 옹호한 사람들은 '인간은 태어날 때부터 평등하지 않다'는 주장이 각기 다른 사람들에 대한 다른disparate

처우를 정당화하는 논리를 제공해 준다고 생각했다. 선동가적 기질을 가진 상원의원이자 국무장관, 전쟁장관, 그리고 두 차례나 부통령을 역임했던 존 칼훈John C. Calhoun은 독립선언서를 종종 비판했는데, 그는 1848년 6월 27일 연설에서 "모든 인간은 평등하게 창조되었다"는 독립선언서의 핵심 구절이 명백하게 거짓이며 불필요하게 쓰였다는 식의 설명을 늘어놓기도 했다. 칼훈은 말을 이어갔다.

"인간 평등을 언급하는 주장은 우리의 독립선언서에 삽입될 필요가 전혀 없었다. 그 주장은 우리가 식민본국(영국)으로부터의 독립을 정당화하는 데 그 어떠한 역할도 하지 않았다."

칼훈은 독립선언서에 명시된 미국의 정신을 구성하는 핵심 요소를 '위험한 오류'라고 묘사했다. 칼훈은 인간이 자유롭거나 독립적인 것이 아니라, 인간은 정부에 의해 제한되며 사회에 의해 규정된다고 주장했다. 따라서 노예제는 몇몇 이들의 '저하된debased' 본성과 다른 이들의 '덕virtue'에 의해 정당화된다고 생각했던 것이다. 칼훈은 개인의 자유가 "모든 경우에서 동등해야 하는 것이 아니라, 다른 계층에 속해 있는 사람들에 한해서는, 그들의 각기 다른 환경에 따라 반드시 불평등해야 한다"고 주장했다.[43]

칼훈이 제시한 전제를 받아들였지만 정반대 결론을 도출한 미국의 진보 철학자들은 사람들이 명백하게 불평등한 능력을 갖고 있다는 사실에 근거해 오직 사회 구조를 급진적으로 재구성함으로써 바람직한 평등과 인류의 가소성可塑性, plasticity을 만들어 낼 수 있다고 생각했다. 이 같이 인간을 급진적으로 재구성할 수 있다는 발상이 최악의 상태로 치달았을 때는 우생학을 옹호하는 논리로 사용되기도 했다. 진보성향 신학자였던 월터 라우션부시Walter Rauschenbusch는 "우리가 참여하는 진화의 과정을 지적으로 빚어내고 이끌어 가는 것"이 진보적 사상가들의 책무라고 말했다. 미국경제학회의 창립자인 리처드 엘리Richard Ely는 문명의 미래가 "이 땅에 살아가기에 절대적으로 부적합한 사람들이 분명 존재하며, 그런 류의 사람들은 대를 이어가지 못하도록 해야 한다는 사실을 깨닫는지 여부에 달려있다"라고 말했다.[44] 여기에 덧붙여 엘리는 "우리 시대의 위대한 단어는 더 이상 자연 선택natural selection이 아니라 사회적 선택social selection이기 때문에, 우리는 과학을 통해 '이상적 인간'을 만들어 낼 수도 있다"라고 언급했다. 조나 골드버그Jonah Goldberg가 "미국 진보주의의 바이블"이라고 평가한 『미국적 삶의 약속The Promise of American Life』의 저자였던 허버트 크롤리Herbert Croly는 "정부가 진짜 적자適者, the really fittest들을 선택하기 위해 적극적으로 개입해야 한다"고 주장하기도 했다.[45]

건국 철학에 명시된 평등의 개념에 대해, 위에서 언급된 것보다 조금 덜 흉측한 형태의 주장이 오늘날 정치권으로 흘러 들어왔다. 현대적 관점에서 통용되는 진정한 의미의 평등은 우리의 사악한 사회 시스템을 근본적으로 재고하는 방식을 통해서만 이루어 낼 수 있다는 주장이다. 우리 사회가 올바르게 지도된다면, 모든 인간은 진정으로 평등해질 수 있다는 이야기다. 그와 같은 주장을 한 사람은 『정의론』의 존 롤스John Rawls였다. 롤스는 정의가 '무지의 베일veil of ignorance' 가운데 놓여 있다고 상정했다. 그 말의 의미는, 만약 당신이 무지의 베일에 의해 시야가 가려진 상태에서 한 사회 내에서 어떤 사람이 되어도 불만을 갖지 않을 수 있다면, 바로 그 경우만이 해당 사회가 공정할 수 있다는 뜻이었다. 이는 매우 흥미로운 주장이었다. 만약 당신이 나치 독일이나 남북전쟁 전 미국과 같은 사회에서 어떤 사회적 신분 및 환경을 가지고 태어날지를 알지 못했다면, 당신은 애초에 그와 같은 사회에서 태어나지 않길 원했을 것이기 때문이다. 따라서 롤스는 그와 같은 사회가 불공정하다unjust는 걸 알 수 있다고 주장했다. 달리 말하면, 만약 당신이 나치 독일에서 나치 진성당원으로 태어나는 것만큼 쉽게 유대인으로 태어날 수 있다면(그와 같은 위험을 안고 있는 사회라면), 당신은 그 정권을 옹호하지 않을 가능성이 크다는 의미였다. 롤스는 이와 같은 자신의 전제를 소극적 권리를 약속하는 나라들에게도 확대 적용시켜 보았다. 예를 들어, 만약 당신이 출생 장소를 스스로 결정할 수 있다면, 당신은 자신이 가난하고, 약하며, 낮은 지능을 갖고 태어날지도 모르는 상황에서 충분한 사회적 안전망이 존재하지 않는 나라에 태어나고 싶어 할 것인가? 결국은 당신이 어떤 조건을 가졌는지와 관계없이 모든 정책이 결과의 평등을 만들어 내는 데 초점을 맞추고 있는 곳이 결국 가장 정의로운 사회 아닐까?

존 롤스는 "개인들이 출생 때부터 각기 다른 재능을 타고 난다는 예상치 못한 사건과, 사회적 환경에 따라 발생할 수 있는 일들의 영향을 무효화할 수 있는 정의의 개념"을 추구했다.[46] 롤스가 말한 정의를 실현하려면 불공평한 처우가 필요했다. 모든 '사회 경제적 불평등은' 첫째로, "공정한 기회의 평등이라는 조건"과, 둘째로, "사회에서 가장 덜 혜택받은 그룹에게 가장 큰 혜택을 부여하는" 결과를 만들어 내야 했기 때문이다. 롤스는 만약 이 두 갈래의 기준이 충족되지 않는다면, 결과상으로 나타나는 불평등은 정당화될 수 없다고 말했다.[47] 물론 정치적으로 살펴보자면, 롤스의 논리는 자유시장에 대한 엄청난 규제를 정당화한 동시에 막대한 규모의 재분배정책을 불러오게 되었다.[48]

인류 역사가 증명해 왔듯이, 개인들은 서로 다른 배경과 서로 다른 특징을 가지고 있다는 점을 감안했을 때, '결과의 평등'을 성취하는 건 거의 불가능에 가까운 일이라고 할 수 있다. 지금껏 결과의 평등을 이룩하려는 모든 노력은 끊임없는 정부의 땜질식 규제 정책으로 귀결되기 일쑤였고, 그와 같은 정책은 종종 심각한 결과를 불러왔다. 게다가, 개인들을 서로 다르게 대우함으로써 '기회의 평등'을 보장하려는 정부의 노력은 혜택의 당사자들에게 호의를 베풂으로 인해 혜택받지 않는 사람들의 권리를 침해하는 결과로 이어졌다. 하지만 분열주의자들은 이 세상에 존재하는 모든 차이disparities가 개인 간의 다름difference이 아닌 사회 차원의 불공정injustice으로부터 비롯된다고 주장한다. 그 말인 즉, 롤스의 논리를 적용하자면, 개인들 사이에는 항상 차이가 발생할 것이기 때문에 정부의 개입은 영원히 지속돼야 한다는 결론으로 귀결되는 것이다. 이와 같은 분열주의자들의 전제는 애초부터 잘못됐다.

사람들이 모여 있는 어느 공간 사이에 선을 하나 긋는다면, 당신은 해당 공간 안에 있는 구성원들이 소득수준, IQ, 학력, 나이 등의 영역에서 차이를 갖고 있다는 사실을 발견하게 될 것이다. 그와 같은 차이는 사회적 차별에 따른 결과물이 아니다. 그 차이는 통계적 확률의 결과일 뿐이다. 하지만 분열주의자들은 어떤 종류의 차이가 발생할 때마다 자동적으로 그 차이는 차별의 결과물이라고 결론을 내리고, 해당 현상을 '특권', '제도적 인종차별', '가부장중심제' 등의 모호한 언어로 재포장한다. 따라서 분열주의 철학은 끔찍할 정도로 파괴적인 논리를 도출해 낸다. 우리는 기회의 평등을 보장받아야 하는데, 사람들은 선천적으로 평등하지 않기 때문에, 결국 개인들은 불평등한 권리를 가져야 한다는 것이다. 분열주의자들은 이 사회에 존재하는 모든 형태의 차이를 기회의 불평등을 나타내는 증거로 받아들인다. 문제는 분열주의자들이 주장하는 논리하에서 그 어떠한 시스템도 존속될 수 없다는 사실이다. 왜냐하면 결과의 불평등은 인류의 본질적 특징이기 때문이다. 하지만 바로 이 점이 공격의 대상이 된다. 분열주의자들은 시스템 그 자체를 모두 파괴해야 한다고 주장한다.

분열주의자들의 논리에 따르면 법 앞의 평등이란 개념은 사라져야 했다. 이들은 불평등의 문제를 해결하기 위해 미국인들은 오히려 차별을 요구해야 한다고 주장했다. 최근 브레넌정의센터 Brennan Center for Justice 소속의 시어도어 존슨Theodore Johnson은 "인종이란 요소를 고려하지 않는 헌정주의color-blind constitutionalism"*라는 개념이 존재한다는 사실에 대해 안타까움을 표하면서, 보수주의자들이 철학을 이용해 소수집단 우대정책affirmative action에 대한 반대 논리를 펼치고 있다고 주장했다. 또 존슨은 "미국인들은 인종 문제에 대한 인식을 바탕으로 하고 있는 헌법과 해당 문제를 무시하는 헌법 중 어떤 헌법을 가지는 것이 미국 건국 정신에 부합하는 나라를 만들 수 있는 최선의 방법인지에 대해 결정을 내려야 할 것"이라고 말하며, "인종 문제를 외면하는 태도는 이 나라를 더욱 평등하게 만들어 주지 못했다"고 이야기했다. 앞서 언급됐던 (인종차별주의자)존 칼훈은 아마 존슨의 주장에 동의했을 것 같은데, 이와 같은 사실은 엄청난 아이러니로 다가온다.[49]

---

* 'color-blind'는 입학이나 채용에서 피부색, 즉 인종을 고려하지 않고 오직 학업(직무) 적합성으로 선발한다는 말. 그러나 역설적으로 컬러블라인드를 실시하자 흑인, 히스패닉, 무슬림 등의 합격률이 오히려 저조해져, 미국 좌파는 컬러블라인드 정책 반대로 선회했다.

교차성intersectionality 이론은 분열주의에 기반한 평등 철학 계열 가운데 대중들에게 가장 널리 알려진 논리다. 법학 교수인 킴벌리 크렌쇼Kimberlé Crenshaw가 교차성의 개념을 최초로 만들었을 때, 그녀가 의도했던 원래 의미는 한 사람이 하나 이상의 영역에서 피해자가 될 수 있다는 것이었다. 예를 들면, 흑인 여성은 인종과 성별이라는 두 가지 영역에서 차별을 당할 수 있었다. 만약 당신이 특정 피해자 그룹에 대해 멤버십을 갖고 있다면, 그 멤버십 상의 교차점intersection이 당신이 어떤 종류의 피해자인지를 나타내 줄 수 있다는 개념이라고 보면 된다. 표면적으로 보면 딱히 이 논리에 반대할 이유가 없어 보인다. 왜냐하면 실제 한 개인은 다양한 이유로 차별받을 수 있기 때문이다. 하지만 오늘날 통용되는 교차성의 원리는 킴벌리 크렌쇼가 한 최초 주장 수준에서 그치는 게 아니다. 오늘날 교차성 원리를 옹호하는 사람들은 미국 사회가 각기 다른 피해자 계층으로 구분되어 있으며, 한 개인은 특정한 피해자 그룹에 소속되는 순간 자동적으로 불이익을 얻게 되어서, 그와 같은 피해자 그룹에 포함되지 않는 사람들은 그 사실 하나만으로 일종의 특권을 누리고 있다고 주장한다. 사실 진짜 문제는 특정 그룹이 정말로 미국인들을 피해자로 만들고 있는지에 대한 사실 관계를 확인할 때, 우리가 더 이상 데이터를 참고조차 하지 않는다는 데 있다. 그 대신 우리는 단순히 모든 차이disparity를 차별discrimination로 인식하고 있다. 교차성 논리를 옹호하는 사람들은 차이가 항상 차별로부터 비롯된다고 생각한다. 개인별로 가지는 각기 다른 장점들 역시 차별로 인해 비롯된다고 판단하는 것이다. 따라서 분열주의자들은 사회적으로 성공한 이들 중 '자신의 특권을 자각하지check their privilege' 못하는 사람들은 검열받아야 하고, 스스로의 특권을 자각하도록 압력을 받아야 하며, 만약 성공한 이들 중 스스로 특권을 가졌다는 걸 인정하지 않는 사람들이 있다면, 그들은 억압의 시스템에 동조하고 있는 것으로 취급돼야 한다고 주장한다.[50] 분열주의자들은 차별의 흔적을 지워내기 위해 법이 불공평하게 적용돼야 한다고 말한다. 왜냐하면 분열주의자들에게 앞서 언급된 차별의 증거들이 계속 나타난다는 것은 이 사회 가운데 결과의 불평등이 영구적으로 존재한다는 의미이기 때문이다.

이러한 배경을 살펴보면, 분열주의자들이 왜 정체성identity에 관한 영역을 정당한 법적 절차를 누릴 권리due process rights보다 더 중요하게 취급하는지를 이해할 수 있다. 브랫 캐버나Brett Kavanaugh가 연방대법원 대법관 후보로 지명되었을 때, 한 여성이 나타나 캐버나가 10대 시절 한 파티에 참석해 자신을 강간하려 했다고 주장했다. 그 여성은 자신의 주장을 입증하는 증거를 제시하지 못했을 뿐만 아니라, 해당 여성이 사건의 목격자로 지목한 사람들은 언급된 파티에 참석조차 하지 않은 것으로 드러났다. 하지만 언론 매체에 종사하는 많은 사람들은 캐버나가 '백인 남성이라는 특권'을 가지고 있기 때문에 그는 여론의 재판을 받아야 한다고 주장했다. 스스로 잘못한 것이 하나도 없었음에도 불구하고, 과거 캐버나와 비슷한 사회적 지위를 가졌던 백인 남성들이 제도적 권력을 이용해 사악한 행위를 했다는 이유 때문에, 캐버나 역시 그들과 같은 인간인 것처럼 취급당해야 했다. 캐버나가 정당한 분노를 표출하며 자신의 입장을 변호했을 때, 지극히 정상적이었던 그의 감정 표현을 두고 언론인들은 백인 남성이 자신이 마땅히 받아야 할 특권을 박탈당하자 이를 참지 못하고 억울함을 표출하고 있다며 비아냥거렸다. 에리카 스미스Erika Smith는 캐버나 청문회와 관련해 새크라맨토비The Sacramento Bee에 기고한 글에서 다음과 같이 말했다.

"(청문회에서 캐버나는) 무슨 일을 하든 지는 것에 익숙하지 않은 특권층 백인 남성이 결국 패배하게 되자 징징거리고 있는 것처럼 보였다. 하지만 캐버나가 경험하는 수치는 그가 항상 쟁취하길 원한 미국 최고의 법원에 종신직으로 임명되는 영예에 비하면 별것 아닌 것처럼 보이기도 했다."[51]

하지만 분열주의자들의 주장과 달리, 지금껏 '법에 따른 평등한 보호equal protection under the law*'의 개념은 소수 인종 또는 소수 정체성을 가진 사람들에게 가장 강력한 보호를 제공해 왔다. 제

---

* 수정헌법 제14조. 남북전쟁 후 해방노예들의 권리를 보호하기 위해 추가됐다.

도적으로 흑인을 차별했던 짐 크로법이 존재했다는 사실은, 소수
집단 우대정책과 같은 '회복적 정의restorative justice', 또는 역사적 불
의를 청산하기 위해 법 앞의 평등 같은 개념은 잠깐 접어 둬야 한
다는 식의 주장을 정당화하는 논리를 제공했다. 하지만 이와 같은
주장은 짐 크로법이 법 앞의 평등이 아니라 차별적 사고로부터 비
롯되었다는 점을 간과하고 있다. 엄밀하게 말하면 짐 크로법은 법
앞의 평등이라는 개념을 철저히 무시한 입법이었다. 짐 크로법의
영향으로 만들어진 앨라배마주 버밍햄Birmingham시의 레스토랑 조
례를 한번 살펴보자. 참고로 이 조례는 원래 1944년 통과됐다.

> 백인과 유색인종이 건물 바닥으로부터 높이 7피트(213cm) 이상 되
> 는 칸막이에 의해 명백하게 분리된 공간에 있지 않거나, 백인과
> 유색인종을 수용하는 각기 다른 공간의 통로로 활용되는 분리된
> 출입구가 존재하지 않는다면, 버밍햄시 내에서 운영하는 식당은
> 백인과 유색인종을 같은 공간에 수용할 수 없다.[52]

차별의 문제를 해결하는 데 법에 따른 평등한 보호는 회복적
정의보다 훨씬 더 효과적인 해결책이 될 수 있다. 하지만 평등
한 보호는 오직 그 법이 적용될 때에만이 효력을 발휘할 수 있다.
바로 정확히 여기에 해당하는 사건이 민권법안Civil Rights Act 통과
4년 전인 1960년에 발생했다. 사건 발생 당시 흑인인권운동에 참

여하던 흑인 학생들은 노스캐롤라이나주 그린스보로Greensboro시에 있는 잡화점 체인 울워스Woolworth's의 식당 코너에 앉아 있었다. 이를 본 매장 담당자는 학생들을 경찰에 신고했다. 하지만 해당 학생들이 범법행위를 하지 않았기 때문에 경찰은 특별한 조치를 취하지 않았다. 결국 울워스는 (보이콧으로 인해)20만 달러 상당의 금전적 손해를 보고 난 후, 자체적으로 인종차별적 규정을 철폐했다.

법에 의한 평등한 보호는 효과가 있다. 하지만 분열주의자들은 법의 평등한 보호를 옹호하는 사람들, 결과의 평등을 이루기 위해 법 앞의 평등을 폐지해야 한다는 주장에 동의하지 않는 사람들, 그리고 심지어 모든 불평등은 불공정의 결과물이라는 자신들의 전제를 거부하는 모든 사람들을 꼴통으로 치부하며 악담을 퍼붓는다.

분열주의자들이 이와 같은 철학을 가졌기 때문에 하버드 대학 총장이었던 로렌스 서머스Lawrence Summers가 "순수 과학 영역에 종사하는 남성과 여성의 숫자가 차이 나는 이유는, 수학과 과학 점수 분포를 나타내는 종형 곡선bell curve 상에서 남성은 양쪽 극단에 위치함으로써, 남성들 가운데 몇몇은 언제나 최상위 또는 최하위 그룹에 속하게 된다는 사실과 조금은 관련이 있다"고 말했다는 이유로 하버드 대학에서 퇴출된 것이다.[*53] 또 2020년 미국 민주당 대선후보 경선에 출마한 피트 부티제지Pete Buttigieg가 "인종 그룹 간에 나타나는 교육 성취도의 차이가 전적으로 제도적 차별에 따라 발생하는 건 아니다"고 말하는 위중한 죄great sin를 저질렀다는 이유로 미국에서 극찬받는 한 흑인 칼럼니스트로부터 "뻥치는 후레자식lying motherf****er"이라는 비난을 들었던 이유이기도 하다.[54] (사건이 있은 후 부티제지는 한 가정 안에서 남성 롤 모델의 부재가 아이의 교육 과정에 영향을 미친다는 엄연한 사실을 언급했다는 이유만으로 왜 자신이 백인 특권의 수혜자가 되는지에 대한 설명을 들어보기 위해 해당 칼럼니스트를 초청했다). 이런 배경을 이해하면 왜 분열주의자들이 미국 사법 시스템은 노예제의 연장선이 아니라고 생각하는 사람들에 대해 '인종적으로 무지하다racially ignorant'는 낙인을 찍는지를 이해할 수 있다. 또 왜 그들이 상상 속 개념에 불과한 '성별에 따른 임금 격차'의 존재를 부정하는 사람들에게 히스테리적인 반응을 보이는지도 이해할 수 있다. '차이는 곧 차별이다'는 주장은 분열주의자들의 신조로 자리 잡게 되었다.

인간 불평등에 대한 분열주의적 세계관은 실질적인 변화를 몰고 온다. 미국천문학회는 최근 여성 지원자들이 기량을 발휘하지 못한다는 이유로 대학원 박사과정 학생을 선발할 때 GRE 성적을 사용하지 말 것을 각 대학에 권고했다. 미국의 의대들은 의과

• 서머스의 발언은 통계적으로 참이지만, 페미니스트와 좌파 진영이 이 말을 "여성들은 수학, 과학 분야에서 최상위 수준에 도달할 수 없다"는 뜻으로 해석해 논란이 되자 서머스는 총장직에서 사퇴하고 하버드를 떠났다(2017년 경제학 교수로 복귀).

대학원 입학시험 MCAT 점수를 사용하지 않을 것을 권고받고 있는데, 왜냐하면 소수인종 학생들이 그 시험에서 좋은 성적을 받지 못하고 있기 때문이다.[55] 뉴욕시의 학생들은 인종적 편견에 기반하지 않은 시험non-racially biased tests을 치르는 학교들에 대해 해당 행위가 '인종분리정책segregation'이라고 말하며 항의하고 있다. 왜냐하면 너무 많은 아시아계, 백인 학생들이 그런 형태로 치러지는 시험에서 좋은 성적을 얻고 있기 때문이다. 과거의 분리정책은 인종적 편견에 기반해 발생하는 법적 차별을 의미했지만, 뉴욕타임스에 따르면, 오늘날 학생들은 과거 만연했던 바로 그 차별을 실현해 달라고 요구함으로써 분리정책에 맞서 싸우고 있다.[56]

분열주의자들이 가지고 있는 철학을 잘 드러내 주는 사건 중 최근 발생했던 가장 우스꽝스러운 이야기를 하나 해보려 한다. 이 이야기는 MSNBC 방송사의 아나운서 레이첼 매도Rachel Maddow와 관련된 것이다. 미국의 국영 라디오 방송 NPR에 따르면, 매도는 유망한 한 여성 과학자에게 상장을 수여하기 위해 록펠러 대학을 방문했다고 한다. 록펠러 대학 강의실에서 매도는 남성들의 사진으로 덮여 있는 한 벽면을 발견했다. "저놈들이 걸려 있는 벽dude wall은 뭔가요?" 매도가 물었다. 나중에 알고 보니 벽에 걸려 있는 '놈들dude'은 모두 노벨상 또는 래스커상Lasker Award*을 수상한 적 있는 학자들이었다. 하지만 매도의 발언이 기사화가 되자 록펠러 대학은 그 벽에서 사진들을 철거하고 디자인을 변경해 버렸다. 록펠러대 소속 신경생물학자인 레슬리 보셀Leslie Vosshall은 해당 사건에 대해 다음과 같이 말했다. "그 벽은 일종의 메시지를 주죠. 매일 누군가가 그 벽을 지나칠 때마다, 과학의 세계는 나이 많은 백인 남성들로 이루어져 있다는 메시지요. 저는 모든 연구기관의 담당자들이 복도로 걸어 나가 스스로에게 한번 질문해보면 좋겠다고 생각합니다. '여기 걸려 있는 이 유화들과 먼지로 뒤덮인 오래된 사진들을 통해 우리는 어떤 메시지를 전달하고 있는 걸까?'라고요."[57] 이 질문에 대해 분열주의적 독소에 감염되지 않은 사람들은 아마 답할 것 같다. "대단한 일을 한 과학자들은 존경받아야죠." 하지만 분열주의적 독소에 감염된 사람들은 "그놈들이 걸려 있는 벽"이 그저 미국 시스템의 사악함을 드러내 주는 또 다른 예시일 뿐이라고 생각할 것이다.

정부는 인간성을 개조하기 위해 존재한다

마지막으로, 연합주의 철학은 정부가 우리의 권리를 보호하기

• 앨버트 메리 래스커 재단이 의학, 공중보건 분야 연구에 공헌한 사람에게 수여하는 상. 래스커상을 수상한 학자는 높은 확률로 노벨생리의학상을 받기 때문에 '예비 노벨상', 또는 '미국의 노벨상'이라고 불린다.

위해 탄생했으며, "이 정부의 정당한 권력은 피치자들의 동의로부터 유래한다"고 명시했다. 실제상으로 이 말의 의미는 정부 권력이 시민들의 권리에 의해 제한된다는 뜻이고, 피치자들의 동의가 있어야 한다는 건 시민들의 권리에 의해 제한되는 정부만이 정당성을 인정받을 수 있다는 의미였다. 그렇기 때문에 미국을 건국한 국부들은 견제와 균형의 시스템을 만들어 내는 데 각별한 신경을 썼다. 특정인 또는 집단이 국민 순수 과반의 동의를 얻는다 하더라도, 그들이 시민과 정부 사이 관계의 본질을 변화시키지 못하도록 국가 시스템상의 시건장치를 걸어 놓은 것이다.

하지만 우리가 살펴본 바와 같이, 분열주의 철학은 인간의 본성이 환경에 따라 완전히 변화될 수 있고malleable, 따라서 정부를 떠나서 우리는 그 어떠한 권리도 가질 수 없다고 주장한다. 그렇기 때문에 분열주의자들은 이 세상에 '정당한 권력just powers'이란 존재하지 않으며, 순수 다수결을 통해서라면 그 어떠한 형태의 권리도 박탈할 수 있다고 생각한다. 더 심각한 것은, 이들이 정부가 개인의 권리를 보호하기 위해서가 아니라 사람들에게 특권을 제공하기 위해 만들어졌다고 믿기 때문에, '피치자들의 동의'라는 핵심 개념을 부수적인 문제로 치부한다는 데 있다. 분열주의자들은 귀족정과 같은 형태로 운영되는 정부가 더 낫다고 주장한다. 왜냐하면 그들이 주장하는 공공선을 이루는 데 개인의 권리를 '이기적으로' 행사하는 사람들이 길을 가로막으며 뜻을 방해해선 안 되기 때문이다. 실제 현실에서, 분열주의적 철학을 바탕으로 한 정부는 결국 자신의 행동과 정책에 대해 책임지지 않는 관료 집단에 의해 운영되는 어떠한 제한도 받지 않는 정부로 귀결되고 만다.

이와 같은 정부는 오귀스트 콩트(1798~1857)•가 구상했던 바로 그 정부 형태이기도 했다. 콩트는 전문가들에 의한 통치를 통해 사회를 유익한 방향으로 재구성할 수 있다고 주장했다. 콩트가 말한 사회의 자유는 자신의 특성quality을 충분히 개발한 사람들만이 누릴 수 있는 개념이었다. 콩트는 "합리적 비율에 따라 자유를 누리는 것은 특정 수준의 가르침을 얻은 개인과 사람들, 또 어느 정도 선견지명의 기질을 갖고 있는 사람들에게 유용하다. 하지만 앞서 언급된 두 가지 조건을 갖추지 못하고 있으며, 자신을 위해서나 타인을 위해서나 다른 이들로부터의 관리를 절대적으로 필요로 하는 사람들에게는 자유가 매우 해롭다"라고 말했다.[58] 콩트의 이론상에서 전문가들은 누가 자유를 누릴 수 있으며 또 누구는 누릴 수 없는지를 결정하기 위해, 또 인간 발달의 위대한 시대를 열어 가기 위해, 과학적인 방법으로 사회를 재창조할 과업을 부여받았다.

듀이는 크롤리와 마찬가지로 이 같은 콩트의 철학을 적극적

• 프랑스의 실증주의 철학자. 사회학의 창시자.

으로 계승했다. 듀이의 표어는 민주주의가 아니라 '실용주의 pragmatism'였다. 듀이는 국가 차원에서 대중을 재교육할 수 있다고 믿었다.[59] 개인의 자유 그 자체가 서로에 대한 인류의 관계성을 변혁시키는 걸 가로막는 장애물이 될 수 있다고 생각했던 듀이는 "한 시대에 통용되는 진보주의의 슬로건이 (또 다른 시대에는)반동을 공고화하는 용도로 사용될 수 있다"라고 말했다. 듀이는 진보주의가 역사적 관계성의 영역과 반드시 연결돼야 한다고 말하면서 "개인과 자유에 대한 정의는 시대에 따라 변한다"고 주장했다.[60] 여기서 더 나아가, 듀이는 "효과적인 자유는 어느 시대에나 존재하는 사회적 조건들에 따라 결정된다"고 언급하면서, "경제적 관계가 인간 관계의 패턴을 결정하는 데 막대한 영향을 미치는 요소로 자리 잡게 됨으로써, 개인들로 이뤄진 절대 다수의 이해관계에 부합하는 경제적 힘에 대한 사회적 통제의 허락을 받지 않는다면, 개인이 자유를 누려야 한다는 주장은 정당성을 보장받지 못할 것이다"라고 말했다. 이 같은 논리상에서 개인의 천

• 듀이가 말한 실용주의는 단순하게 '실용을 추구한다' 는 의미가 아니라, '어떠한 방식으로든 자신들이 생각하는 이상적 사회에 가장 빠르고 효율적으로 도달하게 만들어 주는 방법론을 추구하는 개념' 정도로 이해할 수 있다. 따라서 만약 해당 방법론이 유토피아를 만드는 데 도움된다면, 비록 그 방법론을 추구하는 과정에서 개인의 자유가 희생된다고 하더라도, 해당 방법론은 정당화된다는 논리로 귀결되었다. 만약 미국을 건국한 국부들이 듀이의 주장을 들었다면(국부들은 18~19세기 사람들인 반면 듀이는 20세기에 활동했기 때문에 실제 그런 일은 발생하지 않았다), 그들은 놀라 까무러치며 듀이에게 반대했을 것이다.

부적 권리는 사라져버리고 만다. 전문가들이 현장에서 통용되는 각종 조건들을 좌지우지할 것이고, 관료들의 입맛에 따라 결정되는 '효과적 자유effective liberty'라는 개념을 만들어 낼 것이기 때문이다.[61]

우드로 윌슨은 이 같은 지적 흐름을 담고 있는 우물로부터 물을 실컷 들이킨 사람이었다. 윌슨은 국가에게 그 어떠한 제약도 있어선 안 된다고 말하며 다음과 같이 설명했다.

"모든 정당한 정치적 이론이 가장 먼저 상정해야 할 것은 입법부의 전능성이다. (…) 근본적인 이론상에서 사회주의와 민주주의는 완전히 동일한 개념은 아니라 하더라도 거의 같은 개념이다. 두 이론은 모두 공동체가 스스로와 구성원들의 운명을 결정하는 데 절대적 권리를 갖는다는 생각에 기반하고 있다. 공동체상에서 존재하는 인간은 개인으로 존재하는 인간보다 우월하다. 대중의 통제에는 지혜와 편의의 한계가 있다. 하지만 엄격한 분석에 기반한다면, 원칙상으로는 한계가 존재하지 않는다."

윌슨은 민주주의가 체제의 본질상 권력의 행사에 대해 거부를 표현하는 어떠한 원칙에 의해서도 구속받지 않는다고 말했다. 윌슨에 따르면 민주주의상에서 국민의 동의를 받아야 하는 그 어떠한 '정당한 권력just power'도 존재하지 않았다. 심지어 윌슨은 진정한 민주주의가 무엇인가에 관한 문제에서 국민의 동의조차도 무관한 요소라고 생각했다. 윌슨에게 중요한 건 조직, 다시 말해 행정에 관한 문제였다.[62] 또 행정에 관한 문제는 곧 '무엇이 효과적인가'에 관한 문제로 귀결됐다. 윌슨은 다음과 같이 말했다.

"'발달', '진화' 등이 과학적 단어로 자리 잡은 오늘날, 진보주의 진영이 요구 또는 갈망하는 유일한 것은, 다윈주의Darwinian의 원칙에 따라 헌법을 해석할 허가를 얻는 것이다. 진보주의자들은 국가란 살아 있는 존재a living thing이지 기계가 아니라는 사실을 인정받길 원한다."[63]

윌슨은 이 문제에 대한 해답이 '전문성'에 있다고 판단했다. 선출되지 않은 관료들이 정부 구조를 통제해야 한다는 확신을 가지고 있었던 윌슨은 다음과 같이 말했다.

"행정은 올바른 정치적 영역 바깥에 위치해 있다. 행정적 문제는 정치적 문제가 아니다."

윌슨은 이와 같은 논리를 스펙트럼상 극한으로까지 밀고 갔다. 그렇게 함으로써 윌슨은 정당한 권력과 피치자들의 동의가 필요하지 않다는 분열주의 철학에 대한 이론적 토대를 제공해 주었다. 겉보기에는 국민을 위하는 것 같지만, 실제로는 국민으로부터 비롯되지 않은 정부가 탄생하게 된 것이다.[64]

윌슨 이후로 행정 중심적 정부를 만들고자 하는 분열주의자들의 열망은 단 한 번도 수그러들지 않았다. 서서히 정부 권력에 대한 제한은 사라져 갔다. 그리고 이와 비례해 시민들에 대한 정부의 책임감 역시 사라져 갔다. 연합주의에 대한 대안으로 탄생한 분열주의 철학은 미국인들로 하여금 개인과 국가 간의 관계에 대해 고민해야 하는 시민적 책임을 회피하도록 만들었다. 분열주의 철학상에서 시민들은 그들의 삶을 운영해 주는 소위 전문가 집단에 자신들의 판단을 이양했기 때문이다. 그런 후 분열주의자들은 상황을 왜곡해서 제한된 정부를 옹호하는 사람들은 국민에게 피해를 주고 있다는 식의 주장을 펼친다. 분열주의자들은 버락 오바마가 끊임없이 이야기를 하듯이, 정부에 관한 문제는 정부의 범위가 아니라 정부의 효율성에 관한 논의가 되어야 한다고 생각한다. 마지막으로, 분열주의자들은 그들이 주장하는 실용주의 노선에 반대하는 사람들을 미국인들의 삶을 개선시킬 수 있는 정부의 능력을 거부하는 꼴통 이념가들로 묘사하고 있다. 오바마는 다음과 같이 말했다.

"우리는 그저 냉소적인 태도로만 머물러 있을 수 없습니다. 우리 모두는 정부의 성공과 관계되어 있습니다. 왜냐하면 정부 그 자체가 바로 우리이기 때문입니다."[65]

분열주의 철학에 기반한
미국의 제도

만약 정말로 정부 그 자체가 우리라면, 정부가 어떻게 작동해야 하는지에 대한 규범은 필요하지 않다. 정부가 곧 우리라고 한다면 정부 운영에 관한 모든 규범은 '일을 해치울 수 있는' 방향으로 변화하기만 하면 되기 때문이다. 사실 바로 그것이 정부 구조에서 상황에 따라 각기 다른 비일관적 주장들을 내놓는 분열주의자들이 지향하는 방향이기도 하다. 때때로 분열주의자들은 다수결주의자들이 된다. 어떨 때 보면 그들은 엘리트주의자들이 되기도 한다. 또 어떤 경우는 입법부 우월주의적 주장을 옹호하고, 어떤 경우에는 행정부 우월주의를 선호하며, 또 어떤 경우에는 사법부 우월주의를 주장하기도 한다. 분열주의자들은 이따금씩 연방정부에 비해 주정부의 자치 권한을 우선하기도 하지만, 또 어떤 경우에는 연방정부가 모든 면에서 최고의 권위를 갖는다고 주장하며 그와 정반대의 입장을 취하기도 한다.

분열주의자들은 다양한 그룹들이 가진 서로 다른 이해관계를 조율함으로써, 소수의 권리를 보호하고, 또 국가적 합의를 지켜내는 것 같은 개념에는 별로 관심이 없다. 분열주의라는 광기는 꼭 하나의 방법론을 통해 표현되지 않는다. 분열주의자들은 그저 정부가 선善과 빛의 근원이기 때문에, 어떠한 경우에도 그들이 정부를 통해 추구하는 일이 방해되어서는 안 된다고 생각할 뿐이다. 분열주의자들은 어떤 경우는 소수의 입장, 또 어떤 경우는 다수의 입장에 서 있다. 하지만 그들의 원칙은 언제나 동일하다. 정부 제도와 기관은 그들이 품은 원칙을 실현하는 데 사용되는 도구에 불과하다는 것이다.

분열주의자들의 철학에서 규범에 바탕한 제도가 존재하지 않는 이유는, 개인의 권리를 보호하기 위해 정부를 설립했던 미국 건국 철학에 대해 그들이 적극적으로 반대하기 때문이다. 만약 인간 본성이 사회적 환경에 따라 변화할 수 있는 플라스틱 같은 것이라면, 만약 정부의 존재 목적이 단순히 권리의 평등이 아니라 결과의 평등을 보장하는 것이라면, 만약 개인의 권리란 본질적이고 양도할 수 없는 인간의 천성이 아니라 결과의 평등 보장이라는 목적이 성취되는 걸 방해하는 장애물에 불과하다면, 그리고 만약 정부는 '피치자들의 동의'에 관계없이, 또 '정당한 권력'에 바탕을 두지 않고서도 변화를 자유롭게 만들어 낼 수 있어야 한다면, 정부란 존재는 애초 지향하는 바에 있어 실용주의를 추구하는 즉석 가공물일 뿐이었다.

실제상으로, 분열주의자들이 정부에 대해 이와 같은 관점을 가진다는 건 그들이 헌정 질서를 경멸하고 있음을 의미했다. 분열주의 진영에 소속된 몇몇 솔직한 사람들이 이따금 언급했던 것처럼, 그들의 주요 정책 관심사는 미국 헌법이 요구하는 절차와 부합하지 않을 수 있다는 의미였다. 우리 모두는 법에 따라 살아간다. 그것이 곧 법의 존재 목적이기 때문이다. 존 애덤스는 '법치法治에 따른 정부government of laws'를 추구했지, '인치人治에 따른 정부government of men'를 추구하지 않았다. 반면 분열주의자들은 법치에 따른 정부가 아니라 권력을 가진 사람의 도덕심에 따라 형태가 달라지는 정부를 추구하고 있다. 이와 같은 태도를 가지면 정부는 곧 신이 된다. 그리고 그 신은 우리 가운데 '가장 지혜로운 이들'이 '공공선common good'이라고 규정한 정부 권력에 순응하지 않은 채 이에 맞서 대항하는 쩨쩨한 인간들이 만들어 낸 소심한 규제에 의해 결코 제약될 수 없는 노릇이었다.

따라서 분열주의자들은 정부에 권력이 위임된다는 개념을 극도로 혐오한다. 역사적으로 분열주의자들은 국민들에 의해 결코 위임되지 않은 권력까지도 헌법이 정부에 부여하도록 헌법의 적용범위를 한계 이상으로 잡아 늘려 왔다. 종종 이들은 미국 헌법 전문前文에 있는 '일반 복지general welfare' 또는 '정의 보장establish justice을 증진한다'는 구절들처럼 사문화된 조항까지 끌어들여 가며 헌법의 실질적 세부사항들을 고쳐 쓰려는 시도를 하고 있다.˙ 또 이들은 헌법 언어의 의미적 모호함을 의도적으로 가지고 놀면서 정부 권력을 극대화하고 있다. 물론 미국 헌법의 표현 중에는 다양한 의미로 해석될 수 있는 단어들이 있다. 그 모호함은 오랜 기간 사용한 후 방치된 속옷들처럼, 시간이 지남에 따라 고쳐 쓸 수 없을 만큼 의미가 약화되기(사문화되기) 마련이다. 따라서

˙ 미국 헌법에 유일하게 두 차례(전문, 제1조) 등장하는 개념. 국민의 일반적 후생과 안녕을 도모한다는 선언적 의미였으나, 오늘날 좌파 포퓰리즘의 무차별적 복지를 정당화하는 근거로 악용되고 있다.

1819년 맥컬로우 대 매릴랜드McCullough v. Maryland 재판에서 나타난 것처럼, 연방대법원은 정부에 실제 위임된 권한을 집행하기 위해 필요하고 적절한necessary and proper 모든 법을 만들 권한을 연방정부에 허가해 주는 '필요와 적절 조항necessary and proper clause'에 따라 그와 비슷한 헌법적 위임이 존재한다고 할지라도 연방정부가 국가 은행을 설립할 권한이 있다고 판결했다. 이 판결은 정부가 위임된 권력들을 집행하는 데 '도움이 될 만하다고 인식되는' 어떠한 법안도 통과시킬 권한을 갖고 있다고 생각했던 앨리그잰더 해밀턴의 전반적 논리와 일맥상통했다.[66]

하지만 그와 같은 관점을 수용하면 미끄러진 비탈길로 빠지게 될 가능성이 크다. 역사적으로 볼 때 '필요와 적절'에 관한 조항은 정부의 활동 영역과 범위를 극대화시키는 다른 조항들의 적용 범위를 확대시키는 결과를 불러왔다. 예를 들어 1942년 있었던 위카드 대 필번Wickard v. Fillburn 사건에서, 연방대법원은 1938년 통과된 농업조정법Agricultural Adjustment Act에 근거해, 주간州間, interstate 통상을 규제할 수 있는 헌법적 권한에 따라, 비록 해당 곡물 재배가 주간 통상의 영역에 포함되지 않는다 하더라도 연방정부가 농부 자신이 섭취할 밀 농사를 금지할 수 있다고 판결 내렸다.[67] 따라서 오늘날 분열주의자들이 '필요와 적절 조항'을 근거로 이용해(이 조항은 소위 '탄력적인elastic 조항'이라고 불린다) 연방정부가 의료 서비스 시장에서 주도권을 잡아야 한다고 주장하는 건 그리 놀라운

일이 아니다.[68]

이제 국민의 투표로 선출된 위임된 권력만이 정당성을 갖는다는 논리는 사실상 유명무실해져 버렸다. 현실에서는 그와 같은 논리가 거의 적용되지 않기 때문이다. 오늘날 연방정부는 우리 삶의 거의 모든 영역을 규제한다. 그리고 분열주의자들은 그 사실에 대해 열광하고 있다. 새롭게 나타난 현상이 입증의 책임 소재burden of proof를 뒤집어 버렸다. 과거에는 왜 권력을 행사해도 되는지에 관해서 정부가 시민들을 설득하는 입장을 내놓아야 했다. 하지만 이제는 시민들이 정부로부터 왜 스스로 합당하다 생각하는 방식으로 권리를 행사할 수 있어야 하는지에 대해 설명하라는 요구를 받는다.

분열주의자들은 위임된 권력만이 정당성을 갖는다는 논리를 파괴하는 선에서 멈추지 않았다. 그들은 권력기관 사이에 존재하는 견제와 균형을 제거하려 했다. 입법부에는 사실상 모든 일을 할 수 있는 자유가 주어졌다. 오늘날 의회는 우리의 화장실 비품과, 샤워기 헤드, 그리고 어떤 제품이 '고기meat'로 분류되는지의 여부, 또 심지어 우리가 어떻게 피임을 하는지까지도 규제할 수 있다. 하지만 분열주의자들은 여기서 그치지 않고 행정부 내에 존재하는 모든 종류의 마찰friction을 없애 버리려 하고 있다. 최근 들어 민주당 정치인들은 제도적 교착gridlock*을 생성시켜 주는 입법부 내부의 절차를 자신들 마음대로 바꿔 놓으려 하고 있다.

2013년에 발생한 일을 예로 언급하자면, 네바다주에 지역구를 둔 민주당 상원의원 해리 리드Harry Reid는 연방 판사 지명자 인준 과정에서 필리버스터filibuster를 없애 버렸으며(아이러니하게도, 이 같은 결정은 트럼프 대통령이 지명한 연방 법원 판사들을 공화당 상원들이 방해 없이 인준할 수 있게 만드는 길을 닦아 주었다),[69] 매사추세츠주에 지역구를 둔 민주당 상원의원 엘리자베스 워런은 상원에서 필리버스터 제도를 완전히 없애겠다는 공약을 내걸었다.[70] 하지만 진짜 문제는 분열주의 철학을 가진 민주당 정치인들 다수가 상원 그 자체를 없애 버리자는 요구를 하고 있다는 사실이다. 이들은 상원 제도가 비민주적이며, 따라서 근본적으로 부당하다고 주장한다.[71] 상원과 하원 사이에 존재하는 견제와 균형이 없어지게 되면 상하원은 사실상 동일한 기관으로 기능하기 때문에 양원兩院으로부터 발의되는 법안의 숫자는 급격히 증가할 것이다.

분열주의자들은 행정부에 관한 부분에서도 견제와 균형에 대한 그들의 경멸을 서슴 없이 드러낸다. 우드로 윌슨은 백악관에서 직무를 수행했던 자신의 전임자들이 가냘픈 양심의 가책을 느낀 나머지 의도적으로 헌법의 권한을 침해하지 않았다며 그들을

• 미국 헌법은 권력분립과 견제와 균형의 원리를 통해 필연적으로 국가 기능 전반의 비효율, 즉 고착상태(gridlock)가 발생하도록 디자인 됐는데, 이는 '폭압적 정부'가 개인의 자유와 권리를 침해하는 것을 방지하기 위해서였다. 따라서 '효율성'을 우선하는 정부를 추구하는 분열주의자들의 태도는 미국의 건국이념과 어긋난다.

비판했다. 그 대신 윌슨은 다음과 같이 이야기했다.

"대통령은 법과 양심에 있어서 될 수 있는 만큼 큰 권한을 사용할 재량을 갖고 있다. 재량권에 있어서 제한을 만들어 내는 건 대통령 자신의 역량뿐이다. 대통령은 국가를 자신의 뒤에 두고 있지만, 의회는 그렇지 않다."

윌슨은 말을 이어 갔다.

"대통령 자신이 그 사실을 인정하든 그렇지 않든 간에, 대통령의 존재는 국가 시스템 안에서 핵심적 역할을 차지한다. 그리고 대통령의 집무 범위는 곧 그의 역량에 따라 빚어진다. 헌법을 디자인 한 국부들은 그들이 모방한 대상보다 더욱 고립된 왕들이었기 때문에 그들의 태도는 우리의 대통령들을 더욱 강력한 존재로 만들었다."[72]

물론, 이와 같은 윌슨의 설명은 어처구니없는 주장이다. 국부들은 왕이 행정부의 수반이 되어선 안 된다는 점을 꽤나 분명히 강조했기 때문이다. 하지만 윌슨은 오직 대통령만이 급격한 변화를 만들어 낼 수 있을 만큼 강력한 권한을 가진 존재라고 생각하고 있었다.

행정부의 주요 도구는 영구적 관료제를 고착화하는 것이었다. 정책적 판단을 내렸을 때 좀처럼 견제받지 않는 정부 관료 계급을 공고화하는 것이었다. 분열주의자들은 관료들이 실제 법을 만들어 내는 초입법부가 되도록 했고, 소위 전문가 집단에 정부 정책에 관한 권한을 전적으로 위임함으로써 국민에 의해 선출된 입법부는 행정부의 흔적 기관vestigial organ 정도로 퇴화시켜 버렸다. 1950년을 기준으로 미국연방규정집Code of Federal Regulations에는 1만 페이지 이하의 규제가 존재했다. 하지만 2018년에 그 수는 18만 페이지를 초과했다.[73]

빠른 속도로 확대되고 있는 관료제의 총책임자로서, 오늘날의 행정부는 입법, 사법, 그리고 행정 3부의 기능을 사실상 모두 통합하기에 이르렀다. 민주당 또는 공화당 어느 당이 집권하는지와 관계없이, 행정부는 이제 통제가 불가능할 정도로 비대해져 버렸다. 1940년에는 군사 부문을 제외하고 약 44만 3천 명의 미국인들이 행정부 소속 공무원으로 일했다. 하지만 2014년을 기준으로 살펴보면 그 수는 1백35만 6천 명이었다.[74] 1800년에 연방정부와 관련된 공무원 1인당 지출 금액은 16달러였다. 1990년에는 그 금액이 4천7백60달러로 증가했다.[75] 1929년 전체 GDP 가운데 연방정부 관련 지출은 약 3퍼센트를 차지했다. 반면에 2018년에는 그 비중이 20퍼센트로 증가했다.[76]

사법부의 상황은 어떨까? 분열주의자들은 사법부가 경우에 따라 독자적으로 법을 만드는 기관이 돼야 한다는 주장을 효과적으로 펼쳐 왔다. 필요하다면 판사들 역시 판결을 통해 자신들이 선호하는 정책을 공표하고, 때에 따라 위헌적 법안을 통과시켜 주는 회전문 같은 기능을 감당해도 된다는 이야기였다. 분열주의자들은 지금껏 한 번도 사법부의 원래 기능, 다시 말해 진솔하고 솔직하게 법안을 해석해야 한다는 사법부 본연의 기능을 인정해 본 적이 없다. 연방대법원 대법관이었던 앤토닌 스칼리아Antonin Scalia는 헌법을 포함한 모든 법안을 원래 쓰인 의도에 맞게 해석하는 interpret 것이 사법부의 책무라고 언급했다.* 또 스칼리아는 판사들이 자신이 갖고 있는 개인적 선호를 판결에 반영하지 못하도록 하는 것, 그리고 판사들이 '적대적 다수의 의지the will of a hostile majority'에 굴복하지 않도록 해 주는 예측 가능한 규칙을 만들어 내는 것 역시 사법부의 책무라고 언급했다.[77] 반면 버락 오바마는 자신의 임기 중 소니아 소토마요르Sonia Sotomayor를 연방대법원 대법관으로 임명했을 때 소토마요르가 "대중 친화력 및 동정심과 더불어 세상이 어떻게 돌아가는지, 또 보통 사람들이 어떻게 살아가는지를 잘 이해하는 종합적 자질을 갖고 있다"고 말하며 그녀를 극찬했다. 오바마는 소토마요르가 "공감 능력과 더불어 사

---

* 미국에서 헌법을 해석하는 방법론에는 크게 두 가지가 있다. 첫째는 원문주의 (originalism)로, 헌법이 원래 작성됐을 당시 대중들이 받아들였던 의미에 따라 해석돼야 한다는 주장이다. 둘째로, 원문주의와 달리, 헌법의 의미는 원안 작성자들의 의도와 상관없이 오늘날을 살아가는 대중의 정서, 여론, 환경에 따라 재해석돼야 한다며 미국 헌법을 '살아 있는 문서(a living document)'로 인식하는 주장이 있다. 헌법을 '살아 있는 문서'로 인식하게 되면 자구에 얽매이지 않고 판사의 재량에 따라 자유로운 판결을 도출할 수 있기 때문에 사법부가 정치적으로 이용되기 쉽다. 따라서 후자의 방법론은 종종 '사법 행동주의(judicial activism)'와 연관된다.

람들의 희망과 역경을 잘 이해하며, 그들과 동질감을 가질 수 있는" 자질을 갖고 있다고 판단한 것이다.[78] 이와 같은 관점 속에서 판사는 시민들이나 잠재적 소송인들을 위해 일관적인 법률 해석을 제공하는 사람이 아니라, '선을 행하는do good' 사람으로 인식된다. 판사가 곧 입법자가 되는 것이다.

분열주의 철학을 가진 판사들은 자신들의 개인적 도덕관을 헌법과 입법 기관보다 우위에 둠으로써 분열주의 진영의 기대에 충실히 부응해 왔다. 분열주의적 판사들은 헌법에 충실하는 것은 미국의 가치를 훼손하는 것과 같다고 주장하며 자신들의 판결을 통해 법안의 본래 의미를 뒤집어 왔다. 이들은 미국의 헌법이 판사들에게 국가 차원의 도덕을 결정하는 의무를 부과하기 위해 만들어졌다고 생각한다. 마치 과두제를 정당화하는 듯한 태도가 있는 분열주의적 성향의 판사들은, 헌법 조항 속에 깊숙이 파묻힌 '발산과 반그림자emanations and penumbras'의 원리,*[79] 또 소위 "스스로의 힘으로 존재와 의미, 우주와 인간 삶의 신비에 대한 개념을 규

---

* '반그림자(penumbra)'는 일식(월식) 때 태양(달)과 지구가 일직선을 이루는 곳 주변부에서 발생하는 옅은 그림자(지구가 가린 짙은 그림자가 '본그림자 umbra'). 본문의 '발산과 반그림자'는 1965년 그리스월드 대 코네티컷(Griswold v. Connecticut) 판결의 주심 윌리엄 더글러스(William O. Douglas) 연방대법관이 사용한 표현으로, 비록 헌법에 직접적으로 명시되지 않은 권리라고 할지라도, 해당 권리와 무관한 다른 헌법 조항이 보장하는 권리가 형성됨에 따라('본그림자'가 형성됨에 따라), 그에 대한 '반그림자' 현상으로 발생하는 권리 역시 헌법적 권한으로 인정돼야 한다는 개념을 담고 있었다.

정할 권리"라고 알려진 개념 등에 기반하여,* 헌법으로부터 태아를 죽일 권리를 정당화하는 논리를 도출해 냈다.[80] 연방대법원 대법관들은 미국의 헌법 그 자체를 사문화 시킴으로써 동성결혼에 대한 연방 차원의 권리를 발굴해 냈다. 2015년 미국 전역에서 동성결혼을 합법화한 오버거펠 대 호지스Obergefell v. Hodges 판결 과정에서 헌법의 역할은, 판결을 이끌어 내는 데 헌법 그 자체가 아무 관련이 없다는 사실을 증명한 것뿐이었다(해당 판결의 주심이었던 앤서니 케네디 대법관은 "권리장전과 수정헌법 제14조를 작성하고 이를 비준했던 시대의 사람들은 해당 조항이 모든 면에서 포괄하는 자유의 범위를 상정하지 않았다. 따라서 그들은 모든 사람들의 자유를 누릴 권리를 보호하는 헌장을 미래 세대에게 위임했고, 그 권리의 개념은 우리가 해당 조항의 의미를 알아 감에 따라 확장된다"고 말했다).[81] 여기서 우리가 궁금해하는 부분은 낙태나 동성결혼 합법화가 정책으로서 적절하냐 그렇지 않냐 하는 문제가 아니다. 우리가 진짜 궁금해하는 건 왜 갑자기 어느 순간부터 법원이 집단적 지혜의 보고가 되어 버렸나 하는 것이다. 분열주의자들은 법원이 헌법에 의해 명시된 직무의 범위를 초과하도록 충동함으로써, 사법부의 근본적 정당성을 훼손시켰고, 결과적으로 해밀턴의 우려를 현실화하고 말았다. 또 분열주의자들은 법원이 헌법에 명시된

---

* 앤서니 케네디(Anthony Kennedy) 연방대법관, 1992년 플랜드페어런트후드 대 케이시(Planned Parenthood v. Casey) 판결에서. "자유의 핵심은 스스로의 힘으로 존재와 의미, 우주와 인간 삶의 신비에 대한 개념을 규정할 권리를 갖는 것이다."

권한만을 행사하려 할 때, 그들을 보다 나은 도구로 길들여 나가기 위해, 연방대법원에 추가적인 대법관 자리를 채워 넣을pack the court˙ 것이라고 위협하거나, 선거구를 확대하겠다고 협박하기도 했다.˙˙

또 분열주의자들은 연방주의에 반대한다. 분열주의자들은, 주와 지방 자치단체가 분열주의적 가치를 적극 지지하는 경우를 제외하고는, 연방정부의 권한이 주의 권한을 완전히 압도할 수 있다고 생각한다. 따라서 예를 들어, 분열주의자들은 지자체의 이민자 보호 도시sanctuary cities 정책을 지지하는 동시에, 불법 이민을 단속하는 주정부 법안을 규탄할 수도 있다. 그러나 일반적으로 분열주의자들은 연방정부에 의해 주정부 권한이 말살되는 것을 선호한다.

주정부에 의해 소수집단들이 억압받고 있다는 주장을 펼치면서, 분열주의자들은 주정부 권력을 제한하는 연방정부의 권한을 끊임없이 확대시키는 데 매진해 왔다. 역사를 살펴볼 때 이 같은 주장은 어느 정도 일리 있는 말이긴 하다. 과거 미국에서는 주정

˙ 연방대법관에 자기 정파 사람들을 추가로 임명한다는 뜻. 미국 연방대법관의 정수는 헌법에 정해져 있지 않고 법률로 정하는데, 1869년 이후로는 9명이다. 1930년대에 프랭클린 루스벨트가 뉴딜 정책이 번번이 연방대법원에서 가로막히자 "연방대법원 자리를 채워 넣겠다"고 협박하며 대법관의 수를 15명으로 늘리는 법안을 발의했다가 무산된 바 있다.
˙˙ 법관을 선거로 뽑는 일부 주에서, 특정 성향의 후보에 유리하거나 불리하도록 선거구를 재획정하려는 시도.

부의 권한을 옹호한 사람들이 연방주의의 논리를 인용해 가며 특정 주들에서 시행되던 노예제와 짐 크로법을 정당화해온 것이 사실이다. 남북전쟁과 미국 재건시대Reconstruction의 수정헌법 조항들,* 그리고 1960년대에 통과된 민권법Civil Rights Act과 투표권법 Voting Rights Act**의 사례가 보여 주듯이, 연방정부가 직접 개입하고 나서야 비로소 미국 흑인들의 권리가 실질적으로 보장되어 왔기 때문이다. "만약 당신이 인종차별을 반대한다면, 당신은 연방주의를 반대해야 한다"는 정치학자 윌리엄 리커William Riker의 1964년도 주장은 나름 일리가 있다.[82] 연방대법원 대법관이었던 루이스 브랜다이스Louis Brandeis가 연방주의를 설명하며 "민주주의의 실험실laboratories of democracy"이라고 언급했던 미국의 각 주들은 민주주의의 고문실이 되어왔던 것이 사실이다.

하지만 이 같은 비판은 지나칠 정도로 광범위한 주장이기도 하다. 물론, 연방정부는 지역적 폭정이 발생했을 때 주정부의 결정을 무효화할 수 있는 권한을 가져야 한다. 하지만 그것은 연방정부의 폭정을 대표하는 주장이 아니다. 미국의 국부들은 국가 건국 협상의 과정에서 노예제를 승인하는 결정을 내렸다. 왜냐하면

---

* 재건시대(1863~1877)는 남북전쟁기 중간부터 전후 복구 기간까지. 이때 흑인들의 민권을 증진하기 위해 '재건 수정헌법(Reconstruction Amendments)'이라고 불리는 수정헌법 제13~15조가 추가됐다.
** 유색인종의 투표권을 보장.

노예제를 승인하지 않았을 때 맞이해야 했던 대안은 미합중국 그 자체의 분열이었기 때문이다. 하지만 또한 미국의 국부들은 우리가 앞장에서 확인한 것처럼 주정부의 압제에 맞서 개인과 소수집단의 권리를 보호할 수 있는 역량을 가진 연방정부를 구상했다. 국부들은 이와 같은 연방 차원의 개입이 그 지속 시간과 범위를 제한받을 것이라는 믿음을 가지고 있었다. 하지만 분열주의자들은 주정부가 몇몇 정책에서 실패했다는 점을 꼬집으며, 그 점이 연방정부가 우월한 권력의 보고라는 사실을 증명해 준다고 주장한다. 그건 그야말로 거짓말에 불과하다. 개인의 근본적인 소극적 권리가 보호되는 한(여기서는 마음에 들지 않을 때 해당 지자체를 떠날 권리를 보장하는 것이 가장 중요하다), 중앙정부가 아니라 지자체 정부들이 해당 지역을 가장 잘 관리할 수 있다. 주정부에서 실시된 인종분리정책을 정당하게 종식시킬 수 있었던 바로 그 연방정부는 수십만의 일본계 미국인들을 구금시키는 끔찍한 결정을 내릴 수도 있었다.*

연방정부의 규모가 주정부보다 크다고 해서 연방정부가 주정부보다 도덕적으로 더 우월한 건 아니다.

---

* 1941년 일본의 진주만 공격 직후 미국은 일본에 선전포고를 하고 미국 내에 거주하던 일본인과 일본계 미국인(미국 시민권자 포함) 약 12만 명을 1942년부터 1946년까지 강제수용소에 억류했다. 1988년 레이건 대통령은 해당 사건에 대해 공식 사과하고, 민권자유법(Civil Liberties Act)에 서명하면서 10만 명 이상의 피해자 후손들에게 2만 달러가량의 국가 배상을 제공했다.

강력한 연방정부를 추구하는 분열주의자들의 열망은 국가의 분열 그 자체를 초래하게 된다. 만약 미국인으로서 우리가 텍사스 사람들을 텍사스 사람답게 살도록 내버려 두지 않고, 캘리포니아 사람들을 캘리포니아 사람답게 살도록 내버려 두지 않을 것이라면, 왜 우리는 같은 나라의 구성원으로 남아 있어야 하는 걸까? 연방정부가 더 커지고 강력해질수록, 지방 자치단체들은 스스로의 삶에 대한 통제력을 상실하고, 자신들의 가치관과 관심사를 묵살하는 지배 권력에 저항하기 위해 더욱더 강경한 투쟁을 이어 나갈 것이다. 연방주의가 사라지면 국가는 연합되지 않고, 결국 해체되고 만다.

소결

미국을 파괴하는 첫 번째 단계는 특정 그룹 사람들에게 새로운 권리를 부여해 주기 위해 몇몇 사람들의 권리를 희생시켜야 한다고 미국인들을 설득하는 것이다. 분열주의자들은 역사적으로 소외돼 왔던 사람들이 국가에 의해 일반인들과 동일한 대접을 받는 것은 결코 충분하지 않다고 주장한다. 분열주의자들은 국가가 나서서 모든 사회적 상호작용 가운데 결과의 평등을 보장해야 한다고 요구한다.

개인의 권리가 끊임없이 확대된다는 주장, 또 권리의 개념 그 자체가 무엇인지에 대해 논쟁의 여지가 존재한다는 주장은 국가적 분열을 초래한다. 어린아이들의 사고는 어떤 형태로든 빚어질 수 있기 때문에 이를 통해 사회를 개선할 수 있다는 주장은, 그 아이들의 사고가 어떠한 방향으로 빚어져야 하는가를 놓고 이뤄지는 양쪽 진영의 의견 충돌에 따라 발생하는 생사를 건 싸움으로 비화될 수 있다.

정부는 인간의 본질을 변화시킬 수 없다. 다시 말해 정부가 인간을 인간이 아닌 다른 존재로 재창조할 수 없다는 뜻이다. 단순히 물질적 환경을 달리하는 것만으로는 인간의 굳은 마음heart of stone을 부드러운 마음heart of flesh으로 변화시키지 못한다.* 미국인들이 정부로부터 특정 혜택을 일상적으로 보장받게 되면, 과격한 재분배의 형태로든, 노골적 강압의 형태로든, 반드시 전제적 통치가 발생하게 되어 있다. 그렇게 되면 미국인들은 특정 혜택을 누리는 사람들과 자신이 가진 것을 빼앗기는 사람들이라는 두 집단으로 분열되고 말 것이다.

우리는 신이 아니다. 따라서 우리는 개인의 특성에 따라 발생하는 불균형을 바로잡을 능력을 갖고 있지 않다. 우리는 그저 법에 따라 모든 사람들을 동등하게 대할 능력을, 또 정부를 만들어

---

* "또 새 영을 너희 속에 두고 새 마음을 너희에게 주되 너희 육신에서 굳은 마음을 제하고 부드러운 마음을 줄 것이며"(구약성경 「에스겔」 36장 26절).

개인의 권리를 보호할 능력을 갖고 있을 뿐이다. 하지만 우리에게 같은 동네에서 같은 시기에 태어난 두 아이가 동일한 시작점에서 출발하도록 환경을 보장해 줄 마법 같은 능력이 있는 건 아니다. 심지어, 같은 부모님 밑에서 태어나 함께 자라 가는 두 아이조차 동일한 시작점에서 출발할 수는 없다. 우리는 절대 모든 사람들이 동일한 지점에서 인생을 마무리하도록 보장해 주는 능력을 갖고 있지 않다. 문제는 우리가 모든 미국인들을 위계적이고 차별적인 시스템의 공급업자, 또는 그 시스템의 피해자 둘 중 하나로 상정함으로써, 미국인들을 하나로 묶고 있는 끈을 잘라내고 있다는 사실이다.

정부를 무제한적 권력의 도구로 취급하는 것 역시 용서할 수 없는 엄청난 죄악이다. 무엇이 공공선인가 하는 문제는 단순히 실용주의에 기반한 문제 해결 과정을 통해서가 아니라, 전적으로 정치적이며 가치 중심적인 방식으로 결정되어야 한다(다시 말해, 반드시 국민적 동의에 맡겨져야 할 문제라는 뜻이다). 심지어 국민의 집단적 동의조차도 개인에 대한 권리 침해를 정당화할 수는 없다. 만약 독재라는 명백한 결과를 맞이하고 싶지 않다면 말이다. 게다가, 역사적으로 '가장 지혜롭고 가장 탁월한' 사람들에 의해 이뤄진 하향식 통치는 거의 대부분의 경우 인간의 번영과 자유를 확대시키지 못했다. 아니, 많은 경우 정반대의 결과를 가져왔을 뿐이다. 선출되지 않은 엘리트 그룹의 목적에 따라 이뤄지는 규칙 제정의 횡포야말로 미국의 국부들이 저항한 바로 그 폭정의 한 형태라고 할 수 있다.

분열주의 철학은 정부와 연관돼 실제 정책에서 실행되었을 때 그 파괴적 성향을 드러낸다. 투표를 통해 위임된 권력만이 정당성을 갖는다는 원칙, 견제와 균형, 그리고 연방주의라는 연합주의적 정부의 세 가지 핵심 요소들을 산산조각 냄으로써, 분열주의적 정부는 우리의 공통적 기반을 축소하는 동시에 정치의 중요성을 확대하고 있다. 독단적이고 답이 없는 정부 강압이라는 방법을 사용하는 분열주의 철학에 기반한 정부는 미국인들에게 그들을 지배하려 하는 상대방에 의해 피해를 입지 않으려면 권력의 우위를 얻기 위해 투쟁해야 한다고 강요한다.

분열주의 철학은 역사적으로 미국을 연합시켜 왔던 가치들을 파괴하고 있다. 하지만 이건 비단 시작에 불과하다. 철학은 우리가 함께 공유하는 공간인 문화를 지탱한다. 미국의 연합주의적 철학은 개인의 권리라는 미국의 문화를 창조해 냈다. 다음 장에서 우리는 바로 그 권리의 문화에 대해 알아보려 한다. 우리가 역사적으로 소중하게 간직해 왔고, 또 지금껏 우리를 하나 되게 만들었던 바로 그 권리의 본질과 근원을 살펴보고자 하는 것이다. 그리고 그 다음 장에서는 연합주의적 문화를 파괴하려 하는 분열주의자들의 시도를 살펴볼 것이다.

3

미국의 문화

미국은
권리의 나라다

건국 때부터 미국인들은 권리에 대한 신념으로 뭉쳐진 사람들이었다. 그렇기 때문에 링컨은 흑인 노예들에게도 보편적 권리가 적용돼야 한다고 주장하며 국부들이 추구했던 이상을 언급했다. 미국은 권리의 나라이기 때문에 마틴 루터 킹은 짐 크로법의 폐해를 비판하며 독립선언서의 정신을 언급했다. 또 그렇기 때문에 미국 역사에서 성공적으로 자유를 옹호했던 사람들은 거의 모두 권리의 용어를 사용해 왔다.

연합주의자들은 미국이 권리의 나라라고 믿는다. 왜냐하면 미국의 철학은 인간 본성이 존재한다는 사실, 우리는 그와 같은 본성으로부터 비롯되는 개인의 권리를 갖는다는 사실, 법에 따라 인간은 권리에 있어 평등하다는 사실, 그리고 정부는 그 권리를 침해하기 위해서가 아니라 보호하기 위해 만들어졌다는 사실 등과 같이 근본적이고 자명한 진실에 기반하고 있기 때문이다.

우리는 지난 장에서 미국 시민들의 권리 실행을 보장하기 위해 국부들이 디자인 됐던 헌정 체제의 틀을 논의해 보았다. 만약 정부가 우리 권리를 보호하기 위해 만들어졌다면, 왜 우리는 여기에 또 덧붙여 권리의 문화를 가져야 하는 것일까?

답은 간단하다. 문화 자체가 해당 문화를 성문화하는 법적 보호보다 더 중요하기 때문이다. 만약 문화가 사라져 버린다면 그 문화를 보존하는 법률 문서는 한낱 종이 쪼가리에 지나지 않게 된다. 정부가 탄생하기 앞서 개인의 권리가 존재했던 것처럼, 개인의 권리는 문화로부터 비롯되었다.[1] 그렇기 때문에 건국의 아버지들 중 다수는 원래 권리장전에 개인이 어떤 권리를 누릴 수 있는지를 명문화하는 걸 반대했다. 그들은 단순히 법률 문서를 통해서가 아니라, 미국 대중들에게 문화적으로 자연스럽게 스며들어가는 형식으로 개인의 권리를 보장하는 체제를 만들고 싶어 했기 때문이다. 그 목적을 이루기 위해 국부들은 개인의 권리를 완벽하게 나열하는 리스트를 만들 수 있다는 식의 태도에 대해 꽤나 경계심을 갖고 있었다. 그런 식의 리스트가 만들어지면, 정부가 해당 리스트에서 언급되지 않은 다른 모든 영역에서 권한을 확대하는 것을 정당화할 수 있다고 생각했기 때문이다. 이에 대해 앨리그잰더 해밀턴은 『연방주의자 논집』 84번 글에서 다음과 같이 설명했다.

"정부의 권한이 명시되지 않은 영역이라면, 정부가 그 일을 할 수 없다고 선언하는 것이 어떨까?"[2]

권리장전을 통해 개인의 권한을 열거한 후에도, 국부들은 조심스럽게 수정헌법 제9조에 조문을 포함시켜 놓았다.

"헌법에 (특정)권리들이 열거되어 있다는 사실이 국민이 갖고 있는 다른 권리를 부정하거나 경시할 수 있다는 의미로 해석돼서는 안 된다."

달리 말하자면, 개인의 권리를 보장하는 미국의 문화는 그와 같은 권리를 둘러싸고 형성된 법률적 제약보다 훨씬 더 깊고 넓다고 볼 수 있다.

그렇다면 전통적으로 이어져 내려온 미국의 권리 문화란 대체 무엇일까? 좀 더 구체적으로 말해서, 우리의 권리가 굳건하게 유지되기 위해서는 어떤 종류의 문화가 밑받침되어야 하는 것일까? 이에 대해 연합주의자들은 다음 네 가지 특징을 포함한 문화가 필요하다고 설명한다. 첫째, 타인의 권리 행사가 우리의 이해관계와 어긋난다 할지라도 그 권리를 관용하는 태도가 필요하다. 둘째, 덕을 함양하며 도덕적 일치를 위한 기반을 제공해 주는 활발한 사회적 기관들이 존재해야 한다. 셋째, 사회 구성원들이 독재로부터 자신과 타인의 권리를 보호하려 하는 완고한 의지를 공유해야 한다. 그리고 마지막으로, 경제적 위험을 감수한다 할지라도 안정보다는 자유에 가까이 더 가치를 두는 그런 도전정신이 필요하다.

권리를 누리려면 타인이 권리를 사용하는 방법에 동의하지 않더라도 타인의 권리를 보호해야 한다

연합주의적 문화는 개인들이 권리에 대한 신뢰를 갖고 있을 때 유지된다. 그리고 가장 중요한 건, 그 개인들이 자신의 권리뿐만 아니라 타인의 권리 또한 소중하다는 사실을 믿어야 한다는 점이다. 사실 미국적 권리 개념에 바탕한 건강한 문화가 유지되려면 미국인들은 법률적 필요조건을 넘어서는 영역에서도 권리가 폭넓게 적용된다는 사실에 대해 신념을 공유하고 있어야 한다. 결국 법은 개인의 권리가 침해되는 상황에 대해 최종 임시방편적 보호를 제공해 줄 수 있을 뿐이다. 권리 침해가 발생할 때 법은 그 침해에 대한 최초의 저지선이 되어 주지 못한다. 왜냐하면 우리 각자가 모두 권리를 가지고 있다는 신념에 바탕을 둔 문화적 방어선이야말로 우리를 권리 침해로부터 보호해 주는 최초의 저지선이기 때문이다.

그렇다면 우리가 존중하고 보호해야 마땅한 기본권의 본질은 무엇일까? 앞서 살펴본 것처럼, 미국의 국부들은 개인의 권리가 정부 탄생 이전부터 존재했으며, 그 권리는 해당 개인의 존재적 본질과 맞닿아 있다고 생각했다. 국부들의 관점에 따르면 이 권리는 타인이 당신을 해할 수 없다는 원칙에 기반하여 세상에 대해 당신의 입장을 나타내는 개념이었다. 당신은 생명에 대한 권리를 갖고 있다. 왜냐하면 다른 사람들에게는 당신을 죽이지 않을 의무가 있기 때문이다. 당신은 표현의 자유에 대한 권리를 갖고 있다. 왜냐하면 다른 사람들에게는 당신의 표현에 대해 폭력을 행사하지 않을 의무가 있기 때문이다. 법적인 권리는 오직 당신의 권리를 침해하는 사람들에 대한 보호의 맥락에서만 존재할 수 있다. 우리가 앞서 살펴본 것처럼, 이 같은 권리는 정부가 하지 말아야 할 것을 명시한다는 점에서 보통 '소극적 권리negative right'라고 불린다.

지금껏 미국에서는 이와 같은 소극적 권리의 원칙이 잘 지켜져 왔다. 하지만 정부로부터 침해받지 않을 권리 말고도, 우리가 권리를 갖지 않은 영역에 대해 타인이 우리에게 무언가를 해 주길 바라는 우리의 마음을 표현한 권리의 개념 역시 존재한다. 모호한 사고 체계 속에서 우리가 그러한 것들을 요구할 '권리'를 당연히 갖고 있을 것이라고 막연하게 생각하는 그런 타인의 행동들 말이다. 이와 같은 권리를 '적극적 권리positive rights'라고 한다. 하지만 적극적 권리는 절대 권리가 아니다. 적극적 권리를 실현하려면 반드시 누군가의 소극적 권리가 침해돼야 하기 때문이다. 따라서 예를 들자면, 만약 내가 당신에게 나의 뜻을 충족시키기 위해 특정 서비스를 요구한다고 했을 때, 그 경우 나는 내가 가진 권한을 행사하는 게 아니다. 내가 특정 조건에 맞는 서비스를 요청하는 것이 꼭 도덕적으로 잘못됐다는 뜻은 아니다. 하지만 나는 당신에게 서비스를 요구할 권리가 없다. 왜냐하면 나의 요구는 당신이 자신의 노동을 원하는 대로 사용할 권리를(당신은 세상에 대해 이 권리를 가지고 있다) 침해하기 때문이다. 나는 당신에게 내가 원하는 무언가를 말하라고 결코 강요할 수 없다. 그와 같은 강요는 당신이 가지고 있는 자유롭게 말할 권리를(당신은 세상 모든 사람들에 대해 이 권리를 가지고 있다) 침해할 것이기 때문이다.

특정 상황에서 타인이 나에게 무언가를 요구할 권리를 가지고 있는지 테스트하는 쉬운 방법이 하나 있다. 바로 총gun을 그 상황 속에 대입시켜 보는 것이다. 만약 당신이 나를 죽이려고 할 때, 내가 당신에게 총을 겨눈다면, 나는 명백히 정당하게 나의 권리를 행사하고 있는 것이다. 만약 당신이 나의 자동차를 훔치려고 했을 때, 내가 그 행동을 저지하기 위해 당신에게 총을 겨눈다면, 나는 명백히 정당하게 권리를 행사한다고 볼 수 있다. 하지만 만약 내가 당신의 제과점에 걸어 들어가서, 나에게 케이크를 하나 만들어 달라고 요구했을 때, 그걸 거부하는 당신의 얼굴에 총을 겨눈다면, 그 상황에서는 당신이 나의 권리를 침해한 것이 아니라,

바로 내가 당신의 권리를 침해한 것이라고 볼 수 있다.*

하지만 권리에 대해 심각하게 생각해볼 의문점이 하나 있다. 왜 사람들은 부도덕한 일을 할 권리를 가져야 할까? 왜 우리가 동의하지 않는 행동을 하는 사람들의 권리까지 우리가 보호해 주어야 하는 것일까? 우리는 그냥 특정 표현이 도에 지나치다 판단한 후 그 같은 표현을 제한해 버리면 안 되는 걸까? 왜 우리는 특정 사람들에게 서비스를 제공하기 싫어하는 사업체에게 서비스를 강요하면 안 되는 것일까? 왜 우리는 더 가진 사람들이 덜 가진 사람들에게 베풀기를 강요해선 안 되는 걸까? 만약 우리에게 무엇이 도덕적인지에 대한 확신이 있다면, 왜 사람들의 권리에 대해 신경 써야 하는 것일까?

이와 같은 일련의 질문을 직면했던 고대와 현대의 사상가들은 개인의 권리를 인정하길 거부해 버렸다. 고대 사상가들은 개인의 권리에 대해 진지하게 생각하지 않았다. 그들은 폴리스가 요구한 자연법에 의해 명시된 의무에 대해서만 생각했을 뿐이다. 오늘날

---

* 2018년 연방대법원의 마스터피스케이크숍 대 콜로라도 민권위원회(Masterpiece Cakeshop v. Colorado Civil Rights Commission) 사건. 콜로라도에서 제과점을 운영하던 필립 잭슨은 어느 날 남성 동성애자 커플로부터 동성결혼식에 사용될 케이크를 만들어 달라는 주문을 받지만, 자신이 기독교 신자라는 이유로 케이크 제작을 거부한다. 주문한 커플은 다른 제과점을 찾아가지 않고 잭슨에게 케이크를 만들어 줄 것을 재차 강요했고, 잭슨이 다시 거부하자 그가 성적 지향을 이유로 자신들을 차별했다며 소송을 제기했다. 연방대법원은 표현의 자유와 신앙의 자유를 명시한 수정헌법 제1조를 근거로 잭슨의 손을 들어 주었다.

사상가들은 개인의 권리를 공공선의 성취를 방해하는 장애물 정도로 취급한다. 미국 건국 직전 시기, 그리고 미국의 국부들과 동시대에 활동하던 계몽주의 사상가들은 개인의 권리가 자명하다고 인식한 유일한 그룹이었다.

그렇다면 왜 국부들은 자연권 사상을 적극 수용한 것일까? 타인의 권리를 침해하지 않는 이상, 부도덕하게 행동할 권리 역시 보장된다는 그 자연권 사상 말이다. 국부들이 자연권 철학을 수용했던 이유는, 비록 사회적 기관들이 자유를 유지하는 데 필요한 가치들을 배양할 것이지만, 그런 과정을 통해서도 올바른 가치들이 결국 사회 내에서 주도권을 잡을 것이라는 것을 결코 확신할 수 없었기 때문이다. 건국의 아버지들은 인식론적인 불확실성을 인정하고 이를 받아들였다. 그들은 당신이 가지고 있는 가치의 정의가 내가 갖고 있는 가치의 정의와 일치하지 않을지 모른다는 점을 인지했고, 정부 권력을 이용해 특정 가치들을 강요함으로써 독재의 씨앗이 심겨질 수 있다는 사실을 정확하게 인지했다.

어떤 사람도 자신이 도덕적으로 잘못됐다고 생각하지 않았지만, 사람들은 종종 잘못된 생각을 한다. 그건 도덕 상대주의적 관점이 아니라 역사적으로 정확한 관점이다. 그리고 무력을 독점적으로 사용할 수 있는 권한이 도덕에 대한 자기 확신과 결합되면, 그 결과물은 종종 독재로 귀결된다. 오늘날 이 시대를 살아가는 우리들은 총(무력)을 가진 정부를 너무 좋아하게 된 나머지 개인의 권리를 보호하는 정도에서 그치는 것이 아니라, 정부는 우리가(구체적으로 말하면 국민 다수가) 도덕적으로 옳다고 여기는 것을 강제력을 통해 집행할 수 있어야 한다고 생각한다. 하지만 그것은 정말로 위험한 발상이다. 정부는 덕을 집행하는 기관이 아니다. 정부의 역할은 타인으로부터 발생하는 권리 침해로부터 시민 개개인을 보호하는 것이다.

지금껏 내가 설명한 연합주의 철학에 기반한 권리 개념은 어느 정도 시스템상의 위험을 수반하는 것이 사실이다. 하지만 개인의 권리에 바탕한 시스템으로 인해 발생하는 위험보다, 국민 다수로부터 부여받은 권한에 따라 정부가 지정한 덕을 대중들에게 강요할 수 있는 시스템이 훨씬 더 위험하다.

권리가 중요한 이유는 단순히 개인의 권리가 변하지 않는 인간 본성에 뿌리를 두고 있고, 그 개념이 인류의 평등을 보장하기 때문만이 아니다. 개인의 권리를 강조하는 것이 중요한 진짜 이유는, 그 방법이 단순히 다수결의 원리에 맡겨 놓는 것보다 소수자들의 권한을 훨씬 더 일관성 있게 보호해 주기 때문이다. 결국 아인 랜드Ayn Rand가 정확하게 이야기 하듯이, 개인이야말로 가장 작은 소수자다smallest minority on earth is the individual.

개인의 권리를 존중하는 문화, 또 타인이 그와 같은 권리를 행사하는 것을 관용해 주는 미국의 문화는, 표현의 자유를 대하는 연합주의자들의 태도를 통해 가장 선명하게 드러난다. 국부들은 표현의 자유가 인간의 본성에 각인된 근본적 권리에 기반하고 있다는 신념을 갖고 있었다. 설립할 만한 가치가 있는 정부를 만들어 내려면 반드시 이성과 자유의지가 존재한다는 사실을 먼저 인정해야 했다. 헌법이 작성되기 50년쯤 전, 표현의 자유가 미국적 삶과 미국적 철학의 핵심 개념이라고 생각했던 벤저민 프랭클린은 다음과 같이 말했다.

"표현의 자유는 자유로운 정부의 핵심 기둥이다. 이 지지 기반이 없어진다면, 자유 사회의 구조는 해체되고, 그렇게 해체된 자리에는 독재가 들어선다. 사람들의 말을 심판할 권한을 부여받은 사악한 관료가 가장 파괴적이고 끔찍한 무기로 무장하게 된다. 불필요한 곁가지들을 정리한다는 명분으로, 그 관료는 나무 자체를 파괴하고 말 것이다."[3]

이와 같은 생각에 동의한 조지 워싱턴은 1783년 자신의 휘하에 있던 장교들에게 다음과 같이 말했다.

"만약 사람들이 인류의 숙고를 불러일으킬 수 있는 가장 심각하고 놀라운 결과를 포함하는 문제에 대해 자신들의 감정을 표현하는 것을 제한받는다면, 우리에게 이성은 아무 필요가 없을 것이다. 그렇게 되면 표현의 자유는 사라지고, 우리는 도살자 앞의 양처럼 침묵하게 될 것이다."[4]

워싱턴과 비슷한 생각을 한 존 애덤스는 다음과 같이 말했다.

"권력의 턱은 항상 무언가를 삼키기 위해 열려 있고, 그 팔은 언제든 가능한 때 생각과 발언과 글들을 파괴하기 위해 뻗어 있다."[5]

물론 애덤스는 대통령으로 재직할 때 외국인 규제법 및 선동 금지법Alien and Sedition Acts을 공포함으로써 자신이 정한 원칙을 위반하긴 했지만, 도덕에서부터 정치 영역에 이르기까지 오직 생각의 교환을 통해서만 중요한 문제들을 정화하고purify 명확히 할 수 있다clarify고 생각했던 건국시대의 사람들은 자유로운 생각의 중요성을 강조하는 데 전념했다.

미국 역사 대부분의 기간 동안 미국 시민들은 표현의 자유, 언론의 자유, 사상의 자유 등의 개념을 근본적인 문제로 받아들였다. 미국은 유럽에 있는 그 어느 나라보다도 광범위하게 표현의 자유를 보장해 왔다. 현실의 영역에서, 서로의 생각을 자유롭게 교환하는 것은 모든 전진과 진보의 핵심 필요조건이라고 할 수 있다. 이에 대해 올리버 웬델 홈스Oliver Wendell Holes Jr. 대법관은 에이브람스 대 미합중국Abrams v. United States 판결의 반대의견을 통해 말했다.

시간이 지남에 따라 많은 투쟁의 신념들이 뒤흔들렸다는 것을 깨달았을 때, 사람들은 자신의 행동 기반을 믿는 것보다 생각의 자유 무역free trade in ideas을 통해 바람직한 궁극의 선에 더욱 잘 도달할 수 있다는 사실을 믿게 되었다. 다시 말해, 시장의 경쟁을 통해 받아들여질 수 있는지를 확인하는 것이 무엇이 최고의 진리인지를 가려내는 시험이 된다는 뜻이고, 그 진실은 사람들이 가진 소원을 안전하게 수행하도록 해 주는 유일한 근거가 된다는 사실 말이다. 어찌 됐든, 그것이 우리의 헌법에 담겨 있는 생각이다. 이와 같은 생각은 일종의 실험이라고 할 수 있다. 모든 삶이 그러하듯 말이다.[6]

이와 같은 원칙이 적용되는 방식에 이견을 가진 사람들도 있을 것이다. 실제 홈스 대법관 자신도 어떤 경우 표현을 통해 폭력이 조장될 수도 있다고 생각했다. 하지만 표현의 자유를 중시하는 원칙 그 자체는 미국적 권리 개념의 핵심으로 자리 잡고 있다. 그렇기 때문에 지금껏 미국인들은 표현을 폭력과 동일시하지 않았고, 또 표현 그 자체를 금지하길 주저해 왔던 것이다. 이와 같은 태도는 좌파와 우파 진영 모두에서 보편적으로 공유됐다. 윌리엄 버클리William Buckley[*]와 미국 시민자유연맹ACLU[**]은 모두 자유롭게 말할 수 있는 개인의 권리가 미국적 자유에 대한 핵심적 보호를 나타낸다는 데 동의했다.

---

[*] 〈내셔널 리뷰〉 발행인으로, 20세기 미국 보수주의 운동의 정신적 지주.
[**] American Civil Liberties Union, 미국 진보 성향 민권단체. 과거에는 표현의 자유를 보호하는 데 앞장섰지만 오늘날은 표현의 자유를 탄압하고 있다.

미국인들은 사상과 표현의 자유를 제한할 수 있는 권한을 가진 정부가 바로 그 권한을 이용해 반대 진영에 있는 사람들을 얼마든지 탄압할 수 있다는 사실을 분명하고 절대적으로 인지한다. 독재 정부가 취하는 첫 번째 조치는 반대하는 사람들의 의견이 전파되는 것을 막고, 위험하다는 명분을 들며 표현과 언론, 또 사상의 자유를 제한하는 것이다. 또 세계 역사에서 정부가 자유를 억압할 때마다 국가는 불가피하게 정체 상태로 들어섰는데, 이는 결코 우연이 아니었다. 종교적 통치로부터 봉건적 지배, 그리고 공산주의 억압에 이르기까지, 폐쇄된 문화는 결코 발전할 수 없었다. 오늘날 '문화 전유cultural appropriation'*를 하고 있다고 조롱받는 세계주의적cosmopolitan 문화가 폐쇄된 문화와 부딪혔을 때, 세계주의적 문화가 늘 우위를 점하는 건 놀라운 일이 아니다. 나쁜 생각들이 잠깐 동안 인간의 사고를 지배할 수 있겠지만, 미국의 국부들은 자유로운 생각이 결국 인간을 자유롭게 만들 것이라고 믿었다.

미국인들은 표현의 자유를 너무도 중요하게 생각하기 때문에, 정치권에서 언어를 통해 나타나는 훨씬 거친 난투극들을 기꺼

---

* 타인(집단)의 문화자본을 인수하여 원주인에게 적대적으로 활용하는 것. 예를 들어 흑인영가(Spiritual)는 본래 미국 흑인 노예들의 노래였는데, 음반사가 이를 새로운 음원으로 녹음하여 신심 깊은 흑인들에게 판매하여 이익을 취하는 행위 같은 것이다. 오늘날 좌파 진영은 서구문화가 다른 문화의 요소를 전유함으로써 부당하게 이득을 취할 뿐만 아니라 문화의 다양성을 파괴한다고 비판한다.

이 감내하고 받아들인다. 따라서 미국에서는 선동을 규정하는 법적 기준이 매우 높고 까다롭다. 비방과 명예훼손에 대한 기준 역시 마찬가지다. 미국인들은 더 적은 표현보다는 더 많은 표현을 선호한다. 또 우리는 통상적으로 그 점을 인지하고 있었는데, 왜냐하면, 우리 모두가 근본적 가치들을 공유한다고 믿었기 때문이다. 이 같은 가치를 공유하고 있기 때문에 미국인으로서 우리는 서로를 조금 더 거친 방식으로 대할 수 있었다. 따라서 예를 들어 반전反戰의 목소리를 탄압한 윌슨 정부, 또는 조 매카시Joe McCarthy*의 시대와 같이 표현의 자유가 심각하게 제한되던 시대는 미국 역사에서 어두웠던 시기였다고 인식된다.

덕을 장려하는 튼튼한 사회안전망이 없으면 권리를 보장할 수 없다

지금껏 살펴본 것처럼, 권리 그 자체가 덕을 보장하진 않는다. 흑인 학생들이 런치 테이블에 들어가지 못하게 한다거나, 흰색

---

* 조 매카시, 1947~1957년 공화당 연방상원의원(위스콘신). 냉전 시대 공산주의자 색출에 몰두한 나머지 무고한 사람들을 공산주의자로 몰아가기도 했다. 그의 이름에서 '매카시즘'이 유래했다.

후드를 둘러쓰고 스코키Skokie 거리를 행진*하는 건 결코 바람직하지 않았다. 또 현실에서 어떠한 문화적 견제장치 없이 그와 같은 행동을 장려하던 사회는 분열과 실패로 빠르게 몰락할 수 있었다. 연합주의적 문화는 개인의 권리가 덕을 장려하는 문화와 반드시 균형을 이뤄야 한다는 점을 강조한다. 덕을 장려하려면 정부에 기반하지 않은 사회안전망이 필요하다. 미국의 국부들은 의무의 개념을 확립하려면 강력한 사회적 기관들로부터 시민들이 도덕과 종교를 학습해야 한다고 생각했다. 국부들은 개인의 권리가 독재를 막아 주는 탁월한 보호막이 될 수 있지만, 그것이 시민들 간의 예의를 형성해 내는 강력한 틀로서는 기능할 수 없다고 판단했다. 개인의 권리를 보장하는 건 우리 각자가 서로를 가만히 내버려 둔다는 것을 뜻했는데, 그 말인 즉, 우리는 서로를 가만히 내버려 두면서도 함께 살아갈 수 있음을 뜻했다. 하지만 만약 우리가 서로를 미워한다면 개인의 권리는 오래 지속될 수 없었다. 그렇기 때문에, 국부들이 올바로 이해했듯이, 권리는 의무와 균형을 이뤄야 했다. 전통적으로 미국인들은 모세가 바로(파라오)에게 외친 절규를 인용하길 좋아한다. "내 백성을 보내 주시오!"

---

* 흰색 후드는 인종주의자 집단인 KKK의 상징. 스코키는 일리노이주 시카고 근처에 위치한 도시. 홀로코스트에서 살아남은 유대인들이 모여 사는 이곳에서 1977년 신나치 인종주의자들이 반(反)유대인 집회를 열려는 것을 당국이 금지했으나, 대법원이 표현의 자유를 이유로 허가한 일이 있다.

심지어 국부들은 모세가 홍해를 가르기 위해 바다 앞에 서 있는 모습을 미국의 국새로 만드는 것까지 고려했다. 모세는 "그들은 하나님을 예배해야 한다"라고 말하며 바로에게 이스라엘 백성들을 내보내 줄 것을 요청했다. 〈스파이더맨〉 영화에서 벤 삼촌은 피터 파커에게 "큰 힘에는 큰 책임이 따른다"라고 말했다. 자유 역시 마찬가지다. 큰 자유를 누리려면 큰 책임을 감당해야 한다. 실제로 미국의 헌법은 오직 도덕적인virtuous 사람들, 다시 말해 도덕적 의무가 자유의 근본을 이룬다는 사실을 깨닫는 사람들에게만 적용될 수 있다.

도덕적 의무는 정부에 의해 부과되어선 안 되었다. 그렇게 되면 우리의 권리가 침해받을 수 있기 때문이다. 그 대신, 도덕적 의무는 우리 사회에 서서히 퍼져 나가면서, 아이들에게 교육되어야 했고, 사회적 기관들에 의해 고취돼야 했다. 건국의 아버지들은 인간이 양도할 수 없는 권리를 부여받았다고 믿었다. 하지만 그들은 사람들이 어른답게 행동할 때에만이 그와 같은 권리가 정상적으로 작동될 수 있다고 생각했다. 국부들은 부도덕한 사람들이 권리를 갖게 되면 철 없는 방종이 나타나게 되고, 그 결과 그들은 편안한 독재의 그늘로 빠져들게 될 것이라고 내다봤다.

국부들은 그와 같은 사회적 가치들을 고취시키려면 튼튼한 사회적 기관들, 특별히 가정과 교회의 역할이 중요하다고 생각했다. 매사추세츠 민병대에 썼던 편지에서 존 애덤스 대통령은 "우리 정부는 도덕과 종교에 의해 통제되지 않는 사람들의 열정과 싸워서 이길 수 없습니다. 탐욕, 야망, 복수심, 또는 만용은 마치 촘촘한 그물을 통과하려는 고래와 같아서 우리 헌법의 가장 강력한 조항들까지도 모두 파괴시켜 버리고 말 것입니다. 미국의 헌법은 오직 도덕적이고 종교적인 시민들에게만 적용될 수 있습니다"라고 말했다.[7] 비슷한 맥락에서 조지 워싱턴 역시 자신의 첫 번째 취임 연설에서 "우리의 국가 정책은 개인의 도덕이라는 순수하고 불변한 원칙에 기반하고 있습니다. 인생의 섭리와 자연의 흐름은 도덕과 행복 사이에 불가분의 연합이 존재한다는 걸 보여주고 있습니다"라고 말했다.[8] 심지어 국가 권력을 통해 버지니아주의 국교를 정하는 것에 대해 반대했던 제임스 매디슨조차도 종교의 중요성을 강조했다. 매디슨은 종교에 따른 차별이 사람들을 종교로부터 멀어지게 만들 수 있으며, 그에 따라 공공의 예의를 훼손시키는 갈등으로 번질 수 있다고 생각했다.[9] '정교분리 separation of church and state'*라는 단어를 만들어 낸 토머스 제퍼슨은 "우리는 종교에 포함된 도덕을 담당하는 영역으로부터 어떻게 하면 이 사회에서 가치 있게 잘 살아갈 수 있는지를 배운다"라고 말했다.[10]

---

* 1802년 제퍼슨이 코네티컷주 댄버리에 있는 한 교회에 보낸 편지에서 처음 썼다. 정치가 교회(종교)에 간섭해서는 안 된다는 뜻(그 반대가 아님)이며, 헌법에는 명시되지 않았으나 연방대법원 판례에 의해 미국의 전통으로 자리 잡았다.

미국의 국부들은 권리의 문화를 지탱하는 의무의 문화가 사라진다면, 권리와 의무는 모두 붕괴하게 되고, 그 결과 거대한 개입주의적 정부가 탄생할 것으로 내다봤다. 국부들은 바로 이런 종류의 개입주의적 정부가 탄생하는 것을 막고자 했다.

그들의 수고는 헛되지 않았다. 미국이 건국된 지 약 40년쯤이 지난 후 알렉시스 드 토크빌이 썼던 『미국의 민주주의』를 보면 다음과 같은 대목이 등장한다. "모든 연령, 모든 조건, 모든 생각에 미국인들은 한결같이 연합되어 있다." 또 토크빌은 "미국인들은 다양한 종류의 단체들, 예를 들면 종교단체, 도덕 연관 단체, 심각한 일을 다루는 단체, 가벼운 일을 다루는 단체, 매우 일반적인 목적으로 만들어진 단체, 매우 구체적인 목적으로 만들어진 단체, 규모가 큰 단체, 작은 단체 등을 결성하며 사회안전망을 구축하는 데 끊임없이 열심을 내고 있다"라고 말했다. 토크빌은 미국인들에 대한 자신의 관찰 기록을 이어 갔다.

"미국인들은 모금활동, 신학교 설립, 여관 만들기, 교회 세우기, 책 나눠주기, 지구 반대편으로 선교사 파송하기 등을 위해 각종 단체를 결성한다. 이와 같은 방법을 통해 미국인들은 병원과 감옥, 또 학교를 짓는다. 마지막으로, 만약 특정 문제에 관해 진실을 밝혀야 한다거나 위대한 예시로부터 영감을 받아 (국민적)감정을 개발해야 하는 상황이라면, 미국인들은 결사한다. 어느 곳에서든 새로운 일이 시작될 때, 만약 그곳이 프랑스라면 정부가, 영국이라면 귀족들이 눈에 띌 것이지만, 미국이라면 당신은 결사된 조직을 만나볼 수 있을 것이다."

또 토크빌은 만약 미국에서 정부가 그와 같은 사회적 조직들을 대체하게 된다면, 해당 행위는 "민주적 시민들의 도덕과 지성"을 위험에 빠뜨리게 될 것이라고 내다봤다.[11]

토크빌은 여기서 한 걸음 더 나아갔다. 그는 미국에 있는 많은 종교 분파들을 관찰한 후 "그들은 창조주에게 드리는 예배에서 제각각 다른 형태를 취하고 있지만, 서로에 대한 인간으로서 의무가 무엇인지에 관해선 모두 같은 생각을 가지고 있다"라고 언급했다. 또 토크빌은 미국에서 종교가 독재의 출현을 방지하는 궁극적 견제의 기능을 감당한다고 분석하며 "미국인들은 법에 따라 모든 것을 할 수 있는 권한을 보장받고 있지만, 종교는 그들이 모든 것을 생각하지 못하도록 하며 모든 것을 감히 행하지 못하도록 만드는 견제의 기능을 감당하고 있다"라고 말했다.

'서로에 대한 의무' 정도로 규정될 수 있는 사회 안전망은 종교 조직 또는 복지단체 같은 사회적 기관을 통해 제공되어야 했다. 정부는 권리의 문제에 있어서 개인을 보호하도록 디자인 되었다. 의무 없는 권리는 혼돈으로 귀결된다. 권리 없는 의무는 독재로 귀결된다. 국부들은 권리와 의무가 철저히 불가분의 관계라고 바라봤다. 미국을 건국한 국부들의 목적은 충실한 사고와 행동으로 무장된 도덕적 시민의식에 따라 보호되는 권리의 균형을 이뤄내

는 것이었다.[12]

사회안전망을 보호하기 위해서 국부들은 종교적 자유를 제도적으로 보장하기 원했다. 심지어 국부들 중 가장 종교와 거리가 멀었던 토머스 제퍼슨과 제임스 매디슨조차도 어떤 형태의 통치 질서를 확립하든 간에 종교의 자유는 필수 전제조건이라는 그들의 신념을 분명히 했다. 1785년 썼던 글에서 매디슨은 다음과 같이 이야기했다. "종교의 자유를 누릴 권리는 본질적으로 양도불가능한 권리입니다." 매디슨은 말을 이어 갔다. "종교의 자유에 대한 권리가 양도불가능한 이유는, 오직 자신의 머리로 인지하는 증거에만 의존할 수 있는 인간의 의견은 타인의 지시를 따를 수 없기 때문이고, 또 이 부분에 있어서 인간에 대한 권리는 곧 창조주에 대한 의무가 되기 때문입니다." 매디슨은 여기서 조금 더 나아가며 말했다. "종교에 관한 문제는 그 누구의 권리도 시민 사회 제도에 의해 제한되어선 안 되며, 종교는 시민 사회의 인지 cognizance로부터 철저하게 면제되어야 합니다."[13] 제퍼슨은 버지니아종교자유령Virginia Statue of Religious Freedom에서 다음과 같이 언급했다.

전능하신 하나님께서 인간의 생각을 자유롭게 만드셨기 때문에, 일시적인 처벌 또는 부담, 또는 시민적 자격상실 등을 통해 그 생각에 영향을 주려 하는 모든 시도는 위선과 비열함이라는 습관

만을 만들어 내게 되며, 또 그와 같은 모든 시도는, 우리의 몸과 생각 모두의 주관자가 되시지만, 그분의 전능한 능력에도 불구하고, 어느 영역에서도 강압을 통해 우리에게 생각 주입하는 것을 거부하신, 우리 종교의 거룩한 입안자가 가지신 계획으로부터 벗어나는 행위이기도 하다.[14]

일반적으로 법원은 권리장전에 포함된 수정헌법 제1조를 읽을 때 종교에 관한 두 가지 요건, 다시 말해, 의회가 국교를 지정할 수 없다는 요건과 의회가 자유로운 신앙 행위를 금지할 수 없다는 요건이 서로 분리된 조항인 것처럼 해석해 왔다.* 하지만 국부들은 두 요건이 함께 읽혀지도록 썼다고 보는 게 맞다. 미국 시민들에게 자유로운 신앙 행위를 허락하려면, 정부는 특정 종교 집단을 국교로 정할 수 없었기 때문이다. 또 국부들은 종교가 생각의 영역만으로 격하되어야 한다고 생각하지 않았다. 그들은 종교적으로 살아가는 것이 단순히 종교 교리를 머릿속으로 생각한다거나, 예배를 드리는 차원을 넘어서, 언제나 특정 행위를 수반한다는 사실을 이해했다. 따라서 예를 들어 건국 초기 다양한 주들은 일반적으로 적용되는 법률이라고 하더라도 종교 단체들에 대해선 면제를 허락하는 특별 조항을 마련했다.

* 수정헌법 제1조, "연방의회는 국교를 정하거나 자유로운 신앙 행위를 금지하는 법률을 제정할 수 없다."

정부는 어느 수준까지 종교의 자유를 제약할 수 있는 것일까? 오늘날 이 부분을 놓고 사람들은 열띤 토론을 벌인다. 하지만 만약 국부들이 이와 같은 토론을 목격했다면, 그들은 깜짝 놀랐을 것이다. 왜냐하면 그들은 미국 정부를 만들 때 정부가 그런 간섭을 할 수 있다는 생각조차 하지 않았기 때문이다. 오늘날 고용주들에게 직원의 낙태 관련 비용을 직장 의료보험으로 보장해 주라고 강요할 수 있을 정도로 연방정부의 권한이 막강하다는 사실을 국부들이 발견하게 됐다면(심지어 연방정부는 수녀들에게도 그와 같은 정책을 강요할 수 있다), 그들은 소스라치게 놀랐을 것이다.

종교적 자유는 미국 문화의 핵심이며, 이는 건국 이래로 줄곧 그래 왔다.

미국이 유럽에 비해 훨씬 더 종교적이라는(그러면서도 종교적으로 실용적이라는) 토크빌의 묘사는, 지난 수 세기 동안 변치 않는 사실이었다. 심지어 오늘날에도 미국의 신자들은 유럽의 신자들보다 훨씬 더 종교적이다. 유럽의 기독교인 가운데는 불과 18퍼센트 정도만이 매일 기도를 하지만, 미국 기독교인 중 매일 기도를 드리는 비율은 68퍼센트에 달한다. 심지어 미국에서는 '무교'인 사람들 중에서도 약 27퍼센트가 신의 존재를 분명히 인정한다. 퓨리서치 조사에 따르면, "신앙심을 측정하는 여러 가지 기준들을 살펴봤을 때, 미국에서 종교생활을 하지 않는 사람들 가운데 다수는 서유럽 국가의 기독교인들만큼 종교적인 것으로 나타났으며,

어떤 경우에는 심지어 그들보다 더 종교적인 경향이 있는" 걸로 나타났다.[15]

또 종교를 가진 미국인들은 그렇지 않은 미국인들에 비해 전통적인 가정을 꾸릴 확률이 더 높은 것으로 나타났다. 퓨리서치 조사에 따르면 미국에서 결혼을 할 가능성이 가장 낮은 집단은 무신론자들(36퍼센트)과 불가지론자들(35퍼센트)인 반면, 몰몬교 신도들(66퍼센트)과 장로교 신도들(64퍼센트)은 높은 비율로 결혼을 하는 것으로 나타났다.[16] 또 평균 2명 이상의 자녀를 낳는 기독교인들은 일반 미국인들에 비해 높은 출생률을 기록하고 있었다.[17]

국부들이 예측한 것처럼, 오늘날도 종교는 미국적 삶의 중심에 자리 잡고 있다. 미국에서 종교적 관용은 인종적 관용에 비해 수세기나 앞서 나타났는데, 어떤 의미에서 종교적 관용을 보장하는 보편주의가 보다 폭넓은 인종적 관용의 보장을 앞당기는 촉매 역할을 했다고도 볼 수 있다. 종교적 자유를 보장하는 정책은 미국 역사에 걸쳐 가정과 공동체를 만들어 내는 궁극적 기반이 되었다. 종교는 의무를 만들어 내는 주요 자극제가 됐으며, 의무를 다하는 시민들이 생겨나자 개인의 권리를 보호하는 미국의 문화가 번성할 수 있게 되었다. 만약 종교의 자유를 보장하는 우리의 문화가 사라진다면, 그에 따른 결과는 더 많은 자유가 아니라 위로부터의 폭정이 될 것이다.

권리를 보장하려면 권리를 기꺼이 보호하려는 문화가 있어야 한다

미국의 국부들에게는 미국인의 권리가 정부 탄생 이전부터 존재했다는 신념이 있었다. 또 그들은 자기보호self-preservation의 권리야말로 가장 핵심적인 개인의 권리라는 인식을 가졌다. 그래서 국부들은 정부를 통해 개인들이 무기를 보유하고 소지할 권리를 보호해야 한다고 생각했다. 상비군을 보유한 중앙정부가 독재로 회기할 수 있다는 사실에 대해 매우 깊이 우려했던 국부들은 의회를 통해 헌법 제1조 8항을 제정하고 연방정부의 군대 유지 비용 사용기간에 제한을 걸어 두었다.* 또 무력을 독점하는 정부가 폭정으로 치달을 수 있다는 점을 두려워했던 국부들은 지자체 수준에서 동원될 수 있는 민병대militia의 중요성을 강조했고, 이를 통해 자만심을 느낄 정도로 강력한 군 병력을 보유한 연방정부의 야망을 견제하려 했다. 앨리그잰더 해밀턴은 이와 같은 민병대가 "우리의 아들, 형제, 이웃, 그리고 동료 시민들"로 구성될 것이라고 말했다.[18] 이와 같은 맥락을 파악하면 왜 토머스 제퍼슨이 버지니아주 헌법을 작성할 때 "자유인은 무기 사용의 권한을 박탈당할 수 없다"는 구절을 추가하려 했는지를 이해할 수 있다.[19] 미

---

* "육군을 모집·편성하고 이를 유지한다. 단, 이 목적으로 비용을 지출하는 기간은 2년을 초과하지 못한다"(제1조 8항 12호).

국의 국부들은 독재정이 출현하는 것을 방지하기 위해 시민들이 무기를 보유하고 소지할 권리를 헌법에 보장해 놓았다. 국부 중 한 명이었던 조지 메이슨George Mason은 "시민들을 무장해제시키는 것은 그들을 노예로 만드는 가장 효과적인 방법이다"라고 말했다. 데이비드 하르산이David Harsanyi가 말했던 것처럼, "미국 국부들의 말과 글 속에는 무장해제에 따라 발생하는 위험이 언제나 시민들에게 전쟁을 일으키는 명분casus belli이 될 수 있다"는 인식이 깔려 있다.[20] 그렇기 때문에 일각의 잘못된 주장과 달리, 미국 건국 초기 당시 엄청나게 많은 미국인들이 총기를 소지하고 있었던 것이다.[21]

국부들은 총기를 소지하는 것이 개인의 마땅한 권리라고 생각했을까? 이 질문에 대해 '그렇지 않다'고 답할 수 없다. 왜냐하면 건국 초기 각 주는 민병대를 소집했고, 해당 민병대는 개인들로 구성되어 있었기 때문이다. 존 애덤스는 1770년에 쓴 글에서 "이곳(미국)에서 모든 민간인은 무장할 권리를 갖는다"라고 말했다.

"무기는 법과 마찬가지로 침략자와 약탈자를 저지하고 그들을 두려움에 떨게 만든다"고 이야기한 토머스 페인은 "탐욕과 야망이 사람의 마음에 자리 잡는 동안 약자는 강자의 먹이가 될 것이기 때문에 전 세계의 절반이 무기를 박탈당한다면 끔찍한 장난이 뒤따르게 될 것이다"라고 말했다.[22] 정부의 총기규제에 관한 이슈를 다뤘던 워싱턴DC 대 헬러District of Columbia v. Heller 판결에서 다수의견을 썼던 스칼리아 대법관은 오늘날 미국에서 총기사용 권한은 민병대원들에게만 한정된 것이 아니라, 애초 민병대의 결성 이유라고 할 수 있는 정당방위self-defense의 영역에까지 확대 적용될 수 있다고 명시했다.

　개인의 총기소지를 허가하는 미국의 문화는 법을 준수하는 미국인들이 그들이 가진 권리를 최대한 방어할 수 있도록 만들기 위한 목적으로 디자인 됐다. 건국 초기 시절의 미국에서는 독립선언서가 보장하는 자연권이 모든 시민들에게 올바르고 보편적으로 적용되지 못했기 때문에, 그 결과 흑인 및 아메리칸 원주민들은 정부에 의한 총기 탈취의 주요 피해자가 되었다.[23] 민권운동이 진전되면서 미국 흑인들이 총기를 가질 권리를 보장하는 것은 민권운동의 핵심 목표가 되었다. 또 그것은 충분히 가치 있는 목표였다. 옥시덴탈 컬리지 소속 역사학자인 테디어스 러셀Thaddeus Russell이 주장한 것처럼, "흑인들의 격렬한 저항이 뒷받침될 때 효과적인 민권운동이 일어날 수 있었다는 사실은 잘 알려지지 않은 민권운동사의 위대한 이야기 가운데 하나였다."[24] 역사학자 찰스 콥Charles Cobb 역시 "총기가 아프리카계 미국인들의 자유를 향한 여정에 있어서 핵심적인 요소라는 사실은 역사상 수차례에 걸쳐 증명됐다"라고 말하며 러셀과 비슷한 주장을 펼쳤다.[25]

권리의 문화가 존재하려면 모험과 위험을 감수하는 정신이 있어야 한다

인간은 자신의 환경을 통제할 필요를 느낀다. 이 필요의 감정이 바로 재산권의 뿌리다. 존 로크는 재산의 소유가 당신 자신의 노동에 대해 소유권을 갖는 개념의 연장선이라는 점을 정확하게 인지했다. 로크는 우리가 무언가를 자연 상태에서 분리시킨 후, 그것을 우리의 노동과 혼합한 다음, 우리가 가진 고유의 특징과 결합시킬 때, 바로 그 결과물로서 형성된 재산은 우리의 소유물이 된다고 설명했다.[26] 제임스 매디슨이 『연방주의자 논집』 10번 글에서 썼듯이, 재산권은 '인간의 능력faculties of men'으로부터 발생한다.[27]

하지만 주변 환경을 통제하려는 인간의 간절한 필요는 종종 타인의 권리를 침해하고자 하는 욕구로 귀결된다. 우리 모두는 안정을 원한다. 그렇다면 타인의 권리를 침해함으로써 자신의 경제적 안정을 얻으면 안 되는 것일까? 타인의 경제적 자유를 침해함으로써 인생의 우여곡절로부터 우리 자신을 보호하려 하는 유혹은 지금까지 진행 중이며, 인간 역사에 걸쳐 끊임없이 나타난 현상이었다. 또 그와 같은 유혹은 인류 역사 최악의 독재 체제로 마무리되곤 했다. 지난 수 세기에 걸쳐 사상가들은 경제 구조 사령탑에 앉아 있는 고위 관료들이 가장 효과적인 방법으로 자원을 배분할 수 있으며, 이를 통해 만인에게 경제적 안정을 제공해 줄 수 있을 것이라고 믿어 왔다. 하지만 그들의 이론을 따라간 결과는 수 세기에 걸쳐 진행된 경제 침체였다. 소수의 엘리트 관료들이 경제정책을 통해 모두에게 자원을 효율적으로 배분할 수 있다는 믿음은 유럽에서 발생한 진보주의 운동을 이끌어 갔던 사상적 동력이었다. 진보주의 운동은 권력분권보다는 중앙집권을, 개인의 자유보다는 '전문성'을 우선시했다. 물론, 중앙 계획 통제의 정점을 보여준 국가 모델은 스탈린의 악명 높은 '5개년 계획'에 따라 우크라이나 대기근Holodomor famine•을 초래한 소련과, 약 4천만 명의 목숨을 앗아간 마오쩌둥의 대약진운동으로 특징을 보인 중국이었다.

실제 경제학 분야는 광범위하게 구성된 다양한 지식 기반에 의존한다(그리고 더 근본적으로 본다면, 재산권과 노동에 관한 개인의 권리를 집중적으로 탐구한다). 애덤 스미스는 사회 전반에 걸쳐 이해관계와 지식이 확산되던 것을 긍정적으로 평가하며, 욕망과 기술의 다양성이 우리 모두의 발전으로 이어 왔다는 점을 지적했다. 경제학자 프리드리히 하이에크Friedrich Hayek는 "경쟁적인 시장에 의해 만들어져 자발적으로 확장된 인적 질서를 옹호하는 사람들과, 가용 자원에 대한 집단적 명령에 기초해 중앙 당국의 통제하에 발생하는 인적

• 1932~1933년 소련 치하 우크라이나에서 발생한 대기근, 1천2백만~1천5백만 명 사망 추정.

상호작용의 의도적 배정을 요구하는 사람들 간의 갈등은, 자신들이 무엇을 모르는지를 인식하지 못하는 중앙정책기획가들의 무지에 기인하고 있다"라고 정확히 지적했다.[28]

재산권과 경제권이 한 사회에서 어떤 기능을 감당하는지를 살펴보려면, 대한민국과 북한의 경험을 단순 비교해 보면 된다. 남북한은 인위적인 정치적 경계선에 의해 분단되어 있다. 두 나라 사람들은 인종적으로 동일하다. 하지만 지난 60년간 중앙집권식 경제정책을 펼친 결과 2017년을 기준으로 북한의 1인당 GDP는 1천2백14달러 수준에 머무르고 있다.[29] 같은 기간 동안 대한민국은 약 3만달러의 1인당 GDP를 달성했다.[30] 식량 부족에 시달리고 있는 북한 사람들은 대한민국 사람들에 비해 평균 약 7.62센티미터 정도 키가 작은 것으로 나타났다. 북한 사람들의 평균 수명은 대한민국 사람들에 비해 10년 이상이나 짧다. 또 북한에서는 97퍼센트가 비포장 도로인 반면, 대한민국에서 비포장 도로의 비율은 8퍼센트 정도밖에 되지 않는다.[31]

서구 진영에 있는 사람들은 대부분 자유시장 경제와 위로부터의 중앙집권식 정책이 뒤섞여 있는 혼합 경제 시스템 속에서 살아간다. 이런 시스템상에서 사람들은 중앙정부의 정책에 따라 나타나는 재분배를 통한 이익을 애초 그 재분배를 가능하게 만들어주는 밑바탕에 깔린 번영과 혼동하는 경우가 많다. 하지만 이 둘을 구분하는 것이 중요하다. 사회주의자인 버니 샌더스는 덴마크를 자신이 꿈꾸는 이상적인 나라라고 언급했다. 하지만 덴마크 수상은 2015년 하버드 케네디 스쿨을 방문했을 때 "덴마크는 사회주의적 계획 경제와는 거리가 멀다"라고 말했다. 덴마크는 시장 경제 국가다. 북유럽 모델은 시민들에게 높은 수준의 사회 보장 정책을 제공해 주는 확대된 형태의 복지국가지만, 또 한편으로 개인들이 자신의 꿈을 추구하며 자신이 원하는 삶을 살아갈 수 있도록 자유가 보장되는 성공적인 시장 경제 국가이기도 하다.[32] 헤리티지재단이 실시하는 경제적 자유도 조사를 살펴보면 매년마다 덴마크는 미국보다 상위권에 속해 있다는 걸 알 수 있다.[33]

경제적 번영을 위한 전제조건은 정부의 개입과 강요가 아니라 개인의 권리를 보장하는 것이다. 미국의 문화는 항상 이 점을 인정해 왔다. 그렇기 때문에 미국인들은 부의 생산을 비난하지 않고 그것을 예찬하며 적극적으로 기념해 온 것이다. 토크빌은 미국인들이 "상업적인 사람들"이며, 천성적으로 자발적인 행동을 하는 사람들이라고 말했다. 또 토크빌은 자신의 저서에서 "미국에 거주하는 사람들은 태어날 때부터 삶의 악함과 장애물들에 맞서 스스로의 힘으로 투쟁해야 한다는 점을 배운다"라고 증언하며 "미국인들은 사회적 권위에 대해 반항적이고 예민한 태도를 갖고 있으며, 오직 자신이 정부의 도움이 없이는 무언가를 할 수 없을 때에만이 정부의 권위에 도움을 요청한다"라고 말했다. 토크빌이 관찰했던 미국인들은 끊임없이 무언가를 개발하고 또 만들어 내고 있었다. 토크빌은 "대담한 기업들이야말로 급속한 미국의 진보와 미국의 힘, 또 미국의 위대함을 만들어 내는 가장 중요한 원천이다"라고 언급했다.[34] 미국인들이 사회주의를 받아들이지 않았음을 안타까워했던 사회학자 H. G. 웰스H. G. Wells는 미국인들이 "뼛속까지 개인주의자들이며, 미국에서는 사유재산의 승리가 완성됐다"라고 평가했다.[35]

미국의 정신은 안주하지 않고 도전하는 정신이었다. 미국인들의 시선은 언제나 지평선 너머를 향해 있었다. 여기서 내가 말하고자 하는 건, 단순히 영토적 확대만을 의미하는 것이 아니라, 경제적 창의성의 영역에도 동일하게 적용됐다. 연합주의적 문화는 기업가정신의 문화다. 미국의 문화는 분투하며 애쓰는 문화이고, 힘쓰고 노력하는 문화이며, 성공을 벌하고 그 열매를 압수하기보다는, 성공을 축하하고 기념하는 문화다. 또 미국이 유일하게 보장하는 것은 모험 그 자체에 대한 보장 단 하나뿐이라는 사실을 공동체의 구성원들이 함께 인정하는 문화이기도 하다.

소결

토크빌은 미국의 문화를 다음 한 문장으로 요약했다.

"미국에서는 사람들이 공공의 안정을 위해, 통상과 산업을 위해, 또 도덕과 종교를 위해 결사한다. 개인들의 집단화된 힘에 의해 만들어진 자유로운 행동에 따라 달성되는 것들 중 인간의 뜻을 실망시키는 건 존재하지 않는다."[36]

자발적 개인들의 집단화된 힘을 바탕으로, 강력한 권리를 가진 동시에 자신의 의무를 분명히 자각하는 개인들이, 자신을 보호해야 하거나 더 나은 세상을 만들어 나가야 할 때 함께 일어나 힘을 합치는 사회. 이것이 바로 토크빌이 관찰하던 미국 사회의 모습이었다.

개인의 권리를 중시하는 미국의 문화는 미국인들의 주위를 둘러싸고 있으며, 우리의 대화 속에 자연스럽게 스며들어 있다. 또한 이 문화는 우리들을 연합시키고 있기도 하다. 연합주의적 문화는 한 명의 미국인에 대한 권리의 침해가 모든 미국인들의 권리를 침해하는 것과 마찬가지라는 점을 우리들에게 일깨워 주고, 오직 의무를 다하는 사람들만이 자유로운 나라를 유지할 수 있다는 점을 깨닫게 해 준다. 미국이 가진 권리의 문화는 우리가 타인의 권리 역시 반드시 존중해야 하며, 덕을 고취시키고 강화하는 사회안전망을 만들고 그 안전망을 지켜 내야 한다는 점을 우리에게 일깨워 준다. 또 권리의 문화는 우리가 스스로의 권리를 지키기 위해 언제든 일어나 목소리를 높일 수 있어야 하며, 도전정신을 통해 우리가 가진 권리를 반드시 행사해야 한다는 점을 일깨워 준다.

하지만 현재 개인의 권리를 중시하는 미국의 문화는 공격을 받고 있다. 분열주의자들은 개인의 권리가 집단적 힘을 가로막는 장애물이라고 생각한다. 우리가 함께 보호할 가치가 있는 유일한 기관은 정부 하나뿐이라고 주장하는 분열주의자들은 권리에 기반한 미국의 문화를 공격하고 있다. 분열주의적 문화의 추종자들은 개인의 자유가 잔인하고 인정사정 없는 거친 개념이라고 말하며 사람들에게 겁을 준다. 그들은 개인의 의무를 고취시키는 사회적 제도들이 실상은 우리를 서로로부터 분리시키기 위해 만들어진 도구에 불과할 뿐이며, 사회적 통합을 유지하는 진실되고 광범위한 의무를 국민에게 주입하려면 반드시 톱다운 형식의 중앙집권적 통치가 필요하다고 주장한다.

벤저민 프랭클린은 일시적 안정을 얻기 위해 우리의 자유를 넘겨 주는 것은 악마의 거래가 될 것이라고 경고했다. 분열주의자들이 우리에게 제시하는 것이 바로 정확히 그런 종류의 거래라고 할 수 있다.

그러면 이제 그 악마의 거래가 무엇인지 한번 살펴보도록 하자.

4

분열주의적 문화

권리를 중시하는 미국의 문화가 공격받고 있다. 일반적인 관점으로 미국 사회를 바라보면 이 같은 사실을 알아차리지 못할 수도 있다. 어쨌든 우리는 끊임없이 권리에 대해 이야기한다. 문제는 이와 같은 권리의 적용 범위가 점점 확대되고 있다는 사실이다. 지난 몇 년의 짧은 기간 동안, 우리는 소위 의료 서비스를 받을 권리, 동성결혼을 할 권리, 집을 얻을 권리, 그리고 교육의 권리 등이라고 일컬어지는 권리들을 갖게 되었다. 오늘날 미국인들은 권리를 얻기 위해 투쟁하고, 권리를 얻기 위해 부르짖는다.

하지만 실생활에서 우리의 권리는 줄어들고 있다. 시간이 지날수록 미국인들은 더 이상 자유로운 나라에 살고 있지 않는 것 같은 느낌을 받는다. 원인이 무엇일까? 바로 우리가 사용하는 권리의 개념이 자연권 사상에 기초한 미국 건국정신을 바탕으로 하는 연합주의적 철학으로부터 급격하게 멀어졌기 때문이다. 대신 우리는 피해자 의식을 정부 재정지원 혜택으로, 재정지원 혜택을 개인의 권리로, 그리고 자연권을 쓰고 버리는 일회용적 개념으로 대체하는 진보주의 시대의 권리 개념에 점점 익숙해지고 있다.

과거 미국인들은 권리를 생각할 때 정부의 침해와 간섭으로부터 자유로울 권리를 떠올렸다. 하지만 오늘날 그 같은 권리 개념은 정치권에서 우리의 '주인master'으로 군림하는 사람들이 실현하려는 유토피아적 이상을 가로막는 장애물에 불과한 것으로 취급된다.

더군다나 오늘날 미국인들은 그들이 사랑해 마땅한 권리에 대해서 오히려 메스꺼운 반응을 보인다. 그 권리는 추악하고 불편하다는 것이다! 권리를 누린다는 것은 다른 의견을 가진 이들에게 우리의 의견을 강요하는 것이 아니라 그들을 관용해야 함을 의미한다. 또 권리를 누린다는 것은 상대방을 통제하고 싶은 욕망을 억누르며 타인을 관용한다는 뜻이기도 하다. 개인의 권리를 보장한다는 것은 때때로 KKK가 스코키Skokie시의 거리를 행진할 수 있어야 한다는 걸 뜻하며, 기독교 신앙을 가진 제빵사가 레이디 가가를 위해 만들어지는 케이크 제작을 거부할 수 있음을 의미하고, 어떤 골프장들은 자체적인 정책을 통해 남성 전용으로 운영될 수 있다는 뜻인 동시에, 때에 따라 드래그퀸 스토리 아워Drag Queen Story Hour•가 지역 도서관에서 공연될 수도 있음을 의미한다.

• '드래그퀸 스토리타임', 또는 '드래그 스토리'라고도 한다. 어린이들에게 '다양성, 자기애, 타인 존중'을 심어 주는 것을 모토로 하는 순회 독서 이벤트로 출발했으나, 동성애 코드 등으로 논란이 되었다.

위에서 언급된 예시들에 대해 몇 가지 정도는 괜찮다고 생각하는 사람, 모두 싫다고 하는 사람, 또는 모두 괜찮다고 생각하는 사람 등 다양한 반응이 나올 수 있다.

권리를 보장한다는 건 우리가 싫어하는 것들을 금지하지 않는다는 뜻이다.

다음의 조건들을 무시한다면 미국에서 연합주의에 기반한 사회계약을 지속할 수 없다. 먼저 우리는 자신의 개인적 선호와 일치하지 않는 권리를 행사하는 사람이 있다고 할지라도, 그들을 관용할 수 있어야 한다. 그리고 우리는 정부 조직 바깥에서 덕을 강화하고 고취하는 튼튼한 사회적 기관들이 필요하다는 점을 인정하고 그와 같은 기관들을 적극 지원해야 한다. 또 우리는 우리의 권리가 침해될 때 함께 일어나 권리를 침해하는 정부에게 해당 행위에는 엄중한 결과가 따를 것이라는 사실을 경고할 수 있어야 한다. 또 우리는 사람들의 도전을 무마시키기 위해 권리를 탄압하는 것이 아니라, 경제적 자유와 모험에 관한 취미를 장려하는 건강한 정신을 고취시켜야 하고, 도전을 위해 위험을 짊어지는 사람들을 기념하고 격려할 수 있어야 한다.

분열주의적 문화는 연합주의적 문화의 모든 영역을 잠식하고 있다. 분열주의자들은 몇 개의 계란을 깨뜨려서 정부에 의해 만들어진 '맛 좋은' 오믈렛을 만드는 걸 개의치 않는다. 분열주의자들은 '공공 선'이라고 하는 높은 이상을 앞세워 마치 개인들의 권리가 해당 이상의 하위 주제인 것처럼 치부해 버린다. 또 그와 같은 행동이 자신의 임무라고 생각한다. 그 결과 우리는 정부가 우리의 권리를 침해할 권한이 있는지에 대해 의문을 품는 문화로부터, 왜 우리가 정부로부터 무엇을 얻어낼 권리가 있는지를 질문하는 문화로 이동하게 되었다. 누가 권리를 침해했느냐에 관한 입증 책임이 정부로부터 개인에게 옮겨지게 된 것이다.

분열주의적 문화의 특징은 관용을 사회 또는 정부의 강압으로 대체하고 소위 그들이 말하는 권리의 '남용'을 방지한다는 명목으로 개인의 권리를 제한한다는 것이다. 분열주의의 추종자들은 군중을 동원하고 자신들의 뜻에 맞게 제도를 왜곡하며, 법치에 의존하지 않고 반대자들을 무작위로 탄압해 나간다. 만약 분열주의자들이 힘을 가졌다면, 그들은 자신들의 우선순위를 반영하는 방식으로 법을 바꿔 나갔을 것이다. 분열주의자들은 교회와 같은 사회적 조직들이 정당하지 않은 권력 위계질서를 보호하고 있다고 주장하며 이들을 해체하려 한다. 그리고 하향식으로 운영되는 정부를 우리의 도덕 재판관으로 임명하려 한다. 분열주의적 문화를 추구하는 사람들은 하향식의 일방적 지시를 완강히 거부하는 미국적 정신을 약화시키는 동시에, 미국인들의 인식 저변에 깔린 독재에 대한 암묵적 견제를 제거하려 한다. 또 분열주의적 문화의 추종자들은 미국의 도전정신을 없애고 그 자리를 지칠 대로 지친 체념으로 채워 넣으려 하며, 성공을 향한 담대한 도전정신을 불안하고 충격에 빠진 지대 추구의 정신으로 바꿔 놓으려 한다.

지구상에서 미국을 제외한 다른 곳에서 분열주의자들은 이미 승리를 거뒀다. 유럽에서는 정부가 탐탁지 않은 표현을 검열할 수 있도록 하는 '혐오표현hate speech' 방지법이 이미 통과되었다. 이제 미국에서도 그와 같은 비슷한 법을 통과시켜야 한다는 주장이 힘을 얻고 있다. 서구 진영에서 살아가는 대부분의 사람들은 권리를 제약하는 이와 같은 조치를 환영하고 있다. 물론, 공공연한 흑인 비하 발언을 듣기 좋아하는 사람이 과연 어디 있을까? 노골적으로 흑인, 유대인, 또는 동성애자들의 출입을 금지하는 식당을 좋아하는 사람이 어디 있을까? 미혼모가 간신히 저녁 한 끼를 사먹을 수 있을 때 테크 기업을 통해 막대한 부를 축적한 제트족들이 자신의 세 번째 요트를 타고 다니며 인생을 즐기는 모습을 좋아하는 사람이 과연 어디 있을까? 만약 이러한 사회적 불의를 해결할 수 없다면, 개인의 권리란 대체 무슨 소용이 있는 걸까?

이 같이 권리의 효용성에 대해 근본적으로 의문을 제기하는 태도는 왜 잘못된 것일까? 답은 명백하다. 당신이 원하는 것이 곧 권리라고 규정하는 순간, 또 '공공선'으로 권리를 대체하는 순간, 권리는 그 본연의 의미를 잃어버리고, 당신은 개인의 권리가 보장됨에 따라 당신에게 부여된 모든 보호막을 상실하기 때문이다. 법을 통해 혐오표현을 금지한다는 것은 곧 정부에게 표현의 자유를 파괴할 권한을 부여한다는 뜻이다. 입법과 정책을 통해 '경제적 공정'을 보장한다는 것은 곧 정부에게 기업가정신을 파괴할 권한을 부여한다는 뜻이다. 어느 인종의 사람에게든 관용을 보여야 한다는 정책을 강요하는 것은 정부에게 결사의 자유를 파괴할 권한을 부여한다는 의미다. 개인의 권리를 보장하는 데는 비용이 따른다. 하지만 정부를 권력의 유일한 보고로 인지하며 정부만이 옳고 그름을 판단하는 유일한 기관이 된다고 생각한다면, 우리는 더 많은 비용을 지불해야 할 것이다.

게다가, 소수 엘리트들에게 권력을 보장하기 위해 우리가 가진 권리의 문화를 제한한다면 반드시 갈등이 발생하게 된다. 그렇게 되면 사람들은 사회와 정부로부터 괴롭힘을 당할 것이고, 원치 않는 것을 강요받는다. 결국 모든 선거는 생사가 달린 일이 되어 버리고, 정치는 총과 칼이 사용되지 않을 뿐, 다른 수단들에 의해 치러지는 전쟁의 장이 되어 버린다.

우리의 문화를 분열시킴으로써, 분열주의자들은 국가를 분열시킨다.

권리의 남용을 막기 위해
권리는 파괴되어야 한다

"권리는 혼란스럽고, 권리는 위험한 거야."

인간의 본성 그 자체를 재창조하는 여정을 진행 중인 분열주의자들은 개인의 권리에 맞서 싸우고 있다. 분열주의자들은 개인의 권리 대신 안전을 주겠다고 우리를 유혹한다. 군중으로부터의 안전, 군중 속에서의 안전, 그리고 "더 나은 인간들"에 의해 정해진 바운더리 내에서 누리는 안전을 주겠다고 우리를 유혹한다.

반대자들에 대한 경멸을 표현할 때 분열주의자들은 자신들이 그저 약자를 보호하려 할 뿐이라고 말한다. 그들은 날이 갈수록 그 의미가 달라지는 정치적 올바름의 기준을 위반하는 사람들이야말로 진보와 관용을 위협에 빠뜨리고 있다고 주장한다. 분열주의자들의 주장은 1960년대에 헤르베르트 마르쿠제Herbert Marcuse 교수에 의해서 가장 명확하게 표현됐다. 참고로 마르쿠제는 표현의 자유가 사회 지배계급에게 유익하기 때문에, 지배계급에 속한 사람들은 표현의 자유를 누리면 안 된다고 말했던 사람이다. 마르쿠제는 다음과 같이 말했다.

"해방적 관용liberating tolerance•은 우파 운동을 불관용하면서 좌파 운동을 관용하는 걸 의미한다. 이 땅에서 저주받은 자들이 해방받는다는 건 그들이 옛 주인들뿐만 아니라 새 주인들로부터도 해방됨을 의미한다." 이 같은 마르쿠제의 주장은 오늘날까지 이

• 마르쿠제는 세상을 '억압자'와 '피억압자'로 나누고, 차별받고 억압받아 온 사람들을 해방하려면 기득권자들을 억압해야 한다고 했다. 즉, 그의 해방적 관용은 '억압적 관용(repressive tolerance)'과 동전의 양면이다.

어져 내려오고 있다.[1] 이브 페어뱅크스Eve Fairbanks는 워싱턴포스트에 글을 기고하며 마르쿠제와 같은 주장을 펼쳤다. 페어뱅크스는 오늘날 (서로를 적이라고 비난하지 말고)정중한 대화를 하자고 요청하는 사람들은 "남북전쟁 시절 북부의 수사학자들보다 '논리'와 '사실', '진실', '과학', '자연' 등의 중요성을 더욱 강조했던 남부의 노예주들과 동일하다"라고 주장했다[2](페어뱅크스는 남부의 노예주들이 실제 노예를 소유하고 있었고, 또 노예제를 유지하기 위해 미국 역사상 가장 피비린내 나는 전쟁을 시작했다는 점을 간과했음이 분명하다).

심지어 유럽에서는 이 같은 주장이 법적 효력을 갖게 되었다. 나치와 같은 사악한 집단들이 다시 출현하는 것에 대비해, 유럽의 여러 나라들은 표현의 자유를 제한하는 조치들을 취해 왔다(예를 들면 독일에서 이와 같은 논리는 '전투적 민주주의streitbare demokratie'라고 불리는데, 정부를 통해 개인의 권리를 제한함으로써 민주주의를 방어한다는 내용을 골자로 한다). 자신과 반대 진영에 있는 의견이 본질적으로 차별적이고 위험하다고 낙인 찍음으로써, 자신이 싫어하는 표현을 법적으로 제한하는 '혐오표현' 규제를 실시할 수 있게 된 것이다. 문화적 차원에서 본다면 "혐오표현"을 사용하며 '공공선'을 위협하고 있는 사람들에게 엄격한 사회적 규제를 부과하는 것이 맞다. 하지만 우리는 케빈 윌리엄슨Kevin Williamson 작가의 말을 주의 깊게 살펴볼 필요가 있다.

계몽된 철인왕이 원칙을 가지고 정치적 담론을 중재하는 것도, 또 무엇을 말하고 무엇을 생각할 수 있는지를 통제하는 합리적 규칙을 부과하는 것도, 표현의 자유를 보장하는 문화에 대한 대안은 될 수 없다. 표현의 자유가 없어지면 실제로는 부족주의와 사회적 친목에 따라 의사결정을 하는 수없이 많은 임시 위원회들의 탄생할 것이고, 이들은 상대편을 공격하는 정치적 무기로 사용될 것이고, 결국 정치적 규율에 종속될 것이다.[3]

실생활 속에서 정말이지 우리는 표현의 자유를 보장하는 문화를 잃어가고 있다. 이 말은 곧 우리가 자유롭게 말할 능력과(아니면 적어도, 분노와 공격이 만나게 되는 비례적인 환경에서 말할 능력과), 문화적으로 정당한 절차를 누릴 권리를 박탈당한다는 뜻이다. 이는 우리의 경력과 일상, 또 우리가 속한 사회 단체들이 어떤 이유를 통해서든, 또는 아무 합당한 이유가 없다고 하더라도, 언제든 하루아침에 파괴될 수 있다는 뜻이기도 하다. 우리가 단순히 표현의 자유를 가지는 것만으로는 충분하지 않다. 앞으로 함께 살펴보겠지만, 문제는 오늘날 너무나 많은 미국인들이 더 많은 표현이 아니라 더 적은 표현이 보장되는 사회를 원하고 있다는 사실이다.

과거 미국에서 정치적 진보 진영에 속했던 사람들은 표현의 자유를 억압하는 태도를 상당히 낯설어 했다. 그들은 볼테르가 말했다고 알려진(실제로는 출처미상이긴 하지만) 다음 문구에 동의했기 때문이다.

"나는 당신이 하는 얘기가 틀렸다고 생각하지만, 내 목숨을 바쳐서라도 당신이 그 말을 할 권리를 보호하겠다."

하지만 미국에서 더 이상 이런 얘기를 하는 진보는 존재하지 않는다. 한때 미국 민권자유연맹ACLU은 유대인들의 주요 거주지인 일리노이주 스코키Skokie시에서 KKK 멤버들이 행진할 권리를 보호할 정도로 권리를 중요시했다. 하지만 오늘날 ACLU는 입장을 180도 바꿔버렸다. 2018년도에 유출된 ACLU 내부 문서는 다음과 같은 내용을 담고 있었다.

"표현의 자유를 보호하는 우리의 노력은 우리에게 맡겨진 평등과 정의를 보호하는 일에 다소 해로운 영향을 미칠 수 있다. 언론의 자유와 평등에 동등하게 헌신된 조직으로서, 우리는 우리의 행동이 미국 헌법과, 표현이 발생할 지역사회와, 미래에 표현을 제약받을 수 있는 사람들에게 초래할 수 있는 결과를 고려하기 위해 모든 노력을 다해야 한다."

물론 어떤 경우 특정 소수집단은 특정 표현 자체를 불쾌하게 받아들일 수도 있다. 실제 표현 그 자체가 억압적일 수도 있는 것이 사실이다. 그렇기 때문에 미국에서 표현의 자유를 옹호하는데 앞장섰던 대표적 기관 ACLU가 전투적 민주주의를 실현하기 위해 표현의 자유를 절대시했던 그들의 철학을 포기해 버린 것이다[4] (ACLU 는 적법 절차due process를 따른다는 원칙 또한 포기해 버렸다. ACLU는 타이틀 나인

Title IX*의 절차가 "부적절한 방법으로 피고에게 유리하다"라고 설명하며 성폭력과 성추행으로 기소된 학생들에게 방어권을 보장하는 타이틀 나인의 절차에 반대했다. 정말이지, '적법절차'가 가득한 결정이다).[5]

그렇다. 트위터에 멍청한 트윗을 올린다거나, 날이 갈수록 좁아져만 가는 오버튼 윈도Overton window**에서 받아들여지지 않는 이야기를 한다고 해서 그게 불법은 아니다. 그와 같은 행위는 정부가 표현의 자유를 규제할 수 없음을 명시한 수정헌법 제1조와는 아무 관련이 없다. 다만 우리의 문화와 분명히 관련되어 있을 뿐이다.

인류 모든 역사에 해당하는 얘기이기도 하지만, 사회적 분위기에 따라 나타나는 압력은 미국인들의 삶에서 언제나 핵심 요소로 인식됐다. 18세기 초에 토크빌은 "폭정의 기술이 우리 시대의 문명에 의해 다시 정의되었다"고 주장했다. 토크빌은 민주공화국에서 "사람들의 육체는 자유롭지만, 영혼은 노예화된다"라고 말했다. 또 토크빌은 한 사회 내에서 군중들은 사상의 자유를 허락하겠지만, 그들은 오직 어느정도 선을 정해놓고 사상의 자유를 허

<hr />

* 교육계의 성차별과 성폭력을 방지하기 위해 1972년 제정된 법률. 그러나 오바마 정부 들어서 거짓 신고나 무고로 퇴학, 정학 등의 징계를 당하는 남학생들이 급증하는 부작용을 낳고 있다.
** 너무 급진적이지도, 너무 급단적이지도 않아서 대중이 부담 없이 수용할 수 있는 범주의 이야기.

락할 것이라고 이야기했다. 토크빌은 다음과 같이 말했다.

> "당신은 나와 다른 생각을 하고, 당신의 삶의 방식과 재산, 그리
> 고 당신이 가진 모든 소유물을 유지할 자유가 있겠지만, 만일 그
> 것이 당신의 결단에 따른 것이라면, 당신은 당신이 속한 사회 가
> 운데 이방인 취급을 받을 것이다. 민권을 유지할 수 있겠지만, 당
> 신이 동료 시민들에게 표를 달라고 호소해도 그들은 절대 당신을
> 선택하지 않을 것이고, 당신을 존중해 달라고 호소하더라도 동료
> 시민들은 당신을 비웃을 것이기에, 당신에게 부여된 민권은 무용
> 지물이 될 것이다. 당신은 군중들 가운데 남아 있겠지만, 인간으
> 로서 마땅히 누려야 할 권리는 박탈당할 것이다. 당신의 동료들
> 은 당신을 마치 불순한 존재 대하듯 피할 것이고, 그들의 차례가
> 왔을 때 버림받지 않기 원하기 때문에, 당신의 결백을 이해하는
> 사람들조차도 당신을 떠나고 말 것이다. 평안히 가시라! 나는 당
> 신에게 삶을 주었지만, 그것은 죽음과도 비교할 수 없을 정도로
> 나쁜 실존이다." 대다수는 끊임없는 자화자찬의 관습에 파묻혀
> 살아가는 와중, 이방인이나 경험을 통해서가 아니고는 미국인들
> 이 배울 수 없는 특정한 진실이 존재한다.[6]

토크빌은 군중으로부터 비롯되는 횡포가 독재자로부터 발생하
는 횡포 못지않게 위협적이며 파괴적이라는 사실을 인지했다. 토

크빌은 미국인들이 "품위 있고 질서 정연하기 때문에" 자신이 언급하던 사회적 압력으로 인한 제재가 '현명한' 방식으로 나타난다고 분명히 언급했다. 토크빌은 미국에서 시민들의 자발적 결사와 사회적 분위기를 통해 발생하는 힘을 활용하는 것은 의심의 여지없이 이점이 많다고 말했다. 하지만 동시에 그와 같은 사회적 압력이 끔찍한 결과로 마무리될 수 있다는 점에 대해 우려를 나타내기도 했다.[7]

다른 영역에서 역시 마찬가지이지만, 특별히 군중의 횡포에 대한 우려에 있어서, 토크빌의 분석은 낙담스러울 정도로 정확했다는 사실이 드러났다. 오늘날 미국에서 사회적 압력은 무시무시한 규모로 전개되고 있다. 과거에, 폭도들이 모이려면 모임의 분명한 명분이 필요한 시절이 있었다. 하지만 오늘날 소셜미디어는 폭도들이 규합할 수 있는 최적의 환경을 제공하고 있다. 일단 폭도들이 먼저 모이고 나면, 명분은 그 후에 만들어진다. 트위터 이용자들은 바이러스를 찾아 헤매는 적혈구 그룹의 면역 체계가 오작동하는 것과 같아서, 잘못된 자극에 골라 반응하고 있다. 트위터 이용자들은 상대를 가리지 않고 떼를 지어 공격한다. 미국에서 표현의 자유의 문화는 현재 자가면역질환을 앓고 있다. 그렇기 때문에 미디어 기업 IAC에서 기업홍보담당 임원이었던 한 여성은 트위터에 바보 같은 농담을 올렸다는 이유로 삶이 파멸됐으며, 온라인상에서는 수백만의 사람들이 그 여성을 재물 삼아 자신이 얼마나 도덕적인지를 과시하는virtue-signalling* 우스꽝스러운 광경이 펼쳐졌다.[8] 특정 의도를 가진 '언론인들'이 웹브라우저 회사 모질라 파이어폭스의 CEO가 과거 전통적 결혼을 지지하는 단체에 기부했다는 사실을 폭로한 이후 그 CEO는 자신의 임원직을 내려놓아야 했다.[9] 코빙턴 가톨릭고등학교의 학생들은 '검은 히브리 이스라엘인들Black Hebrew Israelites'이라는 단체의 멤버들이 그들의 면전에서 고함을 쳤을 때, 또 공격적인 아메리카 원주민 시민단체 운동가가 그들의 앞길을 가로막았을 때, 그 자리에 그냥 '가만히 서 있었다는' 이유 하나만으로 언론에 의해 거친 비난을 받아야 했다.**[10] 미국에서는 고립된 목표물들을 쓰러뜨리는 데서 사회적 만족과 고무감을 찾으려 하는 떼거리문화가 기승을 부리고 있다. 오늘날 미국인들은 누가 다음 목표물이 될지를 결정하기 위해 트위터 실시간 검색 순위를 날마다 점검한다. 다음 날이 되면 어제 무슨 일이 있었는지를 까맣게 잊어버린다.

　미국에서는 이와 같은 모든 일들이 종교 의식의 수준으로까지

---

* 　사회적 이슈에 대해 짐짓 고상하고 도덕적인 견해를 드러냄으로써 자신이 다른 사람들보다 도덕적으로 우월하다는 것을 과시하는 행위를 비꼬는 말.
** 　워싱턴 DC에서 열린 '생명을 향한 행진(March for Life)'이라는 낙태 반대(pro-life) 집회에 참석했던 코빙턴가톨릭고 학생 닉 샌드맨이, 아메리카원주민 시민단체 회원들이 자기들 일행의 앞길을 가로막자 가만히 서 있었다는 이유만으로 사회적으로 지탄을 받은 사건. 백인인 닉은 당시 트럼프를 지지하는 'MAGA(Make America Great Again)' 모자를 쓰고 있었고, TV방송에는 마치 그가 원주민 시위자를 비웃고 있었던 것처럼 사진이 편집돼 나갔다.

격상됐다. 깨시민wokes들이 신봉하는 새로운 종교는 정치적 올바름political correctness이라는 신조를 가지고 있으며, 언론 기득권으로 상징되는 제사장들, 그리고 폭도들에 의해 규정되는 죄sin와 면죄absolution의 개념에 바탕하고 있다. 오늘날 이 종교에 빠진 미국인들은 '하늘에 계신 아버지'를 섬기기 위해 노력하는 게 아니라, 문화적으로 '더 나은 인간'이라고 칭송받는 사람들에게 인정받기 위해 노력한다. 이 신흥 종교는 이단을 핍박하고 진실된 신자들에게 합당한 보상을 내린다. 이 종교에 반대하는 사람들에게는 마녀사냥과 공개 자백이라는 형벌이 내려진다. 실제로 폭도정신은 짝퉁 사회적 조직들을 만들어 내기도 한다. 사람들은 날이 갈수록 그 기준이 변해 가는 정치적 올바름의 원칙을 위반하는 사람들을 무너뜨리기 위해 서로 힘을 합쳐 연대하기 때문이다.

폭도들은 인기 없는 주제를 논의하고 싶어 하지 않는다. 폭도들은 타인의 목소리를 묵살하려 한다. 폭도들은 설명을 필요로하지 않는다. 반론이 제시되면, 그건 폭도들을 더욱 화나게 만들뿐이다. 폭도들은 사과를 원하지 않는다. 물속에 피 한 방울만 떨어진다면, 광란이 일어나기에 충분하기 때문이다.

토크빌이 지적했던 것처럼, 덕을 강화하고 악덕을 무마시킨다는 점에서 사회적 제재가 순기능을 담당할 때도 분명 있다. 하지만 소셜미디어상에서 활동하는 폭도들은 너무나 지나친 의욕을 가진 나머지 단순히 덕과 악덕의 범주를 넘어서서, 소위 '주류'라고 알려진 가치관들만을 받아들여야 한다고 사람들을 위협하는 수준에까지 이르렀다. 우리의 사회 구조는 한때 보다 큰 문제들을 논의할 수 있을 정도로 튼튼했다. 하지만 오늘날 미국 사회에서는 어떤 구체적인 패턴이나 일관성 없이 '적절함'의 기준이 무작위로 변하기 때문에 사소한 결점조차도, 아니 결점 그 자체가 애초에 용납되지 않는다. 오버톤 윈도의 경계선이 아무런 기준 없이 어리석은 방식으로 축소될 때, 침묵은 가장 간단한 해결책이 된다.

케빈 윌리엄슨의 예를 한번 들어보자. 윌리엄슨은 유쾌할 정도로 염세적인 세계관을 가지고 있는 재능 많은 보수성향 작가였다. 바로 그 이유 때문에 〈디 애틀랜틱The Atlantic〉 매거진은 윌리엄슨을 고용했다. 고용 절차가 진행되는 와중, 윌리엄슨은 편집 주간인 제프리 골드버그Jeffrey Goldberg에게 만약 자신이 〈디 애틀랜틱〉에 고용된다면 정치적 좌파들로부터 엄청난 후폭풍이 뒤따를 것이라고 귀띔해 주었다. 골드버그는 어떠한 후폭풍도 감내할 수 있다고 말하며 윌리엄슨을 안심시켰다. 하지만 윌리엄슨을 반대하는 사람들이 낙태 행위에 대해 법적 처벌을 고려해 볼 수 있다는 윌리엄슨의 주장이 담긴 과거 오디오 파일을 '공개'하고 난 후, 〈디 애틀랜틱〉은 계약 당시의 입장을 번복하고 윌리엄슨을 해고해 버렸다. 윌리엄슨은 평소 낙태에 대한 자신의 생각을 숨기지 않고 공공연히 밝혀 왔다. 그는 지난 수년 동안 자신의 입장을 글로 남겨 왔다. 하지만 특정 의견을 개진했다는 이유로 정치와 관련된 일을 업으로 하는 사람들의 삶이 파괴될 수 있으며, 손쉽게 주류 언론에 의해 '불가촉untouchable'이라는 낙인이 찍힐 수 있다는 사실은 섬뜩하기까지 하다.

〈디 애틀랜틱〉은 사기업이다. 만약 〈디 애틀랜틱〉의 경영진이 어느 한 작가를 고용하는 결정이 회사의 이해타산에 맞지 않는다고 판단한다면, 그게 곧 자본주의 논리 아니겠는가. 하지만 경영진은 분명히 윌리엄슨이 회사에 도움이 된다고 판단했다. 그렇기 때문에 애초에 윌리엄슨을 고용했던 것이다. 하지만 몇몇 트위터 이용자들이 윌리엄슨의 채용을 비방하자, 〈디 애틀랜틱〉은 그 위협에 굴복해 버렸다. 〈디 애틀랜틱〉은 윌리엄슨을 채용한다고 해서 그들의 광고 수입이 줄어들 것임을 증명하는 그 어떤 객관적 지표도 존재하지 않았다. 아마 몇몇 사람들이 〈디 애틀랜틱〉의 구독을 취소하긴 했을 것이다. 소셜미디어에서 폭도들에 의해 발생한 위협에 따라(또 〈디 애틀랜틱〉의 몇몇 인턴들이 경영진의 결정에 불만을 표하기도 했다), 윌리엄슨은 출판업계에서 **퇴출당하고** 말았다.

소셜미디어에서 활동하는 폭도들은 누구든 자신의 공격대상으로 삼을 수 있다. 심지어 정말 웃긴 일이기도 한데, 소셜미디어 폭도들은 한때 그들을 비호했던 사람들에게까지도 공격을 서슴지 않는다. 과거 정치적 올바름에 대한 우려는 단지 "나이가 들었다는" 증거에 불과하다고 주장했던 사나운 눈매를 가진 사라 실버만Sarah Silverman은,[11] 그 발언을 하고 몇 년 뒤 과거 미국에서 흑인으로서 살아가는 것이 얼마나 힘든지를 보여 주기 위해 한 연극에서 얼굴에 흑인 분장을 했다는 사실이 밝혀짐에 따라 직장에서 해고됐다. 실버만은 '취소 문화cancel culture'*와 '의로움 포르노righteousness porn'**를 강력하게 비판하면서 다음과 같이 말했다.

"만약 당신이 그들에게 동조하지 않는다면, 만약 당신이 실수로 잘못된 말을 한다면, 또 트윗을 하나 올렸다면, 모든 사람들은 당신에게 돌을 던질 것입니다. 정말 이상한 현상입니다. 약간 변태같기도 하고요, 이건 마치, '내가 얼마나 도덕적인지 봐. 나는 이제 사람들이 내 의로운 행동에 대해 얼마나 많은 '좋아요'를 눌러주는지 확인하기 위해 하루 종일 새로고침을 누르고 있을 거야'라고 생각하는 태도와 비슷합니다."[12]

이렇게 이야기하는 사람은 실버만뿐만이 아니다. 데이브 샤펠Dave Chapelle로부터 아지즈 안사리Aziz Ansari, 그리고 빌 버Bill Burr에 이르기까지 코미디언들은 오늘날 떼거리문화가 표현의 자유

---

* 인종적, 성적, 사회적으로 민감한 발언을 했다는 이유로 특정인을 온라인, 오프라인에서 추방해 버리는 문화. '취소 문화'의 대상이 되는 사람들은 개인적 관계에서 따돌림을 당하는 것은 물론, 심한 경우는 직장에서 해고당하기도 한다.
** 자신이 올바른 행동을 하고 있다는 착각의 쾌감에 중독된 상태.

를 보장하는 문화를 위협에 빠뜨리고 있다고 공공연하게 이야기한다. 이제 우리가 함께 즐길 수 있는 코미디는 웃기지 않은 코미디뿐이다. 예를 들면, 대중을 꾸짖는 태도로 말을 이어 가는 해나 가즈비Hannah Gadsby,[13] 또 더 노골적인 예를 들자면, 쇼를 진행할 때마다 강력한 정치 프로파간다를 전달하는 지미 키멜Jimmy Kimmel을 언급할 수 있는데, 키멜은 "키멜, 월터 크롱카이트Walter Cronkite*가 되다"라는 문구와 함께 〈뉴욕 매거진〉의 커버를 장식하기도 했다.[14] 재미 없는 정치적 농담이 진짜 웃음을 대체했고, 정치적 동의를 뜻하는 박수가 코미디를 완전히 대체해 버렸다.

깨시민들의 준엄한 꾸짖음이 이 시대의 풍조가 되었다. 이 현상은 실질적인 여파를 가지고 왔는데, 특별히 폭도들이 기업들을 공격대상으로 삼을 때 그러했다. 윌리엄슨은 오늘날 우리 사회 조직들을 구성하는 핵심 사회 기관은 바로 우리의 일자리 환경이라는 점을 지적했다. 우리는 우리가 함께 일하는 사람들과 삶을 나눈다. 또 우리는 회사에서 일을 한다. 회사는 오직 하나의 목적을 가지고 있다. 이윤을 극대화하는 것이다. 그 말인 즉, 회사들은 위험회피 경향이 강한 동시에 안정을 추구하는 경향이 있다는 뜻이다. 이와 같이 위험을 회피하고 안정을 추구하는 태도는 표현의 자유를 보장하는 문화와 정면으로 배치된다. 그렇기 때문에

---

* 언론인. CBS 뉴스를 진행했고 케네디와 단독 인터뷰를 하기도 했으며, 미국에서 가장 신뢰받는 공인이라 불렸다.

미국에서는 특별히 기업들이 떼거리문화에 쉽게 굴복해 버리고 만다. 기업의 경영진들은 당파적 이익에 함몰 된 소수의 분노를 유발하는 것보다 회사 내부의 반대자들을 해고하는 편이 더 나은 결정이라고 생각하고 있다.

만약 언제든 기업에 적극적으로 해를 끼칠 수 있는 당파성에 함몰된 활동가들이 국회의원들의 귀를 장악할 수 있다면, 앞서 언급한 기업의 위험회피 경향은 더욱 강화된다. 칙필에이 같은 기업들은 아무 증거 없이 해당 기업들이 동성애자들을 차별하고 있다고 주장하는 당파적 활동가들 또는 언론 매체들의 따돌림으로 인해 기독교 단체에 했던 기부를 취소하고 있다. 또 보이스카우트 단체들은 여자아이들을 받아들이도록 강요받고 있다.

엄청난 기부금을 등에 업고 정파적 목적에 따라 활동하는 단체들은 자신들의 영향력을 통해 기업들이 정치를 다루는 우파 매체에 광고를 넣지 못하도록 위협한다. 중상모략 전문가인 데이비드 브록David Brock이 힐러리 클린턴의 조언을 받아 만든 미디어매터스Media Matters는 정치적인 좌파 사상에 동의하지 않는 사람들을 파괴하려는 목적으로 설립된 단체였다. 그 목적을 달성하기 위해, 미디어매터스의 활동가들은 특정 영상의 일부분을 뚝 떼어서 그들과 연결된 정치꾼들에게 편집된 영상을 전송해 주었다(오바마 정권 당시는 백악관도 그 영상을 받았다). 또 그들은 짝퉁 시민단체들과 협력해서 여론을 조성해 제품을 보이콧하겠다고 광고주들을 압박

함으로써, 보수적 성향을 가진 언론매체 또는 평론가들의 목소리를 잠재우려 했다. 물론 그들의 보이콧은 단 한 번도 실현된 적이 없지만, 그들의 행동은 여전히 어느 정도 효과가 있었다. 기업들 입장에서는 부정적 언론보도가 발생하면 주가가 떨어지거나 경영진이 골머리를 앓을 수 있었기 때문이다.[15]

사실 〈미디어 매터스〉가 하고 있는 일을 하는 건 그리 어렵지 않다. 만약 우파 인사들이 작심하고 트위터에서 활동한다면, 그저 과거 발언을 짧게 편집해 다시 소셜미디어에 배포함으로써 버니 샌더스가 그의 오랜 동지인 쳉크 위거Cenk Uygur*에 대한 지지를 철회하도록 만들 수 있다(아이거가 실제로 그러진 않았지만 마치 그가 데이비드 듀크David Duke**를 칭찬하는 것처럼 보이도록 동영상을 편집할 수도 있다).[16] 이런 식으로 상대방의 꼬투리를 잡는 행위가 양 진영에서 지속되면 실질적인 결과가 뒤따른다. 서로 간 진솔한 대화가 힘들어지게 된다는 것이다.

이 같은 떼법의 문화는 많은 미국 대학 캠퍼스에서 이미 일상화되어 버렸다. 미국 대학에서는 혐오표현을 금지하는 조치가 제정되고 있으며, '표현의 자유 보장 구역'에서만 자유로운 토론을

---

* 'Young Turks'를 설립한 터키계 미국인 정치평론가. 2019년 캘리포니아주 하원 선거에 민주당 예비후보로 등록한 후 버니 샌더스의 지지를 받는 등 순조롭게 정치 커리어를 시작하는 듯싶었으나, 과거에 한 여성, 유대인, 무슬림 비하 발언이 담긴 동영상이 공개되면서 경선에서 탈락했다.
** 네오나치, 백인 우월주의 성향의 정치인, 칼럼니스트.

할 수 있게 됐다. 또 캠퍼스에서는 미묘한 차별microaggression*이 검열되고 있으며, 안전 공간safe spaces**이 보호되고 있다. 대부분 시민들이 비논리를 통해 논리를, 의견을 통해 팩트를, 그리고 일방적 주장을 통해 구체적 논거를 반박하도록 훈련받는 공간에서, 우리는 특정 주장들이 애초에 토론할 가치조차 없다고 결론지어 버렸다. 이런 상황에 동조하는 사람들은 미국 대학 캠퍼스에서 절대 논란의 여지가 있는 목소리가 존재하면 안 된다고 생각한다. 학생들을 불편하게 만드는 목소리는 캠퍼스에서 사라져야 한다는 논리다. 이것이 바로 내가 드폴 대학에 강연하러 갔을 때 내 강연을 금지한 학교 행정처로부터 들었던 이유이기도 했다. 드폴 대학 당국은 내가 학교에 방문한다는 사실 그 자체로 인해 몇몇 재학생들이 불편함을 느낄 수 있다고 설명했다. 내가 캘리포니아에 있는 버클리 대학을 방문했을 때, 강연장 바깥의 시위자들은 "표현은 폭력이다speech is violence"라는 구호를 외쳐댔다. 문자 그대로 놓고 보자면 전혀 사실이 아니지만, 자신과 반대되는 사람들을 잠재우기 위한 움직임의 뿌리에 내재돼 있는 철학의 핵심을 잘

---

* 화자가 의도하지 않았지만 듣는 사람에 따라 '미묘한(micro) 공격(aggression)'으로 인지할 수 있는 표현이나 행동. 예를 들어 유색인에게 "어디 출신인가요(where are you from)?" 하고 물으면 외국, 특히 저개발국 출신들은 상황에 따라 질문을 불쾌하게 받아들일 수도 있다. '미묘한 공격'을 한 사람에게 벌금, 징역, 린치 등의 '전면적인 공격(macroaggression)'이 정당화되기 쉽다는 게 문제다.
** 미묘한 공격이 발생하지 않는, 즉 상처받지 않을 수 있는 공간. 안전공간에서는 누구도 상처를 받아서는 안 된다는 이유로 표현의 자유가 제약되는 일이 많다.

드러내 주는 구호였다.

　이처럼 바보 같은 주장을 비호하는 것은 비단 대학교 행정처뿐만이 아니다. 대학과 관련된 일에 종사하는 많은 사람들이 이런 식의 주장을 공유하고 있다. 웨슬리안 대학의 총장인 마이클 로스Michael Roth는 '안전 공간'의 존재가 반대 의견을 묵살하는 것이 아니라 학생들의 포용성과 정서적 안정을 도모할 수 있다고 주장하며 다음과 같이 말했다.

　"캠퍼스에서 학생들의 정신 건강과 자살 위기가 증가함에 따라, 학생들의 심신을 보살피고 보호하는 조처를 취하는 대학당국의 노력은 환영받아야 마땅하다."[17]

　문제는 이와 같은 '조처'들이 종종 반대 입장에 있는 의견을 제약하고, 상상 속에나 존재하는 선을 넘었다는 이유로 학생들을 의도적으로 처벌하며, 깨시민 폭도들에게 굴복하지 않는 학생들에게 "자신의 특권을 자각하라check their privilege"*며 강요하는 행위들을 포함한다는 데 있다. 하루 종일 캠퍼스를 돌아다니며 자신이 동의하지 않는 대자보를 찢어 버리고, 캠퍼스에서 소수 의견은 존재해선 안 된다고 주장하는 사람들은 종종 '안전 공간'을 침해하는 사람들을 파시스트들이라고 매도한다.

---

*　백인, 기독교, 상류층, 이성애자 등 소위 특권 계층에 속하는 사람들에게, 그들이 누리는 특권이 소수자 집단에 대한 차별로 인해 가능했다는 걸 자각하고 죄책감을 느끼라고 강요하는 태도.

교육개인권리재단Foundation for Individual Rights in Education, FIRE에 따르면, 미국 주요 대학 중 4분의 1이 학생들의 표현의 자유를 제한하는 '빨간 불(red light)' 정책을 실시하고 있다고 한다. 또 적어도 약 3분의 2에 달하는 대다수의 교육기관에서는 과도하거나 모호한 표현에 대한 제재를 의미하는 '노란 불yellow light' 정책이 실시되고 있다.[18] 이 같은 정책이 실시되면 학생들은 멍청해지거나 나약해진다. 논리를 갖춘 주장을 마주하게 되면 반박하지 못하거나, 심정적으로 그런 주장의 존재 자체를 다룰 수 없게 된다. 이에 대해 뉴욕 대학의 심리학 교수인 조나단 하이트Jonathan Haidt와 FIRE의 회장인 그렉 루키아노프Greg Lukianoff는 "새롭게 나타난 과보호 경향으로 인해 학생들은 병적으로 생각하도록 교육받는다"고 설명했다.[19]

이 말은 곧 학생들을 감싸고 있는 보호막이 대학 너머로도 연장된다는 뜻이기도 하다. 표현의 자유를 위한 캠페인Campaign for Free Speech이란 단체가 실시한 조사에 따르면, 18살에서 34살 사이에 있는 사람들 중 59퍼센트가 수정헌법 제1조는 '혐오표현'을 금지하며 "오늘날의 문화 규범들"을 반영하는 방향으로 개정돼야 한다고 답한 것으로 알려졌다. 동일한 나이대의 사람들 10명 중 6명 이상은 "신문과 TV 방송국들이 편견을 담고 있거나 사람들의 분노를 유발할 수 있는 콘텐츠, 또는 허위 정보를 유포하지 못하도록" 정부가 조치를 취할 권한을 가져야 한다고 생각하는 것으로 나타났다. 또 같은 그룹에 속한 사람들 가운데 10명 중 6명 이상은 대학 당국과 소셜미디어 업체들이 "사람들에게 상처를 줄 수 있거나 기분을 상하게 만들 수 있는" 표현을 제한해야 한다는 데 동의했다.[20] 그와 같은 요청을 받아들인 소셜미디어 업체들은, 용어의 뜻을 정의조차 하지 않은 채로 '혐오표현'을 규제하는 조치를 실시했고, 지극히 모호한 기준을 바탕으로 대중의 동의를 받지 못하는 광범위한 의견들을 금지시켜 버렸다.[21] 2019년 6월, 유튜브는 보수 성향 코미디언인 스티븐 크라우더Steven Crowder가 복스Vox뉴스의 작가인 카를로스 마자Carlos Maza의 혀 짧은 소리를 흉내 냈다는 이유로 크라우더가 유튜브의 규정을 전혀 위반하지 않았음에도 불구하고 그의 채널 전체에 노란딱지를 붙여 버렸다. 2019년 12월, 유튜브는 보호된 속성에 기초하여 "누군가를 악의 적으로 비방하는" 영상을 올리지 못하게 하는 새로운 정책을 공식화했다. 실질적 측면을 보자면 이 정책에 따라 엘리자베스 워런 상원의원이 자신이 아메리카 원주민의 혈통이라고 거짓 주장한 것에 대해 트럼프 대통령이 그녀를 '포카혼타스'라고 조롱하는 내용을 담은 영상을 유튜브가 마음대로 삭제할 수 있다는 뜻이었다. 한마디로 말하면, 그건 그야말로 표현을 검열하는 정책이다.[22]

이건 시작에 불과하다. 분열주의자들의 문화를 수용하는 미국이 앞으로 나아갈 길을 알아보려면, 우리는 대서양과 태평양 건너의 상황을 살펴보면 된다. 다른 나라들은 이 같은 철학을 논리의 극한까지 밀어붙였다. 해외 정부들은 통계상의 중요성에 따라 정서적 민감함을 보호한다는 명분으로 사람들의 표현을 노골적으로 규제하고 있다. 캐나다에서는 '혐오표현'을 형사처벌할 수 있게 만드는 법령이 통과되었고, 저스틴 트뤼도 총리는 소셜미디어상에서 그와 같은 법령을 더욱 강화하려 하고 있다.

영국의 경우, 글로벌개발센터Center for Global Development라는 싱크탱크에서 조세 전문가로 일하는 진보 성향 연구원 마야 포스타터Maya Forstater는 '불쾌하고 배타적인' 언어를 사용했다는 이유로 해고당했다. 그렇다면 직장을 앗아갈 정도로 끔찍한 표현은 과연 무엇이었을까? 포스타터는 단지 "남성은 여성이 될 수 없다"는 트윗을 하나 올렸을 뿐이다. 그게 전부다. 그 일이 있은 뒤 포스타터는 2020년 영국에서 통과된 평등법Equality Act에 근거해 글로벌개발센터를 고소했다. 자신이 사용했던 언어는 법적으로 보호받을 수 있는 철학적 신념이었다는 것이 그녀 주장의 요지였다. 하지만 당시 런던중앙고용재판소의 판사였던 제임스 테일러James Tayler는 포스타터의 견해가 '인간 존엄과 타인의 근본적 권리'를 보장하는 원칙과 양립될 수 없다고 말하며 그녀의 고소를 각하했다. 테일러 판사는 포스타터가 영국 정부에 의해 발행되는 젠더인정증명서Gender Recognition Certificate를 발급받으면 단순히 공공 서류 차원에서 법적 성별이 바뀌는 것뿐만 아니라 실제 그 사람의 생물학적 성별 자체가 마법처럼 바뀐다는 사실을 인지하지 못했다고 설명했다. 영국 정부의 놀랍고도 전지전능한 능력을 인정하지 못했다는 사실은 포스타터가 인간 존엄을 근본적으로 모독했다는 점을 증명하기 충분했다. 테일러 판사는 판결문을 통해 "정부에 의해 젠더인정증명서가 발급되는 순간 해당 인물의 성별이 바뀐다는 사실은 포스타터씨가 간과할 수 있는 그런 종류의 일이 아니다"라고 말했다. 또 테일러 판사는 "포스타터씨의 입장은 트랜스젠더 여성이 젠더인정증명서를 발급받는다 하더라도, 그 사람은 자신을 여성이라고 솔직히 표현할 수 없다는 걸 의미한다. 그와 같은 견해는 민주 사회에서 존중받을 가치가 없다"는 의견을 덧붙였다. 해당 판사는 생물학적 진리 속에 내재된 근본적 표현의 자유를 거부하는 태도를 보이며 다음과 같이 판결을 이어 나갔다.

"표현의 자유를 누릴 개인의 마땅한 권리에 대해 합당한 존중을 표해야 하겠지만, 자신의 핵심 신념이 타인의 존엄을 해치는 동시에 그들에게 위협적이고, 적대적이며, 모멸적이고, 굴욕감을 주는 환경을 조성한다면, 그와 같은 발언을 하는 사람들은 자신의 권리가 보호될 것이라고 기대해선 안 된다."[23]

이성, 논리, 진실 말하기라는 가장 기초적인 기능을 거부하는 것은 분명 인간의 존엄성을 훼손하는 일이다. 진실을 말했다는 이유만으로 직장을 잃게 된다는 건 위협적이고, 모멸적이며, 굴욕적이고 불쾌한 환경이라 할 수 있다. 그러나 문제는 정부가 요구하는 허구를 그대로 받아들이는 사람들만이 타인의 정서를 지배할 권리를 갖는다는 것이다. 만약 일관성을 가지려면 글로벌개발센터는 어떤 이유를 들어서든 자신들이 해고하고 싶은 사람은 누구든 해고할 수 있어야 한다. 하지만 위에서 테일러 판사가 언급한 논리를 살펴보자면, 영국의 평등법은 고용주 또는 고용인을 공정하게(보수 또는 진보를 가리지 않고) 보호하도록 디자인 된 것이 아니라는 사실이 분명하게 드러났다. 그 법은 완벽하게 합리적인 말에 기초한 특정 표현을 금지하기 위한 의도를 바탕으로 제정됐기 때문이다.

포스타터의 해고로 인해 불거진 사건이 얼마나 황당했던지, 오랜 기간 진보성향을 드러내 왔던 해리포터 시리즈의 작가 J. K. 롤링J. K. Rowling 조차도 트위터에서 포스타터를 옹호하고 나섰다. 해당 주제에 대해 롤링이 작성한 트윗은 인간이 상상할 수 있는 한 가장 진보적이었지만, 또 한편으로는 생물학적 성별의 존재 그 자체를 인정하고 있기도 했다. 롤링은 다음과 같은 트윗을 올렸다.

"입고 싶은 옷을 입자. 스스로 원하는 호칭을 사용하자. 상대방의 동의가 전제된다면 당신과 함께하고 싶어 하는 어떤 성인과 잠자리를 가져도 좋다. 평온함과 안정 가운데 당신이 누릴 수 있는 최고의 삶을 누리시라. 하지만, 생물학적 성별이 존재한다는 말을 했다는 이유로 한 여성을 해고한다고? #나는마야를응원합니다#이건실제상황이야."

롤링이 올린 이 트윗은 국제적인 후폭풍을 몰고 왔다. 소셜미디어 폭도들이 준동하기 시작했다. 평소 좌파적 견해를 드러내며 진실성을 보여줬던 롤링의 과거는 아무 소용이 없었다. 롤링의 트윗을 "설명이 필요한 뉴스"라고 선언한 온라인 매체 복스Vox는 다음과 같은 헤드라인으로 기사를 올렸다. "JK 롤링은 트랜스젠더혐오 트윗 하나로 자신이 여태껏 쌓아 온 해리포터의 유산을 파괴해 버린 것일까?" 이 훌륭한 해설 기사를 쓴 저자는 롤링의 발언이 "트랜스젠더혐오적 헛소리"에 불과하다고 말하며 "JK 롤링은 해리포터를 완전 망쳐 버렸다"라는 말을 덧붙였다.[24]

우리는 빠른 속도로 유럽 스타일의 표현에 대한 규제를 받아들이고 있다. 수정헌법 제1조를 완전히 파괴하는 법안들이 힘을 얻고 있다. 뉴욕시에서는, 트랜스젠더 수술을 받은 사람을 대상으로 그들이 선호하는 대명사pronouns*를 사용하지 않는 사업체들에 최대 12만 5천 달러의 벌금을 부과하고 있다. 만약 해당 업체들이 "의도적이고 고의성 있는 악의적 행위의 결과에 따라" 그와 같은 발언을 하는 경우에는 최대 25만 달러의 벌금이 부과된다. 연방정부 부처인 평등고용기회위원회Equal Employment Opportunity Commission는 연방법에 따라 직원들이 선호하지 않는 대명사로 그

---

* 예를 들어 m2f 트랜스젠더가 여성으로 성전환했고 이제는 'she'로 지칭되기 원하는 경우, 그의 의사에 반해 처음의 생물학적 성(남성)에 따라 'he'로 지칭해서는 안 된다는 말.

들을 호칭하는 것은 불법행위라고 명시하기도 했다. UCLA 로스쿨에서 재직 중인 유진 볼로크Eugene Volokh 교수는 "사람들은 우리가 해당 정치적 용어와 관련된 정치적 메시지를 지지하느냐와 관계없이, 또 우리가 그 메시지를 거짓말이라고 생각하느냐와 관계없이, 엄청난 법적 책임을 부과함으로써 우리로 하여금 그들이 원하는 바를 말하도록 강요할 수 있다"라고 말했다.[25]

그리고 시간이 지날수록 점점 더 많은 미국 정치 기득권 세력들이 그와 같은 규제를 옹호하고 있다. 2019년 10월, 타임지의 전前 편집장이자 오바마 정부 국부무의 공공외교 및 공보 담당 차관이었던 리차드 스텐겔Richard Stengel은 워싱턴포스트에 기고한 글에서 수정헌법 제1조를 완전히 고쳐 써야 한다는 주장을 공개적으로 적극 수용했다. 스텐겔은 다음과 같이 설명했다.

"내가 상대했던 아랍 외교관들 중 가장 교양 있는 사람들조차도 왜 미국인들은 수정헌법 제1조를 근거로 코란을 태우는 행위를 정당화하는지를 이해하지 못하겠다고 말했다. 그들은 나에게 왜 미국인들은 도대체 그런 행위를 일삼는 사람들을 보호해 주는 거냐고 따져 물었다."

스텐겔은 표현의 자유를 보장하는 수정헌법 제1조를 통해 "한 집단이 다른 집단에 대한 폭력을 초래하도록 만들 수 있는 혐오 표현을 보호해선 안 된다"고 목소리를 높였다. 분열주의자들이 일상적으로 주장하는 것처럼, 스텐겔은 미국의 건국 정신이 영원한 진리에 기초하여 만들어진 것이 아니라, 시대에 제약받는 우발적 요소들에 따라 구성되어 있었고, 현재 우리는 새로운 시대에 살고 있다고 주장했다. 스텐겔은 수정헌법 제1조가 "(지금보다) 훨씬 단순했던 시대에 맞게 설계됐다"고 주장했다. 따라서 이제는 혐오표현 방지법이 필요하다는 논리였다. 스텐겔은 워싱턴포스트에 쓴 칼럼에서 "왜 국가가 자신들의 형편에 맞는 혐오표현 규제 조항을 만들고 종교, 인종, 혈통, 성적 지향 등에 따라 사람들에게 의도적으로 모욕을 주는 발언들을 처벌하면 안 되는 것일까?"라고 말하며 글을 마무리했다.[26]

왜 그 같은 발언을 처벌하면 안 되냐고? 왜냐하면 개인들이 정보를 분석한 후 사안에 대한 입장을 취하고, 토론과 성찰을 할 수 있다는 신념에 기반한 공화국, 다시 말해 민주공화국에서는, 사람들이 어떤 종류의 정보를 접할 수 있는지를 단순한 톱다운의 통치 방식을 통해 결정할 수 없기 때문이다. 만약 우리가 시민권의 가장 기본적인 전제 조건을 수행하는 동료 미국인들의 역량에 대한 신뢰를 잃어버린다면, 우리는 권력의 주권을 소수 귀족들에게 넘겨 주게 될 것이고, 결국 민주주의 그 자체를 내던져 버려야 할 것이다.

분열주의자들이 제시하는 문화, 다시 말해 표현의 자유를 못마땅해 하고, 논란의 여지가 있는 발언 자체를 위험하다 판단하는 그 문화가 우리의 대안이 되려면, 적어도 그 문화가 일치와 연합을 만들어낼 수는 있어야 한다. 하지만 현실은 전혀 그렇지 않다. 폭도들의 기쁨을 함께 공유한 이래로, 미국인으로서 우리가 서로와 더 결속력 있게 뭉쳐진 것 같다는 생각이 드는가? 물론 절대 그렇지 않다. 집단에 순응하길 거부하는 사람들의 인생을 파괴하는 떼거리문화가 가져다준 가장 명백한 효과는 서로에 대한 철저한 불신이다. 언론의 본래 기능은 근거 없는 공포에 대한 견제와 균형을 감당하는 것이다. 하지만 우리는 언론을 더 이상 신뢰하지 않는다. 본연의 기능을 감당하는 대신 언론은 분열주의자들의 관점을 옹호하며 오히려 공포를 조장하고 있기 때문이다. 또 우리는 이웃을 더 이상 신뢰하지 않는다. 바로 그 이웃들이 소셜미디어에서는 우리들을 매장시킴으로써 자신의 호감도를 높이고 있는 사람들일지 모른다. 우리는 구직자들을 신뢰하지 않는다. 그들은 우리의 사업체를 망가뜨림으로써 대중을 즐겁게 만들고, 그로 인해 이익을 취하려 하는 사람들일지도 모르기 때문이다. 또 우리의 고용주들 역시 여론의 비난을 회피하기 위해 결정적인 상황에서 우리를 희생시키고 배신할지도 모른다. 또 우리 직장 동료들 역시 내가 고통당하는 것을 보면서 뭔가 이득을 얻고 있을지도 모를 노릇이다. 오늘날 정보가 확산되는 데 주요 통로로 기능하고 있는 소셜미디어에 대해 말하자면, 이 공간에서 승리할 수 있는 유일한 길은 애초에 계정 자체를 만들지 않는 것이다.

　이 같은 상황이 지속되면 어떤 현실이 나타날지는 어렵지 않게 예상할 수 있다. 예의와 친절함이 가득한 유토피아가 아니라, 서로에 대해 적대감이 증대되고 말 것이다. 만약 의문을 갖는 사람들, 인기 없는 견해를 파헤치는 사람들, 또 반대 의견을 표현하는 사람들의 행동을 가로막는다면, 서로에 대한 불만이 야기될 뿐이다. 코미디를 규제하고, 표현을 검열하고, 토론을 말살하는 등의 이 모든 일련의 조치는 다원주의적인 민주국가로 특징되는 한 문명 내에서 불가피하게 발생하는 긴장 및 갈등을 다루는 데 필수적인 감압 밸브를 없애 버리는 것과 같다. 나의 의견에 동의하지 않는 사람에게 보여야 할 적절한 반응은 토론을 하는 것이다. 반면 당신을 침묵시키려는 사람에게 보여야 할 적절한 반응은 가운데 손가락을 날려 주는 것이다. 문제는 우리를 침묵시키는 분열주의적 문화로 인해 시간이 지날수록 토론을 하기보다는 가운데 손가락을 날려야 하는 경우가 더 많아지고 있다는 사실이다. 이것이 바로 분열주의적 문화가 우리에게 가져다준 결과물이다. 분열주의적 문화는 일치가 아니라 분노를 가져왔다.

정부가 우리를 통합하게 하려면
사회적 기관들은 무너져야 한다

연합주의적 문화를 지지하는 사람들은 교회와 가정이 미국의 위대함을 지켜 주는 보루라고 생각하기 때문에 교회와 가정을 소중하게 생각한다. 반대로 분열주의자들은 교회와 가정이 미국 사회의 품격을 널리 알리는 것이 아니라, 오히려 품격 있는 사회의 건설을 가로막는 장애물로 작용하고 있다고 말하며 미국인들 삶의 중심에 자리 잡고 있는 교회와 가정을 공격한다. 분열주의자들에 따르면 개인의 권리를 존중하는 문화는 차별의 문화일 뿐이다. 무엇보다 이들은 미국인들이 개인의 권리를 강조하는 한편 노예제나 짐크로법 같은 악습을 유지했다는 점을 지적한다. 미국인들은 권리의 개념을 옹호했지만, 그와 동시에 억압받는 자들의 곤경을 무시했다는 지적이었다. 전통적인 연합주의적 철학을 공유하는 사람들은 이 같은 지적이 사실이라고 흔쾌히 인정할 것이다. 하지만 연합주의자들은 인간 본성의 불완전성과 교회, 가정 같은 사회적 기관이 갖고 있는 치유의 능력 역시 인정하고 있다. 반면 인간 본성은 환경에 따라 변화되며, 어떤 사회적 기관에서 활동하느냐에 따라 다르게 규정된다는 철학을 공유하는 분열주의자들은 미국 역사를 통해 나타난 악습의 원인이 전적으로 교회 또는 가정과 같은 사회적 기관에 있다고 말하며 해당 기관들에 대한 비판의 날을 세웠다. 연합주의적 문화를 인정하는 사람들은 인종차별에 기반한 분리주의 정책이 권리에 기반한 시스템을 지키지 못한 개인들의 과오로 인해 발생했다고 생각했다. 하지만 분열주의적 문화를 추종하는 사람들은 분리주의 정책이 권리에 기반한 시스템 그 자체로 인해 발생한 현상이라고 판단했고, 그 차별은 교회와 가정 같은 기관들에 의해 유지된다고 주장했다.

이와 같은 분열주의적 문화관에 따르면, 문제를 해결하기 위해선 미국 사회의 근간을 이루는 교회와 가정 같은 기관들을 허물어뜨려야 했다. 해당 기관들을 파괴하는 가장 쉬운 방법은 그 기관들이 보다 위대한 자유의 개념을 성취하는 데 걸림돌로 작용하는 것처럼 취급하는 것이었다. 여기서 분열주의자들이 주장했던 '보다 위대한 자유'는 본질적으로 성적인 부분과 밀접하게 관련돼 있었다. 분열주의자들은 가정 및 종교와 연루돼 발생하는 죄책감과 수치로부터 자유로울 수 있는 성적 유토피아sexual utopia라는 비전을 제시했고, 그런 유토피아가 도래하면 정부가 성적 자유분방함에 따라 발생한 모든 결과에 대한 책임을 경감시켜 줄 것이라고 주장했다. 쉽게 말해 분열주의자들은 사람들에게 '영원한 청소년'이 될 수 있게 해 주는 거래를 제시했다고 보면 된다. 또 분열주의자들은 그것이 개인들이 마땅히 누려야 할 권리라고 포장했다. 분열주의자들이 약속한 지상낙원이 도래하는 걸 가로막는 유일한 장애물은 치료할 수 없을 정도로 병든 사회 구조를 탄생시켜 버린 낡고 진부하며 편견으로 사로잡힌 사회적 기관들이었다.

사실 이 같은 이야기는 새로운 주장이 아니었다. 칼 마르크스는 일찍이 사회를 '재정돈reordering' 하는 데 교회와 가정이 장애물이라는 점을 인지했다. 그렇기 때문에 마르크스는 사회를 재정돈

하려면 먼저 가정 구조와 종교를 파괴해야 한다고 말했다. 마르크스는 "진정한 행복을 얻으려면 사람들에게 망상적 행복을 제공하는 종교를 폐지해야 한다"라고 말했다.[27] 『공산당 선언』에서 마르크스는 "가정교육을 사회교육으로 대체하기 위해서" 가정을 해체해야 한다고 주장했다. 또 가정이란 제도로 인해 "자녀들은 부모에 의해 착취당하고" 있고, 여성들은 비하되고 있다는 주장을 펼치며 가정 제도를 '부르주아'적이라고 비판했다.[28]

미국에서 가정과 교회에 대한 공격은 제2의 물결 페미니즘 운동the second-wave feminist movement•이 결혼 제도를 공격하면서부터 시작되었다. 페미니즘 진영이 그 같은 공격을 진행하기 전에, 가정과 결혼은 언제나 문명 사회를 구성하는 핵심 요소인 동시에 문제 많은 이 세상에서 개인이 외부 위협으로부터 보호받을 수 있는 안식처로 인식되어 왔다. 과거 젊은 남성과 여성들은 결혼을 성인이 되는 관문으로 생각했기 때문에 하루빨리 결혼을 하고 싶어 했다. 1950년대의 경우 남성은 평균 23살에, 그리고 여성은 평균 20살에 결혼을 했다.[29] 1900년도부터 1930년대 사이에 출산율이 급격히 감소하긴 했지만, 1950년대에 들어서면서 거의 최

• 제2세대 페미니즘이라고도 한다. 19세기 중반~20세기 초반 여성 참정권 운동으로 대표되는 '제1의 물결'에 이은, 가부장적 질서 타파와 여성의 육체적, 정신적, 성적 해방을 강조한 페미니즘 조류. 이후 '남성성 전면 부정'과 '다양성'의 제3의 물결, '교차성, 환경주의, 젠더 정치'의 제4의 물결로 이어진다.

고 수준의 출산율을 회복했고, 여성 한 명당 평균 3.8명의 아이를 출산했다. 또 심지어 최저 수준을 기록할 당시에도 미국의 출산율은 결코 인구 대체 출산율replacement rate*을 밑돌았던 적이 단 한 번도 없었다.[30] 혼전임신을 한 사람들이 있긴 했지만, 결국 그들은 결혼을 할 것이라는 기대가 당연시되었다. 참고로 1950년부터 54년까지, 약 17.2퍼센트의 신생아들이 혼전 관계로 임신됐지만, 이들을 임신한 여성들 가운데 절반 이상은 아이가 태어나기 전 결혼식을 올렸다. 반면에 1990년부터 94년까지 기간 동안에는 52.8퍼센트의 신생아들이 혼전 관계로 임신됐고, 이들을 임신한 여성들 가운데 4분의 3 이상은 미혼모가 되었다.[31]

제2물결 페미니즘 운동은 남성은 경제적 책임을 감당하고, 여성은 가정을 돌본다는 결혼에 대한 일반적인 이미지를 근본적으로 바꿔 놓았다. 제2물결 페미니즘 운동가들은 결혼이 여성들을 주방과 침실에 묶어 두기 위한 목적으로 만들어진 가부장적 제도라고 주장했다. 그들은 여성들이 진정한 만족을 얻으려면 보다 광범위한 영역에서 결혼제도로부터 해방돼야 한다고 말했다. 페미니스트 운동가 베티 프리단Betty Friedan은 1963년 출판된 『여성의 신비』라는 책에서 여성들이 영적 굶주림에 따른 고통에 시달리고 있다고 말하며, 그 고통은 이상한 감정의 동요, 불만감, 또

* 현재 인구 규모를 유지하는 데 필요한 출생률로, 가임 여성 1명당 2.1명.

미국 여성들이 20세기 중반 겪어야 했던 시련 때문에 발생했다고 주장했다. 결혼한 여성의 처지를 '편안한 강제 수용소'에 갇혀 있다고 묘사한 프리단은 미국 사회가 여성들을 '걸어 다니는 시체'로 만들어 버렸다고 성토했다.[32] 당연한 일이겠지만, 프리단은 이와 같은 사악한 제도를 없애는 길을 종교가 가로막고 있다고 주장하며 다음과 같이 말했다.

"정통 가톨릭이나 유대교 배경을 가진 여성들은 가정주부의 이미지를 쉽게 떨쳐버리지 못한다. 왜냐하면 해당 종교의 경전과 그 종교를 가진 여성 또는 남편이 어린시절부터 가져온 고정관념, 그리고 교회가 제시하는 결혼과 모성母性에 대한 도그마적인 정의가 그들이 결혼에 대해 갖고 있는 전통적 이미지를 신성화시키기 때문이다."[33]

실존주의 성향의 프랑스 작가였던 시몬 드 보부아르Simone de Beauvoir는 여성들이 모성을 갖지 못하도록 금지되는 것이 오히려 그들에게 유익할 것이라고 주장하며 다음과 같이 말했다.

"여성들이 집에 머무르며 자녀를 키우도록 내버려 둬선 안 된다. 우리 사회는 전적으로 달라져야 한다. 여성들은 그와 같은 선택권을 가져선 안 되는데, 왜냐하면 여성들에게 그런 선택지가 주어진다면, 너무나 많은 여성들이 그 옵션을 선택할 것이기 때문이다. 그런 식으로 여성들이 특정 방향을 선택하도록 강요해선 안 된다."[34]

제2세대 페미니스트들은 여성들이 남성들과 출산과 육아와 같은 여성 고유의 생물학적 본능으로부터 해방될 때 진정한 만족을 누릴 수 있다고 주장했다. 다시 말하지만, 여성들이 그와 같은 만족을 누리려면 종교 기관들은 반드시 파괴돼야 했다. 보부아르는 "기독교 사상이 여성의 억압에 적지 않은 기여를 했다"라고 말했다. 또 보부아르는 유대교 전통이 "야만적일 정도로 반여성적"이며, 인간 생명의 소중함에 대하여 반복된 위선을 드러내 온 종교 진영의 논리를 제외한다면 낙태 반대를 정당화하는 그 어떠한 논리도 존재하지 않는다고 주장했다.[35]

그 와중, 알프레드 킨제이Alfred Kinsey는 자신의 저서를 통해 미국인들의 표면을 덮고 있는 도덕이라는 껍질을 한 꺼풀 벗겨 보면, 실상 그들은 서로 성적으로 연관돼 있는 친구들이라고 주장했다. 하지만 킨제이가 사용한 통계 방법론은 단순히 기초가 부실했을 뿐만 아니라 완전히 오류 투성이였다. 하지만 전통적 도덕 관념을 혐오했던 킨제이가 『인간 남성의 성적 행위Sexual Behavior in the Human Male』와 『인간 여성의 성적 행위Sexual Behavior of Human Female』라는 두 권의 책을 출간했을 때, 그는 미국에서 화제의 주인공이 됐다. 불균형적인 비율로 성범죄자들을 실험군 삼아 실시했던 연구에서, 킨제이는 미국에서 거의 70퍼센트에 달하는 남성들이 성매매 여성과 관계를 가진 적이 있고, 농촌 지역에 사는 남성 가운데 약 17퍼센트가 가축과 성관계를 한 적이 있으며, 미혼

여성 중 95퍼센트는 낙태 경험이 있다고 주장했다.[36] 또 킨제이는 이 세상에 딱 세 가지 종류의 성적 이상현상sexual abnormalities이 존재하는데, 그것은 바로 금욕과 독신주의, 그리고 만혼晩婚이라고 주장했다.[37] 킨제이는 평소 종교가 죄책감과 수치의 근원이라고 말하며 종교를 비하했다.[38]

이 같은 킨제이의 철학은 인간의 성적 관계를 근본적으로 다시 고쳐 써야 한다고 주장했던 영향력 있는 프랑크푸르트 학파 철학자 헤르베르트 마르쿠제의 입장과 정확하게 맞아떨어졌다. 마르쿠제는 인간의 성을 이용해 불평등의 사슬을 끊어낼 수 있다고 강변했다. 마르쿠제는 "근본적으로 다른 존재의 경험, 인간과 본성 사이에 근본적으로 다른 관계, 그리고 근본적으로 다른 실존주의적 관계에 기반해 현재 서구 문명 그 자체를 뒤집어엎을 수 있으며, 비억압적인 문명의 개념을 추구해 나갈 수 있다"라고 말했다.[39] 마르쿠제는 인간의 육체가 자본주의적인 생산의 의무로부터 해방됨에 따라, 우리들은 성적 해방으로 특징되는 궁극의 기쁨을 만끽할 수 있을 것이라고 주장하며 다음과 같이 말했다.

"자신으로부터 이격離隔, alienated 된 일들을 처리함에 있어 타인을 유지하기 위한 도구로 더 이상 사용되지 않게 됨에 따라, 절대적 만족감을 가로막는 장벽들은 인간 자유의 구성요소가 될 것이다. 이런 과정을 거쳐 만들어지는 육감적 합리성은 자체적인 도덕률을 내포하고 있다."[40]

이 같은 마르쿠제의 철학은 결국 차량용 스티커에 사용되는 "전쟁 말고 섹스를Make love, not war"이라는 슬로건으로 요약됐고, 이 문구는 격동의 1960년대가 진행되는 동안 미국 대학 캠퍼스에서 활발하게 사용됐다.

분열주의자들에 따르면 위와 같은 주장에 반대하는 사람들은 내숭쟁이었다. 그게 아니라면, 더 심각한 경우, 권위주의적인 사람들에 불과할 뿐이었다. 테오도르 아도르노Theodor Adorno는 『권위주의적 인격』이란 책에서 "낡은 신념을 이어 가며 특정 종파와 결부된 종교적 전통은 오늘날도 우리 사회 가운데 권위주의적 경향성을 지탱하고 있으며, 많은 경우 전통적 가족 구조는 권위주의로 귀결되곤 한다"라고 말했다.[41] 아도르노의 친구였던 빌헬름 라이히Wilhelm Reich는 전통적 가족 구조 그 자체가 권위주의적이며 파시스트적이라고 상정하면서, 전통적 가족 구조야말로 "모든 종류의 반동적 사고를 재생산하는 가장 중요하고 가장 필수적인 원천과 같다"고 주장했다.[42]

이 같은 주장들은 과거에도 나타난 적이 있었다(예를 들어 버트런드 러셀Bertrand Russell은 1929년 자신의 저서 『결혼과 도덕』에서 전통적인 도덕 및 성 관념을 비판했다). 하지만 그와 같은 주장은 언제나 비현실적으로 취급되었다. 린든 존슨 대통령의 취임 후 '위대한 사회Great Society' 정책이 실시됨에 따라, 정부는 갑자기 전통적인 도덕 관념을 뿌리 뽑는 조치들을 취해 나가기 시작한다. 다사다난한 현실로부터 도피

처를 제공한다는 명목으로 정부는 모든 일들에 개입할 준비가 되어 있었다. 존슨 정부는 교회와 가정 같은 사회적 기관들이 학대와 억압, 또 죄책감의 온상이라고 생각했다. 따라서 정부는 사람들을 해방시켜야 했던 것이다. 개인 권리의 보호자가 아니라 권리의 제공자로 정부의 역할을 탈바꿈시켜 버렸던 존슨은 말했다.

"진실은 이러한데, 정부는 개인을 말살하는 것이 아니라, 가장 최상의 기능을 할 때, 주변 환경으로부터 발생하는 개인을 노예화하는 힘으로부터 인간을 해방시킨다."[43]

존슨 시대 이후 사회적 기관으로부터 고취된 의무와 균형을 이뤘던 개인 권리의 문화는 정부에 의해 만들어진 특권의 문화로 대체되었고, 정부가 나눠 주는 각종 보조금이 사회적 기관들이 감당했던 빈자리를 채워 나가기 시작했다.

교회와 가정 같은 사회적 기관들이 파괴됨에 따라, 정부 그 자체가 모든 문제에 대한 해결책이 되었다. 이 현상은 자체적인 동력을 가지는 하나의 사이클로 자리 잡았다. 이제 시민의 의무를 고양하는 사회적 기관들이 없어져 버렸기 때문에, 개인의 권리는 더욱 침해되었고, 그에 따라 정부는 이를 바로잡는다는 명분하에 개인 권리의 영역에 더욱 깊숙이 개입하게 된다. 정부에 대한 의존도는 증가했다. 결과적으로 정부는 사람들에게 진정한 자유를 수여해 주는 주체가 되었다. 과거 미국인들은 죄의 삯이 사망이라고 믿어 왔다.* 하지만 오늘날 미국에서 죄의 삯은 정부의 감시로 탈바꿈해 버렸다.

종교 기관들에 대한 공격은 거기서 그치지 않았다. 오늘날 분열주의자들은 미국에서 교회가 남긴 마지막 흔적들에 대해 광범위한 공격을 자행하고 있다. 2020년 미국 대선 기간 동안, 다수의 민주당 정치인들은 종교를 가진 미국인들이 십자가 목걸이를 한 꼴통들일 뿐이며, 그들은 자신의 야만성을 성경이란 책으로 위장하고 있다고 말했다. 뉴저지주 민주당 상원의원인 코리 부커Cory Booker는 종교를 가진 사람들이 그들의 신앙을 "차별을 정당화하기 위한" 도구로 사용하고 있으며, 만약 자신이 대통령에 당선된다면, "그와 같은 행동을 절대 용인하지 않을 것"이라고 말했다.[44] 민주당 대선 후보로 출마했던 피트 부티제지 역시 동일한 주장을 펼쳤다. 베토 오로크는 여기서 한발 더 나아가, 만약 대통령이 된다면 자신은 동성결혼에 반대하는 모든 종교기관들의 비영리단체 지위를 박탈해 버릴 것이라고 경고하며 다음과 같이 말했다. "미국에 있는 그 어떤 개인, 단체, 또는 조직이라고 할지라도, 미국인들의 완전한 민권과 완전한 인권을 부정한다면, 그들은 정부로부터 어떠한 보상, 어떠한 혜택, 또 어떠한 세금 감면도 받지 못할 것입니다."[45]

민주당 대선후보들이 보여준 것처럼, 전통적인 신앙생활을 마

• "죄의 삯은 사망이요, 하나님의 은사는 그리스도 예수 우리 주 안에 있는 영생이니라"(「로마서」 6장 23절).

치 악마적인 것처럼 묘사하는 태도는 분열주의 문화의 본질적 요소로 자리 잡게 되었다. 할리우드 스타인 크리스 프랫Christ Pratt은 전통적인 결혼을 지지하는 입장을 가진 걸로 알려진(분열주의자들은 이를 죄악 중의 죄악이라고 생각한다!) 교회에 출석했다는 이유 하나만으로 여론의 십자포화를 맞아야 했다.[46] 구세군 역시 동일한 이유로 공격을 받았다.[47] 미국에 있는 가톨릭 사립학교들은 동성결혼을 한 커플을 직원으로 채용하지 않았다는 이유로 언론의 혹독한 비판에 직면해야 했다(만약 해당 학교가 동성 커플을 채용했다면, 그건 학교의 내규를 위반하는 행위가 됐을 것이다).[48] 또 미국 전역에서 가톨릭 계열의 입양기관들은 전통적인 남녀 결혼을 한 커플들에게만 신생아 입양을 허가해 주겠다는 자체 정책을 고수했다는 이유로 영업 정지를 당해야 했다.[49] 오바마 정부는 수녀들이 낙태 시술에 참여하도록 강요했다. 오바마 정부는 가톨릭 교리에 바탕을 둔 재단이 직원들에게 피임과 관련된 의료 보험 혜택을 제공하지 않는 것을 놓고 해당 재단의 수녀들이 직원들의 '권리'를 침해하고 있다고 주장했다.* 물론 오바마 정권 관계자들은 그와 같은 '적극적 권리'의 보장을 강요하는 정책이 수녀들의 소극적 권리를 불가피하게 침해한다는 점을 철저히 간과하고 있었다.[50]

분열주의자들이 최근 보여 준 마지막 움직임은 정교분리의 개

---

* 가톨릭교회는 자연조절 이외의 모든 인위적 피임을 금지한다.

념을 뒤집는 것이었다. 원래 정교분리의 원칙은 국가를 무기로 사용해 종교를 해치는 목적이 아니라, 종교를 보호하기 위해 만들어졌다. 하지만 오늘날 분열주의자들은 종교를 가진 사람들이 절대 그들의 가치관을 투표장으로 가져와선 안 되며, 공공의 영역에서 종교 그 자체가 숙청돼야 한다고 주장하고 있다. 이들은 종교가 반드시 사적 영역에만 머물러야 한다고 주장한다. 힐러리 클린턴은 "여성들이 그들이 활동하는 사회 모든 영역에서 온전한 참여를 이뤄 내려면 미국 사회 깊숙이 뿌리 박힌 문화 코드, 종교적 신념, 그리고 구조적 편견들이 변화돼야 한다"고 목소리를 높였다.[51] 대통령 후보 시절 버락 오바마는 자신을 반대하는 사람들이 비통함에 사로잡힌 시골뜨기들이라고 말하며, 그들은 "총기나 종교, 또는 그들과 다른 사람들에 대한 적대감에 의존하고 있다"고 주장했다.[52] 분열주의자들에 의하면 종교는 과거의 유물이며, 맛이 가버려서 내다 버려져야 할 빵 조각에 불과했다. 또 분열주의자들은 종교를 가진 미국인들이 그들이 오랫동안 간직해 온 가치관과 신앙을 버려야 할 때라고 주장했다.

　한 국가 내에서 종교와 가정이 파괴되면 사회 안전망에는 큰 구멍이 뚫리고 만다. 우리 미국인들은 더 이상 옛날처럼 상대와 교류하지 않는다. 과거 미국인들은 교회에서 서로 함께 어울리며 시간을 보냈다. 같은 교회를 다니는 사람들과 볼링을 치러 가기도 했다. 또 신앙의 교제권을 통해 만난 사람들과 함께 학부모회의에 참여하기도 했다. 과거 우리는 일반적으로 받아들여지는 도덕 원칙들의 틀 안에서 연합될 수 있었다. 미국인들은 그와 같은 도덕 원칙들을 교회에서 학습했으며 가정에서 교육받을 수 있었다. 우리를 하나 되게 만들어 줬던 기관들이 무너져 버리면, 우리를 연합시킬 수 있는 것은 거의 남겨지지 않게 된다. 보수주의 성향의 철학자 유발 레빈Yuval Levin은 다음과 같이 말했다.

"미국이 직면하고 있는 가장 심각한 문제의 근원에는 가정과 공동체, 교회와 학교, 회사와 노동조합, 시민단체, 친목단체, 정치단체 등 미국 사회의 핵심을 이루는 기관들이 약화되고 있다는 사실이 놓여져 있다."[53]

정부는 지난 수십 년 동안 미국 사회 전반에 걸쳐서 끊임없이 영향력을 확대해 왔다. 미국의 사회적 통합은 점점 와해되고 있다. 많은 미국인들이 그들에게 소속감을 안겨 주는 사람들을 만나기 위해서 저질적인 트위터 폭도 무리에 가담하고 있다는 사실은 결코 놀라운 일이 아니다.

미국인들은 반드시 정부의
권리 침해행위에 굴복해야 한다

___

날이 갈수록 공격적으로 변하는 분열주의 문화로 인해, 헌법에 따라 보장된 우리의 본연적 권리를 보호하는 것을 놓고 발생하는 갈등 역시 심화되었다. 미국의 국부들은 자기 방어의 본연적 권리가 정부의 탄생보다 선행된다고 판단했다. 왜냐하면 그들은 자기 보호의 권리야말로 우리가 가지는 최초의 권리라고 생각했기 때문이다. 정부는 이 자기 보호의 권리를 절대 침해할 수 없었다. 미국의 총기 문화는 개척시대의 자립 정신에 그 뿌리를 두고 있다. 총기 문화는 결국 최후의 순간이 닥쳐오면 우리 스스로가 우리와 또 우리의 권리를 보호해야 할 능력을 갖고 있어야 한다는 이해에 바탕을 두고 있었다. 미국인들이 총기를 소지하는 이유는 정부가 그들의 총기를 빼앗아 가지 못하도록 하기 위함이었다.

하지만 분열주의자들은 단순히 총기가 범죄자들의 손에 넘어가는 것뿐만 아니라 일반인들이 총기를 소유하는 것 자체로도 미국 사회에 위협이 되고 있다고 판단한다. 그렇기 때문에 총기 소지율과 총기 범죄율 사이에서 나타나는 상관관계에도 불구하고 (어떤 지역에서는 총기 소지율과 범죄율이 연관성을 띠지만, 또 어떤 지역에서는 총기 소지율이 높더라도 총기 관련 범죄율은 낮은 것으로 나타난다), 민주당의 주장은 언제나 한결같다. 개인들로부터 무기를 빼앗으라는 것이다. 분열주의자들은 총기 소지의 권리를 옹호하는 사람들이 타인의 생존권을 침해하고 있다고 말하면서(이들은 총기 문화가 정당방위의 권리가 아니라 '살인할 권리'를 보장하고 있다고 주장한다), 미국 사회에서 총기를 없애려 하는 그들의 열망을 정당화한다. 일례로, 2018년 한 총기

난사범에 의해 충격의 도가니가 되었던 플로리다주 파크랜드 고등학교의 학생 운동가들은 사건이 발생한 후 "우리의 생명을 위한 행진March for Our Lives"이라는 구호를 만들고 "상식에 기반한 총기 규제법"을 제정할 것을 호소했다(하지만 이 학생들은 파크랜드 총기 사건°을 방지할 수 있는 그 어떤 구체적 정책도 제안하지 않았다). 버락 오바마는 미국 헌법에 보장된 총기 소지의 권리가 '평화롭게 집회할 수 있는 권리', '생명과 자유와 행복을 추구할 권리' 등과 같이 다른 미국인들이 마땅히 누려야 할 권리를 박탈하고 있다고 주장했다.[54] 파크랜드 총기사건이 발생한 뒤 국제앰네스티Amnesty International는 다음과 같은 성명을 발표했다.

"(미국에서)거의 무제한적으로 치명적인 무기를 소유할 권리가 보장됨에 따라 폭력과 차별, 그리고 두려움으로부터 자유로울 권리가 박탈되었다."[55]

이에 따라 어떤 결과가 나타날지를 예측하는 건 어렵지 않았다. 총기 소지 권리를 박탈하려는 전면적 움직임이 시작된 것이다. 2019년 민주당의 대선후보가 되는 데 실패했던 베토 오로크는(오로크는 민주당의 '이드id'°°라고 할 수 있다) 총기 권리 통제에 관해 가장

° 2018년 2월 14일 플로리다주 파크랜드시의 스톤맨 더글러스 고등학교에서 17명의 사망자가 발생한 미 고교 최악의 총기 난사 사건. 샤피로는 '우리의 생명을 위한 행진'이 총기 소지를 금지해야 한다고만 주장할 뿐 실질적 예방책은 전혀 제시하지 않았다고 비판하고 있다.

°° 프로이트 정신분석학 이론에서, 무의식의 영역에 있는 성욕 등 원초적 욕망.

선명한 메시지를 냈던 정치인이었다. 민주당 지지자들로부터 열렬한 환호를 받았던 오로크는 다음과 같이 소리쳤다.

"물론이고 말고요. 우리는 당신의 AR-15과 AK-47*을 빼앗을 것입니다."[56]

해당 발언을 하고 나서 시간이 좀 지난 후 오로크는 자신이 언급한 정책을 실시하기 위해 꼭 경찰들이 시민들 개개인으로부터 총기를 압수하진 않아도 될 것이라고 변명하긴 했지만, 공권력을 동원하지 않고서 어떻게 시민들로부터 총기를 '빼앗을' 수 있는지에 대해선 구체적 설명을 덧붙이지 않았다. 다른 민주당 대선 후보들 역시 오로크의 배짱 있는 발언에 환호했다. 심지어 총기 압수 정책을 추진할 의사가 전혀 없는 민주당 정치인들조차도 호주에서 실시된 강제 총기 바이백 정책gun buyback**이 미국이 따라가야 할 모델이라고 종종 언급한다.

사실 분열주의자들이 제기하는 의문들은 그들이 가지고 있는 반권리적 철학과 모순된다. 분열주의자들은 끊임없이 동일한 말을 반복한다.

"당신은 왜 그처럼 커다란 탄창과, 특정 색깔의 총기 손잡이, 그리고 특정한 총기 디자인을 필요로 합니까?"

---

* 미국에서 판매되는 반자동소총 모델명들.
** 정부가 비용을 지불하고 강제로 개인들이 보유한 총기를 사들이는, 사실상의 총기 압수 정책.

민주당 상원의원 엘리자베스 워런은 2012년 쓴 글에서 "사냥을 할 때 군대용 무기를 필요로 하는 사람은 없으며, 침입자로부터 자신의 가족을 보호하기 위해 람보가 사용할 법한 고용량 탄창을 필요로 하는 사람은 한 명도 없다"라고 말했다.[57] 뉴욕주 주지사인 앤드루 쿠오모Andrew Cuomo는 2013년에 다음과 같이 주장했다.

"(총기 규제에 대한 논리는) 간단하다. 돌격용 소총을 가지고 사냥을 하는 사람은 없다. 사슴 한 마리를 잡기 위해서 10발의 총알이 필요한 사람은 없다. 이미 너무나 많은 무고한 사람들이 죽어 나갔다. 이제 이 광기를 끝내야 한다!"[58]

쿠오모의 발언에 명백히 나타난 총기 사용에 관한 잘못된 묘사를 차치하고서라도(사실 AR-15은 집을 지키는 용도로 가장 흔하게 사용되는 총기류 가운데 하나다), 입증의 책임소재 그 자체를 뒤집어 버리는 분열주의자들의 태도는 그야말로 놀랍기까지 하다. 엄밀하게 말해서, 신문을 꼭 필요로 하는 사람은 한 명도 없다. 교회를 필요로 하는 사람 역시 마찬가지다. 우리는 교회와 신문을 '필요need'로 하기보다는, 그들과 끈끈한 관계를 가지고 있을 뿐이다. 더욱 중요하게도, 우리는 정부 탄생 이전부터 존재했던 개인의 권리를 가지고 있다. 그와 같은 개인의 권리를 정부가 왜 침해할 수 있어야 하는지에 대해 정부는 사람들에게 납득할 만한 설명을 내놓아야 한다. 만약 굳이 정부가 개인의 권리를 침해할 수 있어야 한다면 각 문제에 대한 해결책은 상황에 따른 맞춤형으로 제시되어야 한다.

하지만 분열주의자들은 이 같은 절차에 대해 강경하게 반대한다. 왜냐하면 그들은 자신이 주장하는 총기 규제 정책을 뒷받침할 구체적 정책들에 관한 증거를 가지고 있지 않기 때문이다.[59] 반면 우리는 왜 우리가 개인으로서 권리를 필요로 하는지를 증명하는 변론을 따로 할 필요가 없다.

하지만 분열주의자들은 그와 같은 개인의 권리를 창밖으로 내던져 버려야 한다고 주장한다. 2018년 3월, 연방대법원 대법관으로 근무했던 존 폴 스티븐스John Paul Stevens는 총기 소유의 권리를 보장하는 수정헌법 제2조를 폐기해야 한다고 공개적으로 이야기했다. 스티븐스는 수정헌법 제2조의 도입 목적 가운데 하나인 상비군에 대한 두려움이 이제 '18세기의 유물'이 되어 버렸다고 주장했다(스티븐스의 이야기를 들어 보면 이제 미국인들은 정부를 전혀 두려워할 필요가 없는 듯하다). 대법원장이었던 워런 버거Warren Burger 역시 1991년에 스티븐스와 비슷한 발언을 했다.

"만약 오늘날 나에게 권리장전을 작성할 권한이 주어진다면, 수정헌법 제2조 같은 조항은 존재하지 않을 것이다."

퓰리처상을 수상한 우파 성향 작가인 브렛 스티븐스Bret Stephens는 수정헌법 제2조를 폐기해야 한다고 주장했다. 좌파 진영에 소속된 영화감독 마이클 무어 역시 동일한 주장을 펼쳤다.[*60]

만약 미국인들이 그들을 위협하는 정부에 자신의 권리를 넘겨주고 싶지 않아 한다면 어떻게 될까? 바로 그 지점에서 문화적 위협이 초래된다. 총기 소지권을 위해 목소리를 내는 사람들은 살인 방조자 취급을 받는다. 분열주의자들은 전미총기협회National Rifle Association, NRA가 "손에 피를 묻히고 있다"고 비판했다. NRA가 총기 소지권을 옹호한다는 이유 때문이었다. 코네티컷 주지사인 대니얼 맬로이Daniel Malloy를 비롯한 많은 정치인들이 이와 같은 비판의 대열에 합류했다.[61] 버락 오바마는 총기 권리를 제한하는 행정 명령에 관한 대국민 담화를 발표하는 자리에서 눈물을 닦으며 "총기 로비 단체들이 의회를 인질로 잡고 있다"고 주장했다. 오바마는 의회가 비겁하다고 비난했고, 자신의 정치적 입장

---

* 수정헌법 제2조가 무기를 소지하고 휴대할 권리를 보장한 것은 한갓 정당방위나 사냥, 스포츠를 위해서가 아니라, 민주적으로 선출된 정부가 얼마든지 독재체제로 돌변할 수 있다는 두려움 때문이다(실제 20세기 나치 독일과 스페인, 이탈리아처럼 민주적인 방법으로 선출된 지도자들이 독재자가 된 사례는 역사에서 얼마든지 찾아볼 수 있다). 미국의 국부들은 미국 시민들에게 실질적인 저항권을 보장하길 원했다. 따라서 그들은 수정헌법을 작성할 때 제1조를 통해 표현과 종교, 언론, 집회, 결사의 자유를 보장했고(이를 통해 정부의 폭정을 견제한다), 제1조에 보장된 자유를 미국인들이 실질적으로 누릴 수 있도록 하기 위해 수정헌법 제2조를 통해 무기 소지의 권리를 보장했다. 수정헌법 제2조가 없다면 실질적인 저항권이 보장되지 않게 되어 제1조는 유명무실해진다(미국의 국부들은 이런 유명무실한 권리를 '종이 쪼가리로만 보장된parchment guarantee' 권리라고 평가절하했다). 그렇기 때문에 많은 미국인들이 총기 허용에 따른 어느 정도의 부작용에도 불구하고 수정헌법 제2조를 결사적으로 지켜 내려 하는 것이다. 총기 소유권을 옹호하는 미국인들은 "만약 총기로 인해 사망자가 발생한다는 이유로 총기를 규제한다면, 같은 논리로 자동차 운전도 규제할 것인가?"라고 반문한다. 실제 미국에서 연간 총기 사고로 사망하는 사람의 숫자는 3만 5천여 명으로(그중 약 60퍼센트는 자살), 이는 자동차 사고로 인한 사망자 수와 비슷하다.

에 동의하지 않는 사람들은 "총기 로비업체들의 거짓말에 맞서 일어날 수 있도록 용기를 키워야 할 것"이라고 조롱했다.[62] 물론 오바마가 (마치 거악의 세력을 지칭하는 것처럼)언급했던 '총기 로비 단체'들은 공공이익집단에 불과하고, 평범한 시민들에 의해 유지된다. 하지만 오바마에 따르면 그 단체들은 미국 사회의 품격을 파괴하는 원수들에 불과하다. 오바마는 "공격용 무기를 손쉽게 얻을 수 있도록 만드는 사람들은 (총기 사건의 피해자)가족들을 만나서 도대체 어떻게 그와 같은 행동이 말이 되는지를 설명해야 한다"라고 말했다.[63] 이 조잡하고 고약한 감정을 조지워싱턴 대학의 데이비드 디그라치아David DeGrazia 교수는 다음과 같이 표현했다.

"이제는 총기 소지권이라는 명목하에 매년 수천 명의 무고한 미국인들의 죽음을 용인하는 사람들에게 '안 돼'라고 말할 때다."[64]

하지만 디그라치아의 말과 달리 미국인 중 누구도 무고한 사람들의 죽음을 용인하지 않는다. 많은 미국인들은, 범죄자로부터든 또는 그들의 권리를 침해하는 사람으로부터든, 무고한 미국인들을 보호하는 최선의 방법은 잘 훈련되고 잘 무장된 준법적 미국인들의 존재 그 자체라는 사실을 믿고 있을 뿐이다.

하지만 언론은 총기 권리를 지키려는 미국인들을 사악한 존재로 묘사한다. 2018년 파크랜드 고등학교에서 총기난사 사건이 발생한 지 얼마 되지 않았을 때, CNN은 타운홀 미팅을 열었다. 원래 그 행사는 대화를 장려하기 위해 마련된 자리였다. 하지만 모임이 시작되고 얼마 지나지 않아, 그 타운홀 행사는 당시 NRA의 대변인이었던 데이나 로시Dana Loesch와 플로리다주 공화당 상원 의원인 마코 루비오Marco Rubio를 웃음거리로 만들기 위해 치밀하게 연출된 전체주의적Orwellian '10분의 증오Ten Minutes Hate'*인 것임이 드러났다. 타운홀에 모인 청중들은 로시가 연단 근처로 다가가자 "살인자!"라고 소리치기 시작했다. 루비오 의원은 연단에 올라서서 지극히 감정적이어도 전혀 이상하지 않을 한 학생**과 대화를 해야 했다(훗날 해당 학생은 자신의 발언에 대해 루비오에게 공개 사과했다). 그 학생은 루비오 의원에게 다음과 같이 말했다.

"루비오 의원님. 의원님의 얼굴을 보면서 AR-15의 총열과 총기 난사범의 얼굴을 떠올리지 않는 건 어려운 일입니다."

그 와중 경찰 조사 과정에서 파크랜드 고등학교 총기난사 사건이 발생했을 때 심각한 수준의 공권력 직무유기 범죄를 저질렀던 것으로 밝혀져 파면당했던 브로워드 카운티의 치안 담당관 스캇 이스라엘Scott Israel은 연단의 의자에 앉아 히죽거리며 총기 규제를 옹호하는 진영에 힘을 보태고 있었다. 그 타운홀 방송이 나간 후

---

* 조지 오웰의 『1984』 속 가상의 전체주의 국가 오세아니아의 시민들은 매일 정해진 2분의 시간 동안 '인민의 적 골드스타인'에 대해 분노를 표출하는 '2분의 증오'를 강요받는다. CNN의 타운홀 미팅은 10분간 지속됐기 때문에 '10분의 증오'로 패러디했다.
** 파크랜드 총기 난사 사건의 생존 학생 중 한 명.

CNN은 저널리즘의 탁월함을 보여 줬다는 이유로 서던캘리포니아 대학USC의 노먼리어센터Norman Lear Center로부터 특별상을 수상했다.[65]

분열주의자들의 협박은 여기서 그치지 않았다. 특별히 기업들은 분열주의자들이 효과적으로 공략하는 주요 타깃이 되었다. 언론 조직들과 외부 로비단체들의 압력에 따라 월마트는 수차례나 총기 판매량을 축소시켜 왔다. 크로거Kroger, 엘엘빈L. L. Bean, 딕스 스포팅굿즈Dick's Sporting Goods, 프레드마이어Fred Meyer 등에서도 상황은 마찬가지였다.[66] 이 같은 결정을 한 아웃렛 중 다수는 심각한 수익 하락을 경험하고 있다. 심지어 델타항공사는 NRA 회원들에게는 항공사 할인 혜택을 중단하겠다고 선언하기까지 했다.[67] 분열주의 철학을 가진 폭도들이 정치적 십자포화를 하려고 조준경을 맞췄을 때, 기업들 처지에서는 심지어 정당한 권리를 행사하는 것조차도 그들의 사업을 위험에 빠뜨리게 만드는 위험한 결정이 될 수 있다.

모험과 자유의 정신은 반드시 말살되어야 한다

연합주의자들은 미국적 권리의 문화가 기업가적 모험 정신이라는 독특한 정신에 기반하고 있다고 생각한다. 토크빌은 건국 초기 미국인들을 다음과 같이 묘사했다.

연방에 속한 주들의 끝자락과, 사회와 황야의 경계선에는 가난에서 벗어나기 위해 아버지의 집에서 고통을 마다하지 않을 각오가 되어 있는 강건한 모험가들이 살아가고 있다. 그들은 미국의 고독 속으로 뛰어드는 것plunging into the solitudes of America에 대해서, 또 그곳에서 새로운 모국을 찾아 나가는 것에 대해 전혀 두려움을 느끼지 않는다. 간혹 여행을 지속하다가 단기적 쉼터가 될 수 있을 만한 장소에 도착하게 되면, 개척자는 나무를 베어 쓰러뜨리고 나뭇잎 아래에 오두막을 짓는다. 이처럼 고립된 거처보다 더욱 큰 절망을 가져다주는 장소는 이 세상에 존재하지 않는다. 개척자의 주변은 원시성과 야만성으로 가득 차 있다. 하지만 그는 말하자면 18세기의 사건과 경험의 결과물인 셈이다. 개척자는 마을 사람들이 입고 있는 옷을 입고, 그들이 말하는 언어를 사용한다. 그는 과거를 알고 있고, 미래에 대한 호기심을 가지고 있으며, 현재에 대해 이야기한다. 개척자는 매우 문명화된 사람이다. 다만 그는 지금 이 순간에 수풀 한가운데 살고 있으며, 자신의 손에 성경과 손도끼, 그리고 신문을 들고서, 신세계New World라는 광야의 한가운데로 뛰어들었을 뿐이다.[68]

지난 수 세기 동안, 토크빌이 말한 이 정신은 쇠약해지지 않았다. 미국의 산업을 이끌어 온 사람들, 소기업을 경영했던 사업가들, 발명가들과 엔지니어들, 탐험가들과 학생들을 비롯해, 꿈을 좇아 살아가기 위해 자신의 집을 떠나 더 나은 삶을 건설하기 위해 기꺼이 위험을 감수했던 이들은 모두 바로 이 모험 정신에 의해 영감을 얻은 것이다. 하지만 분열주의자들은 바로 그 모험 정신이야말로 정부에 의해 조직된 응집력 있는 사회를 만드는 폭넓은 비전을 실현하는 데 걸림돌로 작용하고 있다고 생각한다. 분열주의자들의 관점에서 기업가들은 사회에 위협을 끼치고 있으며, 세상의 '공정한' 질서를 어지럽히고 있는 사람들이다. 사실 경제적 자유가 없이는 기업가정신이 구현될 수 없기 때문에, 또 분열주의자들은 경제적 자유 그 자체를 불평등과 야만성의 원인이라고 판단하기 때문에, 그들은 기업가정신을 약화시켜야 한다고 생각한다. 따라서 분열주의자들은 억만장자들을 공공의 적으로 바라본다. 새로운 창조물을 만들어 내는 사람들이 한순간에 거머리로 전락해 버리고 마는 것이다. 자칭 사회민주주의자로 스스로의 정체성을 정의한 민주당 뉴욕주 하원의원 알렉산드리아 오카시오코르테스는 최근 억만장자 기업가들에 대해 다음과 같이 말했다.

"누구도 백만 달러의 값어치를 할 수 없습니다. 하지만 당신들은 십억 달러를 챙겨가고 있죠. 당신들이 그와 같은 제품을 만든게 아닙니다. 수천 명의 직원들이 현대판 노예와 같은 임금을 받으며 일하는 동안 당신들은 그저 편안한 소파에 앉아 있을 뿐입니다. 그리고 어떤 경우에는, 단순히 그런 임금을 받는 데 그치는 것이 아니라, 직원들은 실제 현대판 노예가 되고 있습니다. (…) 당신은 체류 허가증이 없는 사람들undocumented people*의 등골을 빨아먹어서 그와 같은 부를 축적한 것입니다."

이와 대조적으로 오카시오코르테스는 "정부가 곧 우리the government is us"라고 말했다.[69]

분열주의자들은 이 같은 생각을 공공연히 표현한다. 그들은 모험 정신을 죄악시한다. 분열주의자들의 관점에 따르면 합당한 보상을 받아야 하는 이들은 새로운 일을 추진하기 위해 힘있게 박차고 나가는 사람들이 아니라, 도전하지 않고 뒤에 남겨진 이들이다. 만약 연합주의가 모험 정신과 대담성, 낙관주의를 장려하는 철학이라면, 분열주의는 체념과 비관주의를 장려하는 철학이라 할 수 있다. 연합주의적 세계관을 가진 사람들은 스스로에게 다음과 같이 질문한다.

"내 삶을 개선하기 위해 나는 무엇을 할 수 있을까?"

반면 분열주의적 세계관을 가진 사람들은 "왜 나는 내가 마땅히 가져야 할 것들을 아직도 제공받지 못하고 있을까?"라는 질문

---

* '불법 이민자(체류자)'를 순화한 말.

을 달고 살아간다.

분열주의적인 질문에 대한 분열주의적 해답은 간단하다. 시스템 그 자체가 정의롭지 않다는 것이다. 분열주의자들은 경제적 자유가 타도될 때(이들은 '경제적 자유'가 지배계급의 기득권 강화를 포장하고 있는 용어일 뿐이라고 생각한다) 비로소 진정한 정의가 실현될 수 있다고 설파한다. 프랭클린 루스벨트가 '궁핍하지 않을 자유freedom from want'라고 언급했던 진정한 정의는 오직 시장에 족쇄를 채우거나 시장 그 자체를 완전히 전복시킴으로써 실현될 수 있다고 주장하는 것이다. 분열주의자들은 연합주의 철학에서 강조되는 경제적 자유는 실상 '창조적 파괴creative destruction' 같은 달콤한 말로 포장된 착취의 한 형태에 불과하다고 일축한다.

이론적인 면을 살펴봤을 때, 분열주의자들의 주장은 말 그대로 터무니없다. 통상적으로 강압과 연관되는 착취라는 단어의 개념을 재정의하지 않는 이상, 경제적 자유는 결코 착취와 동일한 개념일 수 없다. 그런데 실제로 정치적 좌파들은 그와 같은 방식으로 착취의 개념을 뒤바꿔 놓고 있다. 좌파들은 삶의 환경적 요인으로 인해 사람들이 자신이 사랑하는 일을 하지 못하고 있기 때문에, 그와 같은 사람들은 고용주들에 의해 '착취'당하고 있다고 주장한다. 어떤 이들은 마르크스로부터 좀 더 극단적인 개념을 빌려 와서 직원의 가치는 시장의 수요가 아니라 노동 그 자체를 통해 평가되어야 한다고 말하기도 한다. 소위 말하는 '노동가치설'을 주장하는 것이다. 이 주장을 거칠게 단순화한다면 다음과 같다. 예를 들어 노동자 X는 한 시간에 10달러의 수당을 받고 있다고 해 보자. 이런 상황에서 제품 하나를 생산하는 데 10시간이 필요하다면, 우리는 그 제품에 1백 달러라는 가격표를 붙여야 할 것이다.

하지만 '착취적인' 사장은 해당 제품에 대해 1백20 달러라는 가격을 책정한다. 결과적으로 사장이 20퍼센트의 수익을 탈취해 간다는 논리다. 정치적 좌파들은 이 같은 이윤이 시스템을 틀어 쥔 탐욕적 자본가들에 의해 만들어진 '잉여 가치'이며, 따라서 공정하게 취급하자면 그 이윤은 노동자들에게 돌아가야 한다고 주장했다(엄밀하게 말하면 마르크스는 애덤 스미스나 데이비드 리카르도처럼 자유시장을 전복할 의도가 전혀 없었던 경제학자들로부터 노동가치설에 대한 이론적 기반을 빌려 왔다. 마르크스는 단지 노동가치설을 대중화하고 자신의 착취 이론을 전개하는 데 노동가치설을 핵심 개념으로 활용했을 뿐이었다. 하지만 스미스나 리카르도 중 어느 누구도 노동가치설이 자본가들의 역할과 연관 지어질 것이라곤 상상하지 못했을 것이다).

좌파들의 이 같은 주장은 커다란 문제점을 가지고 있다. 실제 세계에서, 그 주장은 헛소리임이 증명된다는 사실이다. 시장은 그런 식으로 작동하지 않는다. 우리는 특정 노동이 얼마나 '가치 있는지'를 고려하는 것만으로 제품의 가격을 결정할 수 없다. 이 방법은 오히려 실제 가격이 결정되는 과정과 정반대되는 순서를 설명하고 있다. 일단, 소비자들이 특정 제품을 구입하기 위해 얼마만큼의 돈을 지불할 생각이 있는지에 관한 정보가 없는 상황에서, 해당 제품을 만들기 위해 투입된 한 시간의 노동이 얼마나 가치 있는지를 도대체 어떻게 알아낼 수 있다는 말인가? 만약 노동가치설에 따라 특정 제품이 1백 달러의 가치가 있지만(시간당 10달러에 해당하는 10시간의 노동), 어느 누구도 그 제품을 사고 싶지 않아 한다고 해 보자. 그렇다면 노동자들이 만든 그 제품은 실제 아무 가치도 갖지 못한다. 그 말인 즉, 노동자들의 노동 역시 아무 가치가 없어진다는 뜻이다. 소비자들은 제품을 구매하기 위해 얼마만큼의 돈을 기꺼이 지불할 것인가를 보여 줌으로써 해당 제품의 가치를 결정한다. 소비자들 가운데 특정 제품을 만드는 데 투입된 노동량을 계산한 후 그 물건을 살지 말지를 결정하는 사람은 거의 없다(사실상 한 명도 없을 것이다).

게다가 만약 정말로 이윤을 남기는 데 혈안이 된 자본가들이 탐욕적으로 노동을 착취하고 있었다면(여기서 착취는 사전적 의미의 진짜 '착취'를 말한다), 임금은 절대 상승하지 않을 것이다. 하지만 현실에서 임금은 끊임없이 증가한다. 만약 이윤에 혈안이 된 자본가들이 노동 하나만을 통해 이익을 쥐어 짜내서 끊임없이 이익 마진을 유지할 수 있다면, 제품의 가격은 더욱 저렴해지지 않고, 품질 역시 개선되지 않을 것이다. 하지만 현실에서는 그와 반대 현상이 나타난다.

그렇다면, 소위 말하는 '약탈적인' 자본가들은 실제로 어떤 기능을 감당하고 있을까? 그들은 모든 위험을 짊어진다. 자본가들은 자본을 투자한다. 또 노동자들을 고용하고, 생산과 마케팅에 필요한 비용을 지불한다. 또 만약 제품이 팔리지 않으면, 자본가들이 모든 비용을 부담한다. 그들은 원재료를 구입하고, 기계 설비에 투자하며, 제품 판매에 필요한 인사과에 인원을 충원한다. 또 많은 경우, 자본가 자신이 제품을 개발해 내기도 한다.

그럼에도 불구하고, 노동가치설은 상당히 매력적인 것처럼 들린다. 우리는 스스로를 노동자라고 생각하고, 우리의 노동에 어떤 고유한 가치가 내재하고 있다고 믿기를 좋아하기 때문이다. 그렇기 때문에 새로운 산업이 부상함에 따라 다른 한 산업이 사라지는 모습을 볼 때, 또 경쟁력이 없다는 이유로 노동자들이 해고되고 회사가 문을 닫을 때, 우리의 감정이 상하는 것이다. 우리는 그와 같은 현상이 '공정'하지 않다고 생각하는 경향이 있다.

이 같은 상황 속에서 분열주의자들은 책임을 전가할 대상을 찾는다. 그들은 창조적 파괴가 발생할 때 부정적인 영향보다 긍정적인 영향이 훨씬 더 많이 발생한다는 사실을 인정하지 않으려 한다. 그 대신 분열주의자들은 부유한 자들에 의해 경제가 '조작'되고 있다고 주장한다. 이와 같은 주장이 바로 버니 샌더스가 종종 언급하는 설명이다.

"GDP와 주식시장, 그리고 실업률과 같은 거시경제적 수치들이 강하게 나타나고 있음에도 불구하고, 수백만에 달하는 중산층과 노동자들은 간신히 생계를 꾸려 나가고 있다. 반면 억만장자 계급은 우리가 국가 구성원으로서 집단적으로 창출해 낸 부에서 가장 큰 몫을 챙겨가고 있다."[70]

하지만 샌더스가 말한 '억만장자 계급'은 문자 그대로 실존하는 계급이 아니다. 그들은 기업가들일 뿐이며, 현재 억만장자가 된 사람들 중 대다수는 억만장자로서 커리어를 시작하지 않았다. 게다가 기업가들은 집단에 의해 창출된 그 어떠한 부도 '챙겨 가고' 있지 않다. 왜냐하면 부는 집단에 의해 창출되지 않기 때문이다. 부는 전 세계에 있는 소비자들의 필요를 충족시키기 위해 제품을 생산하고, 자본가들에 의해 종종 자금 조달을 받으며, 직원들과 함께 일하고 있는 고용주들에 의해 창출된다.

현실 속에서 버니 샌더스는 부를 창출해 내는 과정에서는 자본주의에 의존하고, 그렇게 창출된 부를 정부를 통해 재분배하려 한다. 언론의 카메라가 없는 비공식 자리에서, 샌더스는 미국의 주요 산업들을 국유화해야 한다고 주장하며, 이윤을 창출하려는 동기 그 자체를 폄하했다. 역사적으로 이 같은 전략은 인류에게 비참함만을 가져다주었을 뿐이다. 물론 모두가 '공평하게' 비참해지긴 했지만 말이다.

안타깝게도 '공평'에 관한 우리의 기분은 현실과는 아무 상관이 없다. 공평과 번영 역시 서로 관계가 없음은 물론이다. 자유시장은 일반적으로 노동자들을 착취하지 않을 뿐만 아니라, 지난 수십 년 동안 지구상에 있는 상당수의 사람들을 치명적인 빈곤으로부터 구출해 냈고, 역사 가운데 나타난 거의 모든 핵심적 기술혁신에 대한 기반을 제공했으며, 거의 모든 제품들의 품질을 향상시켰고, 가격을 낮춰 왔으며, 해당 소비자들이 제품들을 더욱 손쉽게 구할 수 있도록 만들어 주었다. 자유시장은 사회적 삶이라는 사실의 집합체인 개인들의 지혜에 의존하고 있다. 이와 같은 자생적 시스템을 탄압하려 하는 사람들은 결국 고통과 빈곤을 남기게 된다.

자유시장으로 인해 19세기가 시작된 이래로 번영이 기하급수적으로 확대되어 왔기 때문에, 정치적으로 좌파 진영에 속하는 사람들은 자유시장으로 인해 사람들의 형편이 나빠졌다는 식의 논리를 설득력 있게 주장할 수 없게 되었다. 대신 좌파들은 소득 불평등으로 관심을 돌리며, 부자들은 더욱 부유해지는 반면, 가난한 사람들은 부자들보다 느린 속도로 부유해지고 있다는 주장을 전개하기 시작했다. 하지만 샌더스는 아예 이 부분에 대해 노골적인 거짓말을 하고 있다. 샌더스는 실생활에서 가난한 사람들이 더욱 가난해지고 있다고 말한다. 그게 아니라면 그는 최소한 이야기 도중 은근슬쩍 그와 같은 주장을 암시한다. 하지만 그건 한마디로 터무니없는 소리다. 샌더스의 주장과 달리, 실제로 많은 돈을 버는 사람들은 경직된 계층이 아니었다. 사람들은 일생 동안 소득분위상에서 끊임없이 위치를 이동해 나가기 때문이다.

게다가, 중산층이 소멸되었다는 건 너무나 과장된 주장이다. 소득분위상에서 5만 달러와 10만 달러 사이 연봉 구간을 벗어났던 절대다수의 사람들이 (그 아래 구간으로 내려가는 것이 아니라)연봉 10만 달러 이상의 구간으로 진입하는 걸로 나타났기 때문이다. 또 미국의 경제가 유럽에서 사민주의를 실시하는 나라들에 비해 덜 경쟁력 있다는 주장의 진위를 살펴보자면, 지난 수십 년 동안 미국의 경제는 독일, 프랑스, 또 일본과 같은 나라들보다 몇 배나 빠른 속도로 성장해 온 것으로 나타났다.[71]

상위 1퍼센트에 대해 비판의 열을 올리는 사람들은 경제적 불평등이 존재한다는 사실 그 자체가 사회 전반의 안정성을 위협하고 있다는 주장을 노골적으로 펼친다. 많은 사람들에게 사랑받는 『21세기 자본론』의 저자이자 프랑스인인 토마 피케티Thomas Piketty는 "자유시장이 잠재적으로 민주 사회와 그 바탕을 구성하는 사회적 정의의 가치에 대한 위협이 되고 있다"고 주장한다. 하지만 역사상 그 어떤 경제 시스템도 경제적 자유보다 더 많은 부를 창출해내지 못했다. 또 특별히 경제지표상에서 하위 계층에 속하는 사람들이 자유 시장의 혜택을 받았다. 단순 비율을 놓고 본다면, 6번째 자가용 비행기를 구입하는 억만장자들이 이제 막 임금 인상을 받았지만 가난에 시달리고 있는 사람들에 비해 더 빠른 속도로 부를 축적하고 있는 것은 맞다. 하지만 윤리적 관점에서 봤을 때는 경제적으로 어려움에 시달리는 사람들이 임금 인상을 얻게 되는 것이 훨씬 더 중요한 일이라고 할 수 있다. 그리고 가난한 사람들이 그와 같은 이득을 취할 가능성 자체를 훼손하는 체제가 있다면, 그것이 어떤 시스템이라고 할지라도, 실제 그 시스템은 사회적으로 정당하다 말할 수 없다. 미국의 경제학자 디어드리 맥클로스키Deirdre McCloskey는 이 부분을 정확하게 관찰해 냈다.

> 상대적인 용어로 표현해 보자면, 선진국의 가장 가난한 사람들과 가난한 나라의 억만장자들이 (자유시장의)가장 큰 수혜자들이 되어 왔다. 부자들이 더욱 부유해졌다는 것은 사실이다. 하지만 오늘 날 가난한 사람들은 가스 난방과 자동차, 천연두 예방접종, 실내 화장실을 가지게 되었고, 저렴한 가격에 여행을 할 수 있게 되었 다. 또 여성들의 권리, 낮은 영아 사망률, 충분한 영양섭취, 평균 키 증가, 두 배의 평균 수명, 아이들을 위한 교육, 신문 구독, 투 표권, 대학 진학의 기회와 존경의 대상이 될 수 있는 기회를 얻게 되었다.[72]

이와 같은 부분을 직시한다면 대부분의 좌파들도 결국 현실을 인정할 수밖에 없다. 따라서 그 대신 좌파들은 엘리자베스 워런 의 경우처럼 자본주의는 약탈이라고 주장하며 시장을 훼손하려 하거나, 베토 오로크처럼 자본주의에 기반한 미국의 경제를 "불 완전하고, 불공평하고, 불공정하며, 인종차별주의적"이라고 비판한다.[73] 만약 인류에게 번영을 가져다준 역사상 가장 위대한 동력에 대해 립서비스를 하는 동시에 여전히 그 동력에는 문제가 있으며 근본적 변화가 필요하다는 입장을 가진다면, 그 동력이 파괴됨에 따라 나타나는 비극적 결과에 대한 책임을 손쉽게 회피할 수 있게 된다. 이들이 말하고자 하는 건 명백하다. 자유 시장 그 자체가 사악하다는 것이다. 힐러리 클린턴은 2016년 선거가 마무리된 후 자본주의에 대한 신념이 확대되면 민주당을 기반으로 한 정치인들의 당선 가능성이 축소된다고 인정했다.[74] 그렇기 때문에 많은 민주당 정치인들은 힐러리와 같은 태도를 가지고 유세에 임하고 있다. 2020년 선거 사이클이 진행 중일 때, 엘리자베스 워런은 "억만장자들의 눈물"이라는 로고가 적힌 머그컵을 판매하기 시작했다. 또 자칭 중도를 표방하는 피트 부티제지는 워런에 비해 자신의 재산이 비교적 적다는 부분을 어필 했으며, 따라서 자신이 대통령 후보로서 자질을 보다 잘 충족시키고 있다고 강조했다. 이 같은 상황을 비꼬며 코미디언 트레버 노아Trevor Noah는 다음과 같이 말했다.

"진보적인 백인들이 '부유하다'는 말을 듣는 건 흑인들이 '깜둥이'라는 말을 듣는 것과 같다. '부유하다'는 말에 대해 진보주의적 성향의 백인들은 다음과 같은 반응을 보인다. '어떻게 감히 나에게 부유하다고 말할 수 있어? 나는 그냥 편안할 정도의 생활을 하고 있는 것일 뿐이라고. 알겠어?'"[75]

권리를 보장하는 문화에 대한 초당적 공격

분열주의자들이 권리 보장의 문화를 지탱하는 우리의 제도뿐만 아니라 우리의 권리 자체에 대한 공격을 감행함에 따라, 보수 진영에서는 하나의 반작용 현상이 나타나게 되었다. 일단 참고적으로 말하자면, 그 현상은 자유주의적 성향과는 거리가 멀었다. 그 대신, 우파 진영에서는 새로운 운동이 힘을 얻기 시작한다. 이 새로운 운동을 지지하는 사람들은 보다 높은 우선순위를 실현하기 위해 개인의 권리는 잠시 보류해 둬야 하며, 강요에 바탕한 문화를 확대하기 위해 권리에 바탕한 문화는 폐기되어야 한다고 주장했다. 이들은 사회적 조직들을 재건하기 위해선 정부의 강제력이 필요하다고 말한다.

미국 우파 진영에 속한 많은 사람들은 큰 정부에 대한 의존이 선택이 아니라 필수라고 주장한다. '공공선common good'을 이루려면 큰 정부가 필요하다는 논리다. 이들은 가정과 교회와 같은 사회적 기관들의 파괴가 정부 개입에 따른 결과물이 아니라 자유주의 그 자체에 따른 결과물이라고 주장한다. 이 같은 관점을 가진 사람들은 개인의 권리를 보장하는 개념이 공동체에 대한 인간의 필요를 제대로 충족시키지 못하며, 따라서 한 사회에서 통용될 수 있는 집단적 기준을 제공해주지 못한다고 말한다(우파 내에서 큰 정부를 옹호하는 사람들은 개인의 권리가 보장됨에 따라 우리는 서로와 필연적으로 갈등을 겪을 수밖에 없는 원자화된 파편으로 전락하고 말았다고 주장한다). 이들은 개인의 권리가 본질적으로 상대주의적이며, 따라서 개인의 권리가 보장되면 서로 다른 경쟁 관계에 있는 '선the good'의 개념이 난립하게 될 것을 우려한다.

『왜 자유주의는 실패했는가』의 저자인 패트릭 드닌Patrick Deneen은 이와 같은 주장을 가장 설득력 있게 제시하는 사람이다. 드닌에 따르면 미국의 국부들은 "그들이 가졌던 원자론적인 철학으로 인해 우리의 시민적 기관들이 용해될 것이라는 사실을 예측하지 못했다는 점에서 오류를 범했"고 설명했다. 또 드닌은 자본주의를 강력하게 비판하며 다음과 같이 말했다.

"자유주의의 하녀인 동시에 그 이론을 작동할 수 있도록 만드는 엔진이기도 한 (자본주의)경제 시스템은 프랑켄슈타인 괴물과 같아서 스스로의 목숨을 앗아가게 되며, 그 시스템의 절차와 논리는 소위 역사상 가장 위대한 자유를 누리고 있다는 사람들의 손아귀를 벗어나게 된다."[76]

드닌은 자유를 지향하는 개인들이 결국 전통적인 사회적 관행에 반대하는 좌파 사상가들과 공통의 대의를 공유하게 됐다고 주장했고, 그에 따라 우리가 소위 말해 매정한 자본주의 체제와 함께 책임감 있는 기준이 아니라 개인 차원의 선택에 따라 좌지우지되는 성의 정치학sexual politics을 가지게 되었다고 설명했다.

이 같은 우익 사상가들은 정부의 용도를 권리의 문화를 전복시키고 무너져 가는 사회적 기관들을 재건하는 도구로 변경할 수 있다고 주장한다. 아메리칸원칙프로젝트American Principles Project의 사무총장인 테리 쉴링Terry Schilling은 보수 기독교 저널인 〈First Things〉에 최근 기고한 글에서 "새로운 보수주의가 탄생하고 있다. 이 새로운 보수주의를 따르는 사람들은 우리 국가의 쇠퇴를 관리하는 것보다 정치적 힘을 이용해 덕, 공공 도덕, 그리고 공공선 등을 증진하는 것에 더 깊은 관심이 있다. 보수주의자들은 그들을 주요 공직에 선출해 준 나라를 다스리는 것에 대한 두려움을 떨쳐 버릴 필요가 있다."[77]

분열주의자들과 소위 '공공선 보수common good conservatives'라고 불리는 사람들이 가지는 공통점은 특별히 경제를 대하는 그들의 태도에서 가장 명확하게 나타난다. '공공선 보수'들은 사회적으로 보수주의적 관점을 갖고 있는 사람들의 이익을 보장하기 위해 자본주의는 규제되어야 한다고 주장한다. 경제학자 조지프 슘페터Joseph Schumpeter는 자본주의 체제하에서 집단 정체성과 종교에 기반한 사회 안전망이 무너지고 사람들은 개인주의화되는 경향이 있다고 분석했다. 슘페터는 그와 같은 경향에 따라 자본주의 체제에서 살아가는 시민들이 '사유재산과 부르주아적 가치관의 전모'에 대해 부정적 태도를 갖게 되는 결과를 맞이할 수 있다고 우려했다.[78] 이와 같은 슘페터의 지적에 동의했던 우파 진영의 많은 사람들은 자유시장 그 자체가 문제라고 주장했다. 영적 결핍은 영적 수단을 통해 치유되어야 한다고 인식하는 대신, 공공선 보수들은 영적 결핍으로 인해 발생하는 문제를 시정하고 '공공선'을 장려하기 위해 시장은 엄격하게 규제되어야 한다는 이야기를 하기 시작했다. 패트릭 드닌을 비롯해 〈미국의 보수The American Conservative〉 매거진의 선임 편집장인 로드 드레허Rod Dreher를 포함한 공공선 보수주의자들은 〈First Things〉에 공동 기고한 글에서 자유시장이 미국 사회의 원자화, 영혼 말살, 또 물질만능주의를 장려하는 도구로 사용되고 있다며 자유시장을 비판했다. "사망한 컨센서스를 비판하며Against the Dead Consensus"라는 글에서 그들은 다음과 같이 말했다.

우리는 개인의 풍요로 특징되는 영혼 없는 사회에 반대한다. 우리 사회는 자녀가 없는 사람들, 건강한 사람들, 지적으로 경쟁력 있는 사람들의 필요를 우선시해선 안 된다. 우리는 노동자들에게 적합한 나라를 원한다. 공화당은 너무 오랫동안 노동자들과 서민들보다 투자자들과 소위 "일자리 창출자들"이라고 하는 사람들을 우선해왔고, 상당수의 미국인들을 마치 시간을 투자할 가치가 없는 사람들인 것처럼 취급해 왔다. 우리는 자본의 수요만큼이나 노동자 계층의 외침에 귀 기울이는 정치적 운동이 잠재력을 가지고 있다는 사실을 믿는다. 미국인들은 자신의 정체

성을 확인하는 데 소비자로서 보다 노동자로서 더욱 강한 자부
심을 느낀다. 경제 정책과 복지 정책은 소비보다 노동을 우선시
해야 한다.[79]

위에서 사용된 언어는 사회주의자들이 너무나 편안하고 친숙
하게 느끼는 용어다. 선언문은 마르크스가 말한 노동가치설을 포
장지만 바꿔서 말한 것과 같다. 노동가치설을 옹호하는 사람들의
주장에 따르면, 가격은 소비자 개인의 선호에 따라 나타나는 총
수요가 아니라 계량화되지 않는 노동 투입량에 의해 결정돼야 한
다. 소비자들에 의해 가격이 결정되도록 하는 것이 아니라, '더욱
공정한' 경제를 만들어 나간다는 비전을 명분으로 해서, 엘리트
들이 노동의 가치를 평가하도록 하고, 그 추정치를 기반으로 경
제 정책을 수립해 나가는 것이다. 바로 이것이 집단주의적 정부
의 핵심 오류라고 할 수 있다. 우리는 분명히 슘페터가 말한 창조
적 파괴에 따른 충격을 완화시킬 수 있다. 하지만 소비자들에 의
해 분산하여 조달된 시장 가치가 아니라 소수 엘리트들에 의해
하향식으로 산출된 노동 가치를 강제하는 쪽으로 시장의 방향을
틀어 버리는 것은 시장 그 자체를 완전히 전복시키는 것과 다름
없다. 그리고 정부의 역할을 제한하는 부분에서 '공공선 보수주
의자'들이 가지고 있는 시각은 노골적인 분열주의자들의 시각에
비해 결코 낫다고 말할 수 없다.

놀랍게도, 한때 티파티Tea Party*의 일원이기도 했고, 현재 플로리다주의 공화당 상원의원으로 활동하는 마코 루비오는 경제 분야에서 '공공선 자본주의' 운동의 주요 옹호자가 되었다. 사실 '공공선 자본주의'라는 말 자체는 자기 모순적이다. 왜냐하면 자본주의는 개인들이 자신의 창의성과 노동에 대해 스스로 결정을 내리고, 그로부터 파생되는 결과를 통해 모두에게 혜택이 돌아가도록 하는 제도이기 때문이다. 자본주의를 묘사하려면 굳이 '공공선'이라는 수식어가 필요하지 않다. 자본주의는 합의 아래 이뤄진 상호의 이익에 부합하는 교환을 보상하는 시스템이다.

하지만 루비오는 경제적 자유가 미국인들을 뒤처지게 만든다고 주장한다. 따라서 우리는 자유를 제한해야 하고, 그 자유를 이용해 미국 사람들 가운데 뒤처진 특정 소小집단들을 도와줘야 한다는 것이다. 루비오는 교황 레오 13세가 발표한 레룸 노바룸 Rerum Novarum 회칙(1891)을 인용하며 기업들은 "이익을 낼 수 있도록 해준 노동자들과 사회를 위해 그들이 획득한 이익을 생산적으로 재투자할 의무가 있다"는 원칙을 제시했다. 하지만 루비오가 언급한 '재투자'는 기업들이 일상적으로 진행하는 투자와 다

* 공화당 내부에서 증세에 반대하고 균형재정 달성을 위해 노력하는 자유주의 성향 의원들의 모임. 'Taxed Enough Already (이미 충분히 많은 세금을 거뒀다)'의 이니셜 TEA에다가, 영국이 식민지 홍차에 매긴 중과세에 항의한 사건으로 미국 독립전쟁의 도화선이 된 1773년의 보스턴 차 사건(Boston Tea Party)을 병치한 작명.

를 게 하나도 없다. 기업들은 새로운 기술을 개발하고, 제품을 만들며, 직원들에게 임금을 주는 방식으로 투자를 하고 있다. 또 기업이 주식시장에서 하는 모든 활동과 예금 및 대출을 받는 모든 행위 역시 투자의 범주에 들어간다. 나중에 알려진 일이지만, 루비오가 언급했던 '재투자'는 결국 위에서 언급된 '투자'와 전혀 다르지 않은 걸로 나타났다. 하지만 루비오는 자유시장이 우리에게 '존엄한 일자리dignified work' 또는 '광범위한 국익'을 제공하지 않았기 때문에 시장은 실패했다고 주장했다. 루비오는 '경제적 재배열에 따른 희생자들'이 발생했다는 사실을 한탄했다. 루비오는 가정의 죽음이 자본주의 때문이라고 말하며 다음과 같이 설명했다.

"우리의 경제가 수백만의 사람들에게 존엄한 일자리를 제공해 주지 않을 때, 가정과 공동체는 무너지고 맙니다."

루비오는 사회 전반에 걸쳐 분열 현상이 만연한 가운데, 그가 '번영하는 집단'이라고 명명한 계층이 만들어졌다는 사실에 대해 안타까움을 나타냈다. 그와 같은 설명을 한 후 루비오는 정치적 좌파들이 즐겨 쓰는 언어를 사용하며 다음과 같이 말했다.

"미국인들은 바로 이와 같은 문제를 만들어 낸 당사자들에 의해 조작된 시스템에 대해 분노하고 있습니다."

또 루비오는 "문화와 경제 사이에 불가분의 유착 관계"가 존재한다는 사실을 받아들여야 한다고 촉구했다.[80]

이것은 대단히 잘못된 생각이다. 중국 정부의 상거래 남용을 엄중하게 단속하는 정책은 충분히 납득할 만하다. 또 특정 산업군에 경우에 따라 세금 감면 혜택을 줄 수도 있다는 주장 역시 근거 없는 소리가 아니다.[*] 하지만 결국 원인을 찬찬히 따지고 보면 미국 문화의 붕괴는 루비오가 언급했던 그런 경제적 상황과는 아무런 관련이 없다. 미국의 전통적 가치는 1960년대에 붕괴되었다. 당시 미국의 경제는 호황기였고, 당시 사람들은 루비오가 언급했던 '존엄한 일자리'를 여전히 가지고 있었다('존엄한 일자리'는 통상적으로 포드 자동차 공장 생산직을 지칭했던 말이다). 심지어 정부의 경제 개입은 루비오가 지적했던 바로 그 사회적 붕괴를 오히려 가속화시키는 결과를 낳았다.

폭스 뉴스의 간판 앵커인 터커 칼슨Tucker Carlson은 루비오보다 더 감성적이며 노골적인 언어를 사용하며 자유시장을 반대하는 주장을 펼친다. 2019년 1월 자본주의에 대해 칼슨이 했던 설명을 한번 살펴보자.

　시장 자본주의는 목공용 타카나 토스터처럼 하나의 도구에 불과하다. 자본주의 그 자체를 신봉하는 건 멍청한 행위다. 우리의 시

---

[*] 　중국에 농산물을 대량 수출하던 미국 농가가 트럼프 재임 기간 미·중 무역 분쟁으로 큰 타격을 입자 트럼프 행정부가 농업 종사자들에게 감세와 보조금 혜택을 준 데 대해, 샤피로는 예외적이고 불가피한 지출은 인정하되 보편적인 지원은 사실상의 반자유무역으로 보아 반대하는 입장이다.

스템은 인간의 이익을 도모하기 위해 인간에 의해서 만들어졌다. 우리는 시장의 이익을 위해 존재하지 않는다. 시장이 우리의 이익을 위해 존재한다. 만약 어떤 시스템이 가정을 약화시키거나 파괴시킨다면, 그 시스템은 유지할 가치가 없다. 그와 같은 시스템은 건강한 사회의 적이기 때문이다. 이해타산에만 골몰하는 사람들이 우리를 다스리고 있으며, 그들은 자신이 다스리는 사람들에 대해 그 어떤 장기적 의무감도 느끼지 않는다.[81]

칼슨의 주장은 거의 모든 방면에서 철저하게 오류로 가득 차 있다. "표현의 자유가 우리에게 적합하도록" 만들 수 없는 것처럼, 우리는 "시장이 우리에게 적합하도록" 만들 수 없다. 표현의 자유와 시장은 이미 우리에게 적합한 방식으로 작동하고 있다. 왜냐하면 표현의 자유와 시장은 우리를 해하지 않기 때문이다. 자유로운 시장과 자유로운 표현이 우리의 자산이 되도록 만드는 가장 확실한 방법은 선한virtuous 삶을 살면서 다른 이들 역시 그와 같은 삶을 살 수 있도록 격려하는 것이다.

자유시장으로 인해 피해를 받는 집단 개념의 '우리'가 존재한다는 칼슨 주장의 핵심 오류는 명백하다. 칼슨은 다른 사람들의 혜택을 파괴하는 한이 있더라도, 시장에 따라 발생하는 혜택을 재분배할 수 있다고 생각한다. 시장에 대한 정부 개입에는 항상 대가가 따른다. 어떤 경우는 그만한 대가를 치르면서까지 개입할 가치가 있을 때도 있다. 하지만 특정 그룹의 혜택을 빼앗아 와 다른 어떤 그룹이 혜택을 받을지를 소수 엘리트가 결정하도록 하는 것은 개인의 권리에 기반한 사회의 원칙에 정면으로 어긋나며, 그와 같은 태도는 결국 개인과 국가의 성공 모두에 악영향을 끼친다.

시장은 인간 본성과 자연권으로부터 파생된 자연적 결과물이다. 당신은 당신 자신을 소유하며, 당신은 스스로의 노동을 소유한다. 그리고 정당한 보상 없이 그 누구도 집단의 이익을 위해 당신으로부터 노동을 빼앗아 갈 권리를 갖고 있지 않다. 자유시장이 성공하는 이유는 그것이 인간 본성에 관한 진실을 정확하게 반영하고 있기 때문이다. 자유시장은 인간이 창조의 욕구, 획득의 욕구, 소유의 욕구, 또 우리 주위 환경을 통제하려는 욕구 등을 가지고 있다는 점을 반영하고 있다. 유토피아적 이상을 실현하려는 다른 계략과 마찬가지로, 개인의 권리를 타도함으로써 인간 본성을 변화시키려 하는 시도는 실패와 억압으로 귀결될 수밖에 없다.

(사회주의자들이 주장하는)착취의 용어를 사용함으로써, '공공선 보수주의자'들은 보수적 사회를 건설하겠다는 목적을 성취하기 위해 좌파들의 레토릭을 받아들인다. 또 경제 시스템의 목적은 가족 단위를 만들어 나가는 것이라고 주장함으로써, '공공선 보수주의자'들은 심각한 범주상의 오류category error를 범하고 있고, 또 그렇게 함으로써 인간의 모든 행동은 경제 시스템에 의해 설명될

수 있다는 개념을 골자로 하는 마르크스적 유물론에 빠져들게 된다. 제대로 작동하는 경제 시스템은 번영을 만들어 낸다. 제대로 작동하는 영적, 문화적 시스템은 정상적 기능을 감당하는 가정을 만들어 낸다. 수천 년의 세월 동안, 최악의 경제적 궁핍 속에서 살아갔던 사람들은 결혼해서 가정을 꾸렸으며, 교회를 다녔고 신앙생활을 했다. 또 자유시장의 시대가 도래하고 난 이후 150년이라는 시간 동안 가족 구조는 그대로 유지되었다. 하지만 좌파가 주도하는 사회적 변화가 나타났을 때, 가정은 붕괴되었다. 가정의 붕괴를 경제적 번영의 탓으로 돌리는 것은 사회적 조직의 미래를 인간 번영의 절대적 감소와 연관시키는 것과 같다. 그와 같은 접근은 잘못된 혼합일 뿐만 아니라, 위험하기까지 하다. 이 상황에서 추가적으로 선동가들이 개입하게 된다면, 사회는 엄청난 피해를 입게 될 것이다.

하지만 칼슨은 여기서 한 걸음 더 나아간다. 그는 공공연하게 엘리자베스 워런 스타일의 정부주도 계획 정책을 옹호한다. 워런이 "미국의 노동자들을 돕기 위한 공격적 개입"이라고 지칭한 자신의 정부 주도 하향식 계획경제 정책을 제시하자, 칼슨은 워런의 발언을 대강 인용하며 그 정책에 사용된 용어에 집중한 후 다음과 같이 말했다.

"물론입니다. 이 회사들은 미국의 깃발을 흔들지만, 미국에 대해 어떤 충성심이나 애국심도 가지고 있지 않습니다. 정치인들은 그들이 미국인들의 일자리에 대해 관심 갖고 있다고 말하길 좋아합니다. 하지만 지난 수십 년 동안, 바로 그 정치인들은 '자유시장의 원리'를 운운하며 미국의 노동자들을 위해 시장에 개입하길 거부해 왔습니다."

칼슨은 발언을 이어 갔다.

"제가 한 말 중 틀렸다고 생각하는 부분이 있나요? 아마 없을 겁니다. 워런을 보면 꼭 전성기 시절 도널드 트럼프를 보는 것 같군요."[82]

칼슨은 또 폴 싱어Paul Singer 같은 투자가들이 회사를 구입해 이윤을 얻기 위해 공장을 옮기거나 사업 규모를 축소하는 것에 대해 '벌처 자본가vulture capitalist'＊같다고 강력히 비판했다. 하지만 칼슨을 비롯해 소위 '공공선 보수주의'를 표방하는 사람 중 누구도 자유시장을 작동하게 만드는 메커니즘을 배제한 상황에서 어떻게 하면 자유시장 경제가 만들어 내는 번영을 유지할 수 있는지에 대한 계획을 설명하지 못했다.

경제적 권리를 보장하는 우리의 문화는 단순히 역동성을 만들어 낼 뿐만 아니라, 더욱 역동적인 미국인들을 만들어 낸다. 경제적 자유는 우리로 하여금 앞으로 힘 있게 나갈 수 있도록 해주며, 창조할 수 있도록, 우리의 꿈을 따라갈 수 있도록, 기업가가 될 수

＊　부실기업을 싸게 사들여 극단적인 방법으로 정상화한 후 되팔아 이익을 창출하는 자본가. '벌처'는 콘도르.

있도록, 또 경쟁하고 극복할 수 있도록 만들어 준다. 칼슨은 그와 같은 문화에 대해 분명한 반대 주장을 펼친 것이다. 2019년 내가 그를 인터뷰 했을 때, 칼슨은 미국인들이 자신의 조부모님들이 태어나고 돌아가신 마을로부터 떠날 것을 기대받는다는 사실이 부당하다고 말하며, 트럭 운송에 종사하는 노동자들을 보호하기 위해 무인 트럭을 금지해야 한다고 주장했다. 많은 미국인들이 이와 같은 주장에 동의하는 것처럼 보인다. 이동이 훨씬 더 간편해졌음에도 불구하고, 오늘날 미국인들은 과거 그 어떤 세대에 비해 적게 이주하고 있다. 1950년대의 통계를 살펴보면, 매년 미국인 5명 가운데 1명은 자신의 거주지를 떠나 다른 곳으로 이사했다.[83] 반면 오늘날에는 10명 중 1명도 그렇게 하지 않는다. 그와중, 미국에서 창업률은 급속히 감소하고 있고, 특별히 젊은 미국인들 가운데 그와 같은 현상이 두드러지고 있다.[84] 또 점점 더 많은 젊은 미국인들이 사회 보장제도를 제공하는 큰 정부 철학을 수용하고 있는데, 이들이 경제적 자유에 대해 점점 더 큰 반감을 나타내는 것은 결코 우연이 아니라고 생각한다.

경제적 자유의 문화는 정부로부터 무언가를 기대하는 경제적 기대의 문화로 대체되고 있다. 그리고 경제적 기대의 문화는 필연적으로 경제적 폭압의 문화를 낳게 된다.

소결

미국을 파괴하는 두 번째 단계는 우리가 가진 개인 권리 존중의 문화를 훼손하고 정부의 보호에 의존하는 문화로 이를 대체하는 것이다. 다시 말하지만, 이 같은 접근은 곧 우리가 개인차원에서, 또 사회차원에서, 서로에게 기대고 있는 신뢰를 없애 버리고 그 빈자리를 스스로의 도덕성을 과시하며 방랑하는 폭도들의 문화로 대체하는 것인 동시에, 다른 사람들을 희생하는 대가로 소수에 의해 좌우되는 하향식의 정부를 옹호하는 것이다. 이와 같은 문화가 통용되는 나라에서는 논란이 되는 이슈가 부각될 때마다 사회는 한계점에 다다른 것처럼 느껴지며, 정치적 결정 하나하나가 모두 생사를 다투는 문제처럼 취급된다.

우리는 연합주의적 문화라는 테두리 안에서 혼란스럽고 시끌벅적하지만 자유가 흐르는 공간 가운데 살아갔다. 그 공간에 살아가는 사람들은 개인의 권리가 우선돼야 하며, 그 권리는 사회적 기관들에 의해 균형을 이뤄야 한다는 점을 충분히 인지하고 있었다. 하지만 정부에 의해 보호받는 개인의 권리와 사회적 기관들에 의해 장려되는 사회적 의무 사이에서 발생하는 그 균형은 분열주의자들이 제시한 대안적 문화에 의해 타도되어 버리고 말았다. 권리와 의무 사이의 균형을 강조하는 대신, 분열주의적 문화는 정부가 개인들에게 보장해 줄 일들을 약속하고 있다. 표현과 모험을 보장하는 소극적 자유가 아니라, 궁핍과 두려움으로부터 해방시켜 주겠다는 적극적 자유를 약속하고 있다. 또 분열주의적 문화를 지지하는 사람들은 좋게 말하면 교회와 가정 같은 사회적 기관들에 무관심하고, 나쁘게 말하면 그와 같은 기관들에 대해 공공연히 반감을 표출하는 문화 엘리트들의 명령에 따라 움직이는 폭도들이 만들어 낸 권리 개념을 도입하겠다는 약속을 하고 있다.

분열주의적 문화가 점점 더 힘을 얻는 이유는, 그것이 의무를 동반한 문화가 아니라 기대감에 기반한 문화이기 때문이다. 한때 존 F. 케네디는 미국인들에게 국가가 당신들을 위해 무엇을 해 줄 수 있는지를 묻지 말고, 당신들이 국가를 위해 무엇을 할 수 있는지를 자문해 보라고 이야기했다. 케네디의 발언은 절반은 틀렸다. 왜냐하면 미국인들은 가정과 사업장, 공동체와 나라를 위해 하는 그들의 모든 행동이, 결국 본질적으로는, 동일할 수밖에 없는 그런 문화를 건설했기 때문이다.* 하지만 또 케네디 발언의 절반은 옳다. 미국인들은 국가에 오직 자유를 누릴 기회 하나만을 요구했기 때문이다.

---

* 인용한 케네디의 말은 1961년의 유명한 취임연설이다. 그러나 전통적인 미국의 문화에서는 자신과 가정을 위하는 일, 사업장과 공동체, 그리고 나라를 위해 하는 일 사이에 경계선이 없었으므로 자신을 위해 일하는 것이 곧 사회와 국가를 위한 것이었고, 국가를 위해 일하는 것이 곧 자신과 가정을 위하는 것이었다.

분열주의적 문화는 안정을 보장한다는 명분으로 자유를 박탈한다. 분열주의적 문화는 열기를 돋우는 것이 아니라 기력을 떨어뜨리고, 기업가정신이 아니라 애걸복걸하는 정신을 주입시킨다. 따지고 보면, 연합주의적 문화는 개인의 야망과 사회적 기관들의 힘, 그리고 국부들이 미국의 경험American experience을 나타낸다고 생각했던 자유를 향한 갈망에 기반하고 있다. 반면 분열주의적 문화는 위험을 회피하는 개인의 본성, 사회적 기관들의 취약성, 그리고 자유보다는 안정을 추구하려는 열망에 기반하고 있다.

분열주의자들이 보다 높은 가능성에 베팅을 하고 있는 건 사실이다. 인간은 부패하여 돈으로 매수될 수 있으며, 탐욕적이고, 이기적인 동시에, 타인의 자유를 통해 발생하는 고통을 흡수하는 대신 타인의 자유를 침해하려는 경향을 가지고 있기 때문이다. 하지만 그와 같은 베팅은 비극을 가져다줄 것이다. 우리의 문화는 마치 결혼과 같다. 결혼과 마찬가지로 우리가 공유하는 문화역시 오직 두 파트너가 서로를 존중할 때, 그리고 두 사람 모두가 상대방으로부터 무언가를 기대하기보다 상대방을 위해 무언가를 더 해 주려고 할 때에만 성공할 수 있기 때문이다. 만약 분열주의적 문화가 승리하게 된다면, 그 결과는 새로운 문화가 아니라, 국가적 이혼이 될 것이다.

5

미국의 역사

미국의 역사는 언제나 논쟁의 대상이 되어 왔다. 미국의 철학과 문화의 뿌리는 미국인들이 함께 공유하는 역사로부터 파생된다. 하지만 미국의 역사는 복잡함으로 가득 차 있다. 미국 역사는 영웅적 행위와 비전, 이상주의와 용맹함의 역사였지만, 또 부당한 괴롭힘과 잔인함이 담겨 있는 역사이기도 했다. 다른 모든 역사와 마찬가지로 미국의 역사 또한 회색 그림자를 가지고 있기 때문에(어떤 사람, 어떤 나라, 어떤 국가도 시공간을 초월하여 보편적으로 선하거나 보편적으로 악할 수는 없다), 그 회색 그림자에만 집중한다면 미국 역사의 일반적 이야기를 잘못 묘사하기 쉽다. 미국의 역사를 언뜻 보기에 선과 악이 무작위로 뒤섞여 나타나는 점묘화 그림처럼 생각하는 것은 핵심을 놓치는 접근법이다. 그 같은 접근법을 사용하면 그림을 지나치게 가까운 거리에서 바라봐야 하기 때문이다. 한 발짝 뒤로 물러서면 그림을 선명하게 바라볼 수 있다. 우리가 그와 같이 넓은 시각으로 그림을 바라볼 때, 다른 민족과 나라들의 역사를 비교해 살펴볼 때, 인류 가운데 보편적으로 나타난 고통과 야만성을 관찰할 때, 우리는 미국의 역사가 어둡기보다는 꽤 밝았다는 사실을 쉽게 알아차릴 수 있게 된다. 사실, 미국은 모든 인류 가운데 보편적으로 나타났던 죄악에 참여했던 한편, 전적으로 미국만이 이뤄낼 수 있는 엄청난 선善을 인류에게 선물해 주었다. 미국이 없었다면, 이미 오래전 세계는 폭압 가운데로 빠져 들었을 것이다. 미국이 없었다면, 개인의 권리를 존중하는 아름다움은 오래전 집단들에 의해 완전히 예속되고 말았을 것이다. 미국이 없었다면, 다인종 사회를 기반으로 하는 민주주의라는 개념은 진작 소멸됐을 것이다.

미국에 대한 연합주의적 역사관은 비극과 승리가 모두 섞여 있는 '신조를 바탕으로 한creed-based' 공유된 역사다. 이 역사는 곧 미국 예외주의American exceptionalism*에 관한 이야기고, 달리 말하면 왜 미국은 다른 나라들과 다른가를 설명하는 이야기라고 할 수 있다. 미국의 역사는 건국 이상에 기반하여 시간이 지날수록 더욱더 범위를 확대하며 표현되어 온 우리 미국인들의 철학과 문화에 관한 이야기다. 또 미국의 역사는 미국의 도덕적 면역 체계에 관

---

* 미국을 건국한 국부들에게는 미국이 다른 나라들(특별히 유럽의 다른 나라들)과 달라야 한다는 강박에 가까운 신념이 있었다. 이것을 '미국적 예외주의(American exceptionalism)'라고 하는데, 이 신념은 미국의 스포츠, 역사, 문화, 정치, 외교, 군사 등 모든 영역에 걸쳐 반영된다. 알렉시스 드 토크빌이 『미국의 민주주의』에서 처음 썼다.

한 이야기이기도 한데, 이 면역 체계는 때때로 우리 정치 공동체를 죽음의 순간까지 몰아갔던 잔혹한 바이러스들에 의해 도전 받기도 했지만, 결국은 그 싸움에서 몇 번이고 다시 싸워 이겨 낸 승리의 이야기이기도 하다. 미국의 면역 체계는 바이러스를 극복해 낼 때마다 더욱더 강해졌다.

반면 분열주의자들은 미국의 역사를 독 있는 나무 열매에 관한 이야기라고 생각한다. 분열주의자들은 미국의 역사가 부패한 씨앗으로부터 솟아올라, 타인의 땅에 볼썽사납게 뿌리를 내리고 자라나서, 독성을 머금은 촉수를 이리저리 내뻗고 있는, 그런 나무 열매에 관한 이야기라고 생각한다. 그에 반해, 연합주의자들은 미국의 역사가 유례 없을 정도로 놀라운 씨앗으로부터 출발했다고 생각한다. 그 놀라운 씨앗으로부터 자라난 나무는 시간이 지남에 따라 크고 강인해졌으며, 진실되고 비뚤어지지 않는 모습을 유지했다. 물론, 그 나무는 때때로 손질이 필요한 독성을 머금은 가지를 포함하고 있었고, 그것을 잘라내는 과정에서 나무는 종종 목숨을 잃을 수도 있는 위험에 노출됐다. 하지만 시간이 지나면서, 그 가지치기로 인해 나무는 더욱더 강건해져 갔다. 또 더욱더 많은 미국인들이 자신의 줄기를 미국이라는 나무에 접붙이게 되면서, 나무의 몸통은 굵어졌으며, 나무 전체는 견고함과 안정감을 갖춰 가게 되었다.

다시 한 번 강조하지만, 그렇다고 해서 미국의 역사에 어두운

면이 없었다는 뜻은 절대 아니다. 특별히 아메리카 원주민들과 미국 흑인들을 대하는 태도는 분명히 잘못됐다. 하지만 내가 하고 싶은 말의 요점은, 모든 상황에서 즉각적인 현상이 나타난 건 아니었지만, 건국 철학과 문화를 충실히 따랐기 때문에 미국에서는 시간이 지나면서 선善과 강인함이 참혹함을 극복해 왔다는 사실이다. 미국의 이야기는 미국의 건국에 관한 이야기다. 자유와 해방의 정신과 공유된 신조에 기초했고, 독립선언서와 미국의 헌법을 통해 표현된 바로 그 건국 말이다. 미국의 이야기는 자국의 원죄와 노예제의 죄악을 극복하기 위해 몸부림쳐온 나라의 이야기인 동시에, 이를 증명하기 위해 실제 수십만의 자국 병사들을 전장으로 내보내 희생시켰던 나라의 이야기이기도 하다. 또 우리의 건국 문서에 보장된 권리의 범위를 미국 흑인들, 여성들, 그리고 다른 소수 인종들에게까지 점진적으로 확대시켜 온 나라의 이야기라고 할 수 있다. 미국의 역사는 세계를 나치와 공산주의로부터 해방시킨 나라의 이야기며, 세계 경제에 동력을 공급하는 동시에, 수십억의 사람들을 빈곤으로부터 구제한 나라의 이야기다. 또 한편, 미국의 역사는 아메리카 원주민들에 대한 가혹한 처우, 흑인들의 노예화, 또 중국인들과 유대인들을 배척하는 등의 수치스러운 과거로 얼룩진 나라의 이야기이기도 하다. 하지만 결국 미국 역사에서 나타난 참상은 선과 강인함에 의해 극복되었다.

연합주의적 역사관은 미국이 언제나 위대했다고 우리에게 말해 준다. 한마디로 말해, 연합주의적 역사관을 가진 사람들은 다음 세 가지 핵심 원칙을 받아들인다. 첫째, 미국은 영광스러운 이상을 통해 건국되었다. 둘째, 미국은 파벌적 이해관계에 의해 분열된 것이 아니라 시간이 지남에 따라 건국 이상을 통해 더욱 연합되었고, 그와 같은 이상을 충실히 따르는 태도는 국가적 진보의 핵심 동력이 되어 왔다. 셋째, 세계는 미국의 힘과 위대함으로 인해 혜택을 누려 왔다는 사실이다.

미국의 연합을 위해 가장 훌륭하게 싸워 온 사람들은 모두 세 가지 원칙에 동의했다. 1861년 3월 4일, 에이브러햄 링컨은 워싱턴 D.C.에 있는 아직 완공되지 않았던 의사당 건물의 계단 위에 올라서서 자신의 첫 번째 취임 연설을 미국인들에게 전달했다. 지금껏 미국에서 발생한 전사자 수를 모두 합친 것보다 더 많은 미국인들의 목숨을 앗아갈 수 있었던 전쟁의 기운이 드리워지는 가운데, 의사당 계단 위에 올라선 링컨은 미국인들에게 결국 우리는 서로 형제라는 사실을 잊지 말라고 당부했다. 연설에서 링컨은 다음과 같이 말했다.

"우리는 적이 아니라 친구입니다. 우리는 절대 서로 적이 되어서는 안 됩니다. 비록 감정이 뒤틀렸다 하더라도 애정에 관한 우리의 끈을 절대 놓으면 안 됩니다. 신비로운 기억의 화음은 모든 전장과 애국자들의 무덤으로부터 이 넓은 땅의 모든 살아 있는 사람들의 마음과 벽난로의 바닥돌까지 뻗어 나가 우리 연방 전체에 울려 퍼지는 아름다운 합창이 될 것입니다. 그렇게 된다면 우리의 기억에 대한 신비한 감정은 반드시 다시금 살아나 우리의 선한 본성을 지켜줄 것입니다."

기억.

만약 같은 나라의 국민이 되기 원한다면 사람들은 반드시 역사를 공유해야 한다. 새로운 그룹의 사람들을 아우르면서 미국이 성장함에 따라, 우리의 역사 역시 변화해 왔다. 하지만 미국의 역사는 우리 모두의 것이고, 그렇기 때문에 우리는 반드시 그 역사를 기억해야 한다. 그 과거를 함께 공유하든지, 아니면 그 과거가 우리를 분열시키게 만들든지, 우리에게는 오직 두 가지의 선택지만 남겨져 있을 뿐이다.

미국에서 역사를 놓고 나타나는 현재의 분열을 이해하기 위해서, 우리는 반드시 미국의 역사에 대해 전통적으로 받아들여져 왔던 연합주의적 관점을 간략하게 재검토해볼 필요가 있다. 연합주의적 역사관은 흑백논리가 아니다. 절대 미국의 과오를 은폐하지 않는다. 다만 연합주의적 역사관은 미국의 철학과 문화의 분명한 기반 위에 설립되었다. 그 말인 즉, 미국의 역사가 넓은 기간을 아우른다는 점을 고려할 때, 그 역사가 '자가 수정적인self-correcting' 방향으로 발전해 왔다는 뜻이라고 할 수 있다. 미국인으로서 우리가 미국의 원칙에 충실할 때, 우리는 미국의 역사와 품격에 충실할 수 있게 된다.

독립혁명의 세대,
그 영광스러운 시작

미대륙의 역사는 분명 미국의 역사보다 몇 세기는 더 거슬러 올라간다. 서구 진영 사람들이 미대륙을 발견하기 전에 원주민들은 약 천 년 동안 그 지역에 거주하고 있었다. 크리스토퍼 콜럼버스는 1492년에 서인도제도West Indies를 발견했다. 콜럼버스의 발견 이후 유럽의 여러 나라들은 흔히 신세계New World로 알려진 지역을 곧바로 점령했고 이를 분배해 나가기 시작했다. 북미대륙을 식민지화하려는 영국의 시도는 1587년에 시작됐다. 그리고 1607년 영국 사람들은 신대륙 버지니아에 첫 번째 정착촌을 성공적으로 건설했다. 청교도 피난민들은 1620년 플리머스 록Plymouth Rock*에 정착했다. 하지만 연합주의적 역사관에 따르면, 미국의 진정한 역사는 독립혁명의 세대와 함께 시작된다. 미합중국의 탄생과 함께 말이다.

독립혁명의 세대는 비범한 사람들로 구성되어 있다. 조지 워싱턴, 토머스 제퍼슨, 존 애덤스, 벤저민 프랭클린 등이 대표적이었다. 이들은 박식하고 우수한 지도자들로, 도덕과 정부, 또 자유와 의무 사이의 상관관계에 대해 깊이 고민하던 사람들이었다. 그들

---

* 영국에서 처음 아메리카로 건너온 청교도들이 매사추세츠주 플리머스 해안에 도착할 때 최초로 밟았다고 전해지는 바위.

의 신념 체계는 독립선언서와 미국 헌법의 기반이 되었다. 독립선언서는 미국의 철학에 담긴 영구적 진리를 명시하기 위해 만들어졌고, 미국의 헌법은 그 영구적 진리를 현실에서 작동할 수 있는 정부 형태로 구현하기 위해 만들어졌다. 독립선언서는 자명하다고 알려지긴 했지만, 어떤 면에서 미국 고유의 철학이라고 할 수 있는 진리를 다음과 같이 표명했다.

> 우리는 다음과 같은 사실들을 자명한 진리로 받아들인다. 즉, 모든 인간은 평등하게 창조되었고, 그들은 창조주로부터 양도할 수 없는 특정한 권리를 부여받았으며, 그 권리 중에는 생명, 자유, 그리고 행복의 추구가 포함된다는 것이다. 이 권리를 확보하기 위해 인류는 정부를 조직하였고, 이 정부의 정당한 권력은 피치자의 동의로부터 유래한다. 또 어떤 형태의 정부이든 이러한 목적을 파괴할 때에는, 언제든지 정부를 개혁하거나 폐지하여 국민의 안전과 행복을 가장 효과적으로 가져올 수 있는, 그러한 원칙에 기초를 두고 그러한 형태의 기구를 갖춘 새로운 정부를 조직하는 것이 국민의 권리인 것이다.

물론 미국의 국부들 역시 그들 시대의 산물이었다. 다시 말해 미국은 시작점부터 보편적 도덕과 그 도덕을 이행하는 데 실패했던 모순 사이의 갈등에 시달리고 있었다는 뜻이다. 미국이 건국됐던 당시 노예제는 전 지구에 걸쳐서 나타났던 보편적 현상이었다. 하버드 대학 교수인 헨리 루이스 게이츠Henry Louis Gates에 따르면, 1525년부터 1866년의 기간 동안, 대서양을 가로질러 이뤄지는 노예 무역을 통해 1천2백50만 명의 아프리카인들이 신대륙으로 운송되었다고 한다. 아프리카 노예들은 중간 항로Middle Passage를 통과하는 과정에서 상상할 수 없을 정도로 끔찍한 고통에 시달려야 했다. 이동 중 많은 이들이 질병, 굶주림, 또는 자살로 생을 마감했다. 신대륙으로 팔려갔던 1천2백50만의 노예들 가운데, 약 1천백70만 명가량이 목적지에 도착했다. 북미대륙에 곧바로 도착했던 노예는 총 38만 8천 명이었다.[1] 이런 이야기를 꺼내는 이유는 노예 무역 과정에서 발생한 납치와 노예화, 또 인간 매매 행위에 대해 그 어떤 변명을 하기 위함이 아니다. 그와 같은 행위 하나하나는 모두 인간과 하나님에 대한 범죄였다. 다만 나는 건국 초기 노예 소유를 허용하는 데 절대 미국이 당시 지구상에 존재했던 유일한 사례가 아니었다는 점을 말하고 싶을 뿐이다.

영국 역시 예외가 아니었다. 영국은 식민지에서 노예 소유 또는 노예 무역을 금지하지 않았다. 영국은 1807년 들어서야 노예 무역을 금지했고, 대영제국은 1833년에 노예들을 해방했다.[2] 사실 독립선언서의 초안에는 토머스 제퍼슨이 아메리카 대륙에 노예를 들여놓는 것에 대해 영국에 책임을 묻는 대목이 등장한다.

조지 3세 국왕은 인간 본성 그 자체에 대해 잔인한 전쟁을 시작했고, 그에게 결코 피해를 입힌 적이 없던 먼 곳에 살아가는 사람들의 가장 고귀한 생명권과 자유권을 침해했으며, 그들을 생포하고 다른 반구another hemisphere로 옮겨 놓았거나, 이동 과정에서 그들을 참혹한 죽음으로 몰아넣었다. 인간을 사고팔 수 있는 시장을 열어 둠으로써, 또 이 끔찍한 상거래를 금지하거나 억제하려는 모든 입법 시도를 억압함으로써, 조지 3세는 반대 진영의 뜻을 팔아넘겼다(다시 말해, 그는 노예 무역을 금하려는 시도를 반대했다).

제퍼슨이 작성한 이 조항은 남부 출신 대표들의 반대로 인해 독립선언서의 최종안에 포함되지 못했다. 하지만 "모든 인간은 평등하게 창조되었다"는 독립선언서의 문구와 그 철학적 신조가 노예들을 적용 대상에서 배제하지 않았다는 것은 명백한 사실이다. 그 신조는 모든 미국인을 적용 대상으로 아우르고 있었다. 그렇기 때문에 해방된 노예이자, 미국의 두 번째 국부이기도 했던 프레드릭 더글러스는 독립선언서에 포함된 '위대한 원칙들'에 대해 다음과 같이 묘사했다.

"독립선언서에 서명했던 사람들은 용감한 이들이었습니다. 또 그들은 위대한 사람들이기도 했습니다. 그렇기 때문에 그들은 위대한 시대에 위대한 명성을 부여할 수 있었습니다. 독립선언서에 서명했던 사람들은 질서에 대한 믿음을 가지고 있었습니다. 하지만 그 질서는 독재의 질서가 아니었습니다. 그들에게 올바르지 않은 것은 그 어떤 것들도 해결되지 않았습니다. 그들에게 정의와 자유와 인륜은 '최종적'이었지만, 노예제와 압제는 그렇지 않았습니다."

자유를 향한 위대한 외침을 시작했을 때 더글러스는 미국 건국의 원칙들을 인용하며 자신의 주장을 펼쳐 나갔다.

"독립선언서에 내포된 정치적 자유와 자연적 정의에 관한 위대한 원칙들이 우리 흑인들에게도 확대 적용될 수 있겠습니까?"[3]

미국의 국부들 중 다수는 연방을 유지하기 위해 노예제의 존속을 기꺼이 눈감아 주기도 했지만, 실제로 그들은 도덕적인 이유로 노예제를 반대했다. 국부들이 그런 태도를 취했던 건 단순히 자신들이 가진 가치관보다 연방을 더 소중하게 생각했기 때문이 아니었다. 국부들은 연방을 유지하는 것이야말로 그들이 가장 소중하게 생각했던 권리의 개념을 보호하고 확대시킬 수 있는 최선의 방법이라고 판단했다.

독립선언서에 서명했던 56명의 국부들 가운데 41명 정도가 노예를 소유했지만, 노예를 소유하고 있는 사람들을 포함해 그들 중 다수는 노예제에 대해 대외적으로 분명한 반대의 목소리를 냈다.[4] 존 애덤스는 "미국에서 노예 제도를 완전히 박멸하기 위해서 모든 신중함을 기해야 하며, 평생 동안 나는 노예제를 혐오해 왔다"라고 말했다.[5] 펜실베이니아 노예제폐지협회Pennsylvania Abolition

Society의 책임자였던 벤저민 프랭클린은 다음과 같이 말했다.

"모든 인류는 그분의 보살핌의 대상과 마찬가지로, 동일한 전능자에 의해 창조됐으며, 행복의 즐거움을 위해 동등하게 설계됐습니다. 기독교는 우리에게 믿음을 가지라고 가르치는데, 미국인들의 정치적 신조 역시 그 입장과 정확히 일치합니다. 이 자유의 땅에서 홀로 영원한 속박 가운데 갇혀 버려서, 비천한 복종을 하며 신음하고 있는 불행한 사람들이 자유를 회복할 수 있도록 우리는 노예제라는 주제에 대해 여러분이 진지한 관심을 가져 주시길 진심으로 간청합니다."[6]

미국 연방대법원의 첫 번째 대법원장이었던 존 제이John Jay는 "사람들이 자신의 자유를 위해 기도하고 싸워야 하지만, 다른 사람들을 노예 상태로 유지해야 한다는 것은 분명히 매우 일관성 없고 불공정하며, 아마 불경하다고까지 할 수 있다"라고 말했다.[7] 존 제이와 앨리그잰더 해밀턴은 1787년 만들어진 뉴욕 노예해방사회New York Manumission Society의 창립 멤버이기도 했다. 미국의 국부 중 한 명이었던 거베너르 모리스Gouverneur Morris는 노예제가 '사악한 제도'라고 언급하며 "그 제도가 성행하는 나라에서는 하늘의 저주가 임할 것"이라고 말했다.[8]

심지어 노예 소유주들조차도 노예제가 도덕적 결함을 내포하고 있다는 사실을 이해하고 있었다. 조지 워싱턴은 "이 땅에 살아가는 사람들 가운데 노예제 폐지 안건이 채택되는 것을 나보다 더 간절히 바라는 사람은 없을 것이다"라고 말했다.[9] 실제 워싱턴을 포함해 많은 국부들은 그들의 노예들을 자유의 몸으로 풀어 주었다(하지만 워싱턴은 버지니아주 법에 따라 자신의 아내의 자녀들이 가졌던 노예들을 풀어 줄 수 없었다).[10] 익히 알려진 것처럼 스스로 노예를 소유했으며 자신이 구속하고 있던 여성 노예 샐리 헤밍스Sally Hemings와 관계에서 자녀를 낳기까지 했던 제퍼슨은(참고로 샐리 헤밍스와 제퍼슨의 첫 번째 부인은 서로 배다른 남매였다), 노예제의 부도덕함에 대해 끊임없이 목소리를 냈다. 제퍼슨은 노예제가 "도덕적 오점"이며, "흉악한 타락"이라고 말했다.[11] 심지어 제퍼슨은 1778년 버지니아에 노예 들여놓는 것을 금지하는 법안을 도입하며 노예제의 "완전한 종식"이 이뤄지길 기대했다.[12]

당연한 이야기겠지만, 북부주들에서는 (남부주들에 비해)노예제가 훨씬 덜 성행했다. 입법자들 또한 일찍이 노예제를 축소하기 위해 노력하고 있었다. 1777년에 버몬트주는 자체 헌법을 통해 성인 흑인에 한하여 노예제를 금지했다.[13] 1780년에 펜실베이니아는 궁극적으로는 노예제 폐지에 목적을 둔 '점진적 노예 폐지법Gradual Abolition Act'을 통과시켰다(비록 1780년 이전의 노예들은 법안에 따라 할아버지가 되긴 했지만 말이다).[14] 1780년에 제정된 주 헌법에 따라 이뤄진 판결을 통해 1783년 매사추세츠주는 실질적으로 노예제를 폐지했다.[15] 코네티컷과 로드아일랜드, 뉴햄프셔와 뉴욕, 그리고 뉴저지 등도 1804년 들어 법적으로 노예제를 폐지하기 위해 움직이고 있었다.

　조지 워싱턴은 1787년 새로운 영토에서 노예제를 금지하는 내용을 담고 있던 북서부 조례The Northeast Ordinance ˙에 서명했다. 이 '새로운 영토'들은 훗날 오하이오, 인디애나, 일리노이, 미시간, 위스콘신, 그리고 미네소타주가 되었다. 1860년 링컨이 쿠퍼유니언 연설Cooper Union speech에서 언급한 것처럼, 미국 헌법 제정에 참여했던 39명의 국부 가운데 22명이 북서부조례에 관한 찬반 투표를 진행했는데, 그중 20명은 조례에 찬성했고, 또 다른 국부였던 조지 워싱턴은 그 조례에 서명했다.[16] 미국 헌법이 제정됐을 당시 약 6만 명의 비노예 흑인들이 미국에 살고 있었다. 그리고 1830년대에 들어섰을 때 그 숫자는 30만으로 증가했다.[17]

　심각한 내부적 의견 불일치에도 불구하고 연방을 유지하기 위한 타협안으로 마련된 문서라고 할 수 있는 미합중국의 헌법은 1808년 이후부터 노예 수입을 금지했다. 의회의 의석을 배분하는 데 노예 한 명을 일반인 대비 5분의 3명으로 카운트 한 악명 높은 '5분의 3조항three-fifths clause'은 사실 노예제를 옹호하고 있는 주들의 권한이 증가하는 걸 방지하기 위해 만들어졌다(만약 의석 수를

˙ 1787년 연합정부에 이양된 북서부 지역의 정치 방식을 정한 토지법. 북서부 특정 지역의 유권자 수가 5천 명에 도달하였을 때 해당 지역은 자치를 시행하도록 했으며, 인구가 6만 명에 도달하면 1개 주(州)가 되어 다른 13개 주와 대등한 자격을 얻도록 했다.

배분할 때 5분의 3명이 아니라 온전한 한 명으로 흑인 노예를 카운트 했다면, 실제 투표권 있는 시민들의 숫자가 증가하지 않은 상황에서 다수의 노예를 보유하고 있던 남부주들이 의회에서 지나치게 높아진 대표성을 누리게 될 것이었기 때문이다). 그렇다. 누차 강조하지만, 이것은 타협의 산물이었다. 그리고 거베너르 모리스와 같이 노예제를 반대했던 사람들은 이와 같은 타협안을 강경하게 반대했다. 타협안에 대해 격분했던 모리스는 말했다.

"인류의 가장 성스러운 법을 무시한 채 (노예를 얻기 위해)아프리카의 해안가를 찾아가는 조지아와 사우스캐롤라이나의 주민들은 같은 피조물들을 그들이 가장 사랑하는 곳으로부터 떼어 낸 후 가장 참혹한 속박 가운데로 몰아넣고 있는데, 이들은 인류의 권리를 보호하기 위해 설립된 정부 안에서 참혹한 범죄 행위를 감탄할 만한 공포심을 갖고 바라보는 펜실베이니아와 뉴저지의 시민들보다 더 많은 투표권을 가져야 할 것이다."[18]

하지만 만약 남부주들이 원하는 대로 일이 처리됐다면, 노예 소유주들은 의회 의석 수를 배정받는 데 노예들을 (5분의 3명이 아니라) 온전한 한 명으로 카운트함에 따라 발생하는 혜택을 고스란히 챙겨 갔을 것이다. 그리고 만약 연방이 하나로 유지되지 않았다면, 남부주들은 독립적으로 그들만의 나라를 만들었을 것이고, 그 나라에서 노예제는 역사적으로 미국에서 발생했던 노예제의 폐단을 훨씬 뛰어넘는 수준으로 확대 발전했을 것이며, 결국 노예제는 훨씬 오랜 기간 동안 존속됐을 것이다.

연방법을 통해 노예제를 인정하길 거부했던 미국의 국부들은 헌법에 노예제에 관한 명시적인 언급을 포함하지 않았다. 이 부분에 대해 훗날 링컨은 다음과 같이 설명했다.

"따라서 우리의 헌법에는 그 일이 감춰져 있습니다. 마치 병으로 인해 고통받는 사람이 죽음에 이를 만큼의 피를 흘리지 않기 위해 종양이나 암을 단번에 잘라 내지 않고 덮어 두는 것처럼 말입니다. 하지만, 결국 때가 이르면 (헌법에 보장 된)약속에 따라, 절개의 작업이 시작될 것이라고 생각합니다."[19]

'미국 헌법의 아버지'라고 불리는 제임스 매디슨 역시 링컨과 같은 생각을 가지고 있었다. 매디슨은 글을 통해 "인간을 재산으로 취급할 수 있다는 생각"을 헌법에 허용하는 것은 잘못됐다는 자신의 입장을 밝혔다.[20]

그럼에도 불구하고, 미국의 건국 이상이 노예제의 실존 그 자체를 완벽하게 제거할 수 있었던 건 아니다. 국부들 가운데 다수는 시간이 지나면서 노예제가 사그라들 것이라는 믿음을 갖고 있었지만, 조면기cotton gin*가 발명됨에 따라 노예제는 과거보다 훨씬 더 큰 경제적 이익을 가져다주게 되었고, 그 결과 미국 남부 전역에 걸쳐 노예에 대한 수요는 폭발적으로 증가하게 된다. 1781년을 기준으로 미국 전체 인구는 3백50만 명이었다. 그 가운데 노

＊   목화씨에서 면섬유를 분리해 내는 기계.

예는 약 57만 5천 명이었다. 1830년이 되었을 때, 미국에서는 1천 2백80만 가운데 2백만 명의 사람들이 노예 상태에 머물러 있었다.[21] "하나님 그분 자신께서God Himself 노예제를 도덕적으로 악하다고 판단하기 때문에 노예제는 결국 대혼란과 함께 종식되고 말 것"이라는 제퍼슨의 예측은 꽤나 정확했던 것으로 드러났다. 노예제에 대해 제퍼슨은 다음과 같이 말했다.

"하나님께서 정의로우시고, 그분의 정의는 영원히 잠들어 있을 수 없다는 사실을 생각할 때, 나는 내 나라를 생각하며 두려움에 떨게 된다. 숫자와 자연, 그리고 자연적 수단만을 고려한다면, 운명의 수레바퀴가 회전하는 것과 같은 상황의 교환은 얼마든지 발생 가능한 사건이라 할 수 있다. 그것은 초자연적인 개입에 의해 실현될 수도 있다. 전능하신 분은 그와 같은 시합에서 우리 편에 서실 만한 속성을 갖고 있지 않다."[22]

독립선언서에 명시된 건국의 이상에 부응하지 못했던 미국인들은 결국 피비린내 나는 열매를 맺게 된다.

젊은이여, 서부로 가라!

미국의 건국 후 수십 년이 지났을 때, 연방 전체에 걸쳐 광범위하게 나타났던 단 하나의 트렌드가 있다면, 그것은 바로 미국인들이 미대륙 전역으로 퍼져 나가기 시작했다는 사실이다. 그 트렌드는 네 가지 주요 주제를 중심으로 전개되었다. 외딴 지역에 뿌리를 내려 자신의 가족을 부양하고 건설하기 위해 먼 거리를 횡단했던 미국인들의 탁월한 용기와 기업가정신, 주요 외국 정부들과 협정을 통해 광대한 영토를 얻어 냈던 연방정부의 향상된 능력, 연방정부에 의해 이뤄졌던 아메리카 원주민들에 대한 권리 침해, 그리고 노예제를 놓고 남부와 북부 사이에서 발생했던 도덕적 갈등의 지속적인 악화 등이 바로 그것이었다.

오늘날 우리는 폭력과 궁핍으로부터 그들을 보호하기 위해 마련됐던 광범위한 정부 조치가 없는 상황에서도 새로운 기회를 찾아 산을 넘고 강을 건넜던 수백만의 사람들이 이뤘던 성취를 평가절하하는 경향이 있다. 하지만 그들은 새로운 커뮤니티를 건설하기 위해 이미 기반이 갖춰져 있던 공동체를 떠날 각오를 했던 강인한 사람들이었다. 대륙을 가로지르며 마을과 농장을 건설했던 미국인들은 정력적인 사람들이었다. 또 이들은 아름다움과 농업적 가능성으로 가득 차 보였던 애팔래치아 산맥 너머의 처녀지를 보며 강한 매력을 느꼈다. 19세기에 접어들었을 때, 앞으로 미국의 본토가 될 땅에는 약 60만 명의 아메리카 원주민들이 살아가고 있었다.[23] 이것은 유럽 사람들과 접촉함에 따라 각종 전염병의 급속한 확산을 경험했던 현지인들이 본격적인 피해를 입기 전 약 1백만 명가량 됐던 인구수로부터 급격히 감소한 수치였다. 1800년 실시된 측량을 기준으로 본다면, 미국의 영토는 2백23만 9천6백81곱킬로미터였고, 1제곱킬로미터당 약 2.35명의 인구밀도를 나타내고 있었다.[24] 현재 미국 본토의 면적은 약 9백6만 4천 9백58제곱킬로미터인데, 그 말은 1800년 땅을 측량했을 당시 아메리카 원주민들의 인구 밀도는 1제곱킬로미터당 약 0.06명이었다는 결론에 이르게 된다.* 역사적으로 미국의 인구조사국은 '거주자가 없는' 지역에 대한 인구밀도를 1제곱킬로미터당 0.8명 이하로 추산해 왔다.[25] 앞으로 우리가 살펴보겠지만, 비록 서부로의 인구 이동이 아메리카 원주민들에게 끔찍한 결과를 가지고 왔다는 사실을 부인할 수 없지만, 일반적인 시각에서 봤을 때 개척자들이 그들의 시선을 서부로 돌렸던 건 잘못된 판단이 아니었다.

토머스 제퍼슨은 대륙을 횡단하며 이뤄지는 미국인들의 이주를 이미 오래전부터 예견했다. 그 이주 행위가 유럽 국가들의 침탈을 막아 주는 방어벽으로 작용할 수 있다고 생각했던 제퍼슨은 다음과 같이 말했다.

"우리는 미국 연방에 영국령 캐나다 지역British Province of Canada의 위험한 확장을 저지하는 장벽을 만들 것이고, 자유의 제국Empire of Liberty에 광대하고 풍요로운 땅을 편입시킴으로써, 위험한 적들

---

* 참고로 한반도 전체 면적은 22만 제곱킬로미터이며, 남한의 면적은 10만 제곱킬로미터, 인구 밀도는 1제곱킬로미터당 515명(2019년)이다.

을 소중한 친구들로 바꿔 놓을 것입니다."[26]

다른 모든 이들과 마찬가지로 제퍼슨은 주요 외국 열강들이 북미대륙 상당 영역에 대해 권리권을 주장해 왔다는 사실을 인지하고 있었다. 1800년 미국은 북쪽으로는 영국령 캐나다, 남쪽으로는 스페인령 플로리다, 그리고 서쪽으로는 프랑스령 루이지애나와 각각 국경을 맞대고 있었다. 영국과 스페인이 태평양 북서부 Pacific Northwest를 차지하기 위해 서로 다투고 있을 때, 스페인은 멕시코와 캘리포니아, 또 텍사스의 광활한 영토에 대한 소유권을 주장했다. 또 러시아는 알래스카를 차지하고 있었다.[27]

건국 초기 미국인들은 미국 본토에서 유럽에서 나타났던 것 같은 전면전이 발생하지 않을까 염려했다. 미국 시민들은 유럽의 땅을 피로 적신 전쟁을 방지하는 유일한 방법은 서반구에 대한 미국의 지배력을 강화하는 것이라고 생각했다. 이것은 결코 쓸모없는 생각이 아니었다. 유럽 열강들은 북미대륙에 대한 자신의 주도권을 쉽사리 넘겨 주려 하지 않았다. 공화국으로서 미국이 건국됐던 초기 시절 국경 지대에서는 유럽을 대리한 단체들에 의해 빈번하고 포악한 전쟁이 발생했다. 해외 열강들은 그들이 보유하던 영토를 유지하기 위해 기꺼이 무력을 사용할 준비가 되어 있었다. 참고로 해외 열강들은 미국의 존재를 자신들의 전통에 대한 위협으로 간주했던 아메리카 원주민들에게 주기적으로 무기를 공급했다. 미국의 영토와 주권을 침탈하려는 세력들을 선제적으로 잠재우기 위해선 '자유의 제국'을 건설하는 것이 불가피하다고 판단했던 제퍼슨은 독립군 민병대 사령관이었던 조지 클라크George R. Clark에게 보낸 편지에서 다음과 같이 말했다.

우리에게는 영국과 인도 야만인들로 이뤄진 매우 광범위한 집단이 우리의 서부 개척지에 투자할 준비를 하고 있다고 믿을 수 있는 근거가 있습니다. 잔혹한 살인과 후자에 해당하는 종류의 전쟁latter species of war에 수반되는 황폐화를 예방하기 위해서, 또 이와 동시에 적들이 주된 노력을 하고 있고 그 한 곳에서의 성공이 궁극적인 목표 완수를 결정짓는 남부 지역에서 우리 군대가 강력히 전환하는 걸 막아 내기 위해서, 우리는 서방 국가에 대해 선제 공격을 목표로 해야 하며, 그들에게 주도권을 내 주어 스스로 고생하기보다는 적이 방어전을 펼치게 해 그들을 당혹스럽게 만들어야 합니다.[28]

이와 같은 철학을 가졌던 제퍼슨은 나폴레옹으로부터 루이지애나 땅을 구입하기 위해 연방정부의 권한에 대해 자신이 기존에 가지고 있던 헌법 해석을 파기해 버렸다. 유럽 열강들이 아메리카 대륙에 발을 들여놓지 못하게 해야 한다는 철학을 기조로 간직하고 있었기 때문에, 연방정부는 스페인이 미국에게 영토를 양도하는 결과로 마무리됐던 앤드루 잭슨Andrew Jackson의 플로리다 침공이 발생했을 때 잭슨을 처벌하지 않고 그의 독자적인 군사 행동을 묵인해 주었다. 또 이 같은 철학은 서반구에서 유럽의 간섭을 차단하는 것을 골자로 했던 그 유명한 미국의 대외 정책인 먼로 독트린Monroe Doctrine을 탄생시켰다. 당시 대통령이었던 제임스 먼로는 의회에 다음의 의견을 전달했다.

"아메리카 대륙은 당연하게 여겨지는 동시에 지금껏 유지되었던 자유롭고 독립적인 조건에 따라 앞으로 어떤 유럽 열강에 의한 미래의 식민지화의 대상으로도 간주되지 않을 것입니다."[29]

또 이와 같은 철학에 따라 제임스 K. 포크James K. Polk 대통령은 미·멕시코 전쟁(1846~1848)과 텍사스주의 미연방 편입을 후원하였다.

미국의 영토 확장은 심각한 인적 피해, 또는 극심한 야만성과 부정행위를 동반했다.

유럽의 열강들은 자신들이 맞서 싸우고 있던 강대국들을 상대하기 위해 아메리카 원주민들에게 잠정적 동맹 대우를 해줬고, 또 많은 미국인들이 아메리카 원주민들을 영토 확장에 대한 걸림돌이라고 인식했지만, 아메리카 원주민들은 단순히 유럽 열강의 대리인 또는 영토 확장에 대한 걸림돌 정도로 설명될 수 있는 존재가 아니었다. 그들은 외국 열강들이 신대륙으로 진출하기 오래 전부터 그 땅에서 거주하고 있던 사람들이었다. 또 아메리카 원주민들은 자신이 속한 부족의 영토를 위해 싸워 나가고 있었다. 또 한편으로, 역사학자인 폴 존슨Paul Johnson이 지적했던 것처럼, 다수의 아메리카 원주민들은 부족 생활을 청산하고 새로운 삶을 찾아 떠나가기도 했다. 이에 대해 폴 존슨은 다음과 같이 말했다.

"많은 아메리카 원주민들이 (새로운 곳에)정착해서, 유럽식 이름을 받아들였고, 당시 상황이 그러하듯, 날이 갈수록 그 범위를 확장하고 있던 일반적인 미국인들의 대열에 합류해 나갔다."

하지만 아메리카 원주민 부족들은 대대로 전수해 내려온 부족적 유산이라고 생각한 자신들의 땅을 미국인들에게 순순히 양도하지 않았다. 미국인들과 전쟁을 치르는 과정에서, 아메리카 원주민들은 분명 잔인하고 야만적인 방법을 사용했다. 하지만 그들은 유럽인들이 신대륙에서 우위를 차지하게 되면 자신들은 좋게 말하면 소외될 것이고, 나쁘게 말하면 파멸될 수도 있다는 사실을 정확하게 내다보고 있었다. 미국인과 원주민 사이의 갈등은 1812년 전쟁(미영전쟁, 1812~1814) 기간 동안 급속도로 고조됐다. 당시 티컴세Tecumseh 추장은 아메리카 원주민 부족 연합에 소속된 구성원들에게 "백인종을 파멸시키자. 그들은 우리의 땅을 강탈했다. 또 우리의 여성들을 모욕했다. 그들은 당신의 죽음의 뼈들을 짓밟았다. 피의 시련을 통해 왔던 곳으로 그들을 다시 쫓아내야 한다! 아, 그렇다. 저주받은 파도가 그들을 우리의 해안가로 데려왔던 바로 그 위대한 물속으로 그들을 다시 쫓아내야 한다. 그들의 거처를 태워 버리고, 그들의 비축품을 파괴하라. 그들의 처자식들을 도륙하여, 그들의 씨를 말려 버려야 한다! 지금 전쟁을 해야 한다! 언제나 전쟁을 해야 한다! 살아 있는 자들과 전쟁하자! 죽은 자들과도 전쟁하자!"고 말했고, 크리크 부족Creek tribe은 미국인들과 전쟁을 결심하고 있었다.[30] 크리크 전쟁Creek War에 따라 미군이 학살당하자 이에 대해 반응했던 사람은 티컴세 추장만큼이나 인정사정없던 앤드루 잭슨 장군이었다. 1814년에 잭슨은 35명의 인디언 부족장들에게 조약을 강요했고, 그에 따라 원주민들은 연방정부에 2천3백만 에이커의 땅을 양도해야 했다.[31] 대통령이 된 후 잭슨은 아메리카 원주민 부족들에게 "공정하고, 인간적이며, 진보적인 정책"을 추진한다는 명목으로 기만적인 제안을 제시했고, 미국인들이 미시시피강 서쪽 지역을 비워 줄 것이라고 약속했다. 하지만 실제 그 정책이 집행됐을 때 약 6만 명의 아메리카 원주민들이 강제 이주를 해야 했다. 마땅한 양식도 없는 상황에서 원주민들의 권리는 침해받았다. 그 결과 '눈물의 길Trail of Tears' •로 알려진 사건이 발생했고 수천 명의 원주민들이 죽음으로 내몰리게 되었다.[32] 그 후 수십 년 동안 아메리카 원주민들에 대한 미국 정부의 처우는 참혹했다.

이와 같은 행동은 도덕적으로도 변명의 여지가 없다. 또 그와

• 　1830년 '인디언 이주법'에 의해 6만 명가량의 원주민들이 강제 이주된 사건.

같은 정책은 미국의 건국 정신이기도 했던 법 앞의 평등이라는 철학에 분명히 반하는 일이기도 했다. 미국의 영토 확장은 기본적인 인간 존엄을 파괴하는 대가로 이뤄진 역사였다. 노예제에 관한 문제와 마찬가지로, 미국의 영토 확장 문제를 다룰 때 역사적 맥락을 고려하지 않는 것은 태만한 처사라고 할 수 있다. 여기서 변명을 하려는 건 아니지만, 한편으로 현실적인 부분을 생각해 봐야 한다. 영토 확장 과정에서 미국은 전혀 '예외적'이지 않았다. 당시 지구상에서는 미국에서 발생하는 것과 동일한 영토 확장이 빠른 속도로 진행되고 있었다(또 사람들의 이주에 따라 발생한 전쟁은 인간의 삶에서 일관되게 나타난 특징이라고 할 수 있다). 폴 존슨이 언급했던 것처럼, 미국에서 영토 확장이 이뤄지던 기간 동안, "유럽인들은 5개 대륙에 걸쳐 원시 민족들의 옛 사냥터로 이동해 가고(영토를 확장해 가고) 있었다."[33]

또 우리는 미국인들이 영토 확장을 시작하기 전에도 미대륙의 해안가에서는 갈등이 발생했다는 사실에 주목할 필요가 있다. 미국이 탄생하기 훨씬 이전의 시점에도, 아메리카 원주민 부족들 사이의 전쟁은 빈번하게 나타나고 있었다. 원주민 부족 간에 있었던 전쟁은 종종 잔인하고 끔찍했는데, 기록된 역사가 없긴 하지만, 원주민들이 묻힌 공동묘지의 크기는 그 전쟁이 어떠했음을 잘 웅변해 준다.[34] 고고학자인 로렌스 킬리Lawrence Keeley에 따르면 북미대륙 서부에 거주하는 아메리칸 인디언 부족과 집단들을 관찰한 연구 결과, 그들 중 13퍼센트만이 1년에 한 번 이상 다른 부족을 습격하지 않았거나, 다른 부족에 의해 습격당하지 않았던 걸로 나타났다. 원주민 부족들 사이에서는 시체 가죽 벗기기와 같은 신체 절단 행위가 수백 년에 걸쳐 빈번하게 자행됐다(훗날 서양인들은 가내 수공업을 할 때 이 같은 기술을 차용했다). 킬리 교수는 다음과 같은 신랄한 질문을 던진다.

"서양인들과 접촉하기 전 아메리카 원주민들 사이에서는 전염병이 없었는가? 또 서구 문명이 북미대륙에 들어오기 전에는 인구 이동이나 영토 확장이 전혀 발생하지 않았는가?"[35]

미국의 영토가 확장되리라는 것은 분명히 예측 가능한 일이었고, 또 당대의 역사 및 지구적 흐름과 같은 맥락을 이루고 있었다.[36] 토크빌은 영토 확장이라는 목적이 달성되기 이미 오래전에, 북미대륙에 걸쳐 미국의 영토가 확대될 것이 '확실하다'고 생각하며 다음과 같이 말했다.

"미국인들은 대서양의 해안가로부터 남쪽 바다의 해안가로까지 퍼져 나갈 것이다." 또 토크빌은 아메리카 원주민 부족들에 대한 미국인들의 공격이 지속될 것이라고 내다보며 말했다. "어떤 시각으로 북미 대륙에 있는 원주민들의 운명을 바라보든 간에, 그들은 회복할 수 없는 피해를 입게 될 것이다."[37]

미국의 영토가 확장되면서, 미국인들의 마음속에서 노예제에 대한 고민은 날이 갈수록 깊어져 갔다. 미국의 국부들은 노예제가 소멸의 길로 접어들 것이라고 믿었지만, 조면기cotton gin의 발명에 따라 미국 남부 지역에서 노예제에 대한 입장은 급진적으로 변화하게 된다. 남북전쟁이 발생했을 당시, 미국에는 약 4백만 명의 노예들이 존재했고, 그들을 관리했던 노예주의 숫자는 40만 명 미만이었다.[38] 미국 연방준비위원회Federal Reserve 의장을 역임한 앨런 그린스펀Allan Greenspan이 지적하듯이, "1861년이 됐을 때, 미국 남부지역 총 고정자산 중 거의 절반가량은 '흑인 노예들의 가치value of negroes'로 구성되어 있었고, 급속하게 확장되고 있던 이 산업은 이루 말할 수 없는 잔혹성에 기반하고 있었다." 인간을 노예화하는 것으로부터 동력을 얻은 목화 산업은 비록 교육과 산업의 위신을 떨어뜨린 낙후된 경제 시스템을 육성하긴 했지만(바로 이것이 남북전쟁에서 남부가 패배했던 요인이기도 했다), 그 시스템은 노예주들로 하여금 사치를 누리며 살 수 있도록 만들어 줬다.[39]

남부주들은 노예제에 전적으로 의존했고 북부주들에서는 노예제에 반대하는 움직임이 확대되고 있기 때문에, 노예제에 관한 논쟁은 새로운 국면을 맞이하기 시작한다. 남부에서 노예제에 찬성했던 사람들은 노예제가 도덕적이라고 주장했다(특별히 맹렬한 백인 우월주의자였던 존 C. 칼훈이 그러했다). 또 이들은 연방정부가 노예제를 영원히 보존해야 하며, 자유주들free states에 압력을 넣어 탈출한 노예들을 주인에게로 돌려보내게 만들어야 한다고 했으며, 새로 얻게 된 미국 영토에서도 노예제를 확대 적용해야 한다고 주장했다. 이와 같이 노예제를 적극적으로 옹호하는 태도는 이전에는 없었던 움직임이었다. 노예제 폐지 운동이 일어나기 전에는, 비록 현실적으로 노예를 소유하고 있긴 했지만, 노예주들조차도 노예제의 비도덕성에 대해 비판하고 있었다. 칼훈은 독립선언서의 핵심 기조에 대해 언급하며 악명 높은 말을 남겼다.

"'모든 인간이 평등하게 창조되었다'는 철학은 노예들이 해방되어야 한다는 주장과 같은 '독이 든 과일'을 만들어 냈다."[40]

대부분 남부 사람들과 마찬가지로 칼훈은 미국이 새롭게 얻게 된 영토에서 노예제를 금지하는 조치가 결국 입법이라는 방식을 통해 전면적 노예 금지 조치로 확대될 것이라고 생각했다. 따라서 새로운 각각의 주들이 미연방으로 편입을 신청하는 과정에서, 연방정부는 노예제를 연장할 것인가 하는 문제에 대해 결단을 내려야 했다(본질을 엄밀하게 말한다면, 남부와 북부의 주들이 치열한 협상을 해나가야 했다). 예를 들면 이 같은 상황으로 인해 미국이 텍사스 공화국을 위해 전쟁에 참전해야 하는가에 관한 문제를 놓고 격전에 가까운 토론이 발생하기도 했다. 참고로 에이브러햄 링컨은 노예주의 권한이 강화되는 것을 원치 않았기 때문에 전쟁 참여와 텍사스의 연방에 편입에 반대했다. 또 캔자스에서는 피비린내 나는 전투가 벌어지기도 했는데, 당시 캔자스에서는 노예제에 찬성하는 쪽과 반대하는 쪽이 서로 팽팽하게 대립함에 따라 두 개의 새로운 주정부가 만들어졌기 때문이다. 아프리카의 노예들이 미국으로 유입됨으로써 수 세기 전에 뿌려졌던 남북전쟁의 씨앗은 이제 막 싹이 트기 시작했다.

보다 완전한
연방

노예제 문제의 심각성은 링컨의 대통령 선거가 있었던 1860년에 이르러 정점을 찍게 된다. 링컨의 당선 이전에도 노예제의 범위를 축소하면서 연방을 보존하려는 타협안들은 지속적으로 시도되고 있었다. 예를 들면 1820년 있었던 미주리 타협Missouri Compromise에 따라 미주리는 노예주로, 그리고 메인은 자유주로 각각 미연방에 편입되었고, 루이지애나 매입Louisiana Purchase을 통해 얻어진 땅과 메이슨 딕슨 라인Mason-Dixon Line[•] 북쪽 지역에서도 노예제가 금지됐다. 두 명 중 한 명의 상원의원은 반드시 노예제 찬성의 입장을 가진 사람을 뽑도록 제도화하는 조건으로 캘리포니아를 자유주로 연방에 편입시켰던 1850년 타협The Compromise of 1850은 훗날 경멸의 대상이 되었던 도망노예법Fugitive Slave Laws이 제정되는 기반을 닦았고, 북부주들을 도망친 노예들을 붙잡아 주

• 남북전쟁 전, 북쪽 자유주(州)와 남쪽 노예주를 갈랐던 펜실베이니아-메릴랜드 경계선.

인들에게 돌려주도록 만들었다. 특정 주가 연방에 편입될 때 자유주가 될 것인지 노예주가 될 것인지의 문제를 대중의 주권에 맡기도록 했던 캔자스 네브라스카 법Kansas-Nebraska Act은 법안의 통과 이후 즉시 캔자스주 내에서 공공연한 전쟁을 촉발시켰다. 하지만 1857년 당시 미주리 타협은 위헌이며 미국 흑인들은 시민으로 간주될 수 없다는 내용을 골자로 했던 드레드 스콧 대 샌포드Dred Scott v. Sanford 판결이 있었고(당시 대법원장이었던 로저 타니Roger Taney는 칼훈이 언급했던 사악한 언어를 사용하며 노예제가 미국 흑인들에게 '유익하다'고 말했다), 대중의 주권을 거부하는 동시에 노예제 폐지를 정책으로 채택했던 공화당이 부상함에 따라, 남부와 북부 사이의 간극은 돌이킬 수 없는 수준에 이르게 된다. 그 와중, 남부주들은 연속해서 다섯 개의 자유주들이 연방에 편입된 것에 대해 초조함을 느끼고 있었다. 왜냐하면 그와 같은 변화는 상원에서 힘의 균형을 급격하게 전환시키는 동시에 노예제를 역사의 한 페이지로 전락시킬 수 있었기 때문이다. 1859년 존 브라운John Brown의 주도하에 하퍼스 페리Harpers Ferry˙에서 발생했던 노예 반란 사건은 남부 사람들에게 근심을 더하게 했을 뿐이었다.

그리고 실제 링컨은 노예제를 서서히 소멸시키겠다고 약속했

˙ 미국 웨스트버지니아주 동북부에 있는 소도시. 웨스트버지니아는 노예주(slave state)였는데, 이곳에서 노예해방론자인 존 브라운은 노예들을 선동해 반란을 일으킨다.

다. 이 부분에 대해 1858년 링컨은 '분쟁하는 집House Divided'이라
는 연설•에서 자신의 입장을 분명히 표현했다.

> 스스로 분쟁하는 집은 설 수 없습니다. 저는 이 정부가 절반은 노
> 예제를 찬성하고 절반은 노예제를 반대하는 상태로 영원히 버텨
> 낼 수 없을 것이라 생각합니다. 저는 이 연방이 해체되길 바라지
> 않습니다. 저는 이 집이 무너지길 바라지 않습니다. 하지만 이 집
> 의 분열이 그치기를 바라고 있습니다. 결국 이쪽이든 저쪽이든
> 둘 중 하나를 선택해야 할 것입니다. 노예제를 반대하는 사람들
> 은 어떻게든 노예제가 추가적으로 확산되는 것을 막으려 할 것이
> 고, 그 제도가 궁극적으로는 폐지되는 과정 속에 놓여 있다는 신
> 념이 대중 속에 뿌리내릴 수 있도록 노력할 것입니다. 반면 노예
> 제를 옹호하는 사람들은 기존 주에서부터 새로 연방에 편입되는
> 주에 이르기까지, 남부와 북부를 포함한 미국 전역에서 노예제가
> 합법화될 때까지, 끝까지 투쟁을 이어 나갈 것입니다.[41]

1860년 미국 대선에서 링컨이 승리하자 남부의 반란은 가속화
되었고, 이는 곧 남부 지역에서 노예제가 영원히 유지될 것이라
는 사실을 선언하는 것과 같았다. 물론 다른 영역에서 발생한 첨

• 링컨은 다음 성경구절에서 연설의 영감을 얻었다. "만일 집이 스스로 분쟁하면
 그 집이 설 수 없고"(「마가복음」 3장 25절).

예한 대립 역시 남북전쟁 발발의 원인이 되었다. 예를 들면 자유무역을 중시했던 남부와 보호주의적 정책을 폈던 북부 사이의 경제적 경쟁과, 연방정부에 의해 자행되는 간섭 행위에 대항하여 주권州權, states' rights을 행사할 수 있는지 등의 여부 역시 갈등의 주요 원인이 되었다. 분리독립을 선언한 남부연합 주들이 발표한 새로운 성명서에는 반란에 대한 명분이 분명하게 명시되어 있다. 사우스캐롤라이나주는 자체적 성명서를 통해 "노예제를 옹호하지 않는 주들 사이에서 노예제 그 자체에 대한 적대감이 증가함에 따라, 그들은 자신의 의무를 저버리게 되었으며, 일반 정부의 법은 헌법의 목적을 실행하지 못하게 되었다"라고 말했다. 남부연합을 지지했던 사우스캐롤라이나의 지도자들은 미국의 헌법이 주로 노예제를 '보존하기' 위한 목적으로 제정됐다고 생각했으며, 당시 발생했던 일련의 사건으로 인해 헌법의 제정 목적이 지켜지지 않았기 때문에, 헌법은 이제 참고할 가치가 없어져 버렸다고 생각했다. 연방 탈퇴의 명분을 설명한 선언문에서 사우스캐롤라이나 지도자들은 다음과 같이 말했다.

> 우리는 이 정부가 수립된 이와 같은 목적들이 무너졌다는 것과, 노예제를 용인하지 않는 주들의 행동에 따라 연방정부 그 자체가 존재 목적을 파괴했음을 확인하게 되었다. 노예제를 반대하는 주들은 노예제 그 자체가 죄악이 된다고 비난했다. 노예제를 반대

하는 주들은 자신 속에서 다른 주들에 살아가는 시민들의 재산을 찬탈함으로써 평화를 깨뜨리려는 명백한 목적을 가진 사회들이 설립되는 것을 공공연히 허락했다. 그들은 우리의 노예 수천 명이 그들의 집을 떠나도록 격려하고 원조했으며, 남아 있는 노예들에게는 밀사와 책자, 그리고 그림 등을 보내 반란을 일으키도록 선동했다.[42]

남부연합The Confederate States of America은 그들의 목표를 결코 숨기지 않았다. 남부연합의 새로운 헌법은 모든 신생주들이 노예주가 될 것임을 명시했다.[43]

하지만 미국의 역사는 노예제에 대한 영원한 관용의 이야기가 아니었기 때문에, 미국 역사에서 가장 피비린내 나는 전쟁이었던 남북전쟁이 발생하게 된다. 이 전쟁에서 60만 명 이상의 미국인들이 사망했다. 북부연합The Union을 위해 싸웠던 수십만의 군인들은 〈공화국 찬가The Battle Hymn of the Republic〉*를 부르며 전쟁터로 행진해 나갔다.

백합의 아름다움 가운데 그리스도는 바다 건너 태어나셨네

---

* 〈존 브라운의 시신(John Brown's Body)〉 멜로디에 노예해방 운동가이자 시인인 줄리아 하우(Julia Howe)가 작사했다. 우리나라에는 개사 후 개신교 찬송가 〈마귀들과 싸울지라〉로 소개되었다.

당신과 나를 변화시키는 그분의 가슴속에 있는 영광을 담아

그분께서 인간을 거룩하게 하기 위해 목숨을 바치신 것처럼

우리는 인간을 자유롭게 하기 위해 목숨을 바치자!

노래의 원래 가사는 이것보다 훨씬 더 전투적이었다. 원곡 가사에서 호명된 존 브라운은 하퍼스 페리 사건 당시 노예 봉기를 일으키기 위해 피비린내 나는 습격을 이끌었던 전투적인 노예해방 운동가였다. 원곡의 가사는 다음과 같았다.

"존 브라운의 시신은 무덤 속에서 썩고 있어도, 그의 혼은 지금도 전진하고 있다네!"

요컨대, 남북전쟁은 미국 건국의 선함을 입증하는 사건이었다. 링컨은 남북전쟁이 건국 정신으로부터의 이탈이 아니라 건국 정신의 성취라고 바라봤다. 링컨이 반복해서 이야기했듯이, 독립선언서의 정신은 미국에서 노예제가 종식되기 전까지 완전하게 성취될 수 없었다. 분열주의자들의 역사관과 달리, 연합주의자들의 역사관은 링컨의 판단이 옳았음을 입증한다. 자신의 도덕적 뿌리로 돌아감으로써 미국은 진보할 수 있었다.

애초 링컨은 노예해방을 적극적으로 옹호하지 않았다. 링컨의 목적은 노예를 해방하는 것이 아니라 연방을 유지하는 것이었다. 하지만 전쟁이 진행됨에 따라, 노예제 문제를 해결하지 않는다면 전쟁은 아무 의미 없이 싸워야 할 것이라는 사실이 분명해졌다.

대통령으로서 링컨은 노예 해방 선언Emancipation Proclamation을 공포했고, 공화당이 장악한 의회를 통해 수정헌법 제13조*를 통과시켰다. 의회를 통해 해당 수정헌법 조항이 통과된 지 2달 후, 링컨은 암살당했다. 1866년 하원은 수정헌법 제14조를 통과시켰다. 미국 흑인들에게도 투표권을 허락한 수정헌법 제15조는 1869년 의회를 통과했고, 과거 참혹한 억압 가운데 시달렸던 사람들에게 적법한 절차due process와 법에 따른 평등한 보호equal protection of the laws가 보장된다. 그렇게 자유는 확실히 승리했다.

하지만 얼마 지나지 않아 문제가 발생했다.

전쟁이 끝나가던 무렵, 윌리엄 T. 셔먼William T. Sherman 장군은 해방 노예들에게 40에이커의 땅을 제공할 것을 약속하는 특별야전명령 15호를 발표했다. 당시 추산에 따르면, 약 40만 에이커의 땅이 분배될 예정이었다. 또한 셔먼은 (해방 노예들에게)육군이 보유한 노새mules를 활용할 수 있도록 해 주겠다고 약속했다. 하지만 1865년 앤드루 존슨Andrew Johnson**은 그와 같은 약속을 재빠르게 번복하며, 과거 남부연방 소속이던 노예주들에게 땅을 돌려주었

---

* 제1항, "노예 제도 또는 강제 노역 제도는 당사자가 정당하게 유죄 판결을 받은 범죄에 대한 처벌이 아니면 미국 또는 그 관할에 속하는 어느 장소에서도 존재할 수 없다."

** 유일한 남부 출신 연방주의자로 민주당 후보로 부통령(대통령 링컨은 공화당)에 당선됐다가 1865년 링컨 암살로 제17대 대통령이 되었으나, 공화당으로 옮긴 뒤 1868년 대통령 후보 지명을 받지 못했다.

다.[44]

그럼에도 불구하고 링컨의 암살 이후 국가를 재건하는 과정에서는 급진적 공화당원들이 정국을 주도했다. 이들은 미국 흑인들에 대한 보상 작업을 엄청나게 가속화시켰을 포괄적 정책들을 도입하려 했다. 예를 들어 공화당 내 급진파들radical Republicans은 1866년 민권법안Civil Rights Act에 대한 앤드루 존슨 대통령의 입장을 비토veto함으로써*, 주에 의해 자행되던 차별을 금지하려 했고, 미국 흑인들의 투표권을 보장하려 했으며, 남부연합에 소속됐던 장교들이 주요 보직을 맡지 못하도록 했다. 이와 같은 현상은 소위 '뜨내기 출마carpetbagging'의 증가를 가져왔다(북부의 공화당원들은 과거 남부연합에 속해 있던 주로 내려가 선출직을 얻으려 했다). 율리시스 S. 그랜트Ulysses S. Grant의 대통령 당선은 공화당 급진파들에게 일종의 청사진을 제공했다. 그랜트는 연방법을 집행하기 위해 연방정부의 권한을 사용할 수 있다는 점을 분명히 했다. 1872년 재선 선거에서 그랜트를 낙선시키려 했던 공화당 반급진세력anti-radical의 시도가 수포로 돌아간 뒤, 당 내에서 공화당 급진파들은 마침내 주

---

* 1866년 미국 의회에서 민권법안이 통과됐으나 앤드루 존슨 대통령은 남부 주들을 의식하여 법안에 거부권(비토)을 행사했다. 북부(연방)군 총사령관으로 남북전쟁을 승리로 이끈 율리시스 그랜트(후에 제18대 대통령) 중심의 공화당 급진파가 법안을 재의결해 통과시키고(비토를 비토) 존슨을 탄핵소추했으나, 아이러니하게도 공화당 내에서 삼권분립 파괴를 우려하는 이탈표가 나와 존슨은 파면을 면했다.

도권을 잃게 되었는데, 그에 따라 참혹한 결과가 발생했다. 공화당 대선후보였던 러더포드 B. 헤이스Rutherford B. Hayes는 (남부주에서) 연방군을 철수시켜 주는 조건으로 과거 남부연합에 소속됐던 주들로부터 선거인단 표를 얻으려 했다. 짐 크로법이 제정되었고, 큐 클럭스 클랜Ku Klux Klan의 주도하에 미국 흑인들에 대한 신종 테러 행위가 기승을 부리게 된다. 남부 지주들은 강압적인 소작농 계약을 통해 미국 흑인들을 그들의 땅에 다시 묶어 놓았고, 이 과정은 정부와 비정부 차원에서 이뤄지는 폭력을 통해 강제 집행되었다. 떠날 여력이 있었던 흑인들은 남부를 떠났다. 그로부터 4세대 이상의 기간 동안 다양한 정치인들에 의해 잔혹한 행위가 자행됐다. 백악관에서 〈국가의 탄생The Birth of a Nation〉(1914)*을 상영한 우드로 윌슨 대통령으로부터, 흑인 미국인들, 특별히 남부지역 흑인들에게 돌아가는 혜택을 효과적으로 차단하는 심각한 결함을 가졌던 제대군인 관련 법안에 서명한 프랭클린 루스벨트에 이르기까지 다양한 정치인들은 미국 흑인들에게 피해를 안겨 줬다. 레드라이닝redlining**은 일상이었고, 미국 흑인들은 교육의 기회를 박탈당했다. 남부 지역에서 미국 흑인들이 백인들만큼 동등한

---

* 남북전쟁을 배경으로 인종 갈등과 두 가문 간의 사랑을 다룬 영화. 인종차별 메시지를 담고 있고, KKK의 활동을 장려했다.
** 특정 지역(주로 낙후 지역)에 거주한다는 이유로 대출, 담보 등 거래에서 기회를 박탈당하는 것. 주로 흑인들이 피해자가 됐다.

법적 권한을 누리는 데에는 거의 또 한 세기가량이 지나야 했다.

도금시대(The Gilded Age)*

──────────────────

노예제의 종식은 미국을 새로운 경제적 번영의 시대로 도약시
켜 주었다. 1862년 제정 된 홈스테드법The Homestead Act에 따라 누
구든 땅을 경작하겠다고 약속한다면 160에이커(약 19만5천8백70평)
에 달하는 경지를 정부로부터 지급받을 수 있었고, 이에 따라 국
토 전역에 걸쳐 미국인들이 퍼져 나가게 된다. 또 홈스테드법이
제정되면서 가장 큰 영역을 경작할 수 있는 사람들이 가장 광대
한 땅을 구입할 수 있게 되었다.[45] 하지만 실제 미국을 대변혁시
킨 것은 근대 산업의 부상이었다. 그린스펀은 그 사실을 다음과
같이 잘 묘사했다.

> 1864년의 미국에는 구세계 생활방식의 흔적이 여전히 남아 있었
> 다. 도시에는 사람들의 숫자만큼이나 많은 동물들이 있었고, 단
> 순히 말 정도가 아니라 소, 돼지 닭들이 사람들과 함께 생활하고
> 있었다. 1914년경에 이르러, 미국인들은 코카콜라를 마셨으며,

* 남북전쟁 후 산업화와 도시화가 급격하게 진행된 1865~1890년 기간. 이름은 마
  크 트웨인의 동명 소설에서 유래.

포드 자동차를 운전했고, 지하철을 탔으며, 마천루에서 직장생활을 했고, "과학적 경영"에 대해 존경을 표했으며, 질레트 일회용 면도기로 면도를 했고, 전기를 사용해 그들의 집을 밝히고 난방을 유지했으며, 비행기를 탔고, 그게 아니라면 최소 비행기에 관한 기사를 읽었으며, AT&T 덕분에 전화기로 수다를 떨 수 있게 되었다.[46]

미국 사회의 모든 영역에서 부는 증가했다. 미국인들은 다른 어떤 나라의 시민들보다 부유해졌다. 그것도 아주 큰 격차를 두고 말이다. 1914년 당시, 미국의 1인당 국민 소득은 3백44 달러였다. 당시 영국의 1인당 국민소득은 2백44 달러였다. 1910년에 들어서 미국은 전 세계 제조업의 35.3퍼센트를 차지하게 된다. 지구상에 존재하는 어떤 나라보다 높은 수치였다. 미국의 인구 역시 1870년 4천만 명에서 1914년 9천9백만 명으로 폭발적으로 증가했다. 대부분의 인구 증가는 미국 시민들이 자녀를 낳았기 때문이었지만, 그중 3분의 1은 엄청난 수의 이민자들이 새롭게 유입됨에 따라 발생했다.[47] 미국의 철도들은 전 국토를 수놓았고, 대서양에서 태평양에 이르기까지 교통과 운송을 연결했다. 미국에서는 국가 전역을 커버하는 새로운 통신 수단이 발명됐고, 그에 따라 정보의 이동이 쉽고 저렴해졌다.

이와 같은 발전의 대부분은 정부 주도의 통제가 없었기 때문에 가능한 일이었다. 미국은 금본위제gold-standard를 운영했다. 당시 미국에서 규제는 느슨했으며, 놀라울 정도로 활력 있는 성장이 이뤄지고 있었고, 생활비는 동일한 수준에 머물렀다. 기업 친화적인 미국의 환경은 엄청난 혁신을 가능하게 만들었고, 토머스 에디슨과 헨리 포드 같은 천재들은 도전하고 실패하고, 또 도전해서 성공을 이룩했다. 석유와 철강이라는 천연자원은 미국에 고유한 이점을 안겨 주었다(하지만 그 이점은 또한 하향식 경제 통제를 고집하는 정부에 의해 손쉽게 낭비될 수 있었다). 헌정 시스템에 따른 제한 때문에 정책을 추진하는 데 견제를 받았던 미국의 정부는 그와 같은 톱다운 방식의 통제를 실행할 수 없었다. 제빵사가 주당 일할 수 있는 최대 시간 한도를 명시한 뉴욕주 법을 무효화했던 1905년 로크너 대 뉴욕주Lochner v. New York 판결*은 당대의 일반적 논조와 자유 기업에 대한 미국인들의 전통적 견해를 잘 반영하고 있었다. 사건의 주심이었던 페캄Peckham 대법관은 판결문에 다음과 같이 명시했다.

"이 사건은 두 가지의 권력 또는 권리 중 어떤 것이 우위를 가질 수 있는지에 관한 문제를 다루고 있다. 법률을 제정하는 주State의 권력 또는 인간으로서의 자유와 계약의 자유를 누리는 개인의 권리 사이의 충돌에 관한 문제를 다루고 있다."[48]

---

* 제빵사들의 하루 10시간, 주당 60시간 이상 노동을 금지한 뉴욕주 '제과점법(Bakeshop Act)을 연방대법원이 위헌 판결한 사건.

비록 판결 당시 연방대법원이 적법절차의 집행을 명시하는 헌법 조항에 의존하지 않아도 되긴 했지만(훗날 1973년 있었던 로 대 웨이드Roe v. Wade 판결을 포함한 연방대법원의 판결에서는 법의 사악함이 그 추악한 민낯을 치켜들게 된다), 경제에 대한 미국인들의 태도는 정부의 역할에 대해 미국 건국시대의 철학을 반영하고 있었다.

다시 언급하지만, 국부들의 가치 체계는 폭발적인 성장의 틀을 제공해 주었다. 그리고 그 폭발적인 성장을 통해 미국인들은 인류 역사상 가장 위대한 경제를 건설할 수 있었다. 이윽고 세계 경제 전체는 국부들이 제시한 청사진을 바탕으로 미국인들이 건설한 엔진에 의존하게 된다.

미국에서 산업화가 한창일 당시, 미국 정부는 철도를 깔기 위해 토지를 물색하고 있던 몇몇 철도 업계 거물들에게 막대한 보조금과 특혜를 허락했다(비록 익히 알려진 대로 제임스 J. 힐James J. Hill은 정부의 도움을 전혀 받지 않고 그 위대한 북부 철도Great Northern Railroad를 건설하긴 했지만 말이다).[49] 하지만 도금시대 기간에 나타난 미국의 성장 이야기는 부패에 관한 이야기가 아니라 기업가정신에 관한 이야기였다. 결국 부패라는 것은 인류 역사 어느 시기나 공통적으로 나타나는 인간의 결점이다. 하지만 기업가정신은 자유의 분위기가 만발한 곳에서만 꽃을 피울 수 있다. 록펠러와 카네기는 어린 시절 가난하게 자랐다. 이 자본가들은 위험을 감수했고, 그에 따른 보상을 거둬 들였다. 유한책임회사LLC를 포함해 새로운 투자 방식들이 개발됐고, 그에 따라 사람들은 자신이 개인적으로 보유하고 있는 비투자 자산을 위험에 빠뜨리지 않는 상태에서 그들의 자금을 투자할 수 있게 되었다. 주식시장은 새롭게 나타난 투자재원의 다변화에 따른 결과물이었다. 역사학자인 래리 슈웨이카르트Larry Schweikart와 마이클 알렌Michael Allen이 쓴 것처럼, "도금시대의 과잉은 터무니없으면서도 넋을 빼놓을 정도로 매력적이어서, 대부분 사람들이 인식하던 것처럼, 지금껏 한 번도 본 적 없는 가장 놀라운 성장 엔진이 창출해 낸 광범위한 번영의 실체를 가려놓고 말았다." 심지어 공산주의자였던 레온 트로츠키Leon Trotsky 조차도 미국인들의 삶의 방식이 놀랍다고 인정해야 했다. 1917년 트로츠키는 다음과 같은 글을 남겼다.

"우리는 뉴욕에 있는 노동자 거주지역에 아파트를 한 채 빌렸다. 월세가 18달러였던 그 아파트는 전등, 가스레인지, 욕조, 전화기, 자동 엘리베이터, 쓰레기 운반대 등 우리 유럽인들에게 꽤나 익숙하지 않았던 모든 종류의 편의시설을 갖추고 있었다."[50]

물론 미국에서도 성장에 따른 부작용이 있었다. 미국인들이 도시로 몰려들면서 심각한 건강 문제와 함께 환경 악화가 야기됐다. 노동자들은 자본을 가진 사장들이 호화스러운 생활을 하는 반면, 자신들은 위험한 근로 환경에 노출되어 있다고 불평했다. 이제 막 시작됐던 미국의 노조 운동은 더욱더 힘을 얻기 시작했다. 파업은 일상이 되었다. 주요 산업의 합병은 독과점 권력에 대한 우려를 키워 냈으며, 경제 지표상 하위에 있는 사람들에게 돌아가는 경쟁적 기회는 적어지게 된다. 아이다 타벨Ida Tarbell과 같이 신변잡기를 캐고 다니는 언론인들은 당시 활동하던 거물 기업인들을 '강도 귀족robber baron˙'이라고 불렀다(어떤 사람들은 그런 말을 들을 만했지만, 실제 '강도 귀족'이 아님에도 억울하게 비난받았던 사람들도 있었다).

이 같은 우려에 대한 반응은 진보적 시대를 맞이하면서 수면 위로 불거지게 된다. 이때를 기점으로 (건국 초기)미국인들이 그들의 정부와 맺은 계약은 완전히 새롭게 쓰이기 시작한다.

새로운
거인

20세기쯤이 되었을 때, 미국은 국제적 영향력을 갖게 됐다. 미국은 영토를 확대했으며(앤드루 존슨 정부의 국무장관이었던 윌리엄 수어드 William Seward는 1867년 러시아와 알래스카 땅 구매 협상을 하였고, 윌리엄 맥킨리

˙ 중세 유럽에서 자신의 영지를 통과하는 행인들의 재산을 갈취했던 귀족들을 지칭하는 말이었으며, 20세기 초 미국에서 록펠러, 카네기, J. P. 모건 등 거대 자본을 축적한 자본가들을 비하하는 말로 쓰였다.

William McKinley$^{\bullet}$ 정부는 1898년 미국 기업이 주도한 쿠데타를 지원함으로써 하와이를 미국 땅으로 병합시켰다), 다른 강대국들의 힘을 약화시키는 동시에 미국의 국익을 증진시키는 데 도움을 주는 해외 민족 독립 운동들을 적극 지원했다(미·스페인 전쟁에 따른 1902년 미국의 개입으로 쿠바가 스페인으로부터 독립했으며, 다른 열강들이 미국 해군에게 섬에 대한 접근권한을 봉쇄하는 것을 방지하기 위해 미국은 1898년 필리핀을 자신의 보호국으로 만들었고, 1946년이 되어서 필리핀은 독립을 얻게 된다). 또 미국의 경제는 지구상에 존재하는 그 어떤 나라보다 훨씬 막강했다.

하지만 불만에 따른 동요는 오랜 기간 억눌러져 있을 수 없었다. 또 경제 영역에서 광범위한 정부 개입을 옹호했던 독일 진보주의자들의 영향을 받던 진보 성향 정치인들은 사람들의 불만에 대응하기 시작한다. 당시는 위대한 사상가들의 시대였다(도금시대의 자유분방한 본성에 따라 혜택을 받았던 사상가들조차도 하향식 통제가 전반적인 미국의 경제에 유익하다고 판단했다). 그와 같은 시대적 흐름을 주도했던 시어도어 루스벨트 대통령은 다음과 같이 설명했다.

"결합(기업의 성장)을 저지하려는 노력은 실질적으로 실패했다. 여기서부터 탈출하는 길은 그러한 결합을 막으려는 시도가 아니라, 공공 복지를 위해 그들을 완전히 통제하는 것이다."

'공정한 거래square deal'라는 개념을 요구하면서, 실제 루스벨트

$\bullet$ 미국 제25대 대통령(1897~1901)

는 공공 복지라는 명목으로 성공한 대기업들을 무너뜨리려 했다. 1910년 캔자스주 오사와토미시에서 했던 연설에서 시어도어 루스벨트는 자신의 근본 수칙을 제시한다(한 세기가 지난 후 오바마는 바로 이 수칙으로부터 영감을 얻었다).

> 효과적인 국가가 부재하다면, 특별히 국가적으로 발생하는 불공정한 돈벌이에 대한 제한이 존재하지 않는다면, 자신의 권력을 유지하고 증가시키는 걸 주된 목적으로 하는 엄청나게 부유하고 경제적으로 강력한 소수의 계층이 만들어지게 됩니다. 가장 중요한 것은 이들이 권력을 축적할 수 있도록 해 주는 조건을 바꿔 놓는 것입니다. 왜냐하면 이들은 자신이 보유하고 행사하는 조건을 일반 복지를 위해 사용하지 않고 있기 때문입니다. 우리는 특정인의 힘이나 명민함의 수준을 나타내 주는 재산을 놓고 그 사람에게 원한을 품지 않습니다. 만약 그 재산이 전적으로 동료 시민들의 복지를 위해 사용된다면 말입니다.[51]

다른 말로 하자면, 기업은 정부가 원하는 것을 해야 하고, 기업이 협조하지 않으면 정부는 기업에게 자신이 원하는 바를 따르도록 강요하겠다는 뜻이었다. 시어도어 루스벨트는 질서를 재배열한다는 자신의 목적을 성취하기 위해서라면 기꺼이 헌법에 따라 규정된 모든 경계선과 기준을 짓밟을 준비가 되어 있었다.

1902년 있었던 탄광 파업 기간 동안, 루스벨트는 상황을 해결하기 위해 군대를 동원하겠다고 위협했으며, 일설에 따르면 "국민이 석탄을 원한다는데 헌법이라고 알게 뭐야!"라고 소리친 것으로 알려졌다.[52] 시어도어 루스벨트는 시카고 정육업에 관한 업튼 싱클레어Upton Sinclair의 격분*이 지나칠 정도로 허튼소리라는 것을 잘 알고 있지만(싱클레어 자신은 사회주의자였고, 그의 동지들은 싱클레어의 책을 성공적인 프로파간다 선전물이라고 생각했다), 루스벨트는 이에 개의치 않았다. 루스벨트는 싱클레어가 "히스테리적이고, 균형 감각이 없으며, 진실되지 않다"는 사실을 인정했지만, 싱클레어의 거짓말을 이용해 1906년 순식량약품법Pure Food and Drug Act을 통과시켰다.[53] 시어도어 루스벨트가 대통령으로 재임하는 기간 동안, 의회는 수정헌법 제16조**를 통과시켰고, 연방 소득세를 법제화했으며, 수정헌법 제17조를 통과시킴으로써 상원의원들이 주의회의 통제에서 벗어나 직선제를 통해 선출되게 만들었다.*** 또 시어도어 루스벨트는 1890년 제정된 셔먼 반독점법Sherman Antitrust Act을 공격적으로 활용해(셔먼법은 반독점 공소를 가능하게 만들어 준 모호한 언어로 된

* 정육공장의 부조리를 그린 싱클레어의 소설 『정글』.
** "연방의회는 어떠한 소득원에서 얻어지는 소득에 대하여도, 각 주에 배당하지 아니하고 국세 조사나 인구수 산정에 관계없이 소득세를 부과, 징수할 권한을 가진다." 연방정부의 누진세 징세의 근거가 됐다.
*** 그전까지 미 하원은 직선제, 상원은 주의회 간선이었으나 수정헌법 제17조에서 상·하원 모두 직선제가 됐다. 국부들이 상원을 간선으로 한 것은 상원의원들이 여론에 흔들리지 않고 소신껏 정치를 할 수 있기를 기대한 것이었다.

문서였다) '거래를 제한한다'는 명분으로 다양한 기업들을 해체시켰지만, 실제로는 반독점 공소가 진행된 이후에도 해당 산업 분야에서 가격 하락 현상이 발생하지 않았다.[54]

시어도어 루스벨트의 진보주의는 우드로 윌슨의 통치를 위한 길을 닦아 놓게 된다. 정부에 대한 윌슨의 철학은 분명했는데, 윌슨은 정부에게 어떠한 제한도 없어야 한다고 생각했다. 윌슨은 다음과 같이 설명했다.

"오늘날 정부는 경험이 허락하는 범위 내에서, 또 시대가 요구하는 선에서 무엇이든 할 수 있어야 한다."

리더십에 관해서도 윌슨은 무서운 철학을 갖고 있었다.

"인간은 완벽한 지도자의 손에 들려진 점토 덩어리일 뿐이다."

이와 같은 주장을 했던 건 윌슨 혼자만이 아니었다. 소위 사회 복음 운동 진영의 지도자라고 할 수 있었던 존 듀이John Dewey와 월터 라우션부시Walter Rauschenbusch 같은 저명한 사상가들 역시 윌슨과 같은 철학을 공유했다.[55] 윌슨은 부유한 사람들의 기득권을 깨뜨린다는 명목하에 행정부 관료들의 네트워크를 이용해 정부가 경제를 통제해야 한다고 믿었던 순도 1백 퍼센트 진보주의자였다. 윌슨은 "미국인들에게 필수적 적혈구라 할 수 있는 인간적 유대감이라는 가치와 비교했을 때, 재산권은 첫 번째가 아니라 두 번째 우선순위를 차지한다"라고 말하며 대중을 선동했다.[56] 윌슨은 노동부를 신설하고 "노동자들의 복지를 장려하고, 증진하며, 개발하고, 그들의 근무 조건을 개선하며, 노동자들에게 수익성 있는 고용의 기회를 증진시키는" 업무를 담당하는 연방정부 기관을 만들어 내는 법안에 서명했다. 미국 헌법의 틀 속에 이와 같은 법안이 어떻게 끼워 맞춰졌는지는 의문이지만, 당시는 (정부가 무슨 일이든 할 수 있다는)야망이 태동하던 시기였다. 현실에서 노동부는 노동조합들의 요구사항을 집행하는 강제적 도구가 되었다 (지금도 그러하다). 윌슨의 친노조적 성향이 어찌나 강렬하던지, 윌슨은 제1차 세계대전마저도 미국의 업무 현장을 새롭게 변화시키는 계기로 활용했다. 그 결과 노동조합에 단체협상권이 부여되었고, 하루 8시간 근무 규정이 도입되었다.[57] 윌슨은 또한 당시 진보진영에 만연해 있던 우생학에 대한 열광에 동참했다.

미국은 1차 세계대전에 개입함으로써(독일이 미국 선박을 공격함에 따라 발생한 불가피한 참전이었을 수도 있고, 어떤 점에서 보면 불가피하지 않았던 참전이었을 수도 있다) 유럽 대륙을 독일의 침략으로부터 구해 냈다. 참고로 당시 러시아에는 제정 러시아가 무너지고 공산 정권이 들어서 있었고, 권력을 잡았던 볼셰비키 정부는 독일과 별도로 평화조약을 체결한 상태였다. 독일은 서부전선에 전쟁의 모든 역량을 집중할 수 있었으나, 미국 보병이 개입하면서 연합군은 출혈을 멈출 수 있었고 전쟁의 흐름은 뒤바뀌게 된다. 이 사실을 역사학자인 조프리 와우로Geoffrey Wawro는 다음과 같이 무뚝뚝하게 지적한다.

"만약 미 육군이 1918년 프랑스에 개입하지 않았다면 독일이 1차 세계대전에서 승리했을 것이다."[58]

1차대전이 발발함에 따라 미국 본토에서도 정부 개입을 늘리려는 시도가 힘을 얻게 된다. 윌슨은 1917년 스파이 방지법Espionage Act과 1918년 소요 방지법Sedition Act을 활용해서 반대자들을 법의 힘으로 처벌했고, 전쟁에 관한 어떤 부분이라도 반대하는 사람들에 대해 악의적 선전을 퍼뜨렸다. 조나 골드버그가 언급한 것처럼, "전쟁이 끝난 뒤에도, 윌슨은 미국에 최후로 남아 있던 정치범들을 석방시키지 않았으며, 따라서 (윌슨이 아니라)후임으로 들어온 공화당 행정부가 반전 사회주의자인 유진 뎁스Eugene V. Debs를 비롯한 사람들을 풀어 주게 되었다."[59]

윌슨의 '거대한 사고big thinking'는 국제 무대에도 흔적을 남겼다. 1916년 대선후보였던 윌슨은 1차대전에서 빠져 나오겠다는 공약을 걸고 선거운동을 했다. 이 같은 윌슨의 공약은 독일 정부로 하여금 미국의 개입이 발생하기 전에 유럽에서 승리를 얻을 수 있다는 확신을 갖도록 만들었다. 1차대전 참전을 선언하면서 윌슨은 국제 사회에 관한 비전, 곧 세계는 "민주주의가 안주할 장소made safe for democracy"가 되어야 한다는 자신의 비전을 발표했다. 윌슨이 제시한 도덕에 기반한 국제주의적 비전은 당시까지 미국 외교 정책의 굳건한 전통으로 자리 잡고 있던 현실주의realism와 극명한 대조를 이루었다. 심지어 윌슨은 훗날 수십 년 동안 사악한

소비에트 정부의 지배를 불러왔던 러시아 혁명을 예찬하기도 했다.[60]

전쟁이 끝나고 미군 장병들이 미국의 경제 시스템 속으로 다시 몰려들었을 때, 미국 전역에서 주요 산업은 파업에 따른 몸살을 앓았고, 잠깐 동안일지라도 월슨과 루스벨트가 주도한 진보주의 운동에 대한 거부 현상을 불러왔다.[61] 1920년대의 격동은 바로 이전 시기였던 진보주의 시대에 대한 직접적인 반응이라고 볼 수 있었다. 미국인들은 자유로운 삶과 자유로운 경제, 그리고 자유로운 문화를 받아들였다. 할리우드는 문화적 규범이 되었다. 미국산 자동차는 미국의 번영을 상징하게 됐다. 비행을 통한 이동이 가능해졌으며, 라디오가 대중 전달 매체가 되었다. 베이브 루스, 찰리 채플린, 그리고 월트 디즈니가 세상에 소개됐다. 당시 대통령이었던 캘빈 쿨리지Calvin Coolidge는 "공장을 짓는 바로 그 사람들이 예배당을 짓는다"고 설명했고, "만약 연방정부가 소멸한다 하더라도 사람들은 꽤 오랜 기간 동안 그들의 일상 가운데 별다른 차이점을 느끼지 못할 것이다"라고 말하기도 했다.

쿨리지는 자유로운 경제를 실현하는 원칙이 미국의 건국 철학에 뿌리를 두고 있다는 점을 이해했다. 독립선언서 작성 150주년을 맞이하는 기념식에서 쿨리지는 다음과 같이 연설했다.

만약 모든 인간이 평등하게 창조되었다고 한다면, 그 사실은 최종적입니다. 만약 그들이 양도할 수 없는 권리를 부여받았다고 한다면, 그 사실은 최종적입니다. 만약 정부는 피치자들의 동의로부터 정당한 권력을 얻는다고 한다면, 그 사실은 최종적입니다. 이와 같은 명제를 떠나서 그 어떠한 발전과 진보도 이루어질 수 없습니다. 만약 이와 같은 명제가 진실하고 온당하다는 것을 부인하는 사람이 있다면, 그 사람이 역사적으로 나아갈 수 있는 유일한 방향은 진보하는 것이 아니라 평등과 개인의 권리, 국민의 통치가 없던 시절로 퇴보하는 것일 수밖에 없습니다. 우리는 현재 과학의 시대를 살아가고 있으며, 풍부한 물질적 축적을 누리는 시대를 살아가고 있습니다. 과학과 물질적 번영이 우리의 선언문을 만들어 내지 않았습니다. 우리의 선언문이 과학과 물질적 번영을 만들어 냈기 때문입니다.[62]

그린스펀이 지적하듯이, 1921년과 1929년 사이, 미국의 GDP는 연간 5퍼센트씩 성장했다. 번영은 널리 확대됐고 미국인들은 그 물결에 올라타길 열망하고 있었다.[63]

이 같은 번영은 1929년 발생한 주식시장의 폭락이 아니라, 그 폭락에 대한 정부의 잘못된 대처 때문에 무너져 내리게 된다. 주식시장이 폭락했을 당시, 허버트 후버Herbert Hoover가 대통령으로 재임하고 있었다. 위기를 대처하는 후버의 방식은 꽤나 진보적이었다. 후버는 강력한 정부 개입을 선택했다. 그는 백악관에 산업가들을 모아 미팅을 했고, 그들에게 시장에 의해 유지 가능한 금액보다 더 높은 임금을 직원들에게 지급할 것을 명령했다. 그에 따라 실업률이 증가했다. 후버는 1920년대에 도입됐던 관세를 그대로 유지했고, 그 결과 수요의 위기를 촉발하게 되었다. 1930년에 5백만 명이던 실업자 수는 1931년 1천1백만 명으로 뛰어올랐다. 후버는 1932년 6월 고소득자의 소득세를 24퍼센트에서 48퍼센트로 올리며 "우리는 잠정적인 증세를 하지 않고선 연방정부에 대한 대중의 확신이나 안정성을 유지할 수 없다"고 설명했다.[64] 이 같은 후버 정부의 시장 개입은 1920년대 도입됐던 관세 정책과 맞물리면서 서구 진영 전반에 걸쳐 대량 실업과 거대 정부의 등장으로 특징되는 세계적 위기를 초래하였고, 그에 따라 유럽에서는 인류 역사상 최악의 갈등이 촉발된다.

하지만 문제는 이 같은 개입주의 철학이 프랭클린 델라노 루스벨트FDR가 추진했던 뉴딜정책의 모델이 되었다는 사실이다. 프랭클린 루스벨트는 후버가 사용한 정책들을 도입했다. 차이가 있다면 루스벨트는 후버에 비해 훨씬 더 강력한 개입주의를 지향했다는 점이었다. 프랭클린 루스벨트의 두뇌위원회brain trust* 멤버였던 레이몬드 몰리Raymond Moley 역시 이 사실을 인정하며 다음과 같이 말했다. "워싱턴에 도착했을 때, 우리는 뉴딜 정책에 포함됐

---

* 프랭클린 루스벨트에게 정책적 자문을 해준 전문가 집단.

던 모든 핵심 아이디어가 후버 정권 당시 100일간 진행됐던 의회에서 모두 법으로 제정됐다는 사실을 깨닫게 되었다."[65] 소련이 가지고 있는 '집단 의지의 힘'[66]에 대한 경외감을 나타냈던 루스벨트의 참모 렉스 터그웰Rex Tugwell 역시 비슷한 맥락에서 "우리는 우리가 사용했던 대부분의 장치를 실제 개발했던 사람에게 지나치게 가혹했다"라고 말하기도 했다.[67]

자만에 가득 차 있던 루스벨트는 경제 영역에서 압제적 조치를 단행한다. 루스벨트 정부는 기업체들이 만들어 내는 제품에 국가산업회복법National Industrial Recovery Act에 대한 동의를 뜻했던 파란 독수리 로고를 붙이도록 압박했다. 또 루스벨트 정부는 가격 상승을 위해 기업체들에 생산을 제한할 것을 강요했으며, 강력한 신생 기관이었던 국가노동관계위원회National Labor Relations Board를 활용해 기업들이 노동조합에 굴복하도록 만들었다. 루스벨트는 부의 재분배와 환율 조작을 광범위하게 자행했고, 그와 같은 정책을 밀어붙이기 위해 지극히 선동적인 언어를 사용했다. 루스벨트는 1920년대를 '가짜 번영'의 시대라고 규정했고, '투기꾼들'에 대한 분노에 초점을 맞추며 주장을 펼쳤다.

"나는 개인주의자가 사회를 희생시키는 대가로 자신의 원하는 삶을 살아가지 않는다면, 모든 영역에서 개인주의를 인정할 수 있다고 생각한다."

하지만 물론 이 말은 곧 실제 개인주의가 인정될 수 없다는 뜻이었는데, 왜냐하면 거의 모든 개인의 행동은 보는 이에 따라서 모호하게 규정된 사회적 이해관계에 반한다고 해석될 수 있었기 때문이다.[68] 심지어 프랭클린 루스벨트는 부유한 미국인들을 '경제적 귀족'이라고 지칭했고, "새로운 경제적 왕조에서 특권층에 속한 왕자들"은 새로운 시대의 민병단원들에 의해 쓴맛을 좀 봐야 한다고 주장했다. 또 "경제적 불평등의 현실 앞에서 우리가 한때 쟁취했던 정치적 평등은 무의미해져 버렸다"라고 말하기까지 했다. 루스벨트는 헌법의 바운더리를 침해하면서 '자선 정신'을 바탕으로 운영되는 운동권적 정부가 "무관심으로 얼어 붙은 정부의 일관된 누락"보다는 훨씬 낫다고 말했다.[69]

루스벨트가 동원한 미사여구에도 불구하고, 그의 정책은 철저한 실패작이었다(적어도 미국의 경제에 도움이 됐냐는 측면에서 봤을 때 말이다). UCLA 대학의 경제학자인 해롤드 콜Harold Cole과 리 오하니언Lee Ohanian에 따르면 루스벨트의 정책에 따라 미국 정부의 크기와 범위는 엄청나게 확대되었고, 대공황의 기간 역시 7년이나 연장됐다고 한다.[70] 콜과 오하니언 교수는 "프랭클린 루스벨트가 집권하기 전보다 뉴딜 정책이 실시됐던 기간 동안 평균적으로 일자리 수는 오히려 더 줄어들었고, 1929년에 비해 1939년 성인 1인당 총 근로 시간은 약 21퍼센트 감소했다"는 사실을 지적한다 정부가 물가·임금 통제를 실시함에 따라 소비 역시 급격하게 감소했다. 루스벨트 정권은 주요 산업을 카르텔화함으로써 의도적으로 경쟁의 법칙을 위반했으며, 노동자들의 임금을 상승시키기 위해 주요 기업들이 담합하여 가격을 올릴 수 있도록 허락했다. 소수의 사람들에게 혜택을 주기 위해 만들어진 모든 경제 정책이 그러하듯, 해당 정책의 부작용에 따른 대가는 다수의 사람들이 짊어져야 했다.[71] 건국의 원칙을 파괴하는 조치는 경제적 재앙을 불러오게 되었다.

하지만 프랭클린 루스벨트의 정책이 딱 하나 엄청난 성공을 거두긴 했다. 그와 같은 정책이 집행되고 난 후 민주당 정치인들은 계급 전쟁을 조장하는 것이 효과적인 정치 전략이라는 사실과, 정부가 모든 문제의 해결책이고, 미국인들의 권리를 구성하는 뼈대 자체를 광범위하게 갈아엎는 것이 필요하다는 확신을 갖게 되었기 때문이다.

서구의
구원자

경제 정책과 관련해 루스벨트의 죄악이 무엇이었든지 간에, 그 죄악은 수천만을 죽음으로 몰아넣었던 소련의 중앙집권식 경제 정책과 비교할 때 별로 심각한 일이 아닌 것처럼 느껴졌다. 권력의 중앙집권화와 관련해 루스벨트의 죄악이 무엇이었든지 간에,

그 죄악은 수백만을 죽음으로 몰아넣었던 나치 권력의 중앙집권화와 비교할 때 심각한 일이 아닌 것처럼 비춰졌다. 그리고 실제로 나치 정권이 베르사유 조약의 멍에를 던져 버렸을 때, 미국과 유럽은 모두 즉각적으로 행동하지 않고 머뭇거렸다. 서방 세계가 재무장한 독일의 위험과 소련의 야욕에 대해 눈을 떴을 무렵, 제2차 세계대전은 시작됐고, 이탈리아로부터 핀란드에 이르기까지 유럽 대륙의 나라들은 독재자에 의해 통치받고 있었다.

대서양 반대편에 위치한 미국은 서방의 위대한 희망으로 남겨져 있었다. 대공황 시기 동안 미국은 고립주의적 태도를 취하면서 국내의 경제적 재앙을 해결하는 데 집중하고 있었다. (경제적 어려움에 시달리던) 미국은 국방예산을 삭감했고, 그에 따라 1939년 당시 미국의 군사력은 자신보다 한 단계 앞섰던 포르투갈과 바로 뒤였던 불가리아 사이에서 세계 9위 수준에 머물렀다.[72] 하지만 많은 나라들은 미국을 잠자는 거인으로 인식하고 있었고, 실제 그 인식은 정확했다. 프랑스의 몰락 이후 영국의 수상으로 취임하자마자, 윈스턴 처칠은 해변과 해안가에서upon the beaches and on the shores 나치의 폭정에 맞서 싸우겠다고 선언했다. 또 처칠은 영국 국민에게 "신께서 판단하시기에 좋은 시점이 이르러 신대륙이 자신의 모든 힘과 능력을 동원해 구대륙을 해방하고 구출하기 위해 개입할 때까지" 대영제국은 싸워 나갈 것이라고 약속했다.[73] 제퍼슨이 언급한던 '자유의 제국Empire of Liberty'이 자신이 신봉하는 영원한 원칙들을 지키기 위해 분연히 일어나야 할 때가 있다면, 바로 지금이 그때였던 것이다.

실제 미국에서는 날마다 도덕적 갈등이 더욱 분명해져 갔다. 진주만 공격이 발생하기 1년 전이었던 1940년 12월, 프랭클린 루스벨트는 자신의 연설에서 경고했다.

"우리의 선조들이 제임스타운과 플리머스 록에 발을 디딘 이후로 미국의 문명이 지금과 같은 위험에 처한 적은 없었습니다. 지난 과거 2년 동안의 경험을 통해 우리는 어떠한 나라도 나치를 상대로 유화정책을 펼 수 없다는 분명한 사실을 깨달았습니다. 호랑이를 달래서 고양이가 되도록 길들일 수 있는 사람은 없습니다. 무자비한 세력과는 유화적 관계를 맺을 수 없습니다. 소이탄과 이성적 대화를 할 수 없습니다. 이제 우리는 나치와 평화롭게 지내는 대가가 전적인 항복이라는 사실을 깨닫게 되었습니다."

나치에 대한 대응으로, 루스벨트는 미국이 "민주주의의 위대한 무기고great arsenal of democracy"가 되어야 함을 역설했다.[74] 그 무기고는 일본이 진주만에 기습공격을 한 이후부터 본격적으로 가동되기 시작한다. 처칠은 자신의 회고록에서 일본이 미국을 공격한 순간 "이제 우리가 이겼다!"는 걸 직감했다고 기록했다.[75]

실제 미국은 승리를 거두게 된다. 다시 말하지만, 다른 모든 전쟁과 마찬가지로, 미국의 승리는 국내적 희생이라는 비용을 동반했다. 물론 그중 가장 끔찍한 사건은 1942년을 시작으로 12만 명의 일본계 사람들을(그들 중 대부분은 미국 국적자였다) 감금했던 정부의 결정이었다(1944년 12월 프랭클린 루스벨트는 자신의 행정 명령을 정지시키는 명령을 발동했다). 하지만 2차대전에 미국이 개입하지 않았다면 나치가 승리하거나, 또는 나치가 패했다 하더라도 소련이 유럽대륙 전체를 장악하는 것이 거의 확실시되는 상황이었다. 홀로코스트 Holocaust는 훨씬 오랫동안 지속됐을 것이고, 그나마 남아 있던 유럽의 유대인들을 말살될 수 있었다. 또 태평양에서 일본의 통치는 지속됐을 것이고, 일제의 폭정은 주변 곳곳으로 전이됐을 것이다.

핵무기를 개발해 히로시마와 나가사키에 투하했던 미국의 결정은 일반화된 학살과는 거리가 멀었으며, 실제 핵무기는 구체적인 대상에게 제한적으로 사용됨으로써, 종전을 앞당길 수 있었고, 향후 수십 년 동안 전쟁 사상자의 수를 급격하게 감소시킬 핵억제력 시대를 위한 무대를 마련하게 된다. 미국의 위대한 선함은 2차 세계대전 이후에도 지속되었다. 전쟁이 마무리된 후에도 미국은 소련의 야욕과 경제적 암흑기로의 회기를 막아내 주는 유일한 방파제 역할을 감당했다. 전쟁 기간 동안 미국은 본토에 피해를 입지 않았다(미국은 주요 참전국 가운데 국경 내부에서 심각한 피해를 입지 않은 유일한 나라였다). 미국은 전 세계 제조 상품의 42퍼센트, 자동차의 80퍼센트, 그리고 철강의 57퍼센트를 생산해 냈다.[76] 서유럽은 폐허가 되어 있었다. 소비에트 제국은 시베리아로부터 동독

까지 세력을 확장시켰다. 미국은 소련의 야욕을(처칠의 표현을 빌리자면 '철의 장막'으로부터 발생하는 위협을) 막아내 주는 서구 진영의 장벽이었다. 1948년이 됐을 때 미국은 폐허가 된 유럽을 재건하기 위해 당시 미국 전체 GDP의 약 5퍼센트 정도인 15조 달러 이상을 유럽에 지원하는 계획을 세우게 된다. 흔히 '마셜 플랜Marshall Plan'이라고 불리는 대유럽 원조 정책의 아버지 조지 마셜George Marshall은 다음과 같이 설명했다.

"우리의 정책은 특정 국가를 적대하기 위해서가 아니라, 기아와 빈곤, 절망과 혼돈을 해결하기 위해 만들어졌습니다."[77]

미국은 (2차대전 추축국의 일원이었던) 독일과 일본을 민주공화국으로 바꿔 놓았고, 프랑스와 영국, 이탈리아의 재건을 도왔다. 또 미국은 소련의 침략 야욕에 맞서는 민주국가들의 상호 방위 동맹이라고 할 수 있는 북대서양조약기구NATO를 만드는 데 주도적인 역할을 감당했다. 1948년 소련이 고속도로와 철도, 또 당시 건설 중이던 운하를 폐쇄함으로써 베를린을 봉쇄하겠다고 위협했을 때, 미국은 일 년에 걸쳐서 230만 톤 이상의 화물을 서베를린에 공수함으로써 공산 동독 한가운데 위치해 있던 베를린의 자유를 지켜낼 수 있었다. 이에 대해 트루먼은 다음과 같이 간단히 말했다.

"우리는 (베를린을) 떠나지 않습니다. 이상입니다."

그리고 미국은 그 약속을 지켰다. 1949년이 됐을 때 소련은 베를린 봉쇄조치를 해제했다.[78]

그 와중에 소련은 자신의 지구적 영향력을 적극적으로 확대하며 쿠바와 남미에까지 세력을 확장하고 있었다. 아시아에서는 소련의 도움을 힘입어 공산주의 독재자들이 중국으로부터 한반도까지 영향력을 확대해 갔다. 다시 한 번 미국은 전쟁에 개입해야 했다. 미국은 미국 본토로부터 수천 킬로미터 이상 떨어진 나라에 살아가던 사람들의 자유를 지키기 위해 한국 땅에서 수만 명의 용감한 미군을 희생시켜야 했다. 1950년 한국에서 발생한 사태와 관련해 유엔의 군사작전에 미국이 동참하겠다는 의사를 공식적으로 발표하는 자리에서 트루먼은 다음과 같이 말했다.

"한국에 대한 공격은 공산주의가 독립 국가를 정복하기 위해 국가 전복의 방법론을 넘어서 이제 무장 침략과 전쟁을 수행할 것이라는 점을 의심의 여지없이 분명하게 보여 줍니다."[79]

미국은 한국 땅에서 약 4만5천 명의 장병들을 잃게 되지만, 대한민국을 자유롭게 지켜 낼 수 있었다.

국내적으로 미국의 경제는 갑작스러운 호황을 맞이하게 된다. 전쟁을 마친 장병들이 거의 전적으로 미국의 생산 능력에 의존하고 있던 국제 경제 시스템 속으로 복귀하게 되면서, 경제가 살아나기 시작했다. 커플들은 젊은 나이에 결혼을 했고, 열정적으로 아이를 낳았으며, 소위 '베이비붐'이라고 하는 현상을 만들어 냈다. 정부는 주택 구매와 대학 교육을 장려했고, 미국인들의 관심은 제조업에서 서비스업으로 서서히 전환하기 시작했다. 거대한 미국 회사들이 전 세계를 휩쓸었고, 산업을 장악해 나갔다. 하지만 근본적인 문제 역시 존재했다. 미국은 전쟁으로 폐허가 된 세계에서 주도권을 잡을 수 있었다는 것이다. 하지만 미국은 노조의 배를 불려 주는 계약, 나태한 경영진, 각종 정부 보조금 지급, 그리고 무역 보호주의가 만연한 상황에서도 해외 경쟁국들과의 관계에서 우위를 점할 수 있는 것일까? 이것보다 더 중요한 것이 있었다. 미국인들은 유토피아적 유럽식 철학의 도입을 극성스럽게 요구하게 되는데, 그 상황에서도 미국의 경제는 지속적으로 성장할 수 있는 것일까?

혼돈의
시대

1960년대는 순조롭게 시작됐다. 낙관주의적인 신세대 지도자 존 F. 케네디가 대통령으로 당선됐다. 미국의 경제는 호황이었다. 우주선을 발사하는 데는 소련이 미국보다 앞섰지만, 케네디는 인간을 달을 보내는 데 미국이 소련을 앞지를 것이라고 약속했다. 또 열정적 반공주의자였던 케네디는 미군을 베트남에 주둔시켰고 극동아시아에서 도미노 효과로 이어질 수 있는 소련의 침략 야욕을 저지하기로 결심한다. 그리고 마침내 케네디는 남북전쟁이 끝난 후에도 한 세기 동안 미국 흑인들을 2등 시민 취급하게 만들었던 짐 크로법의 강력한 야만성에 맞서 싸우는 내용을 담은 야심 찬 법안을 도입하려 했다.

하지만 케네디가 암살됨에 따라, 희망은 분노로 바뀌고 말았다. 때때로, 민권 운동의 경우처럼, 그 분노는 단지 의로웠을 뿐만 아니라, 시대적으로 꼭 필요한 것이기도 했다. 짐 크로법에 따른 고통에도 불구하고, 미국 흑인들은 그들만의 아메리칸 드림을 얻기 위해 끊임없이 노력했다. 또 그들은 독립선언서를 통해 보장됐으며 링컨과 급진 공화당원들이 약속했던 바로 그 자유를 쟁취하기 위해 영웅적인 투쟁을 이어 갔다. 미국 흑인들은 자신의 경제적 독립과, 정치 참여의 권리, 그리고 자유권 등을 얻기 위해 투쟁했다. 짐 크로법이 시행됐음에도 불구하고, 흑인 빈곤율은 1940년 87퍼센트에서 1960년에 이르러 47퍼센트까지 떨어졌다. 스티븐 선스트롬과 아비가일 선스트롬Stephen and Abigail Thernstrom이 지적했던 것처럼,* "빈곤선 이하의 수입으로 살아가야 했던 흑인 가정의 비율은 절반으로 줄어들었다." 또 두 학자는 1964년 민권법이 제정됨에 따라 고용의 영역에서 짐 크로법의 효력이 금지되기 한참 전부터 이와 같은 현상이 이미 발생하고 있었다는 사실에 주목해야 한다고 말한다. 또 이들 부부는 이 같은 현상이 가난

---

* 보수 성향의 미국 학자 부부. 남편 스티븐은 하버드대 역사학 교수로, 아내 아비가일은 미국기업연구소(American Enterprise Institute) 정치학 부교수.

한 사람들을 빈곤에서 건져내기 위해 실시됐던 빈곤과의 전쟁War on Poverty과 위대한 사회Great Society 정책에 따른 다양한 정부지원책이 도입되기 전부터 이미 진행되고 있었다는 사실을 기억해야 한다고 말했다.[80]

　민권의 시대가 도래함에 따라 미국에서는 법을 통한 차별이 자취를 감췄다(물론 그와 같은 진보의 흐름은 오랜 기간 동안 싹을 틔우고 있었고, 실제로 법에 따른 완전한 보호가 보장되기 전에도 사회적 진보는 이미 진행되고 있었다). 1964년 제정된 민권법에 따라 공공의 영역과 '공공 시설'에 해당하는 모든 곳에서 차별이 금지됐다. 1965년 통과된 투표권법에 따라 수정헌법 제15조에 명시된 투표의 권한이 연방 집행 기구에 의해 실질적으로 보장되었다. 노예제와 인종분리정책에 대해 자유가 다시 한 번 승리를 거두게 된 것이다. 그렇다고 인종차별이 종식된 건 아니었다. 인종차별은 끝나지 않았다. 비공식적인 자리에서 인종 분리는 지속되었다(비록 어떤 기준을 놓고 보더라도 그 후 수십 년 동안 인종차별이 급격하게 완화되긴 했지만 말이다). 하지만 미국의 역사와 미국인들의 삶을 규정하던 핵심 원칙은 전례 없는 힘을 얻게 된다. 자유는 계속해서 폭정을 극복해 왔다. 연합주의자들의 역사관이 옳다는 사실이 다시 한 번 증명되었다. 미국을 건국했던 원칙들을 기억함으로써, 그리고 시간이 지남에 따라 그 원칙들을 보다 광범위하게 적용함으로써, 미국은 자국 내부에 있는 사회적 병폐를 치료하는 방향으로 나아갈 수 있었다.

하지만 동시에 미국 사람들은 자국의 건국 철학과 문화로부터 빗나갈 때도 있었다. 그와 같은 태도는 심각한 결과를 낳았다. 불행하게도, 1960년대의 혼돈이 발생했던 건 정당한 명분, 또는 유용한 행동을 추구했기 때문만이 아니었다. 제2물결 페미니즘 운동은 투표권과 근로권을 보장하라는 명분을 넘어서서(전통적인 남녀 평등의 요소를 앞세웠던 이와 같은 명분은 미국인들로부터 광범위한 지지를 받았다), 낙태와 '성적 해방', 그리고 전통적인 결혼 제도와 자녀 양육이라는 생명 유지 필수 요소에 대해 저항하는 방향으로까지 나아가게 된다. 제2물결 페미니즘 운동을 지지하는 사람들은 진정한 여성 해방이 오직 '가부장적' 핵심 제도들을 무너뜨릴 때에만이 성취될 수 있다고 주장했다. 민권 운동을 지지하는 일부 사람들은 정부가 (복지 및 보조금을 통해)막대한 혜택을 제공하는 것이 바람직하다고 주장했고, 심지어 폭동을 포함한 과격한 행동들까지도 옹호하고 나섰다. 미국이 세계에 사악한 영향을 주고 있다고 생각했던 대학생들은 베트남전을 기점으로 폭발하게 된다. 하지만 실제 미국은 베트남에 어떤 제국주의적 이해관계를 가지고 있지 않았고, 당시 소련과 중국은 폭압적인 방법으로 월남 반공 정부를 전복시키려 했으며, 베트남의 공산화는 동남아 지역에서 끔찍한 공산주의 도미노 효과로 이어져, 특별히 베트남의 상황에 따라 주변국이었던 캄보디아까지도 공산 진영으로 편입될 수 있었다.

자국을 향한 젊은 미국인들의 태도는 180도 뒤바뀌었다. 과거 미국 젊은이들이 세계에 선善을 가져다주는 존재로 자국을 인식했다면, 이제 많은 미국 젊은이들은 미국을 억압과 압제의 나라로 인식하기 시작했다. 미국에서 공직생활을 하려는 사람이 종교를 가지고 있다면 심각한 조사를 받게 됐고, 교회 참석자의 숫자도 급격하게 감소했다.[81] 텔레비전으로부터 신문에 걸쳐 공공 정보의 보도 방식도 강력한 정치적 좌편향의 흐름을 띠게 된다.

동시에, 전통적으로 인식되어 온 정부의 역할은 공화국 역사상 가장 급진적인 방식으로 내팽개쳐졌다. 암살 당한 케네디로부터 대통령직을 승계한 린든 베인즈 존슨은 국가와 시민 사이의 계약이라 할 수 있는 미국의 정신을 완전히 새롭게 고쳐 쓰는 데 혼신의 힘을 다했다. 취임 후로 존슨은 정부의 역할이 단순히 기회의 평등을 보장하는 것이 아니라 결과의 평등을 만들어 주는 것이라고 주장하기 시작했다.[82] 그 목적을 이루기 위해 존슨은 '빈곤과의 전쟁'을 수행하는 '위대한 사회'가 도래했다고 선언했다. 존슨이 언급한 그 전쟁을 통해 메디케어Medicare와 메디케이드Medicaid*로부터 시작해서 사회보장제도Social Security와 장애 혜택이 확대되었고, 연방공공주택과 헤드스타트Head Start** 정책으로부터 부양자

---

* 메디케어는 노인 의료보험, 메디케이드는 저소득층 의료보호 제도. 민권운동이 한창이던 1965년 린든 존슨 행정부 때 시작됐으나, 마치 21세기 '오바마 케어'의 전유물처럼 잘못 알려져 있다.
** 공립 어린이집 확대 정책.

녀Dependent Children 정책*에 이르기까지 정부의 크기와 범위는 전례 없이 확대되었다. 또 린든 존슨은 연방정부를 동원해 정부 그 자체를 공격하기 위한 목적으로 사람들을 고용했고, 시위와 파업을 정치적 수단으로 활용했다. 에미티 슐레이즈Amity Shlaes가 언급한 것처럼, "1971년에 들어서면서 미국 역사상 최초로 우리가 오늘날 '재정 지원 혜택entitlements'이라 부르는 영역(노령의 사람들, 빈곤층, 그리고 실직자들 등에게 지급)에 사용되는 연방 정부 지출이 국방 예산 지출을 추월하게 되었다."[83] 존슨의 후임자로 백악관에 입성한 리처드 닉슨Richard Nixon 대통령은 전임자의 정책을 강화했을 뿐이었고, 복지 국가를 만드는 데 린든 존슨보다 더 많은 예산을 사용했다.

　새롭게 탄생한 리바이어던적 복지 국가의 결과는 비극적이었다. 미국 건국 당시 국부들이 가졌던 인간 본성과 정부로부터의 자연권에 대한 시각을 단절시킴으로써, 개인의 책임과 야망을 반영하는 인센티브 구조는 완전히 왜곡되었다. 흑인 가정들이 성취하고 있던 진보는 멈춰 섰다. 선스트롬 부부가 관찰했던 것처럼 1970년대에 들어서면서, "흑인 빈곤율을 감소시켜 왔던 사회적 진보는 사실상 멈춰 서게 된다." 선스트롬 부부는 또 "1970년 흑인 가정의 빈곤율이 30퍼센트였던 반면, 1980년 그 비율은 29퍼센트였고, 1995년 흑인 가정의 빈곤율은 26퍼센트에 머물렀다"는

---

*　소득 기준에 따라 부양자녀가 있는 가정에게 정부 지원금을 지급하는 정책.

점에 주목했다.[84] 하지만 미국 흑인들에 대한 문제는 특별히 심각했는데, 왜냐하면 흑인과 백인 사이의 인종 격차는 좀처럼 줄어들지 않았기 때문이다. 1965년 초까지만 해도, 당시 존슨 정부에서 노동부 차관으로 일했고 훗날 상원의원이 됐던 대니얼 패트릭 모이니핸Daniel Patrick Moynihan은 문제를 콕 집어내며, 가족 구조의 붕괴로 인해 흑인들의 상황이 개선되는 것이 아니라 나빠지고 있다고 말했다(대체적으로 흑인 가정의 붕괴는 노예제와 짐 크로법의 잔재에 의해 발생했지만, 정부의 복지 정책으로 인해 사태가 악화됐다).[85]

전반적으로 미국의 경제 또한 침체하고 있었다. 빈곤율은 1970년경 하락을 멈춰 섰다.[86] 1971년 리처드 닉슨은 물가와 임금, 봉급, 그리고 임차료를 고정시켰다. 또 닉슨은 새로운 관세를 부과했고, 1944년 체결됐던 브레튼우즈 협정Bretton Woods Agreement 으로부터 미국을 탈퇴시킴으로써, 미국 달러를 금의 가치로부터 완전히 분리시켰다.[87] 미국의 기업들은 더 이상 세계 무대에서 경쟁력을 갖지 못했다. 예를 들면 1960년대 중반에 이르러, 자동차 산업 분야에서 미국의 인건비는 유럽에 비해 3배가 됐으며, 일본에 비해서는 4배 또는 5배로 급증하게 된다.[88] 과거 제조업의 허

---

* 흑인 가정 빈곤율이 1940년 87퍼센트에서 1960년 47퍼센트로 거의 반감된 데 비해, 존슨의 빈곤과의 전쟁 이후 1970~1995년 사이 흑인 가정의 빈곤율 감소는 미미했다는 지적. 경제학자 토머스 소웰도 존슨 이래 민주당 정부의 빈곤과의 전쟁이 오히려 흑인들의 빈곤율 감소 속도를 늦췄다고 지적했다.

브였던 도시들은 텅 비게 되었다. 1960년부터 1975년까지 다우존스 산업평균지수는 철저하게 침체되어 있었다. 앞으로 함께 살펴보겠지만, 1980년대 초반에 이르러서야 미국의 주식 시장은 역사상 유례 없는 장기간의 상승곡선을 그리게 된다.

전후 경제 성장을 마무리 지었던 일반적 경기 침체는 단순히 경제적 원인에 따라 발생한 것이 아니었다. 그것은 사회적 문제에 기인하고 있었다. 1960년대 초반 들어 인종 문제로부터 비롯된 폭동이 미국 전역에서 발생했다. 그보다 이전 시기 있었던 인종 폭동은 주로 인종차별주의적인 백인들이 미국 흑인들을 탄압하는 방식으로 나타났는데, 그와 같은 폭동은 세계1차대전 이후부터 빈번하게 발생해 왔다. 새로운 형태의 폭동은 LA의 와츠Watts, 1965로부터 디트로이트(1968)에 이르기까지 주로 흑인들의 주도로 발생했다. 베트남전 반대 시위도 폭력적으로 바뀌었다. 1968년 시카고 민주당 전당대회도 폭동을 동반하게 된다. 테러 행위가 미국 땅에 퍼져 나가기 시작했다. 1960년대 초반 린든 존슨 측근들의 적극적인 후원을 받은 학생 운동권 단체 일부 파벌들을 포함했던 급진적 학생들은 미국 전역에서 목표물을 정한 후 폭탄 테러를 감행했고, 심지어 펜타곤도 그 대상에 포함되어 있었다. FBI에 따르면 1971년부터 1972년까지 18개월이라는 시간 동안 미국은 하루 평균 약 5건의 폭탄 테러에 시달렸다고 한다. 범죄율은 급증했다.[89] 범죄학자인 베리 랫처Barry Latzer에 따르면

"1960년대 후반을 시작으로, 미국은 역사상 가장 오랜 기간 지속된 강력 범죄의 증가에 시달려야 했다. 몇몇 지역에서 사람들은 어떤 시간, 날짜, 또는 낮밤과 관계없이 자신의 집을 떠나는 것을 두려워했다."[90] 1974년 리처드 닉슨 대통령이 사임했다. 1975년 미국은 사이공에서 최후 남겨져 있던 병력을 철수시켰고, 곧바로 월남은 공산화가 되었다. 1979년 소련은 아프가니스탄을 침공했고, 새롭게 탄생한 급진 이슬람 이란 정권은 테헤란에 있는 미대사관을 습격해 52명의 미국인을 인질로 삼았다. 미국의 정부 및 사회 기관들은 곤경에 빠졌다. 미국의 경제 역시 곤경에 빠졌다. 미국의 외교도 곤경에 빠졌다. (닉슨 사임 후 당선된) 지미 카터는 위의 문제 중 어느 하나도 해결하지 못했다. 미국 경제는 스태그플레이션의 늪으로 빠져들었다. 새롭게 당선된 대통령 카터는 미국인들에게 그들의 '불신'이 문제라고 말하며 국민을 훈계했고, 카터 정부는 위에서 언급된 문제들을 악화시켰을 뿐이었다.[91]

레이건
혁명

많은 지식인들은 로널드 레이건Ronald Reagan의 당선을 충격으로 받아들였다. 하지만 미국의 병을 치료하기 위해 레이건이 제시했던 처방은 오랜 세월의 준비기간에 걸쳐 탄생한 결과물이었다. 미국 배우협회의 전직 회장이자, 제너럴 일렉트릭GE의 전직 대변인, 그리고 전직 캘리포니아 주지사였던 레이건은 공산주의의 위협을 잘 인지하고 있었다. 소비에트 연방 특유의 사악함을 인지하고 있었던 레이건은 자신의 연설에서 소련을 '악의 제국evil empire'이라고 지칭했고, 소련에 대해 유화적 태도를 갖고 있던 지식인 무리들을 격분시켰다. 또한 레이건은 당시 미국 정부의 역할이 건국의 아버지들이 제시했던 원칙으로부터 철저하게 멀어졌다는 점을 분명히 이해하고 있었다. 자신의 첫 번째 취임연설에서 레이건은 다음과 같이 말했다.

> 현재의 위기 상황 가운데, 정부는 우리 문제에 대한 해결책이 아닙니다. 정부 그 자체가 문제이기 때문입니다. 때때로 우리는 사회가 너무 복잡해진 나머지 (우리 사회가)자치에 의해 경영될 수 없다는 생각에 빠져들곤 합니다. 엘리트 그룹에 의해 통치되는 정부가 국민을 위한, 국민에 의한, 국민의 정부government for, by, and of the people보다 더 우월하다는 생각이 바로 그것입니다. 하지만 만약 우리 가운데 누구도 자기 자신을 다스릴 수 없다면, 우리 가운데 그 누가 타인을 다스릴 수 있겠습니까? 저는 연방정부 기득권의 크기와 영향력을 제한하려 하고, 연방정부에 부여된 권력과 주 또는 국민에게 부여된 권한 사이의 구분을 확실히 인식할 수

있도록 만들려 합니다.[92]

　레이건의 이 발언은 진보주의를 향해 나아가는 미국의 운동, 다시 말해 1920년대에 잠깐의 예외 기간을 제외하고 사실상 지난 80년 동안 조금도 수그러들지 않은 채로 지속되어 왔던 진보주의 운동을 완전히 뒤집어 놓은 것과 마찬가지였다. 레이건의 경제 정책은 크게 3가지로 구성되어 있었다. 첫째, 기업들의 성공을 처벌하지 못하도록 세금을 감면하고 투자와 성장에 인센티브를 부여하는 것이었다. 둘째, 기업가들을 방해해 왔던 각종 규제에 따른 부담을 완화시키는 것이었다. 그리고 마지막으로, 인플레이션을 중단시킴으로써 린든 존슨 이후 정부의 크기가 증가해 온 이래로 자취를 감췄던 경제 성장을 위한 예측 가능한 기반을 다시 회복하는 것이었다. 레이건 정부 말년에 접어들었을 때, 미국의 경제는 호황기를 맞이하고 있었다. 레이건 집권 기간 동안 미국은 1천4백만 개의 새로운 일자리를 만들어 냈다. 레이건 집권 당시 다우 존스 지수는 9백을 조금 웃돌고 있었지만, 그가 퇴임할 때 그 수치는 2천2백을 넘어가고 있었다. 관리 자본주의가 투자 자본주의로 대체되면서 금융 산업도 부흥기를 맞이하게 된다. 레이건의 가장 큰 실패는 그가 연방정부 지출을 통제할 능력이 없었다는 점이었다. 연방정부 지출 금액은 레이건 이후 오늘날까지도 급격한 증가를 거듭해 왔다.

하지만 또 레이건은 세계 무대에서 미국의 지위를 회복시켰다. 레이건이 취임하기 직전인 1980년에 카터 정부의 국방장관이었던 해롤드 브라운Harold Brown은 미국이 '더 이상 연기될 수 없는' 전환점을 맞이하게 됐음을 인정했다. 브라운은 "우리는 이제 우리가 세계에서 가장 강력한 나라로 남아 있길 원하는지 여부를 반드시 결정해야 한다"고 주장했다.[93] 이와 같은 브라운의 발언은 의회가 국방 예산을 삭감한 직후 이뤄졌다(그리고 곧이어 집권한 레이건과 공화당이 이끌었던 의회는 종전의 국방 예산안을 완전히 뒤집고 국방 예산을 거의 3분의 2 정도 증가시킨다).[94] 레이건은 소련의 탄도 미사일 개발을 견제하기 위해 미사일 방어 시스템을 구축한다(혹자는 이를 '스타 워즈Star Wars'라고 조롱했다). 이와 같은 국방력 증강 정책은 소련의 붕괴로 이어졌다. 레이건 집권 10년 전만 하더라도 이와 같은 사건 전개는 누구도 예상할 수 없었는데, 왜냐하면 그 당시 소련은 실제로 국제적 위상에서 미국보다 우위에 있다고 평가되었기 때문이다. 레이건이 1987년 6월 소련의 서기장이었던 미하일 고르바초프에게 "이 장벽을 허무십시오!Tear down this wall!"라고 말했을 때(베를린 장벽을 의미), 미국의 외교 정책 전문가들은 레이건의 말을 심각하게 받아들이지 않았다. 그리고 2년이 지난 후, 베를린 장벽은 무너졌다.

베를린 장벽의 붕괴는 단순히 군사 작전에 관한 일이 아니었다. 그것은 도덕적 선명성에 관한 문제였다. 베트남전이 끝난 후

(베트남전 이후 너무나 많은 미국인들은 힘에 기반한 미국의 외교 정책이 자유를 지향하는 것이 아니라 타국에 피해를 주고 착취적이라고 생각하게 되었다) 레이건은 '악의 제국'인 소련과 자유를 사랑하는 서구 진영을 비교함으로써 둘 사이의 극명한 대조를 미국인들의 머릿속에 그려 놓게 된다. 그와 같은 문명 차원의 대조는 진실이었다. 이를 통해 레이건은 미국인들에게 사실 그들이 '언덕 위에 빛나는 도성a shining city on a hill'*이며, 지구상에 고통받고 있는 사람들을 비춰 주는 자유의 등대라는 점을 상기시켰다.

정체성을 찾으려는
나라

냉전이 끝난 후 미국은 정체성의 위기를 겪게 된다. 거의 약 한 세기 동안 미국의 건국 정신은 소련과 극명한 대조를 이루는 것을 통해 설명되었다. 소련이 붕괴하게 되면서, 국가로서 미국은 스스로가 어떤 가치를 대변하는지를 결정해야 했다. 그 결과는 혼란이었다.

* "너희는 세상의 빛이라 산 위에 있는 동네가 숨기우지 못할 것이요"(「마태복음」 5장 14절). 식민지 시절 청교도 목사 존 윈트롭(John Winthrop)이 미국을 가리켜 처음 사용한 표현을 후에 레이건이 즐겨 썼다.

경제와 생활 수준에 있어서, 자유 시장 경제를 수용했던 미국은 성장을 거듭해 왔다. 1990년대 초반에는 미국 역사상 가장 크고 놀라운 범죄율의 감소가 나타났다. 한편, 미국 경제는 1990년대 내내 끊임없이 성장했고, 조지 H. W. 부시George H. W. Bush 대통령은 "큰 정부의 시대는 끝났다"고 선언한 민주당 정치인 빌 클린턴Bill Clinton에게 대통령 자리를 내 주게 된다.[95] 실제로 클린턴은 『미국과의 계약Contract with America』이란 책에서 복지 개혁으로부터 범죄 방지 조치, 양도소득세 삭감에 이르기까지 모든 이슈들에 대한 자신의 입장을 내놓았던 작가이자 당시 공화당 소속 하원 의장이었던 뉴트 깅그리치Newt Gingrich와 상당한 의견 차이를 가졌음에도 불구하고, 균형 예산을 달성하고 적자 지출을 종식시키기 위해 깅그리치와 협력했다. 세계무역기구WTO가 만들어지면서 레이건 정부 기간 동안 그 마법의 위력을 보여 줬던 자유 무역은 더욱 힘을 얻게 된다. 공산주의의 엄격한 관리에서 해방된 동유럽 나라들도 시장에 참여하기 시작했다. 심지어 공산 국가였던 중국마저도 자본주의적 정책들을 실험하였다. 부wealth는 증가했고, 주택 보유율 역시 증가했으며, 주식시장은 급등했다. 경제적 호황으로 인해 클린턴 개인의 약점들은 그의 지지율에 전혀 타격을 줄 수 없었다.*

* 클린턴은 백악관 섹스 스캔들, 이른바 '지퍼케이트'로 궁지에 몰렸으나 탄핵을 면하고 임기를 마쳤다.

하지만 외교 전선에서 미국은 자신에게 부여된 도전자가 없는 세계 패권국이라는 새로운 역할을 힘겹게 감당해 내고 있었다. 유고슬라비아에서 그랬던 것처럼 미국은 세계의 경찰인 것일까? 아니면 소말리아에서 보여 줬던 것처럼 미국은 자국의 이익에 중점을 맞추는 나라인 걸까? 클린턴의 해결책은 국방 예산을 삭감하는 것이었고, 그에 따라 미국은 2001년 9월 11일 전쟁 발생 당시 전혀 준비가 되어 있지 않았다. 클린턴의 후임으로 당선된 조지 W. 부시George W. Bush는 테러에 대항해 싸우는 다면적 전쟁을 수행해야 했다. 이와 같은 상황에 대해 부시 정부의 국방장관이었던 도널드 럼스펠드Donald Rumsfeld는 "당신은 당신이 가지고 싶어 하거나 가지길 원하는 군대가 아니라, 당신이 가지고 있는 군대를 사용해 전쟁을 수행합니다"라고 재치 있게 말했다.[96] 하지만 미국이 어떤 나라가 되어야 하는지에 관한 문제에 대해선 여전히 뚜렷한 대안이 없었고, 이라크 전쟁을 수행하는 과정에서 그 문제에 따른 갈등은 수면 위로 불거지게 된다. 이라크 전쟁은 테러에 대항하는 미국의 전쟁인 것일까? 아니면 인권을 위해 싸우는 전쟁인 걸까? 그 전쟁은 유엔의 숭고함을 지키기 위한 전쟁인 것일까? 그게 아니라면, 윌슨 대통령의 방식대로 말하자면, 민주주의를 확대하는 방향으로 세계 질서를 재편하기 위해 필요한 전쟁인 걸까? 미국은 이라크의 독재자인 사담 후세인이 대량살상무기를 손에 넣지 못하도록 만들기 위해 전쟁을 하고 있는 것일까? 아니면 이라크 사람들을 사악한 독재 체제로부터 해방시키기 위해 그 전쟁을 수행하고 있는 것일까?

이라크 전쟁이(미군은 이라크군을 싱겁게 제압해 버렸다) 유혈 낭자한 반란 진압 작전으로 빠르게 돌변해 버렸을 때, 위에서 언급된 질문들은 더 이상 억눌러져 있을 수 없었다. 또 방대한 지출과 각종 지원금을 동반하는 "온정적 보수주의compassionate conservative"에 세금 감면 정책을 몇 가지 추가하는 정도로 특징지어졌던 미국 경제가 2007년과 2008년에 걸쳐 붕괴하면서, 미국은 갈림길에 서게 된다.

대통령에 당선된 이후 버락 오바마는 갈림길에 서 있었다. 오바마는 모호한 어젠다를 가졌지만 또 한편으론 분명한 매력을 가졌던 독특한 정치인이었다. 오바마는 단순히 재능 있는 웅변가였을 뿐만 아니라, 미국에서 태어난 흑인이자 백인 어머니와 흑인 아버지를 둔 아이로 자랐다는 정체성을 가졌다. 따라서 오바마는 미국이 역사적으로 인종차별이라는 사슬에 얽매여 있다는 주장을 자신의 존재 그 자체를 통해 반박할 수 있는 사람이기도 했다. 오바마의 집권은 미국의 건국 철학이 옳았다는 사실을 다시 한 번 입증할 수 있는 사건이었다. 만약 오바마 자신이 그와 같은 철학을 믿고 있었다면 말이다. 하지만 오바마는 적어도 정부 개입이라는 측면에서 린든 존슨, 프랭클린 루스벨트, 또는 우드로 윌슨의 비전과 다르지 않은 비전을 가지고 있는 것으로 드러났다. 오바마의 철학은 전례 없는 정부 지출과, 막대한 재정 지원 혜택,

미국 전체 의료보험 시스템을 국유화하기 위한 주요 조치, 그리고 (연방과 주의 관계에서)연방의 주도권을 영구히 보장하는 방식으로 정부를 재구성하려는 시도를 포함하고 있었다. 그 와중, 외교 영역에서 오바마는 인도주의적 개입주의라는 기괴한 혼합 정책과 (對리비아), 유화 지향적 고립주의(對이란)를 수용했는데, 그 결과 미국의 국방 예산은 대폭 삭감되었다. 가장 비극적인 사실은 오바마 당선 당시 거의 성취된 것으로 보였던 인종 간 화해의 약속이 그의 취임 후 새로운 갈등의 국면으로 빠르게 변질됐다는 점이었다. 오바마 정권은 정체성 정치를 옹호하기 시작했다. 오바마가 옹호한 정체성 정치는 미국을 인종차별이 DNA에 까지 뿌리 깊게 각인된 억압적 국가로 상정하고 있었다. 미국을 엄청나게 양극화시키는 인물이었던 도널드 트럼프의 당선은 오바마의 어젠다에 대한 반발을 나타내고 있었다. 트럼프 현상이 상징했던 반발은 전적으로 반동적이라고 볼 수 있었는데, 왜냐하면 트럼프 현상은 미국 건국 철학의 회복이라는 측면보다는 오바마가 미국에 대해 가졌던 비전에 반대한다는 의미가 더 컸기 때문이다.

소결

미국의 이야기는 절대적으로 선한 것도, 절대적으로 나쁜 것도 아니다. 하지만 미국의 이야기는 비극적이기보다는 훨씬 영웅적이며, 불의보다는 훨씬 많은 정의를 나타내고 있다. 한때 흑인들을 노예화했고 종종 여성들을 억압했던 백인 다수의 나라가 흑인과 여성을 고위 공직에 선출했다는 사실은(실제 여성들은 유권자의 다수를 차지하고, 일반적으로 미국 흑인들은 그들의 인구 비율을 웃도는 투표 참여율을 보여 준다), 모든 인간이 평등하게 창조되었다는 미국 고유의 신념이 내구력을 가지고 있으며 그 신념은 지금도 성장하고 있음을 보여 준다. 영국의 폭정으로부터 스스로의 자유를 쟁취하기 위해 싸운 나라는 그 동일한 자유의 이름으로 지구상에 있는 수십억의 사람들을 해방시켰고, 아메리칸 드림을 좇아 미국에 도착한 수천만 명의 사람들을 미국인으로 받아들였다. 또 상대적으로 황무지에 속하는 땅에 건국됐던 나라는 오늘날 전 세계에 동력을 공급하는 성장 엔진이 되었다.

미국의 이야기는 인류 역사에서 가장 위대한 이야기 중 하나다. 미국은 위대한 원칙들의 기반 위에 세워졌다. 미국은 그 원칙들을 지키기 위해 고군분투했고, 한 발짝 내딛을 때마다 그 원칙들을 향해 나아감으로써, 자신의 위대함을 확대해 왔다. 세계는 미국으로 인해 더 나은 곳이 되었다. 미국인으로서 우리는 우리 역사의 그림자와 저주를 모두 이해해야 한다. 하지만 무엇보다, 우리는 정체성 또는 계급에 의해 분열된 나라에서 살아가는 경쟁 관계에 있는 것이 아니라, 우리 모두가 동일한 역사의 일부라는 사실을 이해해야 한다. 하지만 다음 장에서 살펴보겠지만, 분열주의자들은 우리를 분열된 나라에서 살아가는 경쟁자들로 만들기 위해 미국의 역사를 새롭게 고쳐 쓰고 있다.

6

미국의 역사 파괴하기

1861년 3월 4일 링컨이 자신의 첫 번째 대통령 취임연설을 하기 며칠 전, 애국자이자 오랜 기간 국가에 봉사해 왔던 또 한 명의 미국인이 취임 연설을 했다. 1861년 2월 18일, 제퍼슨 데이비스Jefferson Davis는 앨라배마주 몽고메리에서 멋진 기둥이 세워진 의사당 건물에 올라서서 아메리카연맹국Confederate States of America의 첫 번째 대통령직을 수락했다. 데이비스는 켄터키주에서 태어났고, 그의 이름은 토머스 제퍼슨의 이름을 따서 지어졌다. 데이비스는 미국 육군사관학교 웨스트포인트West Point를 졸업했으며, 아메리칸 인디언 부족이었던 소크Sauk족의 족장 블랙 호크Black Hawk가 미군에 의해 생포됐을 때 그의 개인 경호원으로 군복무를 했다. 데이비스는 자신의 전직 상관이자 훗날 미국의 대통령이 되었던 재커리 테일러Zachary Taylor의 딸과 결혼했고, 미·멕시코 전쟁에 참전했으며, 부에나 비스타 전투Battle of Buena Vista˙에서 부상을 입었다. 훗날 데이비스는 미시시피주 상원 의원으로 임명됐고,

프랭클린 피어스Franklin Pierce 내각에서 전쟁장관으로 공직을 수행했으며, 전쟁장관직이 끝난 뒤 다시 상원으로 돌아왔다.

사실 남북전쟁 발생 직전 몇 년 동안 데이비스는 (남부의)분리독립에 열렬히 반대했다. 1858년 보스턴에 있는 패누얼홀Faneuil Hall에서 했던 연설에서 데이비스는 분리독립에 반대한다는 자신의 입장을 표명했다. 데이비스는 열정을 담아 다음과 같이 말했다.

"만약 여러분이 인류의 자유와 연결된 어떤 희망이라도 가지고 있다면, 만약 이 나라를 지구상에서 가장 위대하게 만들고자 하는 국민적 자부심을 가지고 계신다면, 만약 아버지들께서 행동을 통해 여러분에게 수반하셨던 의무에 대해 성스러운 존경을 갖고 있으시다면, 이러한 모든 각각의 동기에 따라 여러분의 아버지께서 여러분에게 완수하라고 남겨 주신 위대한 실험의 성공을 증진시키는 진실되고 연합된 노력을 장려해야 할 것입니다."

비록 데이비스는 자신이 미합중국의 존속을 위해 노력하고 있다 주장했지만, 그는 분리독립적 철학의 씨앗을 분명히 가지고 있었다. 데이비스는 미국의 건국 이상이 노예제를 종식시키는 그 어떠한 미래의 운동도 내포하지 않는다고 생각했다. 데이비스는

---

* 미·멕시코 전쟁 중 1847년 멕시코의 부에나 비스타에서 미군이 승리함으로써 전쟁의 승기를 굳힌 전투. 이 전투로 명성을 얻은 재커리 테일러는 1848년 미국 제12대 대통령에 당선됐다.

** 미국 제14대 대통령(1853~1857)

독립혁명 당시 영국에 맞서 미국을 하나로 묶어 줬던 힘은 '공동체의 독립community independence'이었으며, 그 힘은 "강력한 식민본국에 맞서는" 공동체적 결단에 기반하고 있다고 주장했다. 데이비스는 "주의 독립성과 모든 공동체가 내부의 일에 대해 자체적 판단을 내릴 권리를 갖고 있다는 명분"을 앞세워 자신의 주장을 이어 갔다. 데이비스가 언급한 '공동체의 독립'과 '주의 독립성'의 원칙에 따르면 연방정부는 노예제를 금지하는 정책을 철회해야 했다. 결국 데이비스는 "헌법 어느 구절에서 연방정부에 무엇이 재산에 해당하는지를 결정할 권한을 부여했단 말인가?"라고 말했다. 또 데이비스는 "누가 연방정부에 노예제가 죄악이라고 결정할 권한을 주었는가?"라고 반문했다.[1]

데이비스는 단순히 노예제를 허가하고 있는 주들에서 노예제를 철폐하려 했던 연방정부의 권한에 대해 말했던 것이 아니었다. 데이비스는 미국의 영토 내에서 노예 소유를 규제할 수 있게 만들어 주거나, 훗날 연방에 포함될 주들에서 노예 소유를 금지할 수 있게 만들어 주는 연방정부의 권한 그 자체에 반대하고 있었다. 데이비스에 따르면, 미국의 정신은 독립선언서에 뿌리를 둔 것이 아니라 서로 다른 이해관계를 추구하는 각기 다른 파벌들 사이에서 맺어진 순수한 계약주의contractualism에 기반하고 있었다. 데이비스의 논리에 따르면 미국은 국가적 원칙에 기초한 나라가 아니었다. 왜냐하면 미국은 권력 관계에 기반하고 있었기 때문이다. 데이비스의 개념 속에서 미국의 헌법은 독립선언서에 명시된 약속의 성취를 명시하는 문서가 아니라, 그저 각기 다른 다양한 이해 관계들을 조율하는 통치 헌장에 불과했다.[2]

미국 남부 사람들 상당수는 독립선언서에 대해 데이비스가 가졌던 관점을 공유했다. 그 생각을 가장 열렬하게 표현했던 사람은 선동가적 기질을 가진 상원의원이자 국무장관, 전쟁장관, 그리고 부통령직을 두 번 역임했던 존 C. 칼훈이었다. 그는 독립선언서를 일상적으로 모독했다. 1848년 6월 27일 "모든 인간이 평등하게 창조되었다"는 독립선언서의 핵심 주장에 대해 칼훈은 설명했다.

"그 주장은 독립선언서에 포함될 필요가 없었다. 그 주장은 (식민)본국으로부터 분리되는 데 우리에게 어떠한 정당성도 부여해 주지 못했다."

칼훈은 "모든 인간이 평등하게 창조되었다"는 주장을 미국의 핵심 정신으로 삼는 것은 위험한 오류라고 말하며 한탄했다.

"오랜 기간 동안 그 주장은 휴면 상태에 있었다. 하지만 시간이 지남에 따라 싹을 틔웠고, 결국 독이 든 열매를 만들어 내게 되었다."

칼훈이 언급한 '독이 든 열매'는 노예제의 존속과 확산에 대한 미국인들의 반감을 의미했다.[3] 칼훈은 미국의 건국에서 중요한 것은 헌법 문서 딱 하나뿐이라고 생각했다. 하지만 헌법은 각기 다른 파당들 사이의 계약을 명시하고 있었을 뿐이었고, 그 자체만으로 (미국 정신의 뿌리가 되는)근본적인 가치들을 거의 나타내지 못하고 있었다.

만약 미국이 단순히 하나의 시스템에 지나지 않는다고 한다면 (다시 말해 서로 경쟁관계에 놓여 있는 정치적 이해관계들 사이에서 균형을 맞춰 주는 일종의 방법론에 불과하다면), 그 균형이 무너졌을 때, 미국이란 시스템 역시 무너지고 만다. 노예 소유를 옹호하는 주들의 관점에서 보자면, 정확히 바로 그와 같은 사건이 발생한 것이었다. 따라서 그들에게 분리독립은 일종의 의무가 되었다.

패누얼홀에서 연방 유지의 미덕을 선전한 지 불과 3년도 채 되기 전에, 데이비스는 미국 상원의원직에서 사임한다(데이비스는 이 결정에 대해 "내 삶에서 가장 슬픈 날"이라고 말했다). 1861년 1월 21일 상원직에서 사임한 직후 연설에서 데이비스는 데이비스는 동료 상원의원들에게 자신의 결정은 독립선언서에 따라 정당성을 인정받는다고 말하며 독립선언서에 명시된 자유의 보장이 "노예들에게는 해당되지 않는다"고 주장했다. 데이비스는 독립선언서를 인용하며 북부주들이 남부의 분리독립을 허락하지 않을 경우 남부 사람들에게는 "우리가 가진 권리를 파괴하려고 위협하는 타락한 정부로부터 탈퇴할 권리"가 있다고 선언했다. 또 데이비스는 "우리는 우리의 조상들을 사자의 권세로부터 구원해 냈던 하나님께 의지함으로써 곰의 횡포로부터 우리 자신을 지켜낼 것입니다. 하나님을 신뢰하고 우리의 튼튼한 심장, 또 강인한 팔을 신뢰함으로써, 우리는 우리가 할 수 있는 한 최선의 방법을 통해 우리가 가진 권리의 정당성을 입증해 낼 것입니다"라고 말했다.[4]

그렇게 제퍼슨 데이비스는 연방을 옹호하는 입장에서 분리독립을 지지하는 쪽으로 입장을 바꾸게 된다. 버밍햄에서 했던 자신의 남부연맹 대통령 취임 연설에서 데이비스는 미국인들을 하나로 묶어 주는 연결고리가 끊어졌다고 설명했다. 또 데이비스는 "적대감이 형성됨에 따라 분리라는 결과가 발생할 수밖에 없으며 또 그것이 바람직하다"라고 말했다.[5] 미국을 하나로 묶어 놓았던 것은 오직 연약한 유대관계뿐이었다는 관념은 결국 그 유대관계의 해체를 불러오게 된다. 그렇게 데이비스는 공식적으로 분리독립주의자가 되었다.

분리독립주의의 기저에 깔려 있는 철학은 한 번도 소멸된 적이 없다. 단지 주변으로 전이되어 왔을 뿐이다. 오늘날 분열주의자들은 데이비스나 칼훈이 그랬던 것처럼 미국이 근본적 원칙이 아니라 권력의 배열에 기반하고 있는 나라라고 주장한다. 아이러니하게도, 분열주의자들은 데이비스나 칼훈이 공격 대상으로 삼았

---

* 데이비스 연설 중 사자와 곰에 대한 언급은 다윗이 골리앗과 싸우러 나가기 전에 한 말(「사무엘상」 17장 34-35절). 이에 대해 링컨은 1865년 두 번째 취임 연설에서 "두 집단이 모두 같은 성경을 읽고 같은 하나님께 기도를 올리지만, 하나님께서 상대방을 심판하시길 서로 바라고 있다(Both read the same Bible, and pray to the same God; and each invokes His aid against the other)"고 꼬집었다.

던 바로 그 동일한 소수 그룹 사람들을 방어한다는 명분을 들며 자신들의 주장을 펼쳐 나가고 있다. 하지만 미국의 시스템 전체가 동등하게 적용 가능한 원칙들이 아니라 권력의 위계질서에 불과하다는 분열주의자들의 전반적 주장은 미국 역사에서 나타났던 분리독립주의적 관점을 비뚤어진 형태로 반영하고 있다.[6] 분열주의자들의 관점에서 미국은 겉으로는 자유를 약속하지만 실제로는 폭압을 가져다주는 부패하고, 계략과 거짓이 가득 찬 곳이다. 이 같은 관점을 가진 사람들은 미국의 시스템이 홉스가 말했던 '만인의 만인에 대한 투쟁war of all against all' 상태를 전혀 대체하지 못했고, 미국의 시스템은 그 투쟁을 백인, 남성, 이성애자 미국인들에 의해 지배되는 시스템으로 돌려놓은 것일 뿐이라고 주장했다. 분열주의자들에게 양도할 수 없는 권리나 위임된 권력 등을 운운하는 고상한 담론들은 그저 가부키의 한 장면에 불과했다. 분열주의자들은 국내외를 막론하고 미국의 진짜 이야기는 강자가 약자를 짓밟는 이야기라고 주장했다.

만약 이들이 언급하는 이 전제가 사실이라면, 미국은 진정한 국가가 아니다. 대신 미국은 환경과 운명에 따라 끝없이 지속되는 투쟁 속으로 던져진 서로 경쟁관계에 있는 이해관계의 집합체에 불과했고, 그게 아니라면 미국 앞에는 이혼이란 선택지가 남겨져 있을 뿐이었다. 분열주의자들은 미국의 역사가 착취와 탐욕, 가부장제와 학대, 위계질서와 속임수에 관한 이야기라고 주장했다. 이들에 따르면 독립선언서는 성취되지 않은 약속이 아니라 거짓말이었다. 또 미국의 헌법은 시민들을 독재로부터 지켜주는 방어벽이 아니라 노예제와 야만성을 제도화한 문서에 불과했다. 분열주의자들은 미국의 이야기가 중간 중간 짧은 휴식 기간이 주어졌던 시기를 제외하면, 끝없는 참상의 연속이었으며, 결국 잠깐 밖으로 튀어 올랐다가 박테리아가 가득한 끔찍한 수프 속으로 다시 미끄러져 들어가고 마는 사람들의 이야기라고 주장했다. 따라서 이들은 미국 역사에서 나타난 진보가 건국 정신과 미국의 본질 때문이 아니라, 미국의 (끔찍한)본질에도 불구하고 성취되었다고 주장했다. 분열주의자들은 궁핍과 불평등, 그리고 실패가 미국의 정신에 따른 자연스러운 결과물이라고 생각했다.

분열주의적 역사관은 세 가지 근본적 원칙에 기반하고 있다. 첫째, 미국은 죄악 가운데 태어났다. 둘째, 언제나 미국은 권력관계에 따른 분열된 종파와 위계질서를 반영해 왔다. 그리고 셋째, 세계 무대에서 미국이 활동함에 따라 빈곤과 죽음, 불평등과 불공정이 발생하게 되었다는 것이다.

하지만 우리가 앞서 살펴본 것처럼, 이 같은 주장은 사실이 아니다. 미국은 특별하다. 미국의 철학과 미국의 문화, 그리고 미국의 역사는 실제 예외적으로 특별했다. 하지만 분열주의자들의 목적은 미국을 하나로 묶고 있는 끈을 강화시키는 것이 아니라 그것을 끊어 놓는 것이다. 따라서 분열주의적 역사관을 이해하기 위해 우리는 먼저 다음의 간단한 전제를 이해해야 한다. 분열주의자들이 생각하는 역사의 목적은 미국의 본질을 이해하거나, 시간이 지남에 따라 나타난 미국의 발전 과정을 이해하는 것이 아니다. 그들이 역사를 강조하는 이유는 현재 나타나는 문제들이 미국의 중심 깊이 자리 잡고 있는 철학 및 문화적 불치의 암 덩어리가 최근 들어 밖으로 나타난 증상에 불과하다는 자신들의 주장에 정당성을 부여하기 위해서다. 분열주의자들에게 역사는 유대감을 강화하는 매개체가 아니라 하나의 무기일 뿐이다. 이들은 역사를 접착제가 아니라 산acid으로 인식한다. 이 같은 관점을 가지면 어쩔 수 없이 분열이란 결과가 초래될 수밖에 없다. 결국 역사가 끊임없는 분열의 원인이 된다면, 다시 말해 역사 그 자체가 단순히 분열적일 뿐만 아니라 과거의 일로 남겨지지 않는다면, 또 만약 과거의 역사가 파열된 동맥처럼 오늘날을 살아가는 우리에게 패혈증을 유발하고 있다면, 우리에게 남겨진 유일한 해결책은 해당 부위를 절단하는 것뿐이다.

우리가 정치와 관련된 토론을 할 때 이분법적인 사고를 종종 목격하는 것은 분열주의적 역사관이 힘을 얻고 있다는 사실과 밀접한 관련이 있다. 미국 역사에서 이따금 나타났던 지나치다 싶을 정도로 편향적인 맹목적 애국주의와 미국의 추악한 과거 죄악을 덮어 두려는 잘못된 역사관을 비판하는 대신, 분열주의자들은 미국이란 나라 그 자체가 구제불능이라고 상정했다. 분열주의자들은 미국을 선악의 흑백논리로 바라본다. 그리고 이들은 미국이 선할 수 없기 때문에, 결국 악하다는 결론을 내린다. 이처럼 미국을 어둡고 부정확하게 묘사하는 분열주의적 역사관은 최근 몇년 들어 미국에서 주류가 되었다. 상황이 이렇게 된 것은 개인들이 자신의 성공 또는 실패에 대해 책임을 질 필요가 없다고 주장했던 분열주의적 철학과 문화가 미국 일반 대중들에 의해 광범위하게 받아들여졌기 때문이다. 어떤 지표를 놓고 보더라도 미국은 놀라울 정도로 관용적이고 열린 사회이기 때문에, 미국에서 억압이라고 할 만한 사례를 찾는 것은 점점 더 어려운 일이 되었다. 희생자 중심의 서사에 대한 수요가 공급을 초과했을 때, 분열주의자들은 (공급 부족 상태에 있는)억압을 찾아내기 위해 미국 역사라는 광산을 뒤적거린 후, 현재 미국인들이 경험하는 아픔은 청산되지 못한 역사적 불의에 따른 것이라고 선언해 버렸다. 때로 어떤 영역에선 그 말이 사실인 경우도 있다. 하지만 문제를 만드는 것보다 해결하는 걸 선호하는 사람들은 현재까지 지속되고 있는 아픔들이 몇 세기나 전에 발생했던 사건 때문에 생겨났다는 식으로 과거에 책임을 전가하는 거대한 시도를 별로 좋아하지 않는다.

앞서 언급했지만, 불행하게도 미국에는 분열주의자들이 생산하는 피해자 서사 담론을 원하는 거대한 시장이 존재한다. '제도적' 또는 '역사적' 차별이라는 이름으로 떠돌아다니는 모호한 실체를 반박하거나 그에 맞서 싸우는 것은 꽤나 힘들다. 이처럼 실체 없는 대상과 싸우는 것은 차별의 실제 사례들과 싸우는 것보다 분명 훨씬 힘들다(좌우를 가릴 것 없이 정치적 스펙트럼 전반에 걸쳐 선의를 가진 사람들은 종종 이런 종류의 노골적 차별을 비판한다). 만약 당신이 최종 목적을 달성하기 위해 시스템의 변화가 필요하다고 주장한다면, 그 주장을 관철시키기 위해 가장 유용한 전략은 시스템 그 자체를 탓해 버리는 것이다. 그리고 만약 당신이 오늘날의 시스템을 탓할 수 없다면, 현존하는 시스템은 과거 존재했던 시스템의 연장선이라는 식으로 간단하게 프레임을 씌워 버리면 된다.

실제 타이밍은 양 방향으로 작동한다. 그렇다. 분열주의자들은 일상적으로 현재의 일을 과거의 탓으로 돌린다. 하지만 동시에 분열주의자들은 오늘날 정치 문제에서 자신에게 반대하는 사람들을 과거의 악당들과 연관시킴으로써 그들의 도덕성에 흠집을 낸다. 일단 미국 역사를 끊임없는 절망의 연속인 것처럼 묘사하고 나면, 당신이 좋아하지 않는 정치적 관점을 과거의 부정적 사례와 연관시키는 건 너무나 손쉬운 정치 전략이 되어 버린다. 좌파들이 주도하는 취소 문화cancel culture에 맞서 동일한 방식으로 상대방을 말살시키기보다는 정중한 대화를 시도하는 보수 진영의 노력은 신新남부연맹neo-Confederacy이 최근 발현한 것에 불과하다는 식으로 치부된다.[7] 미끄러진 비탈길slippery slope⬩의 논리에 근거해 총기 규제에 반대하는 사람들은 19세기 노예 무역 금지에 반대했던 사람들과 같다고 비난받는다.[8] 수정주의적 관점에서 쓰인 거의 모든 역사 서적들은 오늘날 분열주의자들이 적으로 상정하는 사람들을 공격하는 정치 싸움의 도구로 이용되고 있다.

익히 알려진 대로, 미국인들은 자신이 미국 역사상 존재했던 최악의 인물들에 비유되는 것을 별로 달갑게 생각하지 않는다. 또 미국인들은 자신을 주야장천 최악의 인물들에 비유하는 사람들과 같은 나라에서 살아가고 싶어 하지 않을 것이다.

분열주의적
역사관의 부상

분열주의적 역사관은 미국의 진보주의가 부상하면서부터 나타나기 시작했다. 미국 정부와 국민 간에 맺어졌던 계약을 다시 쓰기 위해서, 진보주의자들은 미국 건국 철학의 과거로 돌아가 새로운 이야기를 만들어 내야 했다. 그 과정에서 진보주의자들은 모든 제도와 사상은 시대와 장소의 산물이며, 따라서 철저하게

---

* 이를테면 1을 허용하면 다음은 2, 그다음은 3, 이런 식으로 야금야금 100까지 허용하게 된다는 것. 1976년 워싱턴 DC 의회가 가정에서 총기를 소지하려면 장전하지 않은 분해 상태로 총기를 소지해야 한다는 조례를 제정한 데 대해 헬러(Heller)라는 사람이 '미끄러진 비탈길'에 빗대어 "분해하지 않은 총기 소지를 금지하는 것은 헌법이 보장하는 총기 소지의 전면적인 금지로 이어질 수 있다"며 소송을 제기했다. 2008년 연방대법원에서 헬러 승소.

대체 가능하다는 주장을 골자로 하는 역사주의historicism에 의존했다. 하지만 역사주의는 영원하고 불변하며 양도할 수 없는 자연권이 존재한다는 개념에 정면으로 위배됐는데, 그에 따라 역사주의는 미국의 건국을 설명하는 역사적 수정주의 관점의 견고한 기반으로 자리 잡게 된다. 역사주의의 열렬한 추종자였던 우드로 윌슨은 독립선언서에 대해 다음과 같이 말했다.

"독립선언서는 각 세대의 사람들에게 그들이 삶에서 무엇을 할 것인지, 그들이 자신의 자유를 누리는 데 어떠한 목적과 형태를 선호할 것인지, 그들이 어떤 행복을 추구할 것인지에 관해 선택의 여지를 남겨 준다. 자유에 관한 이상들은 세대와 세대를 거쳐 고정되어 있을 수 없다. 오직 자유의 관념과 자유가 무엇인지에 대한 전반적 그림만이 고정돼 있을 뿐이다. 불변의 법으로 고정되어 있는 자유는 그 자체로 결코 자유가 아닐 것이다."[9]

권리와 정부에 대해 건국 당시 확립됐던 개념을 없애 버리려면 역사는 다시 쓰여야 했다. 그리고 그렇게 새로 쓰인 역사는 역사철학의 변화를 통해 정당화돼야 했다. 과거에 실제 일어났던 일reality에 초점을 맞추는 대신, 새롭게 쓰이는 역사는 현재의 렌즈를 통해 과거를 재조명해야 했다. 1910년 미국 역사학회의 회장인 프레드릭 잭슨 터너Frederick Jackson Turner는 역사가 객관적인 연구로부터 분리되어야 하며, "이전 세대 역사학자들이 충분히 알지 못했던 힘의 영향력과 중요성을 드러내는 새로운 조건들을 담아내는 관점들"을 만들어 내기 위해 역사가 활용돼야 한다고 주장했다. 진보 진영에서 상당히 영향력 있는 역사학자였던 칼 베커Carl Becker는 "나에게 역사적 사실보다 칙칙한 건 없으며, 인간 존재의 영원한 수수께끼를 푸는 노력에 있어 역사적 사실들이 제공해 줄 수 있는 역할보다 더 흥미로운 건 없다고 생각한다"고 주장했다. 또 베커는 설명을 이어 간다. "실제로, 역사적 사실은 놀라울 정도로 애매하고, 고치기 매우 어려운 동시에, '이론'과 구별하는 것이 거의 불가능에 가까운데, 흔히 역사적 사실은 이론과 완전히 상반되는 것이라고 할 수 있다." 그러면서 베커는 역사학의 목적이 "과거 일어났던 사건에 대해 알아듣기 쉬운 의미를 전달하는 것"이라고 말했다.[10]

1931년 미국 역사학회에서 했던 유명한 연설에서 베커는 자신의 입장을 분명히 했다.

"모든 연령대에 적합한 속임수는 누군가를 끌어들이기 위해 악의적으로 날조된 이야기가 아니라, 사회 차원에서 해당 사회가 이뤘던 일과 앞으로 이루고자 하는 일들에 비추어 현재 무엇을 하고 있는지를 이해하려는 무의식적이고 필수적인 노력이다."[11]

여기서 베커가 "해당 사회가 이루고자 하는 일들"이라고 말했던 부분을 살펴보면, 그러한 태도는 뒤를 돌아보는 것에서 앞을 바라보는 쪽으로 역사의 방향을 완전히 뒤집어 놓는다. 베커의 동료 역사학자이자 신역사학New History*의 설립자였던 제임스 하비 로빈슨James Harvey Robinson은 역사학이 나아갈 새로운 방향성을 요약했다.

"종종 역사는 다른 어떤 분야가 이뤄낼 수 없는 일을 이뤄낸다. 역사는 매우 부드러운 방식으로 사람들의 태도를 바꿔 놓는다."[12]

'신역사학'라고 불리던 이 철학은 미국인들의 역사관에 직접적인 영향을 주었다. 신역사학적 역사관은 수정주의적 역사관을 가진 사람들이(특별히 급진적 수정주의자들이) 활동할 수 있는 기반을 만들어 놓게 된다. 만약 미국이 건국의 뿌리로부터 벗어나야 한다는 주장을 하려면, 그 건국의 뿌리가 애초에 매우 창피한 요소들로 가득했다는 방식으로 역사를 다시 써야 했다. 그와 같은 목적을 가장 쉽게 달성하는 방법은 특정 주장을 정당화하기 위해 역사적 증거를 선택적으로 무시하는 것이었다.

영향력 있는 학자들 중 그와 같은 접근법을 최초로 도입했던 역사가는 1913년 『미국 헌법의 경제적 해석An Economic Interpretation of the Constitution of the United States』을 썼던 찰스 비어드Charles Beard였다. 컬럼비아 대학의 교수였던 비어드는 미국 건국의 아버지들이 그들의 경제적 이해관계를 보호하기 위해 이것저것을 주워 담아 미국 헌법을 만들었다고 주장했다. 비어드는 국부들을 "(건국의) 시작 때부터 배제됐던 사유재산을 소유하지 않은 다수 대중들"과

• 20세기 초 미국에서 등장한 역사학파. 역사 연구에 사회과학의 방법을 더함으로써 현실의 문제를 해결하는 데 초점을 맞췄다.

대조되었던 "노동의 결과에 따른 그들의 사적 소유물에 집착하고 있었던 소수의 행동력 있는 남성들"이라고 묘사했다. 비어드의 관점에서 국부들은 이상주의자들이 아니라 과두제적 기득권 세력일 뿐이었다. 비어드는 미국 헌법이 결국 '경제논리에 관한 문서'라고 결론 내린다. 헌법과 국부들에 대한 비어드의 '발견'은 그를 유명인으로 만들었다. 1952년이 됐을 때 그의 저서는 1천1백만부 이상 판매됐다.[13] 또한 비어드는 자신의 아내였던 매리Mary Beard와 함께 도금시대에 나타났던 미국 기업들의 전반적 이야기는 수천만 명의 삶을 개선시켰던 미국의 전례 없는 경제 성장과 진보에 관한 이야기가 아니라, 끊임없는 착취에 관한 이야기였다고 주장했다. 아니나 다를까, 비어드는 자본주의에 대해 부정적 신념을 가지고 있었고, 인간이 완전해질 수 있다는 믿음을 가지고 있었다. 비어드는 "신체적, 사회적 건강이 교육의 기초가 돼야 한다"라고 말했다.[14] 로빈슨과 비어드가 허버트 크롤리와 힘을 합쳐 진보적 세상 만들기와 '과학적' 연구 사이의 경계를 모호하게 만드는 방식으로 운영됐던 교육기관인 뉴스쿨New School for Social Research을 설립했다는 것은 전혀 놀라운 일이 아니었다.

역사학에 경제적 관점을 가미하는 연구 방법론은 훗날 역사 교육 현장에 스며들게 된다. 그리고 비어드의 연구에 심각한 결함이 있었다는 사실이 밝혀졌음에도(역사학자 포레스트 맥도널드Forrest McDonald는 비어드의 연구를 검증한 결과 미국 국부들의 경제적 이해관계와 일반적 사안에 대한 그들의 표결, 또는 핵심적인 경제 사안에 대한 그들의 표결 사이에서 "그 어떠한 상관관계도 발견할 수 없었다"고 결론 내렸다),[15] 비어드의 역사관은 미래에 나타날 계급기반의 미국 역사연구 방법론의 선례로 자리 매김했다. 계급기반의 관점으로 미국 역사를 고쳐 쓰는 것을 골 자로 했던 비어드의 방법론에 전반적으로 동의했던 신마르크스 주의자 스타우튼 린드Staughton Lynd는 『미국 급진주의의 지적 기 원Intellectual Origins of American Radicalism』이라는 책을 썼는데, 그 책에 서 린드는 미국 건국 당시 이뤄졌던 자유에 대한 약속과 노예제 폐지 운동에 대해 사회주의적 의미를 부여했다.

린드는 역사학 교수가 역사적 주인공이 되어야 한다는 주장에 대해 자신이 점점 더 확신을 갖게 되었다는 사실을 인정했다.[16] 비어드로부터 지적 영감을 얻는다고 밝혔던 리처드 호프스테터 Richard Hofstadter는 20세기 중반의 가장 극찬받는 역사학자가 되었 다. 호프스테터가 처음 정치적 커리어를 시작했을 때 그는 공산 주의를 신봉하고 있었지만(실제 그는 1938년 공산당에 가입했다), 퓰리처 상을 두 차례 수상하게 되면서 그 일을 그만두었다. 그렇다. 호프 스테터는 자본주의를 경멸하며 공공연한 혐오를 드러냈지만,[17] 동시에 그 반감을 미국의 산업으로부터 미국 보수주의에 이르기 까지 다양한 대상들에 대한 고상한 비판으로 승화시켜 낼 수 있 었다. 평론가 조지 윌George Will은 호프스테터의 일반화된 관점이 미국의 보수주의를 조롱하고 있다고 정확하게 지적하며 다음과 같이 말했다.

"호프스테터는 보수주의자들이 성격 결함과 심리적 장애를 가진 사람들, 다시 말해 스스로의 지위에 대한 불안에 뿌리를 둔 편집증적 정치 스타일을 옹호하는 사람들이라고 일축했다. 보수주의는 진보주의의 생색내기에 화가 난 사람들이 던진 투표의 물결에 따라 발생한 현상이라는 뜻이었다."[18]

하지만 계급에 입각한 사상을 가진 수정주의자들 가운데 가장 유명한 사람은 하워드 진Howard Zinn일 것이다. 형편없는 자료들로 채워진 동시에 미국의 역사를 엄청나게 왜곡하고 있는 그의 책 『미국민중사A People's History of the United States』에서 진은 미국이 지난 두 세기에 걸쳐 발생한 거의 모든 죄악에 대해 책임이 있다고 주장하는데, 이 책은 진이 사망했을 당시 2백만 권 이상이 팔렸다.[19] 진은 역사 해석에서 주관주의를 열렬히 응원했다. 그리고 진의 주관적 견해는 전적으로 마르크스주의에 바탕하고 있었다. 성인으로 살아가는 거의 대부분의 기간 동안 노골적인 공산주의와 끈끈한 관계를 유지해 온 진은 역사 그 자체가 단지 계급 투쟁에 불과하다는 마르크스주의적 처방이 "부인할 수 없을 만큼 사실이며, 어떤 역사를 살펴보더라도 확인할 수 있는 부분"이라고 주장했다.[20] 하지만 진의 관점이 단순히 마르크스주의적이었던 것만은 아니다. 진은 마르크스주의 못지않게 분열주의적 성향을 가지고 있었다. 『미국민중사』 초반부에서 진은 자신의 진짜 의도를 드러낸다.

"가끔 갈등과 다툼을 겪기도 하지만, 근본적으로 공통된 이해관계를 바탕으로 한 국민의 공동체라고 할 수 있는 '미국'이라는 국가 개념이 실제 존재한다는 허상을 깨뜨리기 위해서" 민중의 이름으로 역사를 다시 쓰게 되었다고 말하며 자신의 저의를 드러낸 것이다. 진의 관점에서 "미국 헌법과 영토 확장, 의회가 통과시킨 법률안, 법원의 판결, 자본주의의 발달, 교육의 문화, 그리고 대중매체 등을 통해 나타나는 '국익'이란 개념"은 애초에 존재하지 않았다. 모든 역사는 그저 권력의 위계질서를 나타내고 있을 뿐이었다. 진은 미국이 단지 "정복자와 피정복자, 주인과 노예, 자본가와 노동자, 인종과 성의 영역에서 지배자와 피지배자들" 사이의 경쟁에 불과하다고 생각했다. 따라서 진은 "그와 같은 갈등의 세계, 다시 말해 피해자들과 처형자들이 가득한 세상에서는, 알베르트 까뮈가 주장한 것처럼, 처형자들의 입장에 서지 않는 것이 지식인의 책무"라고 주장했다.[21]

그러면 여기서 진이 말하는 처형자들이란 누구를 의미할까? 진은 이들이 미국 역사에서 오랜 기간 영웅으로 대접받았지만, 실제로는 악당인 사람들이라고 이야기했다. 진의 논리에 따르면 이 악당들은 자신들의 목적을 달성하기 위해 다양한 형태로 나타났다. 콜럼버스는 평화롭게 살고 있던 원주민들을 괴롭힌 군대 지도자였고, 미국의 국부들은 새롭게 탄생한 특권 지도층을 향한 대중적 지지를 끌어내기 위해 창조된 미국이라고 불리는 국가,

상징, 법적 연합체를 만들어 내서 하나의 압제 체제를 또 다른 압제 체제로 대체했던 폭군들에 불과했으며,[22] 에이브러햄 링컨은 해방자가 아니라 그저 정치꾼에 불과했고, 남북전쟁은 "노예제를 종식시키기 위해서가 아니라 엄청난 국가 영토와 시장, 그리고 자원을 유지하기 위해" 미국 정부가 수행했던 전투이며,[23] 2차대전에 참전했던 남녀 장병들은 인종차별적 압제를 대변하는 사람들이자 궁극적인 인권을 침해하는 사람들인 동시에, 이들은 "이미 오염된 승리자들의 뼈들" 속으로 흡수될 수밖에 없는 "군국주의와 인종차별주의, 제국주의"를 위해 승리를 쟁취하려 하는 사람들이었고,[24] 반공주의자들은 제국주의와 군국화, 그리고 자국 내 정치적 반대자들에 대한 억압을 대변하는 사람들이었으며, 그 책에서 진은 공산주의자들, 특별히 베트콩 같은 사람들을 영웅으로 취급하며 칭송했다.[25] 각주를 제외하고도 거의 700페이지 가까이 되는 이 책에서, 진은 인류 역사상 가장 위대한 나라에 대해 어떻게 해서든 가치 있거나 긍정적인 부분들은 쏙 빼놓고 서술하고 있다.

진의 역사관은 초라하고, 그의 정치관은 철저히 비열하다. 하지만 진의 역사관이 노골적으로 반미적이라는 바로 그 이유 하나 때문에, 『미국민중사』는 스스로를 소위 "권력에 대놓고 진실을 말하는" 존재로 인식하는 사람들 사이에서 경전과 같은 지위를 얻게 되었다. 스탠퍼드대의 샘 와인버그Sam Wineburg 교수는 다음과 같이 설명한다.

　"『미국민중사』는 미국인들이 내면에 가지고 있는 홀든 콜필드Holden Caulfield*에게 직접 이야기한다. 우리의 영웅들은 뻔뻔한 사기꾼들이며, 우리의 부모와 선생들은 음모를 꾸미는 거짓말쟁이이며, 우리의 교과서는 프로파간다를 담은 선전물에 불과하다고 주장한다. '그건 모두 사기야'라는 이야기는 언제 써먹어도 시대에 뒤떨어지지 않는 메시지다."[26]

　진은 어마어마한 추종자들을 가지고 있다. 영화배우 맷 데이먼과 벤 애플렉을 비롯해서(두 사람이 주연으로 나온 영화 〈굿윌헌팅〉에서 맷 데이먼은 하버드대 교수와 지적 대화를 하면서 굳이 하워드 진의 이름을 언급하는데, 당시 그 교수 역시 노암 촘스키의 급진적 반미 수정주의 철학을 이야기하고 있었다), 〈소프라노스The Sopranos〉의 A. J. 소프라노**에 이르기까지 진의 추종자들은 곳곳에 다양하게 포진되어 있다. 여기에는 에릭 포너Eric Foner 같은 퓰리처상 수상자들도 포함된다.[27] 미국 전역의 대학에서 교수들은 진의 『미국민중사』를 수업 교과서로 지정하고, 점점 더 많은 고등학교들이 진의 책을 커리큘럼에 포함시키고 있다.

---

* 　J. D. 샐린저의 『호밀밭의 파수꾼』의 주인공. 명문 사립학교에서 퇴학당한 후 위선적인 어른들의 세계에 염증을 느끼고 집을 떠나 뉴욕에 머무른다. 소설 속에서는 성장에 수반되는 고통에 대해 고뇌하는 젊은이로 그려진다.
** 　미국 HBO 인기 드라마 〈소프라노스〉 속 마피아 보스 토니 소프라노의 아들. 극중, 특히 후반부에서 A. J.는 종종 환경주의와 사회주의를 옹호하며 G. W. 부시의 정책과 이라크 전쟁을 비판한다.

이에 대해 와인버그는 다음과 같이 말했다.

"많은 분야에서 하워드 진이 주장하는 역사관이 주류가 되었다. 『미국민중사』는 역사학뿐만 아니라 경제학, 정치학, 인류학, 문화 연구, 여성학, 인종학, 멕시코계 미국인 연구, 미국 흑인 연구 등 다양한 분야에 걸친 수업에서 참고도서 목록에 올라가 있다."

미국 역사를 고쳐 쓰려는 시도는 단순히 계급 역학의 프리즘을 통해 수정된 것이 아니다. 그 태도는 인종, 젠더, 그리고 성적 지향이란 프리즘을 통해 수정됐다. 마르크스 사상에 영향받은 프랑크푸르트 학파가 주장했던 비판이론critical theory은 백인 남성이라는 권력 집단이 위계질서를 통해 다른 모든 집단들을 억압하고 있다는 이야기를 중심으로 미국 역사를 재구성하려 했다. 이와 같은 관점을 옹호하는 사람들은 미국을 하나의 국가가 아니라 이해관계를 놓고 서로 경쟁하는 집단들로 상정했고, 따라서 오직 부패한 현상 유지 상태를 뒤엎음으로써 미국을 새롭게 만들 수 있다고 주장했다. 진의 계급 투쟁론이 인종에 적용됐을 때와 마찬가지로, 비판이론이 인종 문제에 적용됐을 때 분열주의가 탄생했다. 비판인종이론critical race theory의 핵심에는 인종차별주의가 일상적이고 영구적이라는 주장이 자리 잡고 있다. 또 비판인종이론은 백인적 요소와 재산권은 서로 일치하며, 오직 지배적 집단들에 의해서만 쓰이는 역사는 대항서사counternarrative를 필요로 하고, 피부색을 고려하지 않는 태도는 신화에 불과하며, 권리의 평등이란 개념 그 자체는 피부색 기반의 위계질서를 반영하는 것에 지나지 않는다는 주장을 담고 있다.[28] 최종 결과는 시스템 그 자체를 허물어 버리는 것이며, 독립선언서와 헌법에 명시된 약속들은 거짓말에 불과하다는 주장이었다. 비판인종이론의 창시자인 데릭 벨Derrick Bell은 다음과 같이 말했다.

"미국 국부들에게 재산권과 무관한 개인의 권리라는 개념은 철저하게 생소했고, 따라서 20년 동안 진행된 민권 운동을 통해 성취된 결과물에도 불구하고, 대부분의 흑인들은 그들의 인종 때문에 불이익을 받았고 낙후되어 있었다."[29] 벨의 주장에 따르면 현재 시스템 속에서는 부당한 괴롭힘이 절대 개선될 수 없었다. 그는 단지 과거의 죄악을 반영하는 것일 뿐인 현재의 불균형을 바로잡는 유일한 길은 현행 시스템을 해체하는 것이라고 생각했다.

분열주의적 역사관의 우세

정치 스펙트럼상 좌파에 속한 사람들에게는 미국 역사를 왜곡해서 받아들이는 것이 주류 담론이 되었다(그리고 정치적 좌파들이 교육 시스템을 장악하고 있기 때문에, 분열주의적 역사관은 곧 주류 역사관으로 자리매김했다). 역사적 수정주의는 미국 정치의 최고위층에까지 전달됐다. 예를 들어 2008년 3월, 버락 오바마는 자신이 사악한 인종차별주의자이자 반유대주의자인 제레마이어 라이트Jeremiah Wright*를 옹호했다는 공격으로부터 벗어나려 했다. 이를 시도하는 과정에서 오바마는 미국의 역사를 싸잡아 비난했고, 라이트 목사의 급진주의를 "이 나라의 인종 문제의 복잡성"을 반영하고 있는 것이라고 말하며 정당화했으며, "이와 같은 현실을 이해하려면 왜 우리가 현 시점을 맞이하게 됐는지를 돌아볼 필요가 있다"고 주장했다. 나중에 알려졌지만, 오바마가 생각했던 진짜 문제는 라이트 목사가 옹호했던 비열한 이념이 아니었다. 오바마에게는 미국 역사 그 자체가 문제였던 것이다.[30] 이 같은 태도는 오바마의 집권 기간 내내 나타났다. 2015년, 6천9백50만 미국인의 지지를 얻고 대통령으로 당선된 버락 오바마는 미국에 존재하는 모든 선한 것들이 독이 든 나무로부터 자라났다고 설명했다. "노예제와 짐 크로법, 또 우리 삶에서 맞닥뜨리는 거의 모든 제도적 차별에 따른 유산이 남아 있습니다. 여러분도 아시다시피, 그 유산은 긴 그림자를 드리우며 전수되어서 우리 DNA의 일부로 여전히 남아 있습니다."[31] 오바마는 미국이 역사의 과오를 넘어서는 유일한 방법은 "미합중국을 근본적을 변화시키는 것"이라고 말했다. 오바마의 아내인 미셸은 다음과 같이 설명했다.

---

*   오바마가 일리노이주 상원의원일 때 출석하던 교회의 담임목사. 오바마의 멘토로 알려져 있다.

"우리는 우리의 전통과 역사를 변화시켜야 합니다. 국가로서 미국은 새로운 곳을 향해 나아가야 합니다."[32]

오바마의 재임 기간이 끝난 후 오바마가 맡았던 역할은 뉴욕타임스의 사상적 리더들에 의해 계승됐다. 이들은 미국의 진짜 건국이 1776년이 아니라 1619년이라고 선언했다.[33] 아담 서워Adam Serwer는 〈디 애틀랜틱〉에 기고한 글에서 '1619 프로젝트1619 Project'*의 핵심을 정확하게 지적했다.

"1619 프로젝트의 내용 중 가장 급진적인 부분은 노예제의 유산이 미국의 제도들을 만들어 내고 있다는 주장이 아니었다. 그것보다 백인들 가운데 다수가 인종차별주의를 버리고 더욱 완전한 연방을 이루기 위해 미국 흑인들과 함께 노력할 수 없다고 믿는 프로젝트 창시자들의 비관주의가 훨씬 더 급진적이었기 때문이다. 1619 프로젝트를 시작한 사람들은 노예제가 존재할 때부터 오늘날에 이르기까지 나타난 인종적 불공정이 인종에 따른 카스트제도의 존재를 설명해 주고 있다고 믿는다."[34]

퓰리처상 수상자이자 독립혁명사를 전공한 역사학자 고든 우드Gordon Wood는 1619 프로젝트가 "너무나 많은 부분에서 너무나 잘못됐다"고 평가했으며, 역시 퓰리처상을 수상했던 남북전쟁 전

---

* 〈뉴욕타임스〉가 시작한, 미국의 역사가 1776년 독립선언이 아니라 최초의 흑인 노예가 미국에 도착한 1619년에 시작됐다는 요지의 운동. 이에 대응해 트럼프는 재임시절 '1776 위원회(The 1776 Commission)'를 발족시켰다.

공의 역사학자 제임스 맥피어슨James McPherson은 1619 프로젝트의 내용이 "균형 없는 편향적 이야기"이고, "대부분의 (중요한)역사를 빼놓고 있다"고 평가했다.[35] 뉴욕타임스는 퓰리처 센터와 협력하여 1619 프로젝트의 내용 중 학생들의 수업 교재로 활용될 수 있는 자료들을 모아 교육용 커리큘럼을 제작했고, 지금까지 천 명이 넘는 교사들이 그 커리큘럼을 채택하기로 한 상황이다.[36]

분열주의적 역사관이 국가를 무너뜨린다는 주장에 대응하기 위해(또 그 역사관이 역사적 사건에 대한 초점을 맞추는 데 편향적이고, 보다 넓은 관점의 미국 예외주의를 배제한다는 주장에 대응하기 위해), 분열주의자들은 자신들의 주장을 뒤바꿨다. 미국의 통합을 저해하는 세력은 그들이 아니며, 전통적인 연합주의 역사관을 옹호하는 사람들이 오히려 분열의 원인이라는 주장이었다. 분열주의자들은 전통적 역사관을 가진 연합주의자들이 묵살된 이들의 목소리를 너무나 오랫동안 소외시켜 왔다고 주장했다. 또 분열주의자들은 전통적 역사관을 가르치는 것이 억압에 참여하는 것이라고 말했다. 이들은 전통적 역사관을 내던져 버리고 인종이란 프리즘을 통해 굴절되는 역사를 단편적 접근을 통해 받아들여야 한다고 주장했다. 컬럼비아대 교수인 프랜시스 니그론먼태너Frances Negron-Muntaner의 말에 따르면, 인종학 수업들은 "식민지적(백인 우월주의를 포함함) 인식론, 제도, 그리고 권력 구조를 뒤집어 놓기 위해, 또 탈식민지적 담론과 주제들, 그리고 조직의 형태들을 만들어 내기 위한 목적으로" 디자인 되어 있다고 한다.[37] 이런 관점을 갖고 있는 사람들에게 전통적 서구 문명을 가르치는 것은 그 자체로 곧 해당 문명을 승격시키는 것과 다름없었다. 따라서 이들의 주장은 서구 문명에 대해선 더 이상 가르치면 안 된다는 논리로 귀결됐다. 그리고 실제 오늘날 대학에서는 서구 문명을 가르치지 않는다. 2010년을 기준으로 미국 유수 대학 중 단 한 곳도 서구 문명에 관한 수업을 필수 강의로 지정해 놓지 않고 있었다.[38]

시간이 지날수록 미국인들은 역사에 대해 철저히 무지해지고 있다. 그럼 미국인들은 왜 역사를 제대로 공부해야 할까? 미국의 역사를 제대로 이해하는 것은 과거를 학습하는 것이다. 그리고 사람들이 과거에 대해 학습하는 것만으론 분열주의자들이 자신들의 목적을 달성하지 못한다. 분열주의자들은 미국인들이 완전히 그늘진 나라의 역사를 배우는 것보다 역사가 정치라는 프리즘을 통해 전달되는 편이 낫다고 생각한다. 따라서 미국 역사에 대해 미국인들의 무지함이 심각해졌던 시기와 미국 역사에 관한 계급기반, 인종기반 이론들이 나타나기 시작한 시기가 서로 겹치는 건 전혀 놀라운 일이 아니다. 대학 캠퍼스에서 학교들은 '다양성 필수과목'을 강조하는 방향으로 교육 과정을 변경했다. UCLA의 예를 들자면, 학교 당국은 "인종, 민족, 젠더, 사회경제, 성적 지향, 종교, 또는 다른 종류의 다양성"에 관한 주제에 상당 부분을 할애하는 수업들을 늘리고 있다.

이런 수업들을 듣는 학생들은, 〈디 애틀랜틱〉의 표현을 빌리자면, "노예제와 동일한 맥락에서 트레이본 마틴Trayvon Martin*을 언급하고, 이를 통해 임대 제도를 비판한다."³⁹ 수십 년에 걸쳐 미국 전역에 있는 중고등학교에서는 사회학 연구가 역사 과목을 대체해 버렸다(특정 정치 이념을 역사 교육에 주입시킴으로써, 역사를 '적절하도록' 만들기 위한 시도였다). 교육역사학자인 다이앤 라비치Diane Ravitch는 지난 1985년 뉴욕타임스에 기고한 글에서 미국에서 역사 교육이 쇠퇴하고 있는 현실에 대해 안타까움을 표현했다. 그 글에서 라비치는 미국의 역사학이 정치 상황에 영향을 받는 '사회과학' 속으로 흡수되어 버렸다고 인정했다.[40]

분열주의자들은 단순히 대안적 역사관을 제시하는 것에 그치는 게 아니다(만약 그 정도 선에만 머물러 준다면 적어도 전통적 미국 역사관을 가르칠 기회는 주어질 것이다). 대신 분열주의자들은 전통적인 미국의 역사관을 가르치는 이들이 편협하고, 멍청하며, 퇴보적이라고 비난하고, 그와 같은 가르침은 소위 자민족 중심적이고 가부장적인 과거의 이야기로 파묻어 둬야 한다고 주장한다. 1619 프로젝트의 여성 가장이라고 할 수 있는 니콜 해나존스Nikole Hannah-Jones는 1619프로젝트에 대한 맥피어슨의 비판을 듣자마자 "ㅋㅋㅋ 맞아. 백인 역사학자들이 진짜 객관적인 역사를 만들어 내긴 했지"라고

---

* 2012년 초 플로리다에서 총기 사고로 사망한 흑인 남학생. 인종차별 논란을 일으켰다.

빈정대는 트윗을 올린 후, 역사학자로서 맥피어슨의 자질을 헐뜯었다.[41]

　흑인 문화를 주로 다루는 잡지 더루트The Root의 기자인 마이클 해리엇Michael Harriot은 자칭 세계적인 '백인연구학자wypipologist'*인데, 이와 비슷한 맥락에서 해리엇은 〈내셔널 리뷰National Review〉에 기고한 글을 통해 1619 프로젝트가 백인들이 미국에 기여한 공적을 지워 버렸다고 주장한 보수 성향 흑인 변호사 피터 커사노Peter Kirsanow를 맹공격했다. "백인들이 말하는 흑인의 역사"라는 글에서 해리엇은 미국 역사에 대한 전통적 관점은 "기껏 해봤자 백인들의 입을 통해 너무 오래 되풀이되어 이제 진실이 되어 버린 신화에 불과하다"라고 말했다. 또 해리엇은 그와 같은 역사관이 "우리의 순교자들이 이룬 공적을 가려 버리고, 이 나라를 건설했던 수치스러운 백인 우월주의의 실체를 모호하게 만든다"라고 말하며, 따라서 "미국 국부들이 노예를 소유하고 있었다는 진실을 감추고 이 나라를 자유와 정의의 등대라는 식으로 왜곡한다"고 주장했다. 해리엇은 "후레자식motherf***er"이나 다름없는 커사노가 "백인 같은"글을 썼으며, "백인들의 버릇에 따라" 역사를 공부했다고 비난했다.[42] 해리엇의 입장에서 본다면 악의적으로 인종화된 주장을 이어 가는 데 하필 커사노가 흑인이었다는 점은 불행

---

*　'white people-ologist'를 소리 나는 대로 쓴 것으로, 백인의 생활과 문화에 관해 풍자적인 글을 쓰는 사람들을 뜻하는 구어.

한 사실이었다.

하지만 역사를 환원주의적 관점으로 바라보는 시각은 수십 년 전에 지배적이었던 비판연구이론에 따른 현상이었다. 또 이 같은 시각은 노골적으로 인종차별적이다. 피부색을 기준으로 역사학자의 연구를 판단하는 태도는 진작 없어졌어야 했다. 하지만 '경제적 특권'이 계급기반 이론의 필수 구성요소인 것과 같이, 노골적인 인종차별은 비판인종이론의 필수 구성요소다. 이들은 미국 역사가 억압과 차별의 역사이기 때문에 미국 역사는 반드시 억압받고 소외된 사람들에 의해 다시 쓰여야 한다고 주장한다.

이 같이 역사를 고쳐 쓰는 행위의 목적은 그동안 피해입은 사람들에게 보상을 해 주기 위함이 아니다. 분열주의자들이 자신이 원하는 방향으로 역사를 고쳐 쓰려 하는 건 문제를 해결하거나 미국의 죄악을 용서함으로써 우리가 함께 앞으로 나아갈 수 있도록 만들기 위함이 아니다. 전통적인 미국의 역사는 아마 그와 같은 역할을 감당했을 것이다. 전통적인 미국의 역사관을 받아들였던 사람들은 우리의 장점뿐만 아니라 과오를 인정하는 한편, 미국의 철학, 문화, 역사가 악evil이 아니라 영광에 뿌리를 두고 있다는 사실을 이해하고 있었다. 하지만 분열주의적 관점으로 바라본 미국은 본질적으로 구제 불능인 나라다. 미국의 언론인이자 작가인 타네히시 코츠Ta-Nehisi Coates는 노예제에 대해 국가가 배상해야 한다고 주장하며 미국의 시스템 전체를 고발했다. 코츠는 다음과 같이 말했다. "노예제에 대한 배상을 주장하는 활동가들이 말하는 미국의 범죄는 단순히 몇 개의 도시 또는 기업과 연관된 것이 아니다. 노예제라는 범죄에 대해선 거의 모든 구성에 걸친 모든 계층의 미국인들에게 책임이 있다." 코츠는 말을 이어 갔다.

"아마도perhaps 심각한 대화와 토론을 거친 후, 우리는 이 나라가 미국 흑인들에게 절대 완전한 보상을 할 수 없다는 사실을 깨닫게 될지 모른다."

미국의 모든 계층에 속한 모든 구성원들을 비난하고 난다면, 과연 누가 코츠가 언급한 '아마도'라는 말의 진의를 신뢰할 수 있을까?[43]

죄악 가운데
태어나다

지금껏 우리는 분열주의적 역사관이 다음 세 가지 원칙을 가르친다는 사실을 확인했다. 첫째, 미국은 죄악 가운데 건국되었다. 둘째, 미국은 어찌할 도리가 없을 정도로 분열됐으며, 스스로의 건국 철학을 해체시키지 않고선 절대 과거로부터 벗어날 수 없다. 그리고 세째로, 미국은 실질적으로 자국 시민들에게 끔찍했고 세계를 대하는 데 끔찍했다는 주장이다.

우리가 앞서 논의했지만, 특별히 이 세 번째 원칙은 확실이 잘못됐다는 걸 증명할 수 있다. 하지만 분열주의자들은 단지 처음 두 가지 원칙, 다시 말해 미국은 죄악 가운데 태어났으며 그 죄악으로부터 절대 구원될 수 없다는 원칙에 기대어, 세 번째 원칙 역시 사실이라는 식으로 취급하고 있다. 기본적으로 분열주의자들은 세계를 궁극적 궁핍으로부터 건져 낸 미국이 과거 저질렀던 죄악으로 인해 어떤 도덕 영역에서도 절대 정당성을 가질 수 없다는 주장을 펼친다. 이 주장은 단순한 도덕적 호소에 기반하고 있다. 지금껏 미국이 위대한 부와 번영을 생산해 내긴 했지만, 그것은 건국 때 세워진 원칙 '때문'이 아니라, 건국 원칙에도 '불구하고' 그와 같은 성취를 이뤄 냈다는 논리다. 분열주의자들은 미국의 실용적 위대함을 논하는 것만으로는 역사적으로 미국이 범했던 사악함과, 현재의 악함을 설명할 수 없다고 말한다. 이들은 미국의 진정한 건국이 원주민들을 다뤘던 미국 정부의 태도와 수백 년간 이어져 내려온 야만적 노예제, 기업들의 노동자 착취, 그리고 특정 산업귀족 및 금융귀족들의 부패를 통해 설명된다고 주장한다. 한마디로 미국은 죄악 가운데 태어났다는 것이다.

　따라서 분열주의자들은 미국의 건국을 1776년이나 심지어 제임스타운 또는 플리머스 록의 건립 시기로 거슬러 올라가는 것이 아니라, 1492년과 1619년이라는 두 시점으로 거슬러 올라간다. 이들이 1492년을 기념하는 이유는 해당 연도가 서구 사람들이 신대륙에 도착하면서 역병과 제국주의, 착취와 죽음을 가져왔던 시기라고 생각하기 때문이고, 1619년을 기념하는 이유는 그때가 미국이 부를 축적하기 위해 노예를 재산으로 취급하는 제도에 의존하기 시작한 시점이라고 생각하기 때문이다.

미국이 뿌리 깊이 착취적이라는 서사를 밀어붙이기 위해서, 분열주의자들은 신대륙 해안가에 최초로 도착했던 유럽인들이 비어 있던 땅에 도착하지 않았다는 사실을 강조한다. 유럽인들은 신대륙으로 건너와서 서구 제국주의가 도착하기 전 평화롭게 살아가고 있던 원주민들의 재산을 빼앗았고 그들을 학대했다는 주장이다. 그렇다면 왜 이와 같은 이야기가 특별히 오늘날 정치에 관한 담론과 연관돼야 하는 걸까? 분열주의자들은 아메리카 원주민들이 유럽인들에 의해 내쫓겼다는 사실이 서구 문명과, 좀 더 광범위하게 말하자면, 자유 시장이 얼마나 야만적인지를 드러내 주는 증거라고 생각하기 때문이다.

이 같은 관점 속에서는, 유럽인들의 재산권 추구 그 자체가 원주민들의 터전을 박탈했다는 논리가 성립된다. 이 같은 서사 속에서 크리스토퍼 콜럼버스는 특별한 분노의 대상이 된다. 실제 하워드 진은 자신의 역작 『미국민중사』 초반부에서 바하마 군도에 살았던 아라와크족과(진은 이들이 "환대 정신과 공유에 대한 신념을 가지고 있는 놀라운 사람들이었던 본토의 인디언들과 매우 유사했다"라고 말한다), 교황들의 종교, 왕들의 정부, 서구 문명과 그 문명이 아메리카 대륙으로

파견했던 첫 번째 메신저였던 크리스토퍼 콜럼버스를 특징짓는 돈에 대한 열광에 의해 지배됐던 사악한 유럽인들을 대비시켰다. 이와 같은 서사 속에서, 콜럼버스는 평화롭게 살아가는 원주민들을 노예화시키려 했던 서구적 야만성의 축소판에 불과했다.[44] 이와 대조적으로 진은 원주민들을 인류의 이상을 실현했던 사람들로 묘사하며 다음과 같이 말했다.

"콜럼버스와 그의 후임자들은 비어 있는 광야에 온 것이 아니었다. 그들이 도착했던 세상은 유럽보다 인간의 관계가 더 평등한 곳이었고, 남성과 여성, 아이들과 자연 간의 관계가 아마 이 세상 어디에서보다 아름답게 작동하고 있는 곳이었다."[45]

그리고 이 같은 진의 역사관은 미국의 역사 교육을 지배하게 되었다.

두말하면 입이 아프지만, 만약 이처럼 편향된 역사관이 사실이라고 할지라도(그리고 진은 선별적 인용을 통해서 원주민들에 대한 콜럼버스의 태도를 특별한 방식으로 과장했다),[46] 이것은 강도들이 나이 많은 여성들의 지갑을 훔치고 그들에게 피해를 입힌다는 당연한 사실을 지적하는 딱 그 정도 수준으로만 미국에 활력을 불어넣었던 자유 시장의 원칙들의 문제점을 지적하고 있다. 그렇다. 진이 지적했던 부분은 강탈의 사례가 맞다. 하지만 그것이 자본주의의 야만성을 나타내 주는 건 아니다. 하지만 진은 재산권에 의존하는 서구 사람들의 태도가 신대륙을 타락시켰을 뿐만 아니라, 미국 역사가 진행되는 내내 자유 시장이라는 야만적 정신을 미국인들에게 주입시켜 왔다고 주장한다.

더욱 중요한 부분을 지적하자면, 미국은 죄악 속에 태어났고, 따라서 유럽에서 파생된 재산권에 얽매인 뿌리를 완전히 포기하지 않고서는 그 죄로부터 용서받을 수 없다는 진의 주장은 어리석음의 절정을 보여 준다. 지구상에서 유럽의 문화만 유달리 폭력적이었던 것이 아니었고, 또 팽창주의가 유럽 고유의 발명품이었던 것도 아니다. 이 사실을 인정하기 위해 굳이 아메리카 원주민들을 대했던 유럽인들의 잔혹함을 축소시켜야 하는 건 아니다. 고고학적 자료는 유럽인들이 도착하기 전 아메리카 원주민들이 루소가 말했던 자연 상태에서 살아가고 있었다는 진의 관점을 뒷받침하지 않는다. 이에 대해 하버드대 교수 스티븐 핑커는 올바른 지적을 하고 있다.

"고귀한 야만성과 도끼와 화살촉이 박힌 선사시대 해골의 비율, 또는 다른 사람의 손에 죽어 갔던 동시대 수렵 부족의 남성 비율 등과 같은 정량적 신체 셈법quantitative body-counts을 높이 평가하는 반反좌익 성향의 인류학자들은 국가가 존재하기 이전(자연 상태의) 사회가 현재 우리 사회보다 훨씬 폭력적이었다고 주장한다."[47]

이와 같은 분석은 중요하다. 왜냐하면 맥락은 우리에게 지식을 전달해 주기 때문이다. 그렇다. 미대륙에서 자행된 유럽인들의 침략은 피비린내 났고 끔찍했지만, 미대륙 자체를 놓고 봤을 때 피비린내 나고 끔찍한 갈등이 발생했다는 건 전혀 새로운 일이 아니었다. 콜럼버스가 인종학살을 저질렀다는 주장은 완전히 잘못됐다. 유럽인들과 접촉한 후 원주민들의 인구가 감소됐던 건 거의 전적으로 그들이 유럽인들로부터 옮았던 질병에 면역력을 가지고 있지 않았기 때문이다.

유럽 사회가 유별나게 사악했다고 지적하는 동시에 유럽인들이 도착하기 전 원주민들은 평온한 사회주의를 실시하고 있었다는 신화에 매달림으로써, 진은 서구적 사고가 비정상적이고 선할 수 없다는 자신의 주장을 정당화하려 했다. 진에 따르면 서구를 강화하려는 그 어떠한 시도도 악을 강화시킬 뿐이었다. 하지만 다시 말하지만, (아메리카 대륙에서)인간의 침략성은 신에 의해 부여된 영광스러운 개인의 권리가 정부 탄생 이전부터 존재했다는 이상을 골자로 하는 미국의 건국보다 수십만 년이나 앞서 나타나고 있었다. 이 같은 미국의 진짜 건국 이상은 시간이 지날수록 미국 내에서 식민주의와 제국주의의 영향력을 줄여 나갔고, 그렇기 때문에 세계 역사상 가장 넓은 영토를 다스리는 제국이 아님에도 불구하고, 미국이 역사상 가장 강력한 나라가 됐던 비결이라고 볼 수 있다. 전통적인 연합주의 관점을 옹호하는 역사학자들은 서구가 저지른 과오를 덮기 위해 눈물의 길Trail of Tears이나 아라와크족을 노예화했던 역사를 굳이 부인할 필요가 없다. 그리고 우리가 함께 살펴봤지만, 연합주의 진영의 역사학자들은 역사적 과오가 있었다는 사실을 결코 부인하지 않는다. 하지만 분열주의자들은 그들의 반역사적 관점을 눈가림하기 위해 반드시 동시대와 그 이후의 역사 모두를 부인해야 한다.

분열주의자들은 미국의 두 번째 건국이 첫 번째 아프리카 노예가 신대륙에 도착했던 1619년에 이뤄졌다고 주장한다. 우리 시대에 이 같은 주장은 미국의 실제 건국이 첫 번째 흑인 노예가 신대륙으로 유입됐던 시점으로 거슬러 올라가야 한다는 내용을 담고 있는 그 유명한 1619 프로젝트를 통해 확산되었다. 뉴욕타임스는 미국의 '진정한 탄생 연도'가 1619년이라고 말했고, "미국을 특별하게exceptional 만들었던 거의 모든 요소들은 노예제로부터(그리고 그 노예제의 존속을 위해 필요했던 반反흑인 인종차별로부터) 비롯된다"고 주장했다. 또 뉴욕타임스는 "미국의 경제적 힘과 산업 역량, 선거 제도, 식습관과 대중 음악, 공공 의료와 교육의 불공정함, 놀라울 정도로 폭력적인 성향, 소득 불평등, 자유와 평등의 땅으로서 미국이 세계에 제시하는 본보기, 은어, 사법 시스템, 그리고 오늘날까지 미국을 괴롭히고 있는 인종에 대한 고질적 두려움과 혐오 등은 모두 노예제에 뿌리를 두고 있다"고 주장했다. 여기서 그치지 않고 뉴욕타임스는 앞으로 노예제에 관한 문제를 자신들의 중심에 둠으로써 "미국의 역사를 재구성하겠다"고 선언했다.[48] 뉴욕타임스의 목표는 분명했다. 미국의 가치들은 자유에 뿌리를 두고 있기보다는 근본적으로 백인 우월주의적이며 압제적이라는 주장이었다.

만약 이 같은 주장이 분열을 초래하는 정치적 어젠다를 염두에 두지 않고 만들어졌다면 꽤나 흥미로운 이야기가 될 수 있을 것이다. 미국은 죄악 가운데 탄생했고, 뒤이어 나타난 미국의 모든 악행은 바로 그 원죄로 거슬러 올라간다는 주장 말이다. 분열주의자들은 콜럼버스가 신대륙을 발견했을 때 나타났던 1492년의 정신이 미·멕시코 전쟁에서, 필리핀에서, 하와이에서, 베트남에서, 그리고 이라크에 이르기까지 미국이 참여한 전쟁이 발생한 모든 장소에서 울려 퍼지고 있다고 주장한다. 또 이들은 최초의 흑인 노예들을 신대륙으로 데려왔을 때 나타났던 1619년의 정신이 이민자들의 노동을 착취한 철도 재벌들, 중국과 멕시코에 일자리를 외주로 주고 있는 괴물 같은 기업들, 그리고 미국 흑인들의 높은 수감률 등의 사건을 통해 울려 퍼졌다고 말한다. 분열주의자들은 미국의 건국을 기념하는 1776년의 정신이 서서히 소멸되고 있다고 생각한다. 1776의 정신은 그저 식민주의와 인종차별, 그리고 착취라는 미국의 사악한 민낯이 드러나지 않도록 만들었던 가면에 불과하다고 주장하는 것이다. 따라서 분열주의자들은 미국의 건국이 실제로는 계급 구조와 특정 인종의 우세를 강화하기 위한 시도였던 1492년과 1619년의 정신을 반영하고 있다고 묘사한다. 이들에 따르면 독립선언서는 거짓말이었고, 미국의 헌법은 억압을 기념하고 있는 문서에 불과했다.

독립선언서는 계급 주도권을 영구화하려 했던 사람들에 의해 작성된 문서라는 분열주의자들의 경제적 서사는 뻔뻔할 정도로 진실과 거리가 멀다. 건국의 아버지들은 종종 자신들의 재산권과 연관된 이해관계와 어긋나는 방향으로 의사결정을 했을 뿐만 아니라,[49] 건국 후 얼마 지나지 않아 미국은 헌법에 따라 시민으로서 제대로 된 대우를 받는 사람들에게 열려 있는 기회의 땅으로 자리 잡게 되었다. 앞에서 우리가 살펴봤지만, 알렉시스 드 토크빌은 미국인들이 가지고 있는 기업가정신과 각자 자신의 경제적 이익을 추구할 수 있는 미국 시민들의 능력에 대해 찬사를 보내며 다음과 같이 말했다.

"거의 모든 미국인들은 편안해 한다. 미국에서 대부분의 부자들은 가난한 상태에서 부를 축적했다. 남성들은 그들의 재산과 지능, 또는 다른 부분에 있어서 (다른 나라의 경우보다) 더욱 평등하며, 서로 균등한 힘을 가지고 있는 미국의 남성들은 세계 어느 나라의 남성들보다, 그리고 역사가 기억하는 한 그 어떤 세기의 남성들보다 강하다.[50] 미국의 가난한 사람들은 유럽과 비교해 봤을 때 꽤나 부유한 것처럼 보인다."[51]

인종을 바탕으로 한 서사는 진실을 흉내 낸다. 분열주의자들은 남북전쟁을 통해 노예제가 종식되었고 수십 년간 이어진 민권운동을 통해 백인 우월주의가 소멸되기 이전에 미국이 노예제와 백인 우월주의를 비열한 방식으로 관용하고 확대해 왔다고 주장한다. 그리고 그 같은 주장의 기반 위에 전적으로 거짓된 서사를 쌓아 올린다. 분열주의자들은 인종차별이 미국의 시스템에 뿌리 깊이 박혀서 근절될 수 없으며 영구적으로 유지되고 있다고 주장한다. 『새로운 짐 크로법The New Jim Crow』라는 책의 저자인 미셸 앨리그잰더Michelle Alexander는 최근 뉴욕타임스에 기고한 글에서 미국의 헌법이 "백인 우월주의에 의해 규정된다"라고 말했다. 여기서 더 나아가 그녀는 백인 우월주의가 오랜 세월이 지난 후에도 여전히 건재하며, 모든 증거가 그녀의 주장과 상반되는 사실을 나타내고 있음에도 불구하고, 대체적으로 백인 우월주의는 말살된 것이 아니라 단지 그 형태를 바꾼 것일 뿐이라고 주장하며 다음과 같이 말했다.

우리의 원래 헌법의 본질을 잘 드러내 주고 있었던 백인 우월주의에 기반한 정치는 조금도 누그러지지 않고 지속되어 왔다. 또 지속적이면서 예측 가능하게도 인종적, 사회적 통제라는 새로운 시스템을 생성해 왔다. 수십 년 전만 하더라도, 정치인들은 더 많은 형무소 벽을 건설하겠다고 맹세했다. 오늘날 그들은 국경에 장벽을 세우겠다고 약속한다. 노예제가 도입된 이래로 (적을)분할하고, 악마화한 후, 정복하는 정치 전략은 미국에서 지난 수백 년 동안 효과를 봐 왔고, 가난한 노동자들이 불공정한 정치경제적 시스템에 맞서 연합하기보다 서로에게 분노하며 서로를 두려워하도록 만들었다. 때때로 백인 우월주의자들의 전술은 공개적인 싸움을 초래하기도 했다. 또 어떤 경우에는, 분열과 반목이 별로 눈에 띄지 않았고, 표면 아래 숨겨 있기도 했다.[52]

"분할하고, 악마화한 후, 정복하는" 전략은 양쪽 모든 방향으로 작동할 수 있다. 미국 헌법이 백인 우월주의를 유지하기 위해 디자인 되었다고 주장하는 것은 해당 문서의 맥락과 내용을 모두 무시하는 처사다. 그것은 마치 뉴딜정책이 성차별주의를 강화하기 위해 실시됐다고 말하는 것과 같다. 한 나라의 문화적 배경은, 아무리 추악하게 보인다 할지라도, 단지 배경일 뿐이지 그 자체로 동기를 부여하는 이상이 아니다. 동일한 맥락에서, 남북전쟁 이후에도 정작 한 세기 동안 지속됐던 짐 크로법은 헌법을 노골적이며 폭력적이고 백인 우월주의적인 방식으로 위반한 행위였다. 또 그것은 흑인 지도자인 부커 T. 워싱턴과 마틴 루터 킹 주니어가 지적했던 것처럼 미국 건국 이상과 철저히 상반되는 행위이기도 했다.

앨리그잰더의 주장은 인종차별의 영역에서 나타난 진보를 철저히 경시한다. 그리고 바로 여기에 분열주의적 역사관의 진짜 목적이 놓여 있다. 미국의 탄생 과정에서 나타난 죄악과 현재 미국에서 발생하는 병폐를 하나의 연속체라고 주장하는 것이다.

영원히
저주받은

분열주의자들은 미국 사회에서 발생하는 모든 병폐가 미국의 추악한 탄생 시점으로 거슬러 올라간다고 생각한다. 미국 사회의 모든 죄악이 흉악하게 일그러진 미국의 기원을 드러내 주는 증거라는 주장이다. 또 분열주의자들은 심지어 미국의 위대함이라고 일반적으로 인식되는 부분조차 처음부터 독극물에 의해 오염되어 있고, 미국을 긍정적으로 묘사하는 모든 부분들도 사실은 미국의 추악함을 드러내 줄 뿐이라고 말했다. 미국에서 인종차별의 역사가 장기간 지속되었기 때문에, 분열주의자들은 화살통에 있는 화살들 중 노예제와 짐 크로법을 미국의 선함goodness of America을 공격하는 핵심 무기로 삼았다. 그리고 이 화살들은 가능한 모든 목적을 이루는 수단으로 사용된다.

따라서 예를 들어 1619 프로젝트의 일원이었던 프린스턴대 사회학 교수 매튜 데스몬드Matthew Desmond는 세계 역사에서 부를 창출하는 가장 성공적인 엔진으로 기능해 온 미국의 자본주의가 야만적인 제도인 동시에 노예제의 문화로부터 파생됐다고 주장했다. "미국 자본주의의 야만성을 이해하려면, 플랜테이션에서 시작하라"라는 자신의 기고문에서 실제 데스몬드는 직원의 근무시간을 표로 기록해서 작업장을 관리, 감독하는 회사들에 과거 노예들을 관리했던 시스템이 어떤 식으로든 시스템의 기반을 제공해 주었다는 충격적인 주장을 펼쳤다.[53] 이 같은 주장은 그 자체로 우스꽝스러울 뿐만 아니라, 미국의 경제적 역사에 대해 철저히 무지하다고 할 수 있는데, 왜냐하면 노예에 기반한 농경적 남부와 달리 미국의 전반적 경제는 남북전쟁 이후 산업 자본주의 체제로 전환했기 때문이다.

위의 설명보다 약간 덜 멍청한 이론은 미국의 부가 자본주의에 의해서가 아니라 노예제의 결과로 축적되었다는 주장이다. 이 같은 주장을 옹호하는 몇몇 사람들은 노예제에 대해 국가가 나서서 배상해야 한다고 말하면서, 흑인이 아닌 모든 미국인들이 노예제로부터 혜택을 입었다고 설명한다. 이런 주장을 하는 사람들 중 거의 대부분은 개인의 권리를 중시하고 피부색을 고려하지 않는 colorblind 정권들이 흑인들에게 (노골적)특혜를 베푸는 방향으로 변화되어야 하고, 소수자 우대정책affirmative action을 비롯해 정부가 제공하는 각종 혜택을 확대해 나가야 한다고 주장한다.

이 같은 제안은 다음 두 가지 또 다른 주장에 기반하고 있다. 첫째, 미국 시민들은 노예제와 짐 크로법으로부터 광범위한 혜택을 받았고, 둘째, 오늘날 발생하는 불평등이 과거 노예제의 여파로 나타났다는 주장이다. 물론 각각의 주장은 대부분 사실이 아니다.

미국 시민들이 전반적으로 노예제로부터 혜택을 입었다는 주장은 어불성설이다. 미국은 부를 축적하는 과정에서 노예제에 의존하지 않았다. 노예제는 수백만의 삶을 파괴했고, 극소수의 선택된 남부 귀족들을 부유하게 만들었지만, 한편으로 노예제는 남부 지역을 전반적인 경제적 낙후 상태에 머무르게 했다. 만약 누군가가 노예주들이 (해방된) 노예들에게 그 당시 배상을 지급했어야 한다고 말한다면, 그건 철저하게 정당한 주장이었을 것이다. (노예제 폐지 직후) 그와 같은 배상이 없었다는 것은 끔찍한 참상이고 비극이었다. 하지만 리투아니아 출신 이민자 할아버지를 둔 손자가 해방된 노예의 6대조 손녀에게 보상을 지급해야 한다거나, 콜린 파월Colin Powell•의 자녀가 남북전쟁에서 북군에 소속돼 싸우다가 전사한 6대조 할아버지를 둔 손자로부터 보상을 받아야 한다고 말한다면, 그 주장은 잘못된 전제에 기반하고 있음이 분명하다.

　노예제가 미국 경제에서 중요한 부분이었던 건 사실이다. 하지만 또한 노예제는 미국 경제의 낙후된 영역을 보여 주는 현실이기도 했다. 단순히 말해 경제적인 측면에서 자유인의 노동은 노예의 노동보다 훨씬 더 효율적이다. 『미국의 민주주의』에서 알렉시스 드 토크빌이 미국 남부를 '잠들어 버린' 사회이며, 노동은 '퇴화했고', '게으른' 사람들로 가득 찬 지역이라고 묘사했던 건 전혀 놀라운 일이 아니었다.[54] 사실 짐 크로법이 실시되는 기간 동안 남부 지역의 경제는 느린 속도로 성장했다(그리고 흑인 노동

•　　최초의 흑인 합참의장 출신으로 조지 W. 부시 정부의 국무장관 지냄.

자들은 북부로 도망쳤다). 짐 크로법이 시들해지고 난 다음에야 남부의 경제는 급성장하기 시작했다(별로 놀라운 일은 아니지만, 그에 따라 인구가 남부주들로 다시 돌아오게 된다).[55] 만약 노예제가 경제적 성장을 담보해 줬었다면, 남부는 산업화된 북부에 대대적인 패배를 당하지 않았을 것이다. 노예제의 종식에 따라 미국에서 농업 자본이 감소하긴 했지만, 산업과 주택 자본을 비롯한 기타 국내 자본이 급격하게 증가했다. 미국의 노동주labor stock* 는 급등했고, 남북전쟁을 거치면서 미국의 자본금capital stock 역시 급등했다. 이와 같은 경험은 충격적이지 않았다. 미국의 경제학자 스캇 섬너Scott Sumner가 자유주의 성향의 싱크탱크인 경제와자유도서관Library of Economics and Econlib에 기고한 글에서 지적한 것처럼, "브라질은 1880년대까지 노예제를 폐지하지 않았고, 미국보다 노예들을 더 험악하게 다뤘다. 또 브라질에서 노예들의 처우는 브라질 남부에 있는 국가들에서보다 훨씬 나빴다." 사람들이 자신의 노동을 스스로부터 자유롭게 분리시킬 수 있는 환경을 만들어 주면 번영을 맞이할 수 있다. 그렇기 때문에 지금껏 자유시장경제를 도입하는 나라들이 가장 번영해 왔던 것이다.[56] 미국이 전반적으로 노예제로부터 혜택을 입었다고 주장하는 것은 마치 유럽인들이 전반적으로 봉건제도로부터 혜택을 입었다고 주장하는 것과 같다.

---

* 　노동자가 제공하는 노무를 출자로 간주해서 노동자에게 부여하는 주식.

짐 크로법에 관한 부분은 어떨까? 다시 말하지만, 짐 크로법이 제정됨에 따라 전반적인 미국 경제를 희생하는 대가로 소수의 선택된 사람들이 혜택을 받았던 건 사실이다. 짐 크로법은 경쟁을 배제했으며, 그 법이 존재했기 때문에 엄청난 수의 흑인들이 남부를 떠나 보다 넓은 관용을 베풀던 북부 지역으로 이주하게 되었다. 그 결과 남부 지역의 경제는 전반적인 침체를 맞이하게 된다. 만약 미국 흑인들에게 잠재되어 있던 경제적 힘을 자유롭게 풀어 줬다면, 미국의 경제는 폭발적으로 성장했을 것이다.

하지만 짐 크로법이 인종 간 빈부 격차에 대해 오늘날까지 지속되는 영향을 준 것도 분명 사실이다. 경제적 역사는 언제나 경제적 현실에 영향을 주기 때문이다. 비록 1977년 연방정부가 공동체투자법Community Investment Act을 제정함에 따라 폐기되긴 했지만, 레드라이닝redlining 같은 정책들은 분명 미국 흑인들이 백인들과 동일한 이자율로 주택에 투자하지 못하도록 만들었다. 분리정책과 차별로 인해 흑인들이 운영하는 사업체들은 자본금을 얻을 때 백인들과 동일한 금리를 적용받지 못했고, 그에 따라 흑인교육 기관들은 자금 부족에 시달렸다. 이러한 모든 것들은 부인할 수 없는 사실이다.

오늘날 미국에 존재하는 인종 간 빈부 격차 가운데 과연 어느 정도가 역사적으로 발생했던 차별에 따른 결과물일까? 그리고 이와 관련해서 법안들이 도입되고 사람들의 태도가 변화함에 따라 미국인들이 과거 저지른 죄악 중 과연 어느 정도가 용서받은 것일까? 이 질문을 분열주의자들에게 물어본다면, 전혀 변화가 없었다는 답변이 돌아온다. 하지만 현실을 살펴보면, 실제로는 엄청난 변화가 동반됐다.

과거 (선조들에게)자행됐던 차별이 미래에(후손들이) 부를 창출하는 데 얼마나 영향을 줬는지 비교해 보려면, 우리는 통제집단들이 이룬 성과를 살펴봐야 한다. 다시 말해 한때 법에 의해 차별받았던 비흑인 소수 인종들이 이룬 성과를 살펴봐야 한다는 뜻이다. 온라인 매거진 〈퀼레트Quillette〉에 글을 쓰는 콜먼 휴즈Coleman Hughes는 1913년부터 1952년까지 미국 14개 주에서 땅 소유를 금지당했고, 2차대전 기간 동안 대규모 강제 구금에 시달려야 했던 일본계 미국인들이 이룬 성과에 주목해야 한다고 말한다. 한 분석에 따르면 일본계 미국인들은 중위자산규모median wealth에서 곧 미국 백인들을 앞지를 것이라고 한다. 이 같은 성과는 일본계 미국인들의 수익력earning power에 따른 것이다. 휴즈가 지적하듯이, "1970년에 집계된 조사 자료에 따르면 일본계 미국인들은 영미계 미국인들, 아일랜드계 미국인들, 독일계 미국인들, 이탈리아계 미국인들, 그리고 폴란드계 미국인들보다 더 많은 소득을 올리는 것으로 나타났다." 비슷한 맥락에서, 2003년 기준으로 미국의 유대인들은 평균적으로 보수 성향의 개신교인들에 비해 약 7배 정도 가구당 자산이 많은 걸로 나타났다.[57]

미국 역사에서 흑인들보다 더 참혹한 대우를 받은 집단은 없었다. 여기에 대해선 의심의 여지가 없다. 하지만 모든 집단에 적용되는 이야기지만, 결국 소득의 증가가 빈부 격차를 극복하는 유일한 방법인 것 또한 사실이다. 따라서 정말 점진적으로 빈부 격차를 줄여 나가기 원한다면, 우리는 소득 격차에 관심을 가져야한다. 그리고 흑인과 백인 간에 왜 소득 격차가 발생하는지를 역사적으로 설명하는 바로 이 부분에서, 양 진영은 첨예한 대립을 벌이고 있다.

소득에 관한 부분을 언급하자면, 현재 미국에서 발생하는 소득 차이disparities는 주로 구조적 문제라기보다는 개인 차원의 문제라고 할 수 있다. 그렇기 때문에 미국에서 아시아 사람들이 백인들에 비해 훨씬 더 많은 돈을 벌어들이는 것이다. 또 그렇기 때문에 스탠퍼드와 하버드, 그리고 미국 인구조사국의 연구원들이 공동으로 실시한 조사 결과를 통해 알 수 있는 것처럼, 시간이 지남에 따라 소득 분포상에서 히스패닉계 미국인들의 위치가 올라가고 있지만, 미국 흑인들의 위치는 올라가지 않고 있는 이유이기도 하다. 해당 조사에 따르면 실제로 "특정 아동이 고소득 가정에서 자라난다고 해서 소득 불균형을 경험하지 않는 건 아닌 것으로 드러났고, 소득분위 상위층에 속한 부모 밑에서 태어나는 흑인 아이들은 성인이 된 후 소득분위 상위층에 남아 있을 확률만큼이나 소득분위 하위 그룹으로 떨어질 확률 역시 높은 것으로 나타났다." 게다가 동일한 연구 결과를 살펴보면, 흑인과 백인 사이의 소득 격차는 '전적으로' 남성이 아니라 여성의 소득에 따라 좌우되는 것으로 나타났다. 다시 말하자면, 부모의 소득 수준이 비슷한 상황이라면 흑인 여성들은 백인 여성들보다 약간 더 많은 소득을 벌어들이고 있었다는 뜻이다. 해당 연구에 따르면 임금률이나 노동 시간에 있어서 흑인과 백인 여성 사이에는 격차가 미미하거나 아예 존재하지 않는 것으로 나타났다.[58]

만약 이 연구 결과가 사실이라면, 인종차별이 현재 미국에서 존재하는 소득 격차의 직접적 원인이라고 주장하는 것은 거의 불가능에 가까운 일이라고 할 수 있다. 또 우리는 미국으로 이민 온 흑인들이 과거 노예생활을 했던 흑인들의 후손들보다 경제적으로 더 나은 성과를 보여 주고 있다는 사실에 주목할 필요가 있다. 40년 전에 경제학자 토머스 소웰Thomas Sowell은 다음과 같이 말했다.

"미국에서 살아가는 서인도제도 출신 사람들은 미국 흑인들에 비해 소득과 직업이란 부분에서 상당한 우위를 점해 왔다."[59]

소웰의 이 말은 오늘날에도 여전히 적용된다.

그렇다면 무엇이 미국 흑인들의 계층 이동을 가로막고 있는 확실한 요인인 걸까? 먼저, 가정에서 아버지의 부재라는 부분을 들 수 있다. 미혼모의 자녀 양육은 대를 이어 가난이 자식 세대에까지 전수될 수 있음을 나타내 주는 가장 강력한 지표 중 하나다. 어림 잡자면 미국에서 흑인 아이들 10명 중 7명은 아버지가 없는 가정에서 자라난다.[60] 버락 오바마 역시 2008년 다음과 같은 사실을 인정했다.

"너무나 많은 흑인 아버지들이 직무를 유기하면서 남자가 아닌 철부지 소년처럼 행동하고 있습니다. 우리는 아버지 없이 자라난 아이들이 양부모 가정에서 자라난 아이들에 비해 빈곤 속에 살아가며 범죄를 저지를 확률이 5배 더 많으며, 학교를 자퇴할 확률은 9배나 더 많고, 감옥에 수감될 확률은 20배나 더 높다는 통계를 잘 알고 있습니다. 이런 환경에서 자라난 아이들은 행동 문제를 일으키거나, 가출하고, 또는 10대 때 부모가 되기도 합니다. 그리고 이에 따라 우리 공동체의 기반은 더 취약해집니다."[61]

흑인들 사이에서 미혼모 비율이 증가하는 현상은 짐 크로법이나 노예제와는 아무 관련이 없다. 1963년만 하더라도 흑인 부모를 둔 자녀들 가운데 24.2퍼센트만이 법적으로 혼인하지 않은 커플에게서 태어났다.[62]

흑인들의 대학 중퇴율과(4.9퍼센트의 백인 남학생들이 중간에 학교를 그만두는 반면 흑인 남학생들 중에서는 8퍼센트가 학교를 자퇴한다),[63] 범죄율(지난 15년간 흑인 남성의 수감률이 급격하게 하락했음에도 불구하고, 백인 남성이 10만 명당 457명 수감되는 반면, 2015년 기준으로 흑인 남성은 10만 명당 2,613명이 수감되는 걸로 나타났다),[64] 또 소비 및 저축 형태 등도 흑인과 백인 사이의 빈부 격차를 설명해 주는 요인들이라고 할 수 있다.[65]

이러한 현실에 대해 분열주의자들은 앞서 언급된 요인 하나하나가 모두 제도적 인종차별에 따라 발생하고 있다고 책임을 전가한다. 물론 그런 태도를 가지면 무엇이 그와 같은 문제들을 초래한 진짜 원인인지에 대해 쉽게 답변을 회피할 수 있게 된다. 1964년 민권법안이 통과되기 전 미혼모의 비율은 오늘날보다 훨씬 낮았다.* 범죄율은 짐 크로법이 폐기되고 난 이후 오히려 급증했다. 그리고 고등교육 이수율은 수년간 정체되어 있다. 특정 질병의 원인을 파악하지 못할 때, 또는 그 질병을 치료하는 방법을 모를 때, 의사들은 그 현상을 '증후군syndrome'이라고 부른다. 반면 사회학자들이 문제의 원인 또는 해결 방법을 파악하지 못했을 때, 그들은 그것을 '시스템의 문제systemic'라고 부른다.

물론 이 두 그룹 간에도 차이가 있다. 사회학자들의 경우 종종 무엇이 문제를 초래하고 있는지 실제로는 그 원인을 알고 있다는 사실이다. 하지만 개인들이 보다 나은 선택을 하도록 권면하는 것은 분열주의자들의 세계관에 별로 들어맞지 않는다. 분열주의자들의 역사관은 모든 것을 설명하도록 디자인 되어 있지만, 실제 그 역사관은 어느 것도 바로잡지 못한다.

그리고 당연한 말이겠지만, 바로 그것이 핵심이다.

---

* 민권법과 린든 존슨 이래의 국가 주도 복지 정책으로 미혼모 비율이 1950년대 20퍼센트대에서 2010년 72퍼센트로 급등.

소결

미국을 파괴하는 세 번째이자 마지막 단계는 시민들에게 미국이 독을 머금은 나무 열매를 상징한다고 설득하는 것이다. 미국은 악을 기반으로 건국됐으며, (정의의) 역사를 향해 구부러진 호$_{arc}$는 존재하지 않는다고 주장하는 것이다.* 분열주의적 역사관을 가지게 되면, 미국의 역사는 영원하고 선한 가치들이라는 진실된 씨앗에 뿌리를 둔 자유와 번영이 시간이 지날수록 그 적용 범위를 확대해 나가는 이야기가 아니라, 단지 피해의 대상만 바뀔 뿐, 동족상잔의 전쟁과 야만성으로 점철된 이야기로 전락해 버린다.

2020년 미국 대선 기간 동안, 민주당 경선 후보였다 곧장 나가떨어졌던 베토 오로크는 미국 역사에 대한 자신의 관점을 "미국에서 인종차별은 고질병이다"라고 요약했다. 또 오로크는 다음과 같이 말하며 격분했다.

"미국의 인종차별은 근본적입니다. 우리는 1776년 7월 4일 Fourth of July을 이 나라의 건국 기념일로 삼을 것이 아니라, 1619년 8월 20일을 기념해야 합니다. 왜냐하면 그날이 아프리카에서 납치됐던 최초의 노예가 자신의 의지에 반하여 억압 가운데 이 땅

---

* 마틴 루터 킹 주니어 목사는 "도덕적 우주의 호는 길지만, 결국은 정의의 방향으로 굽어진다(The arc of the moral universe is long, but it bends toward justice)"라고 말했다.

에 도착한 후, 자신 또는 자신의 후손들 중 누구도 온전히 참여하거나 누릴 수 없었던 부와 성공, 그리고 위대함을 만들어 내기 시작한 시점이기 때문입니다."

이 얘기를 끝마친 후 오로크는 산모 사망률 통계에서 흑인과 백인 사이에 나타나는 차이로부터 인종 간 빈부 격차에 이르기까지 이 모든 것들이 앞서 발생한 끔찍한 역사로 인해 초래되었다고 주장했다.[66] 깨시민으로 새롭게 태어난 오로크는 분명히 대중들에게 영합하고 있었다. 하지만 그의 지지율이 폭락했기 때문에 오로크는 곧 경선에서 밀려나고 만다.

하지만 오로크가 미국의 역사를 의도적으로 왜곡하면서까지 대중들에게 영합했어야 한다는 사실은 그가 어떤 정치 성향을 가졌는지와 관계없이 심각하게 받아들여져야 한다고 생각한다. 그리고 민주당에서 그와 같은 주장을 했던 건 오로크뿐만이 아니었다. 뉴저지주 상원의원인 코리 부커는 다음과 같이 소리쳤다.

"의료제도로부터 형사사법 제도에 이르기까지 구조적인 인종 차별이 우리 나라를 무너뜨리고 있습니다. 차라리 이럴 거면 노예제로 돌아가자고 말하는 게 더 나을지도 모릅니다. 하지만 신이시여, 미국의 형사사법 제도는 너무나 극심한 인종적 편견에 사로잡혀 있어서 오늘날 우리는 1850년 존재했던 노예의 숫자보다 더 많은 흑인들을 형사사법 제도의 관리 아래 두고 있습니다."

비슷한 맥락에서 인디애나주 사우스밴드의 시장인 피트 부티제지는 미국 역사에서 나타났던 모든 격차disparities들을 비난했다.

"우리는 노예의 후손들이 오늘날 평범한 미국인들과 같은 삶을 영위하지 못함에 따라 주거로부터 교육, 의료, 고용의 영역에 이르기까지 우리가 서로 다른 두 개의 나라에서 살아가게 된다는 점을 이해합니다."[67]

역사에 대한 부티제지의 무지함은 그가 민주당 대통령 후보 경선에 참여하기 전부터 이미 나타났다. 2014년 부티제지는 다음과 같이 주장했다. "미국의 헌법을 작성한 사람들은 노예제가 나쁜 것이라는 사실을 이해하지 못했다."[68]

조 바이든 전 부통령은 조용한 청중들에게 쾌활하게 웃으며 다음과 같이 말했다. "영미법에 기반한 문화, 다시 말해 백인 남성 중심의 문화로 인해 미국에서 여성들은 부당한 대우를 받았습니다."

바이든은 떠들썩하게 소리쳤다. "이제 변화되어야 합니다. 이제 변화되어야 합니다."[69]

만약 미국이 위대해지길 원한다면, 그 위대함을 이루기 위해선 반드시 미국의 역사를 직면하는 태도가 필요하다. 미국이 저지른 악행뿐만 아니라, 미국의 영광까지도 직면해야 한다는 뜻이다. 다시 말해 우리는 과거사에 대해 참회해야 하지만, 동시에 우리의 미덕과 승리를 기념해야 한다. 또 미국의 역사를 직면한다는 것은 분열주의자들이 주장하는 단순한 반미적 역사관을 거부하는 동시에, 미국에 대해 연합주의적으로 설명하는 역사관 전체를 수용하는 것을 의미한다. 만약 우리가 공통된 과거를 기반으로 연합하지 않는다면, 우리는 미래를 함께 공유할 수 없다.

결론

2016년 트럼프 대통령은 '미국을 다시 위대하게Make America Great Again'*라는 간단한 구호를 외치며 유세했다. 트럼프가 어떤 의미로 이 구호를 사용했는지는 분명하지 않았다(트럼프 지지자들은 그가 함축적인 문구를 사용했다 말할 것이고, 트럼프 반대자들은 그가 차량용 범퍼스티커에나 어울릴 명청한 말을 했다고 할 것이다). 하지만 어찌 됐든 그 슬로건은 인기가 많았다는 것이 증명됐다. 왜냐하면 미국인들은 그들의 마음속에 미국이 언제나 위대했다는 사실을 분명히 믿어 왔기 때문이었다. 우리 미국인들이 언제나 우리의 위대함에 부응했던 건 아니다. 하지만 우리는 언제나 위대했다. 위대함의 증거는 독립선언서와 미국의 헌법, 북서부 조례, 제퍼슨과 애덤스, 매디슨과 워싱턴이 썼던 글들, 먼로 독트린, 남북전쟁, 도금시대, 제1차 세계대전, 제2차 세계대전, 냉전, 그리고 테러와의 전쟁 등을 통해

---

* 트럼프의 'MAGA'로 유명해졌지만, 이 구호가 처음 등장한 건 1980년 로널드 레이건이 대통령 선거에서 지미 카터의 실정을 지적하며 "미국을 다시 위대하게 만들자(Let's Make America Great Again)"라고 말하면서부터였다.

나타났다. 또 나치와 공산주의를 물리친 것으로부터 인류를 달에 보낸 업적에 이르기까지, 농업 국가로 출발했던 미국이 산업혁명을 거쳐 정보화시대로 진입하게 된 역사에 이르기까지, 미국은 위대했다.

미국인들은 어떻게 그와 같은 발상을 가질 수 있었을까? 왜냐하면 대부분의 미국인들은 미국의 이야기를 놀랍고도 역사상 유례가 없는 건국 철학의 이야기인 동시에, 특별하게 성장하며 혼란 가운데 꽃피우는 문화에 관한 이야기이며, 미국의 건국 이상은 미국의 역사 속에서 더욱 위대한 방식으로 표현되고 있다고 생각했기 때문이다. 대부분의 미국인들에게 미국은 과거나 지금이나 언제든 사고할 수 있는 인간의 능력과 법 앞의 평등한 권리, 정부의 탄생보다 먼저 존재했던 개인의 권리, 국민의 동의와 그들의 권리를 보호하는 행위를 통해 정당성을 부여받는 정부, 그리고 이와 같은 신념들을 시행하도록 디자인 된 헌정 구조에 관한 이야기였다. 대부분의 미국인들에게, 미국은 종교적 자유와 표현의 자유, 자기 삶을 스스로 책임질 자유, 경제적 자유를 누릴 권리에 관한 것이었고, 또 덕을 주입하는 기능을 감당하며 번성하는 사회적 기관들에 의해 제공되고 강화되는 의무에 관한 이야기였다. 대부분의 미국인들에게, 미국은 이 같이 아름다운 약속들과 권리들, 그리고 제도들이 모든 미국인들에게 점진적으로 확대 적용되는 것에 관한 이야기였다.

아마 우리 중 대부분은 이 모든 것들에 대해 한 번도 진지하게 생각해 보지 않았을 수도 있다. 아마 우리는 펄럭이는 성조기를 바라보며 내가 앞서 언급한 내용들을 본능적으로 느꼈거나, 7월 4일(독립기념일)을 기념하는 퍼레이드를 보면서 내가 말한 내용을 깨닫게 됐을 수도 있다. 아마 우리는 성조기가 무엇을 의미했는지에 대해, 또는 우리의 국부들이 독립선언서에 서명했을 때 정확히 그들의 삶에서 무엇을 희생했는지에 대해 충분히 고민해 보지 않았을 수 있다. 아마 우리 중 다수는 미국의 부정적 측면에 대해서 역시 한 번도 생각해 보지 않았을 수도 있다(미국인으로서 우리가 우리 국부들의 약속들, 우리의 독립선언서, 우리의 헌법, 우리의 교회, 우리의 이웃, 그리고 우리의 국기가 상징했던 가치 등에 부응하지 못했던 바로 그 모든 시절들 말이다). 그것은 우리의 잘못이다. 하지만 그게 미국의 잘못은 아니다. 미국은 언제나 위대했다. 비록 결코 완전하진 않았다 하더라도 말이다. 미국은 지난 두 세기 이상의 기간 동안 더욱 완전한 연합을 이루기 노력해 왔다. 그리고 그 연합은 영원히 선하고 진실된 원칙을 바탕으로 설립됐으며, 권리와 의무의 문화 속에 심겨져 결국 인류 역사상 가장 위대한 국가라는 형태로 싹 틔우게 되었다.

그럼에도 불구하고, "미국을 다시 위대하게 만들자"는 구호는 상당한 논란을 낳았다. 그처럼 큰 논란이 발생한 이유 중 하나는 논란에 관한 한 트럼프는 미다스 왕과 같았기 때문이다(트럼프가 건드리는 모든 것은 혼란으로 변한다). 또 트럼프 개인의 저속한 언행, 미국의 철학과 역사에 대한 무지, 미국적 권리 개념의 문화적 기반에 대해 그가 가지고 있는 평범한 수준의 헌신도 등의 원인과 더불어, 트럼프가 해당 구호의 의미를 적극적으로 설명하지 못했기 때문에, 그는 자신의 반대자들에게 오해의 여지를 남겼다.

하지만 트럼프의 가장 열렬한 반대자들도 그러한 부분을 지적한다거나, 해당 문구를 사용할 때 의미하는 바를 명확히 해달라고 트럼프에게 구체적으로 요청하진 않았다. 트럼프 비판자들은 세피아 톤을 동반한 트럼프의 향수nostalgia가 (현재보다)더 나쁜 시점의 과거를 지향하고 있다는 성급한 결론을 내리는 선에서 만족하지 않았다(이들이 말했던 '더 나쁜 시점'은 인종분리정책 또는 성차별, 그리고 제국주의가 만연하던 시절이었다). 그 대신 트럼프 반대자들은 역대 모든 구호와 가장 극명한 대조를 이루는 네거티브 사진 같은 구호를 들고 나왔다. 그들이 외친 구호는 '미국은 단 한 번도 위대했던 적이 없었다America Was Never Great'였다.

시위자들은 이 구호를 외쳤다. 그리고 이 구호는 정치적 좌파 진영에 속한 많은 지식인들에게 일종의 필수품이 되었다. 뉴욕주의 주지사인 앤드루 쿠오모는 말했다.

"우리는 미국을 다시 위대하게 만들지 않을 것입니다. 미국은 단 한 번도 위대했던 적이 없습니다. 우리는 아직 위대함에 도달하지 못했습니다. 모든 미국인들이 온전한 참여를 이룰 때 우리는 위대함에 이르게 될 것입니다. 우리 사회의 51퍼센트에 해당하는 여성에 대한 차별과 편견이 사라질 때, 또 모든 여성들의 최대 잠재력이 실현되고 발휘될 때 우리는 위대함에 이르게 될 것입니다."[1]

오바마 정권 시절 법무장관이었던 에릭 홀더Eric Holder는 다음과 같은 넋두리를 늘어놨다.

"'미국을 다시 위대하게 만들자'와 같은 이야기를 들을 때, 나는 다음과 같은 생각을 하게 된다. '도대체 당신은 언제 미국이 위대했다고 생각하는 거야?' 내 생각에 그와 같은 구호는 우리를 실제로는 위대함이라는 개념과 전혀 관계없던 과거의 시절로 데려가는 것 같다."[2]

이 같은 관점을 가진 사람들은 단순히 미국의 역사가 죄악으로 가득 차 있다고 주장하는 선에서 그치지 않는다(사실 모든 국가의 역사는 죄악으로 가득 차 있다). 에릭 홀더의 관점은 미국의 위대함이 절대로 성취될 수 없다는 주장을 바탕으로 하고 있다. 그 관점은 완벽함을 목표로 삼은 상태에서, 그와 같은 목표가 성취되고 있지 않은 원인을 미국과 미국인들의 본성 그 자체에서 찾는다. 이 같은 주장은 분열주의가 가장 세련된 형태로 구현된 것이라고 할 수 있다. 절대로 달성될 수 없는 기준을 설립한 후, 그 기준을 충족시키지 못했다는 이유로 역사상 가장 위대한 나라를 비난하며 책임을 전가시키는 것이다.

오늘날 우리는 반동의 시대에 살아가고 있다. "미국을 다시 위대하게 만들자"는 구호에 대한 대중의 강력한 항의는 분명 대부분 순전히 반동적 기분에 따른 것이다. 하지만 미국은 한 번도 위대한 적이 없었다는 주장에도 역시 깊은 철학적 뿌리가 내재되어 있다는 사실을 기억해야 한다. 그 주장은 미국의 철학을 부정하는 데 뿌리를 두고 있다. 미국에 대해 분열주의적 시각을 가진 사람들은 인간 본성의 뿌리에 이성이 자리 잡고 있지 않다고 주장한다. 그리고 이들은 변할 수 있고 고쳐 낼 수 있는 사회가 존재하지 않는다면 인간의 본성 역시 존재할 수 없다고 주장한다. 따라서 분열주의자들은 법 앞의 평등만으론 충분하지 않으며, 결과의 평등이 보장돼야 한다고 말한다. 이들은 공동체의 선을 이루기 위해 개인의 권리가 무시될 수 있으며, 정부로부터 파생되는 '적극적 권리'가 정부의 폭정으로부터 개인의 자유를 지키는 걸 골자로 하는 '소극적 권리'를 대체해야 한다고 생각한다. 또 분열주의자들은 개인의 권리를 보호하기 위한 목적으로 설계된 기관들이 높은 곳에서 통치하는 전문가 집단으로 대체되어야 한다고 말하며, 미국 헌법을 통해 명시된 정부와 시민 간의 계약constitutional bargain을 근본적으로 싹 다 고쳐 써야 한다고 주장한다. 미국에 대해 분열주의적 관점을 가진 사람들은 소위 안전safety과 보장security을 지킨다는 명분으로 권리의 문화가 무시될 수 있다고 생각한다. 이들은 종교 기관들이 제한되어야 하고, 종교의 자유는 제약되어야 하며, 표현의 자유는 축소되어야 하고, 대중 협박의 형태가 생각을 자유롭게 말할 분위기를 대체해야 한다고 믿는다. 또 분열주의자들은 자기 삶을 스스로 책임지는 태도를 버리고 정부에 전적으로 의존해야 한다고 말하며, 보다 평등한 사회를 만든다는 명목으로 경제적 자유는 파괴돼야 한다고 주장한다. 미국에 대해 분열주의적 관점을 가진 사람들은 미국의 역사가 악에 뿌리를 두고 있고, 미국은 단 한 번도 그 악을 떠난 적이 없다고 말하며, 현대에 나타나는 모든 문제들은 유럽의 식민지 개척자들과 탐험가들이 신세계의 땅에 이식해 놓은 어두운 심장 박동의 징후일 뿐이라고 주장한다.

한마디로 말해서, 미국에 대해 분열주의적 관점을 가진 사람들은 미국을 뿌리째 갈아엎어야 한다고 말하고 있는 것이다. 미국의 국기는 자유가 아닌 억압을 상징하며, 미군 장병들은 부패한 군산복합체의 희생자들이든지, 그게 아니라면 피와 재물에 눈이 멀어 해외로 나가는 사악한 괴물들이고, 미국의 국가國歌는 백인 우월주의와 제국주의, 그리고 착취를 찬양하는 노래일 뿐이라는 주장이다.

미국의
두 번째 독립혁명

분열주의자들은 자신들이 미국의 새로운 건국자들이라고 생각한다. 미국의 사악함을 비판하는 유튜브 영상, 페이스북 포스트, 그리고 트윗이 하나하나 올라올 때마다 새롭게 건국되는 나라를 그들이 만들어 가고 있다고 생각하는 것이다. 참고로 이야기하면, 분열주의자들은 거리에서 폭력을 일으킬 필요가 없다(물론 이들이 가끔 발생하는 폭력을 관용하고 정당화하긴 한다). 대신 분열주의자들은 특정 미덕을 과시하는 명분virtue-signaling cause을 중심으로 미국인들이 집결하도록 하거나, 그들이 침묵하도록 위협을 가할 수 있다. 분열주의자들은 누군가에게서 무엇을 빼앗아 다른 누군가에게 나눠 주는 것을 골자로 하는 정부 특권을 누릴 때 진정한 자유를 경험할 수 있으며, 국가에 대한 의무야말로 진정한 의무라고 미국인들을 설득할 수 있다. 또 이들은 개인이란 개념이 성가실 뿐이고, 대부분의 사람들이 약간의 기쁨을 추구할 수 있기만 하다면, 그들의 진정한 행복은 위협받지 않는다고 미국인들을 설득할 수 있다. 이들의 주장이 사실이라면 렉싱턴과 콩코드 전투*는 없었을 것이고, 울려 퍼진 총성도 존재하지 않았을 것이며, 길

---

*   미국 독립전쟁의 포문을 연, 영미 간에 1775년 4월 19일 시작된 전투들.

거리에 단두대들도 없었을 것이다. 역사에는 그저 개인의 자유가 서서히 쇠약해지는 흐름만이 존재했을 것이다. 토크빌 역시 『미국의 민주주의』에서 그 부분을 다음과 같이 예견했다.

나는 그들의 영혼을 채우는 작고 저속한 쾌락을 얻지 않으면서 쉼 없이 자신을 중심으로 회전해 나가는 동일하고 평등한 남성들로 이뤄진 셀 수 없이 많은 군중을 바라본다. 서로에게서 제각각 떨어져 있는 이들 개개인은 다른 모든 이들의 운명에 대해 낯선 사람과 같다. 이것들 위에 존재하는 엄청난 수호 능력은 높이 올리어져서, 그 힘만으로 그들의 즐거움을 보장하고 그들의 운명을 지켜 보는 일을 담당한다. 그 힘은 절대적이고, 상세하며, 규칙적이고, 선견지명이 있으며, 온화하다. 만약 그 힘의 목적이 남자에게 남성성을 준비시키는 것이라면, 그 힘은 아버지의 힘을 닮았을 것이다. 하지만 반대로 그 힘은 남성들을 어린 시절의 돌이킬 수 없는 상태로 고정해 놓으려 한다. 따라서 각 개인을 강력한 손으로 번갈아 가며 원하는 대로 반죽하고 난 후 군주는 사회 전체로 팔을 뻗는다. 그 군주는 작지만 복잡하고 공들여 만들어졌으며 획일적인 법들로 구성된 네트워크를 통해 사회의 표면을 덮고, 그 법들을 통해 가장 독창적인 생각을 가진 사람들과 가장 활기찬 영혼들이 군중의 수준을 능가하는 길을 뚫지 못하도록 한다. 군주의 힘은 대중의 의지를 꺾지 않지만 그 의지를 유순하게 만들며, 구부리고, 자신이 원하는 방향으로 이끌어 간다. 그 힘이 사람들을 행동하게 만드는 경우는 거의 없긴 하지만, 그 힘은 사람들의 행동을 끊임없이 반대한다. 그 힘은 무엇을 파괴하지 않지만 무엇이 새롭게 태어나는 것을 막는 역할을 한다. 그 힘은 사람들을 압제하지 않지만 방해하며, 손상시키고, 기력을 떨어뜨리며, 진압하고, 현혹시키는 동시에 최종적으로 각 나라를 정부가 목자shepherd로 기능하는 소심하고 근면한 동물의 한 무리로 전락시켜 버린다.[3]

하지만 미국에서는 그런 식으로 일이 진행되진 않을 것이다.
왜냐하면 미국의 정신은 미국인들 속에 너무나 깊숙이 뿌리 박혀 있기 때문이다. 미국인들은 너무나 말썽꾸러기이기 때문에 토크빌이 예견한 상황을 맞이할 수 없다. 우리는 줏대 있는 사람들이며, 앞으로도 물렁한 해파리로 전락하지 않을 것이다. 이보다 더 중요한 것은, 우리 미국인들은 아직 토크빌이 예견했던 것처럼 '동일하고 평등하지' 않다는 사실이다. 오직 분열주의자들만이 우리가 동일하고 평등하다고 믿거나, 또는 그들은 미국인들을 협박해서 우리를 동일하고 평등한 존재로 변화시킬 수 있다고 믿는다. 하지만 많은 미국인들은 그들 자신과 그들의 가정, 또 그들이 소중히 여기는 사회적 기관들을 단순화하고 획일화시키려 하는 분열주의자들의 시도 앞에 무릎 꿇기를 거부한다.

우리가 흔히 '멍청하다'고 생각하는 문화 전쟁이 초래된 이유는 미국인들이 분열주의자들의 협박에 굴하지 않았기 때문이다.

미국에 대해 우리가 가지고 있는 연합주의와 분열주의라는 두 가지 비전은 서로 너무나도 다르다. 이 두 비전은 동일한 목표를 달성하는 데 사용되는 각기 다른 두 가지 방법론 정도가 아니다. 대신 이 두 비전은 각각 완전히 다른 목표들을 나타내고 있다. 그렇기 때문에 뿌리 깊은 갈등이 종종 표면으로 불거지는 건 결코 놀라운 일이 아니다. 자아 식별이라는 우리의 지각판tectonic plates은 서로 부딪히며 놓아 주고, 또 서로를 갈고 찢으면서, 느리지만 확실한 방식으로 이동하고 있다. 그리고 각각의 지각판들이 부딪힐 때마다 우리는 문화적 지진을 감지한다. 무명의 배우인 저시 스몰렛Jussie Smollette이 혐오 범죄의 피해자인 것처럼 코스프레 했을 때, 그리고 이에 대해 우리가 정치적 성향에 따라 즉각적인 반응을 내놓았을 때, 그 현상은 미국 역사와 미국의 현재에 관한 문제들을 반영하고 있었다.* 멍청한 내용이 담긴 트윗을 올렸다는 이유 하나만으로 마케팅을 담당하는 임원이 직장을 잃었을 때, 그리고 우리가 즉각적이며 열정적으로 그 일에 대해 반응했을

---

* 저시 스몰렛은 2019년 어느 날 시카고의 길거리에서 빨간 'MAGA' 캡을 쓴 괴한들의 습격을 받았다고 주장했다. 스몰렛은 트럼프 지지자들로 추정되는 이 괴한들이 동성애자이자 흑인인 자신을 폭행했다고 말했지만, 경찰 조사 결과 스몰렛의 자작극인 것으로 드러났고, 이후 스몰렛은 16건의 중범죄 혐의로 기소됐다.

때, 그 사건은 우리의 문화에 관한 문제들을 반영하고 있었다.* 한 배우가 의료보험은 개인이 마땅히 누려야 할 권리라고 선언한 후 우리 모두가 그 글을 소셜미디어에서 해시태그하기 시작했을 때, 그 일은 우리의 철학에 관한 문제들을 반영하고 있었다.**

이와 같은 갈등들은 지금껏 정치적이지 않은 것으로 여겨졌던 미국적 삶의 요소들이 정치화될 때 더욱 악화된다. 과거 정치적이지 않았던 공간들water-cooler arenas***과 사회적 기관들을 접수한 후, 이 같은 공간들이 정치화되는 것에 대해 분노하는 연합주의적 성향의 미국인들에게 "민감하게 반응한다triggered"고 조롱하는 것은, 분열주의자들에 의해 자행되는 간단한 형태의 가스라이팅gaslighting****이라고 할 수 있다. 과거 스포츠나 할리우드, 또 음악과

* 미국 언론기업 IAC의 커뮤니케이션 담당 임원 쥐스틴 사코(Justine Sacco)가 과거 트위터에 인종차별적 글을 농담조로 올렸다는 이유로 2014년 직장에서 해고됐다.

** 샤피로는 미국이 국가로부터 침해받지 않을 '소극적 권리'에 바탕하여 건국됐다며, 국민이 국가에 의료 서비스, 집, 각종 수당과 지원금 등을 요구하는 '적극적 권리'에 대해 부정적이다.

*** 회사에 있는 직원 전용 휴게실. 이런 공간을 포함, 교회, 스포츠 경기, 콘서트나 영화관 등은 원래 정치적 성향과 무관하게 일상적 대화를 주고받을 수 있는 비정치적 공간이었으나, 오늘날은 정치적 양극화가 심해져 이런 공간들조차 정치화돼 버렸다.

**** 상황을 조작해 타인의 마음에 스스로에 대한 의심을 불러일으켜 현실감과 판단력을 잃게 만듦으로써, 그 사람을 정신적으로 황폐화시키고 지배력을 행사하여 파국으로 몰아가는 것. 1944년 잉그리드 버그만과 찰스 보이어 주연의 동명 영화에서 유래.

같이 정치적이지 않았던 공간들은 미국 사회 전반에 걸쳐 발생하는 보다 깊은 갈등에 시달리고 있던 우리에게 휴식처와 같은 기능을 해 주었다. 하지만 그와 같은 평화의 섬들은 논란의 파도에 의해 잠식되어 버렸다. 따라서 연합주의 성향의 미국인들이 분노하는 것은 정당하며, 그들이 공격받고 있다고 느끼는 감정 역시 정당화될 수 있는 것이다. 정치와 문화가 하나로 합쳐지게 되면서, 연합주의적 성향의 미국인들은 지각판들 그 자체가 서로 충돌하며 지구 표면을 뚫고 올라와, 우리가 일상적으로 느끼는 무난한 정도의 진동보다 훨씬 광범위하고 위험한 곬을 드러내진 않을까 염려하고 있다.

분열주의자들은 그들이 정한 원칙에 더욱 강력히 고수하려 하고, 더 많은 통제권을 가져가려 한다. 분열주의자들은 그들이 변화시킬 수 없는 영역에서도 주도권을 잡으려 하고 있다. 그렇기 때문에 미국 앞에는 다음 두 가지 선택지가 남겨지게 될 것이다. 굴복 또는 분열이라는 두 가지 선택지.

만약—

만약 우리가 기억하지 않는다면 말이다.

만약 우리가 사랑하는 법을 배우지 않고, 신뢰하는 법을 배우지 않으며, 무엇이 우리를 분열시키는지가 아니라 무엇이 우리를 연합시키는지를 기억하지 않는다면 말이다. 우리는 미국을 만들었던 이들을 기억하는 것으로부터, 또 왜 그들이 이 나라를 건국

했는지를 기억하는 것으로부터, 이 여정을 시작할 수 있다.

위대한
선택

자녀를 양육하는 건 힘들다. 자녀 양육이 힘든 이유는 그것이 날마다, 시간마다 끊임없이 변하는 일이기 때문이다. 자녀 양육에는 반응이 따르고, 자극은 끊임없이 형태를 달리하며 변화한다. 갓난 아기가 새로 장만한 카펫에 침을 뱉는다면 당신은 어떻게 반응할 것인가? 걸음마를 하는 아이가 화장실에 가는 걸 거부한다면 어떻게 해야 할까? 초등학교 1학년인 아이가 숙제를 하기 전에 텔레비전을 보고 싶어 한다면 어떻게 할 것인가? 그리고 이와 같은 질문들은 아이들이 성장함에 따라 더욱 복잡해진다. 나는 나의 자녀들이 고등학생 시기의 험난한 생활social wilds을 헤쳐 나가고,* 대학에 진학하며, 연애와 결혼을 하고, 그들의 자녀를 양육하면서 맞이하는 문제들을 대신 해결해 주고 싶지 않다.

* 샤피로는 고등학교 시절 극심한 왕따를 당했다. 샤피로는 또래들에 비해 지적 능력이 뛰어났기 때문에 두 학년이나 월반을 했는데, 학창 시절 친구 관계는 별로 원만하지 않았다고 한다. 그렇기 때문에 여기서 고등학교 생활을 묘사하며 '험난하다(wilds)'라는 단어를 선택한 것이 아닐까 추측해 본다.

양육은 요구와 선택 사이의 끝없는 연속이기 때문에, 내 기억에 나의 부모님이 어린 시절 나에게 그러셨던 것처럼, 나 역시 자녀들에 대해 통제광control freak이 되려는 성향을 가지고 있다. 어찌됐든, 내 자녀들은 24시간 나의 관심을 받고 싶어 한다(나는 7살 미만의 아이 3명을 키우고 있다). 우리 집의 화장실은 공습대피소가 되었다(나는 이곳에서 "아빠 이것 좀 해줄 수 있어?"라고 끊임없이 물어보는 아이들로부터 5분간의 휴식을 취할 수 있다). 이 아이들을 움직이게 하기 위해서, 또 우리 가정의 모든 사람들이 맨정신으로 머무르게 하기 위해서는 규칙과 규율이 필요하다.

하지만 또 아빠가 된다는 것이 내가 생각할 수 있는 범위 내에서 가장 자랑스러운 일이라는 걸 인정하지 않는다면 나는 정직하지 못한 사람일 것이다. 나의 자녀들이 내가 고민하는 것들에 대해 진지한 관심을 가진다는 사실, 그들이 나로부터 인정받고 싶어 한다는 사실, 또 나의 가르침을 열망한다는 사실은 나를 자랑스럽게 만든다.

하지만 시간이 지남에 따라, 나의 역할은 변하게 될 것이다. 나의 아이들도 나이가 들 것이고, 그들이 선택해야 하는 일들도 더욱 복잡해질 것이다. 결국 그들은 내가 그들의 삶에 개입하는 걸 예전처럼 원치 않게 될 것이라고 생각한다. 나의 자녀들은 그들 스스로 결정을 내리고 싶어 하게 될 것이다. 그렇다면 실질적으로 내가 해야 할 일은 그들이 스스로 결정을 내리는 데 도움이 되는 기반을 제공해 주는 것이다. 옳고 그름의 차이, 정의와 공감 사이의 균형, 또 개인이 감당해야 할 책임의 필요성 등을 그들에게 가르쳐 주는 것이 내가 해야 할 일이라고 생각한다.

그러고 나면 나의 자녀들도 그들의 삶에서 스스로 결정하기 시작하는 순간을 맞이하게 될 것이다. 그렇게 되면 내가 할 일은 그들을 자유롭게 놓아 주는 것이다. 그들을 떠나 보내 주는 것이다.

세상에서 가장 힘든 바로 그 일.

하지만 그 일은 자녀 양육에 두 번째로 중요한 일이라고 할 수 있다. 첫 번째로 중요한 일은 가치관을 가르치는 것이다. 그러고 난 후 나의 자녀들이 그 가치관을 실제 세상에서 적용할 수 있도록 도와주는 것이다. 나의 부모님이 나에게 주신 가장 위대한 선물은, 내 스스로 삶에서 결정을 내릴 수 있는 능력을 길러 주신 것이다. 나의 부모님은 나를 훈련시키셨고, 또 그들은 나를 신뢰해 주셨다. 그렇다고 내가 항상 올바른 결정을 내렸던 건 아니다. 또 앞으로도 내가 하는 선택이 항상 옳을 것이란 보장은 없다. 하지만 바로 그것이 좋은 부모가 하는 일이다. 자신이 할 수 있는 한 최선을 다해 자녀들을 교육하고, 자녀들이 자신의 결정에 대해 책임을 지도록 만들며, 그들로 하여금 모험을 하도록 허락하는 것. 오직 우리가 자녀들을 신뢰할 때라야만, 또 우리가 그들을 놓아주겠다는 것을 우리의 자녀들이 믿을 때라야만, 우리의 아이들은 모험을 시도할 수 있다.

나의 자녀들은 미국에서 모험을 할 수 있는 기회를 선물로 받았다. 우리 모든 미국인들이 그러하듯 말이다. 하지만 폭도들과 국가, 또는 모험을 감행하는 건 구닥다리 사고방식이며 우리 모두는 집단으로부터 비롯되는 영구적 안정을 추구해야 한다고 주장하는 사람들이 내 자녀들의 선택을 방해한다면, 나의 자녀들은 모험을 실행에 옮길 수 없다. 나는 내 아이들이 타인에 의해 제공되는 특권 같은 것이 아니라, 타인으로부터 침해받지 않을 권리를 갖게 되길 원한다. 나는 나의 아이들이 강하고 독립적이며, 미국인답게 자라나길 소원한다.

나는 우리 중 대부분이 나와 비슷한 생각을 한다고 믿는다.

나는 나의 자녀들이 그들의 삶에서 모험을 했으면 좋겠다. 모험은 삶의 위대한 기쁨이다. 역경 속에서도 올바른 선택을 하고, 장애물을 극복하며 성장해 나가는 바로 그 모험 말이다. 내가 그들에게 우리의 국부들이 인정했던 개인의 권리를 보호하라고 가르칠 때라야만이 나의 자녀들은 모험을 감행할 수 있다. 개인의 권리는 정부 탄생 이전부터 존재했으며, 하나님의 형상으로 창조된 인간으로서 개인들에게 내포된 권리가 있다는 사실을 자녀들에게 가르치게 될 때, 또 활기찬 토론의 문화에 참여하도록, 그리고 그 문화 속에서 덕을 갖고 행동하라고 내가 그들을 가르치게 될 때, 또 나의 자녀들에게 그들이 위대하고 영광스러운 미국 전통의 계승자들이며, 더욱더 많은 사람들이 건국의 아버지들이 한 약속의 혜택을 누릴 수 있도록 그 미국의 전통을 앞으로 이행해 나가야 한다고 알려 주게 될 때, 나의 자녀들은 모험을 시도할 수 있다. 우리의 자녀들은 미국인이다. 미국인으로서 그들에게는 미국의 철학과 미국의 문화, 그리고 미국의 역사를 이해해야 할 의무가 있다. 또 그 가치의 수호자가 되어야 할 의무가 있다. 우리 모두는 그 의무를 갖고 있다.

그리고 바로 그 사실이 우리를 연합하게 만든다.

소결

***

지옥에 온 것을 환영한다.

우리가 2차대전의 한가운데 있다고 생각해 보자. 지구촌 전역에서 수백만의 사람들이 잔인한 폭력과 인종학살, 그리고 질병으로 죽어가고 있다. 현재 시각은 1945년 4월 1일, 해리 스튜어트 Harry Stewart라는 한 젊은 흑인 남성이 비행을 하고 있다. 스튜어트는 터스키기 육군항공학교Tuskegee Army Flying School의 졸업생이자, 그 유명한 레드 테일스Red Tails 전투군단의 소속원이었다. 스튜어트는 18살 때 군복무를 시작했다.*

자신이 탄 비행기 주변으로 대공포가 쏟아지고 있는 상황에서, 아래를 내려다 본 스튜어트는 자신의 동료 조종사 세 명의 전투기가 불타고 있는 것을 목격한다. 심각하게 연기를 뿜어내고 있는 한 전투기는 연합군 진영 쪽으로 속도를 늦추며 떨어지기 시작한다. 두 번째 전투기는 지면에 있는 땅으로 곤두박질치고 만다. 세 번째 전투기 역시 추락하게 되지만, 조종사는 탈출했다.

얼마 후, 스튜어트는 그 탈출한 조종사 월터 매닝Walter Manning 에게 무슨 일이 일어났는지를 알아차리게 된다. 나치 친위대에 의해 선동된 오스트리아 군중들이 매닝이 갇혀 있던 감옥으로 침입해 들어온 것이다. 오스트리아 폭도들은 매닝을 거의 죽을 지경이 될 때까지 때려눕힌 후 그를 가로등 옆에 매달아 두었다.

내가 이 글을 쓰고 있는 현재 시점에서 스튜어트의 나이는 95세이고, 그는 레드 테일스의 최후 생존자들 가운데 한 명이다.** 스튜어트는 인종분리정책이 만연하던 나라를 떠나 전쟁에 참전했고, 전쟁이 끝난 후 인종분리정책이 여전히 실시되고 있던 나라로 돌아왔다. 하지만 스튜어트는 자신의 조국을 위해 싸웠고, 그 점에 대해 전혀 후회하지 않는다. 스튜어트는 다음과 같이 말한다.

---

* 레드 테일스는 흑인 파일럿으로만 구성됐던 전투비행단. 2차대전을 계기로 미국 흑인들이 본격적으로 군에 입대해 공을 세우면서 인종에 대한 편견이 많이 깨졌다. 참고로 한국전쟁은 미군 역사상 흑인과 백인이 함께 복무하는 혼성부대 운용이 본격화된 최초의 전쟁이었다.
** 샤피로는 자신이 진행하는 〈벤 샤피로 쇼〉에 해리 스튜어트를 초청해 그와 대담을 했다. 이 내용은 그 대담에 바탕한 것이다.

"독일과 이탈리아 같은 추축국들은 우리와 다르지 않았어. '그들이 다르지 않았다'고 말할 때, 내가 의미하는 건 인종적 평등에 관한 부분에서 그들은 미국보다 훨씬 끔찍한 태도를 가지고 있었다는 뜻이지." 스튜어트는 말을 이어 갔다. "내가 가졌던 생각은 전쟁에 참여해서 미합중국을 위해서 싸우는 것이었어. 나는 특혜를 받은 시민이었고, 1백 퍼센트 미국인이었지. 그리고 그렇게 하는 것이 나의 의무라고 느꼈어."

하지만 무엇이 미국을 싸울 가치가 있는 나라로 만들었던 것일까? 나는 스튜어트 씨에게 질문했고 그는 다음과 같이 답했다.

"아마 미국의 헌법이 아닐까. 자네도 읽어 보면 알겠지만, 우리의 헌법은 너무나 아름다운 문서이지 않은가. 물론 그 헌법에 기록된 이상이 아직은 온전히 실현되지 않았을지 모르지만 말이야. 2차대전 이후로, 우리는 그 문서에 기록된 이상적 원칙들에 더욱 가까이 다가서게 되었다고 생각하네."

스튜어트는 2차대전 참전 당시를 회상하며 자신과 함께 복무한 모든 미국인들이 미국 흑인들의 가치를 인정한 건 아니었지만, 하늘 위에서는 피부색에 따른 편견이 모두 사라졌다고 말했다. 스튜어트에 따르면 레드 테일스 소속 전투기들이 B-17 폭격기와 B-24 폭격기 옆에 나란히 서서 비행했을 때, 폭격기를 조종하던 백인 파일럿들은 안도의 한숨을 내쉬었다고 한다. 스튜어트는 회상했다.

"우리는 마치 그들의 수호천사와 같았지."

스튜어트는 지옥을 천국으로 만드는 걸 도왔다.

그렇게 함으로써, 스튜어트는 조지 워싱턴, 프레드릭 더글러스, 그리고 마틴 루터 킹 주니어와 같은 비전을 공유할 수 있었다. 그는 에이브러햄 링컨과 로널드 레이건과 같은 비전을 공유할 수 있었고, 모든 미국인들과 동일한 비전을 함께 공유하게 된 것이다.

독립선언서에 서명하던 날, 당시 의장 역할을 맡고 있던 존 행콕은 다음과 같이 말했다. "서로 다른 목표가 있어선 안 됩니다. 우리는 모두 함께 단결해야 합니다."

이에 대해 벤저민 프랭클린은 화답했다. "맞습니다. 우리는 정말 모두 함께 단결해야_{hang together} 합니다. 그렇지 않는다면, 단언컨대, 우리 모두는 각자 따로따로 죽음을_(교수형을)_{hang separately} 맞이하고 말 것입니다."

244년이 지난 지금도, 아무것도 변하지 않았다.

그렇다. 우리에게는 흠이 있다.

그렇다. 우리는 잔인하지만 관용적이고, 잔혹하지만 인자하며, 냉소적이지만 이상적이기도 하다.

하지만 가장 중요한 건, 우리는 절대 서로 원수가 되어선 안 된다는 사실이다.

우리는 반드시 미국인이 되어야 한다. 함께 미국인이 되어야 한다. 그리고 우리 안에 있는 선한 본성이 다시금 살아나게 될 때,

우리는 함께 진정한 미국인이 될 수 있을 것이다.

감사의 말

　모든 책은 비즈니스 네트워크와 친구들, 그리고 가족 등을 포함하는 협력 시스템 전체의 결과물이다. 이 책은 다른 대부분의 책들보다 그와 같은 시스템으로부터 더 큰 혜택을 입었다.

　하퍼콜린스 출판사에서 내 책의 편집을 담당해 준 에릭 넬슨Eric Nelson 씨에게 감사를 표한다. 넬슨 씨는 내 글을 다루면서 수술용 메스를 사용하는 걸 두려워하지 않았지만, 또 한편으론 도끼를 사용하진 않을 정도로 친절하셨다. 이 책을 포함해 나의 모든 책들에 대해 일반적 통념을 훨씬 뛰어넘는 열정과 대응력을 가지고 나를 대리해 준 나의 에이전트 버드 래벌Byrd Leavell에게 감사를 표한다.

　제레미 보링Jeremy Boreing에게 고마움을 전한다. 제레미는 단순히 데일리 와이어The Daily Wire의 배후에 있는 사람일 뿐만 아니라, 나의 절친한 친구이며 도덕과 이념에 연관된 주제에 대해 나에게 자문역을 해 주는 이 세상에 둘도 없는 존재다. 또 우리의 공동 비즈니스 파트너인 케일럽 로빈슨Caleb Robinson에게 고마움을 표한다. 케일럽은 강철 같은 자기 관리와 더불어 남들에게서 흔히 찾아볼 수 없는 품위가 있는 사람이다.

데일리 와이어에 소속된 모든 편집자들, 기자들, 프로듀서들, 마케팅 담당자들, 그리고 함께 일하는 모든 스태프들에게 고맙다는 말을 전하고 싶다. 이들은 내가 하는 일을 실제보다 훨씬 더 쉽게 만들어 주고, 또 나의 일을 훨씬 더 재미있게 만들어 준다.

고정관념에서 벗어난 생각을 하려고 노력하는 웨스트우드 원Westwood One에 근무하는 우리의 방송 파트너들에게 감사의 말씀을 드린다. 사업 관계에서 상대방으로부터 창의성과 위험을 감수하는 태도를 찾아보기란 매우 힘든 일이다. 하지만 웨스트우드 원에서 일하시는 분들은 그 두 가지를 모두 갖추고 있다.

영아메리카재단Young America's Foundation에서 일하는 우리의 파트너들에게 감사의 말씀을 전한다. 이분들은 매년 수십만 명의 학생들에게 보수주의 철학을 알리는 것을 우선순위로 삼고 있고, 내가 매년 수십 개의 캠퍼스를 투어하며 작은 정부와 하나님으로부터 부여된 개인의 권리라는 비전에 관한 메시지를 전할 수 있도록 나에게 플랫폼을 제공해 주신다.

나와 오랜 기간 함께 일해온 크리에이터스 신디케이트Creators Syndicate의 신디케이터들에게 감사의 말씀을 드린다. 이분들은 17살 어린 학생에게 방송 기회를 허락하는 모험을 감행해 주셨다. 그로부터 벌써 20년이 지났는데, 나는 여전히 이분들과 함께 일하는 것을 영광으로 생각한다.

어떤 책들은 매일 매일 조금씩 작업을 하며 오랜 기간에 걸쳐 집필된다. 하지만 또 어떤 책들은 짧은 기간 혼신의 힘을 다해 쓰일 때도 있다. 이 책은 후자에 속한다. 물론, 짧은 기간 백열적白熱的으로 책을 쓸 때 발생하는 문제점은, 그 책을 쓸 때 지나칠 정도로 많은 시간을 한꺼번에 투자해야 한다는 사실이다. 그 목적을 달성하는 과정에서 오랜 기간 고생하며 밀린 일들을 처리해 주고 나의 공백을 메워 줬던 아내에게 고맙다는 말을 꼭 전해 주고 싶다. 나는 경이로운 여성과 결혼했다(혹시 모를까 해서 언급하자면, 나의 아내는 의사다). 나의 아내는 낙관주의와 헌신을 가지고 있는데, 남편과 직업, 그리고 세 명의 아이들 사이에서 놀라운 균형을 이루는 능력을 보여 줌으로써, 자신이 경이로운 존재라는 사실을 날마다 증명하고 있다. 결혼을 할 때 우리는 앞으로 뭔가 놀라운 일이 일어날 것이라는 기대를 품고 미지의 세계로 뛰어든다. 아내와 결혼한 것은 내 인생 최고의 선택이었다.

무엇이 미국을 진정으로 위대하게 만들어 주는지에 대해 내가 이해할 수 있도록 도덕적 뼈대와 이념적 기반을 제공해 주신 나의 부모님께 감사를 드린다. 또 아버지와 어머니는 나와 아내가 파김치가 됐을 때 우리 아이들을 돌봐 주시기도 한다. 사실 이건 일상적인 일인데, 부모님께서 한 번 아이들을 돌봐 주실 때마다 몇 시간 이상이 소요된다.

또 나의 아이들에게 고마움을 표현하고 싶다. 이 아이들은, 한 마디로 말해, 그냥 최고다. 자신의 천재성으로 나를 놀라게 하고 미소를 통해 나에게 기쁨을 가져다주는 큰 딸에게 고맙다는 말을 전하고 싶다. 나에게 끝없는 즐거움을 선사해 주는 존재이자 섬세한 영혼의 소유자인 나의 아들에게 고맙다는 인사를 전한다. 또 이 험악한 가정에서 자라면서 위대한 도전을 이제 막 시작하게 된 나의 막내딸에게도 고마움을 표하고 싶다. 행운을 빈다, 얘야!

마지막으로, 지구상에서 가장 위대한 나라에서 살 수 있는 기회와, 이 나라를 위대하게 만든 가치들을 지킬 수 있는 기회를 나에게 허락해 주신 하나님께 감사를 드린다.

원주

들어가는 글

1   Kim Hart, "Exclusive Poll: Most Democrats See Republicans as Racist, Sexist," Axios. com, November 12, 2018, https://www.axios.com/poll-democrats-and-repub licans-hate-each-other-racist-ignorant-evil-99ae7afc-5a51-42be-8ee2-3959e43ce320.html.

2   Carroll Doherty and Jocelyn Kiley, "Key Facts about Partisanship and Political Animosity in America," PewResearch.org, June 22, 2016, https://www.pewresearch. org/fact-tank/2016/06/22/key-facts-partisanship/.

3   John Wagner and Scott Clement, "'It's Just Messed Up': Most Think Political Divisions as Bad as Vietnam Era, New Poll Shows," *Washington Post*, October 28, 2017, https://www.washingtonpost.com/graphics/2017/national/democracy-poll/.

4   Daniel A. Cox, "Public Views of Political Compromise and Conflict and Partisan Misperceptions," AEI.org, October 2, 2019, https://www.aei.org/research-products/report/public-views-of-political-compromise-and-conflict-and-partisan-misperceptions/.

5   "The Perception Gap," More In Common, 2019, https://perceptiongap.us/.

6   Lee Rainie, Scott Keeter, and Andrew Perring, "Trust and Distrust in America," Pew Research Center, July 22, 2019, https://www.people-press.org/2019/07/22/the-state-of-personal-trust/.

7   Michelle Goldberg, "Bernie Could Win the Nomination. Should We Be Afraid?," New York Times, January 27, 2020, https://www.nytimes.com/2020/01/27/opinion/bernie-sanders-iowa-trump.html.

8   "9 DAYS TO IOWA: RALLY IN AMES WITH AOC," Bernie Sanders YouTube channel, January 25, 2020, https://www.youtube.com/watch?v=-joLGCz0Evw.

9   Max Roser, "Economic Growth," OurWorldInData.org, 2020, https://ourworld

indata.org/economic-growth.

10 Zack Beauchamp, "600 Years of War and Peace, in One Amazing Chart," Vox.com, June 24, 2015, https://www.vox.com/2015/6/23/8832311/war-casualties-600-years.

11 Max Roser, Esteban Ortiz-Ospina, and Hannah Ritchie, "Life Expectancy," OurWorldInData.org, 2013, revised October 2019, https://ourworldindata.org/life-expectancy.

12 Max Fisher, "A Fascinating Map of the World's Most and Least Racially Toler-ant Countries," *Washington Post*, May 15, 2013, https://www.washingtonpost.com/news/worldviews/wp/2013/05/15/a-fascinating-map-of-the-worlds-most-and-least-racially-tolerant-countries/.

13 Steven Pinker, "Has the Decline of Violence Reversed since *The Better Angels of Our Nature* Was Written?," StevenPinker.com, https://stevenpinker.com/files/pinker/files/has_the_decline_of_violence_reversed_since_the_better_angels_of_our_nature_was_written_2017.pdf.

14 Alex Thompson, "2020 Democrats Are Dramatically Changing the Way They Talk about Race," *Politico*, November 19, 2018, https://www.politico.com/story/2018/11/19/democrats-2020-race-identity-politics-strategy-1000249.

15 Deroy Murdock, "Beto's Gospel of Despair," *National Review*, September 13, 2019, https://www.nationalreview.com/2019/09/betos-gospel-of-despair/.

16 Steve Phillips, "The Next DNC Chair Must Abandon Color-Blind Politics," *The Nation*, January 19, 2017, https://www.thenation.com/article/the-next-dnc-chair-must-abandon-color-blind-politics/.

17 Kirsten Salyer, "The American Flag Was Banned at a Carolina High School," *Time*, August 30, 2016, https://time.com/4472433/american-flag-ban-south-carolina/.

18 Dartunorro Clark, "Democrat Beto O'Rourke, in Viral Video, Defends NFL Protests," NBCNews.com, August 23, 2018, https://www.nbcnews.com/politics/politics-news/democrat-beto-o-rourke-goes-viral-response-nfl-players-kneeling-n903176.

19 Eve Fairbanks, "The 'Reasonable Rebels,'" *Washington Post*, August 29, 2019, https://www.washingtonpost.com/outlook/2019/08/29/conservatives-say-weve-abandoned-reason-civility-old-south-said-that-too/?arc404=true.

20 Jeneen Interlandi, "Why Doesn't America Have Universal Healthcare? One Word: Race," *New York Times*, August 14, 2019, https://www.nytimes.com/interactive/2019/08/14/magazine/universal-health-care-racism.html.

21 Jamelle Bouie, "America Holds onto an Undemocratic Assumption from Its Founding: That Some People Deserve More Power than Others," *New York Times Magazine*, August 14, 2019, https://www.nytimes.com/interactive/2019/08/14/magazine/republicans-racism-african-americans.html.

22 Sandra Gonzalez, "Mario Lopez Apologizes for 'Ignorant' Comments About Parenting and Gender Identity," CNN.com, July 31, 2019, https://www.cnn.com/2019/07/31/entertainment/mario-lopez-apology-trnd/index.html.

1. 미국의 철학

1 Frederick Douglass, "What to the Slave Is the Fourth of July?," TeachingAmerican History.org, July 5, 1852, https://teachingamericanhistory.org/library/document/what-to-the-slave-is-the-fourth-of-july/.

2 Abraham Lincoln, Speech at Lewiston, Illinois, August 17, 1858, https://quod.lib.umich.edu/l/lincoln/lincoln2/1:567?rgn=div1;view=fulltext.

3 Martin Luther King Jr., "'I Have A Dream' Address Delivered at the March on Washington for Jobs and Freedom," King Institute at Stanford University, August 28, 1963, https://kinginstitute.stanford.edu/king-papers/documents/i-have-dream-address-delivered-march-washington-jobs-and-freedom.

4 Thomas Jefferson, Letter to Henry Lee, May 8, 1825, https://teachingamericanhistory.org/library/document/letter-to-henry-lee/.

5 See, for example, Virginia Schomp, *The Ancient Egyptians* (New York: Marshall Cavendish, 2008), 41, and "Religion and Power: Divine Kingship in the Ancient World And Beyond," Uchicago.edu, February 23–24, 2007, https://oi.uchicago.edu/research/symposia/religion-and-power-divine-kingship-ancient-world-and-beyond-0.

6 Plato, *The Republic* (New York: Basic Books, 1968), 353c–353e.

7   Aristotle, *Nichomachean Ethics* (Chicago: University of Chicago Press, 2011), 1098a.

8   Richard Tarnas, *The Passion of the Western Mind* (New York: Ballantine Books, 1991), 175.

9   Thomas P. Rausch, *Reconciling Faith and Reason: Apologists, Evangelists, and Theologians in a Divided Church* (Collegeville, MN: Liturgical Press, 2000), 12.

10 Richard H. Cox, "Hugo Grotius," in Leo Strauss and Joseph Crowley, eds., *History of Political Philosophy*, 3rd ed. (Chicago: University of Chicago Press, 1987), 389.

11 *De Iure Praedae Commentarius*, trans. Gwladys L. Williams and Walter H. Zeydel (Carnegie Endowment for International Peace, Oxford University Press, 1950), 1:18, as quoted in "Hugo Grotius, The Rights of War and Peace (1625)," Online Library of Liberty, https://oll.libertyfund.org/pages/grotius-war-peace.

12 John Locke, *Second Treatise of Government* (1690), Section 22, https://www.gutenberg.org/files/7370/7370-h/7370-h.htm.

13 Locke, Second Treatise of Government, Section 6, https://www.gutenberg.org/files/7370/7370-h/7370-h.htm.

14 Adam Smith, *An Inquiry into the Nature and Causes of the Wealth of Nations* (London: Methuen, 1776), book IV, chapter 9, sec. 50.

15 C. Bradley Thompson, *America's Revolutionary Mind* (New York: Encounter Books, 2019), 38.

16 Ibid., 43, 55.

17 Ibid., 181

18 "Jefferson's 'original Rough draft' of the Declaration of Independence," *The Papers of Thomas Jefferson*, vol. 1, *1760–1776* (Princeton, NJ: Princeton University Press, 1950), 423–28, https://jeffersonpapers.princeton.edu/selected-documents/jefferson%E2%80%99s-%E2%80%9Coriginal-rough-draught%E2%80%9D-declaration-independence.

19 Aristotle, *Politics* (Chicago: University of Chicago Press, 2013), book 1, chapter 5, 1254b.

20 "Magna Carta: Muse and Mentor," Library of Congress, November 6, 2014– January 19, 2015, https://www.loc.gov/exhibits/magna-carta-muse-and-mentor/magna-carta-and-the-us-constitution.html.

21   Locke, *Second Treatise of Government*, Section 6, https://www.gutenberg.org/files/7370/7370-h/7370-h.htm.

22   Thomas Paine, *Common Sense*, February 14, 1776, https://www.learner.org/workshops/primarysources/revolution/docs/Common_Sense.pdf.

23   Thompson, *America's Revolutionary Mind*, 118.

24   Pauline Maier, "The Strange History of 'All Men Are Created Equal,'" *Washington and Lee Law Review* 56, no. 3 (June 1, 1999), https://scholarlycommons.law.wlu.edu/cgi/viewcontent.cgi?article=1547&context=wlulr.

25   Massachusetts Constitution, 1780, https://malegislature.gov/laws/constitution.

26   Thompson, *America's Revolutionary Mind*, 143.

27   Abraham Lincoln, *Speeches and Writings 1832–1858* (New York: Library of Amer-ica, 1989), 398–400.

28   Booker T. Washington, *The Booker T. Washington Papers*, vol. 12, 1912–1914 (Ur-bana: University of Illinois Press, 1982), 260.

29   Deuteronomy 17:14–20.

30   1 Samuel 8:10–18.

31   Plato, *The Republic*, 473c-d.

32   Aristotle, *Politics*, book II, chapter V, http://classics.mit.edu/Aristotle/politics.2.two.html.

33   Cicero, *De Re Publica* (Cambridge, MA: Loeb Classical Library, 2000), 203.

34   Pascal Daudin, "The Thirty Years' War: The First Modern War?," Humanitar-ian Law and Policy, May 23, 2017, https://blogs.icrc.org/law-and-policy/2017/05/23/thirty-years-war-first-modern-war/.

35   Martti Koskenniemi, "Imagining the Rule of Law: Rereading the Grotian 'Tra-dition,'" *European Journal of International Law* 30, no. 1 (2019), https://academic.oup.com/ejil/article/30/1/17/5498077#136043457.

36   John Locke, *Two Treatises of Government* (London: Awnsham Churchill, 1689), book 2, sec. 57.

37   Ibid., book 2, sec. 222.

38   GeorgeA.PeekJr.,ed., *The Writingsof John Adams* (Indianapolis:Hackett,2003),154.

39   James Madison, Federalist No. 10 (1787).

40 Charlie Spiering, "Obama: The Government Is Us and We're Doing Things Right," WashingtonExaminer.com, July 8, 2013, https://www.washingtonexaminer.com/video-obama-the-government-is-us-and-were-doing-things-right.

41 Mark Puls, *Samuel Adams: Father of the American Revolution* (New York: Palgrave Macmillan, 2006), 36.

42 Henry Stephens Randall, *The Life of Thomas Jefferson* (New York: Derby & Jack-son, 1858), 117.

43 Douglass, "What to the Slave Is the Fourth of July?"

44 James Madison, *Federalist No. 51* (1788).

45 James Madison, *Federalist No. 45* (1788).

46 James Madison, *Federalist No. 14* (1787).

47 Alexander Hamilton, *Federalist No. 84* (1788).

48 James Madison, *Federalist No. 51* (1788).

49 Alexander Hamilton, *Federalist No. 70* (1788).

50 Alexander Hamilton, *Federalist No. 69* (1788).

51 Alexander Hamilton, *Federalist No. 78* (1788).

52 Ibid.

53 Carson Holloway, "Against Judicial Supremacy: The Founders and the Limits on the Courts," Heritage.org, January 25, 2019, https://www.heritage.org/courts/report/against-judicial-supremacy-the-founders-and-the-limits-the-courts.

54 Randy E. Barnett, *Restoring the Lost Constitution* (Princeton, NJ: Princeton Uni-versity Press, 2004), 61–62.

55 James Madison, *Federalist No. 10* (1787).

56 James Madison, *Federalist No. 51* (1788).

57 Abraham Lincoln, "Fragment on the Constitution and the Union," January 1861, *Collected Works of Abraham Lincoln*, vol. 4, https://quod.lib.umich.edu/l/lincoln/lincoln4/1:264?rgn=div1;view=fulltext.

2. 미국의 철학 파괴하기

1 "Text of President Obama's Speech in Hiroshima, Japan," NYTimes.com, May 27, 2016, https://www.nytimes.com/2016/05/28/world/asia/text-of-president-obamas-speech-in-hiroshima-japan.html.

2 Jonah Goldberg, "Looking to Obama for Redemption," NYPost.com, June 7, 2008, https://nypost.com/2008/06/07/looking-to-obama-for-redemption/.

3 Cathleen Falsani, "Transcript: Barack Obama and the God Factor Interview," Sojo.net, February 21, 2012, https://sojo.net/articles/transcript-barack-obama-and-god-factor-interview.

4 "Inaugural Address by President Barack Obama," The White House, January 21, 2013, https://obamawhitehouse.archives.gov/the-press-office/2013/01/21/inaugural-address-president-barack-obama.

5 Barack Obama, Twitter, October 24, 2016, https://twitter.com/barackobama/status/790573868335308801?lang=en.

6 "Inaugural Address by President Barack Obama."

7 Lyndon B. Johnson, "Commencement Address at Howard University: 'To Fulfill These Rights,'" June 4, 1965, https://teachingamericanhistory.org/library/document/commencement-address-at-howard-university-to-fulfill-these-rights/.

8 Spiering, "Obama: The Government Is Us and We're Doing Things Right."

9 Joel Gehrke, "DNC: 'Government Is the Only Thing That We All Belong To,'" WashingtonExaminer.com, September 4, 2012, https://www.washingtonexaminer.com/dnc-government-is-the-only-thing-that-we-all-belong-to.

10 James Madison, *Federalist No. 51* (1788).

11 "Remarks by the President at The Ohio State University," White House, May 5, 2013, https://obamawhitehouse.archives.gov/the-press-office/2013/05/05/remarks-president-ohio-state-university-commencement.

12 Roger D. Masters, *The Political Philosophy of Rousseau* (Princeton, NJ: Princeton University Press, 1976), 5.

13 Jean Jacques Rousseau, *On the Origin of the Inequality of Mankind* (1754), https://www.marxists.org/reference/subject/economics/rousseau/inequality/ch02.htm.

14 Karl Marx, "Private Property and Communism," 1844, https://www.marxists.org/archive/marx/works/1844/manuscripts/comm.htm.

15 Erich Fromm, "Marx's Concept of Man," 1961, https://www.marxists.org/archive/fromm/works/1961/man/ch04.htm.

16 Tiffany Jones Miller, "Transforming Formal Freedom into Effective Freedom: Dewey, the New Deal, and the Great Society," in Ronald Pestritto and Thomas West, eds., *Modern America and the Legacy of the Founding* (Lanham, MD: Lexington Books, 2007), 178.

17 Woodrow Wilson, cSelected Addresses and Public Papers of Woodrow Wilsonc (New York: Boni & Liveright, 1918), 48.

18 John Dewey, *John Dewey: The Later Works, 1925–1953* (Carbondale: Southern Il-linois University Press, 1988), 291–93.

19 Ian Schwartz, "Sanders Campaign Organizer: Free Education, Gulags Needed to 'Re-Educate' You to Not Be a 'F*cking Nazi,'" RealClearPolitics.com, January 14, 2020, https://www.realclearpolitics.com/video/2020/01/14/sanders_campaign_organizer_free_education_gulags_needed_to_re-educate_you_not_to_be_a_fcking_nazi.html.

20 Steven Pinker, "From 'The Blank Slate,'" *Discover* (October 2002), 34–40.

21 "How Do We Bring Equality to Data Ownership and Usage?," Wired.com, November 8, 2019, https://www.wired.com/story/laura-boykin-malkia-devich-cyril-data-privacy-wired25/.

22 Donna M. Hughes, "Significant Differences: The Construction of Knowledge, Objectivity, and Dominance," *Women's Studies International Forum* 18, no. 4 (July–August 1995): 395–406.

23 Craig S. Smith, "Dealing with Bias in Artificial Intelligence," NYTimes.com, November 19, 2019, https://www.nytimes.com/2019/11/19/technology/artificial-intelligence-bias.html.

24 Allum Bokhari, "Lawsuit: Google Instructed Managers That 'Individual Achievement' and 'Objectivity' Were Examples of 'White Dominant Culture,'" Breitbart.com, April 18, 2018, http://www.breitbart.com/tech/2018/04/18/lawsuit-google-instructed-managers-that-individual-achievement-and-objectivity-were-examples-of-white-dominant-culture/.

25 John Sexton, "Professor Notes Men Are Taller Than Women on Average, SJWs Storm Out Angrily," HotAir.com, March 14, 2018, https://hotair.com/archives/john-s-2/2018/03/14/professor-points-men-taller-women-average-sjws-storm-angrily/.

26 Heather Heying, "Grievance Studies vs. the Scientific Method," Medium.com, November 1, 2018, https://medium.com/@heyingh/grievance-studies-goes-after-the-scientific-method-63b6cfd9c913.

27 Jillian Kay Melchior, "Fake News Comes to Academia," WSJ.com, October 5, 2018, https://www.wsj.com/articles/fake-news-comes-to-academia-1538520950.

28 Colleen Flaherty, "Blowback Against a Hoax," InsideHigherEd.com, January 8, 2019, https://www.insidehighered.com/news/2019/01/08/author-recent-academic-hoax-faces-disciplinary-action-portland-state.

29 Kathleen Doheny, "Boy or Girl? Fetal DNA Tests Often Spot On," WebMD.com, August 9, 2011, https://www.webmd.com/baby/news/20110809/will-it-be-a-boy-or-girl-fetal-dna-tests-often-spot-on#1.

30 Marilynn Marchione, "Nurse Mistakes Pregnant Transgender Man as Obese. Then, the Man Births a Stillborn Baby," Associated Press, May 16, 2019, https://www.usatoday.com/story/news/health/2019/05/16/pregnant-transgender-man-births-stillborn-baby-hospital-missed-labor-signs/3692201002/.

31 "AMA Adopts New Policies During First Day of Voting at Interim Meeting," American Medical Association, November 19, 2019, https://www.ama-assn.org/press-center/press-releases/ama-adopts-new-policies-during-first-day-voting-interim-meeting.

32 Amanda Prestigiacomo, "Jury Rules Against Texas Dad Fighting 7-Year-Old Son's Gender Transition," DailyWire.com, October 22, 2019, https://www.dailywire.com/news/jury-rules-against-texas-dad-trying-to-save-7-year-old-son-from-gender-transition-potential-castration.

33 Ben Shapiro, "A Brown University Researcher Released a Study about Teens Imitating Their Peers by Turning Trans. The Left Went Insane. So Brown Caved," DailyWire.com, August 28, 2018, https://www.dailywire.com/news/brown-uni versity-researcher-released-study-about-ben-shapiro.

34 Declaration of the Rights of Man, 1789, http://avalon.law.yale.edu/18th_century/

rightsof.asp.

35 Karl Marx, *Critique of the Gotha Program* (N.p.: Wildside Press, 2008), 26–27.

36 Dewey, *John Dewey: The Later Works, 1925–1953*, 21–22.

37 Woodrow Wilson, "Address to the Jefferson Club of Los Angeles (1911)," in Scott J. Hammond et al., eds., *Classics of American Political Thought and Constitutional Thought*, vol. 2 (Indianapolis/Cambridge: Hackett, 2007), 323–24.

38 Woodrow Wilson, "The Author and Signers of the Declaration of Independence," http://cdn.constitutionreader.com/files/pdf/coursereadings/Con201_Readings_Week2_AuthorandSigners.pdf.

39 Franklin D. Roosevelt, "State of the Union Address (1944)," https://teaching americanhistory.org/library/document/state-of-the-union-address-3/.

40 Saranac Hale Spencer, "Ruth Bader Ginsburg Taken Way Out of Context," Fact Check.org, December 13, 2018, https://www.factcheck.org/2018/12/ruth-bader-ginsburg-taken-way-out-of-context/.

41 Tara Golshan, "Read: Bernie Sanders Defines His Vision for Democratic Socialism in the United States," Vox.com, June 12, 2019, https://www.vox.com/2019/6/12/18663217/bernie-sanders-democratic-socialism-speech-transcript.

42 Ben Shapiro, "Obama Returns, Gives a Speech Reminding Americans of Why Trump Is President," DailyWire.com, September 7, 2018 https://www.dailywire.com/news/obama-returns-gives-speech-reminding-americans-why-ben-shapiro.

43 ohn C. Calhoun, "Speech on the Oregon Bill," June 27, 1848, https://teaching americanhistory.org/library/document/oregon-bill-speech/.

44 George F. Will, "The Liberals Who Loved Eugenics," WashingtonPost.com, March 8, 2017 https://www.washingtonpost.com/opinions/the-liberals-who-loved-eugenics/2017/03/08/0cc5e9a0-0362-11e7-b9fa-ed727b644a0b_story.html.

45 Jonah Goldberg, *Suicide of the West* (New York: Crown Forum, 2018).

46 John Rawls, *A Theory of Justice* (Cambridge, MA: Harvard University Press, 1971), 15.

47 John Rawls, *Justice as Fairness: A Restatement* (Cambridge, MA: Harvard Univer-sity Press, 2001), 42.

48 Paul Krugman, "More Thoughts on Equality of Opportunity," NYTimes.com, January 11, 2011, https://krugman.blogs.nytimes.com/2011/01/11/more-thoughts-onequality-of-opportunity/.

49   Theodore R. Johnson, "How Conservatives Turned the 'Color-Blind Constitu-tion' Against Racial Progress," TheAtlantic.com, November 19, 2019, https://www.theatlantic.com/ideas/archive/2019/11/colorblind-constitution/602221/.

50   Kimberlé Crenshaw, "Why Intersectionality Can't Wait," *Washington Post*, Septem-ber 24, 2015, https://www.washingtonpost.com/news/in-theory/wp/2015/09/24/why-intersectionality-cant-wait/?noredirect=on&utm_term=.179ecf062277.

51   Erika Smith, "A Crying Brett Kavanaugh. This Is What White Male Privilege Looks Like," McClatchy DC, September 27, 2018 https://www.mcclatchydc.com/opinion/article219146885.html; J. Mills Thorton III, *Dividing Lines: Municipal Pol-itics and the Struggle for Civil Rights in Montgomery, Birmingham, and Selma* (Tusca-loosa: University of Alabama Press, 2002), 68.

52   Thorton, *Dividing Lines*, 68.

53   Lawrence H. Summers, "Remarks at NBER Conference on Diversifying the Sci-ence & Engineering Workforce," Office of the President of Harvard University, Janu-ary 14, 2005, https://web.archive.org/web/20080130023006/http://www.president.harvard.edu/speeches/2005/nber.html.

54   Michael Harriot, "Pete Buttigieg Is a Lying MF," TheRoot.com, November 25, 2019, https://www.theroot.com/pete-buttigieg-is-a-lying-mf-1840038708.

55   Heather MacDonald, "How Identity Politics Is Harming the Sciences," City-Journal.org, Spring 2018, https://www.city-journal.org/html/how-identity-politics-harming-sciences-15826.html.

56   Eliza Shapiro, "Beacon High School Is Half White. That's Why Students Walked Out," NYTimes.com, December 2, 2019, https://www.nytimes.com/2019/12/02/nyregion/nyc-beacon-high-school-walkout.html?action=click&module=Top%20Stories&pgtype=Homepage.

57   Nell Greenfieldboyce, "Academic Science Rethinks All-Too-White 'Dude Walls' of Honor," NPR.org, August 25, 2019, https://www.npr.org/sections/health-shots/2019/08/25/749886989/academic-science-rethinks-all-too-white-dude-walls-of-honor.

58   Mary Pickering, *Auguste Comte: An Intellectual Biography*, vol. 1 (Cambridge: Cam-

bridge University Press, 1993), 211.

59   John R. Shook and James A. Good, *John Dewey's Philosophy of Spirit, with the 1897 Lecture on Hegel* (New York: Fordham University Press, 2010), 29.

60   Matthew Festenstein, *Pragmatism and Political Theory: From Dewey to Rorty* (Chi-cago: University of Chicago Press, 1997), 65.

61   K. Sabeel Rahman, *Democracy Against Domination* (Oxford: Oxford University Press, 2017), 175.

62   Woodrow Wilson, "Socialism and Democracy," August 22, 1887, https://teaching americanhistory.org/library/document/socialism-and-democracy/.

63   As quoted in Ronald J. Pestritto, "Woodrow Wilson and the Rejection of the Founders' Principles," Hillsdale.edu, https://online.hillsdale.edu/document.doc?id =313.

64   Woodrow Wilson, "The Study of Administration," *Political Science Quarterly* 2, no. 2 (June 1887).

65   Barack Obama, "Remarks by the President Presenting New Management Agenda," The White House, July 8, 2013, https://obamawhitehouse.archives.gov/the-press-office/2013/07/08/remarks-president-presenting-new-management-agenda.

66   Myron Magnet, *The Founders at Home* (New York: Norton, 2014), 358.

67   *Wickard v. Filburn*, 317 US 111 (1942).

68   Eric Segall and Aaron E. Carroll, "Health Care and Constitutional Chaos," *Stanford Law Review*, May 2012, https://www.stanfordlawreview.org/online/health-care-and-constitutional-chaos/.

69   Tom McCarthy, "Senate Approves Change to Filibuster Rule after Repeated Re-publican Blocks," *Guardian* (UK), November 21, 2013, https://www.theguardian.com/world/2013/nov/21/harry-reid-senate-rules-republican-filibusters-nominations.

70   David Faris, "Elizabeth Warren Is Right: Abolish the Filibuster," TheWeek.com, September 13, 2019, https://theweek.com/articles/864525/elizabeth-warren-right-abolish-filibuster.

71   Jamelle Bouie, "The Senate Is as Much of a Problem as Trump," *New York Times*, May 10, 2019, https://www.nytimes.com/2019/05/10/opinion/sunday/senate-democrats-trump.html.

72   Woodrow Wilson, "The President of the United States," 1908, https://online.hillsdale.

edu/file/presidency/lecture-4/The-President-Of-the-United-States-Woodrow-Wilson-Pgs.-649-660.pdf.

73　"Total Pages Published in the Code of Federal Regulations (1950–2018)," George Washington University Regulatory Studies Center, https://regulatorystudies.columbian.gwu.edu/sites/g/files/zaxdzs1866/f/image/GW%20Reg%20Studies %20-%20 Pages%20Published%20in%20the%20CFR%20-%206.12.19.png.

74　"Executive Branch Civilian Employment Since 1940," Office of Personnel and Management, https://www.opm.gov/policy-data-oversight/data-analysis-documen tation/federal-employment-reports/historical-tables/executive-branch-civilian-employment-since-1940/.

75　Stephen Moore, "The Growth of Government in America," FEE.org, April 1, 1993, https://fee.org/articles/the-growth-of-government-in-america/.

76　"Federal Net Outlays as Percent of Gross Domestic Product," Federal Reserve Bank of St. Louis, https://fred.stlouisfed.org/series/FYONGDA188S.

77　Alex Kozinski, "My Pizza with Nino," *Cardozo Law Review* 12 (1991), 1583, 1588–89.

78　John Hasnas, "The 'Unseen' Deserve Empathy, Too," *Wall Street Journal*, May 29, 2009, https://www.cato.org/publications/commentary/unseen-deserve-empathy-too.

79　Evan D. Bernick, "'Uncommonly Silly'—and Correctly Decided: The Right and Wrong of *Griswold v. Connecticut* and Why It Matters Today," FedSoc.org, April 18, 2017, https://fedsoc.org/commentary/blog-posts/uncommonly-silly-and-correctly-decided-the-right-and-wrong-of-griswold-v-connecticut-and-why-it-matters-today.

80　*Planned Parenthood v. Casey*, 505 U.S. 833 (1992).

81　*Obergefell v. Hodges*, 576 US ___ (2015).

82　Ilya Somin, "How Liberals Learned to Love Federalism," WashingtonPost.com, July 12, 2019, https://www.washingtonpost.com/outlook/how-liberals-learned-to-love-federalism/2019/07/12/babd9f52-8c5f-11e9-b162-8f6f41ec3c04_story.html.

3. 미국의 문화

1　Edmund Burke, *Reflections on the Revolution in France* (New York: Oxford Univer-sity

Press, 1999).

2   Alexander Hamilton, *Federalist No. 84*, https://avalon.law.yale.edu/18th_century/fed84.asp.

3   Robert Shibley, "For the Fourth: Ben Franklin on Freedom of Speech—50 Years Before the Constitution," July 4, 2016, https://www.thefire.org/for-the-fourth-ben-franklin-on-freedom-of-speech-50-years-before-the-constitution/.

4   George Washington, Address to the Officers of the Army, March 15, 1783, https://www.mountvernon.org/library/digitalhistory/quotes/article/for-if-men-are-to-be-precluded-from-offering-their-sentiments-on-a-matter-which-may-involve-the-most-serious-and-alarming-consequences-that-can-invite-the-consid eration-of-mankind-reason-is-of-no-use-to-us-the-freedom-of-speech-may-be-taken-away-and-dumb-/.

5   John Adams, *The Political Writings of John Adams* (Washington, DC: Regnery, 2000), 13.

6   *Abrams v. United States* (250 U.S. 630).

7   John Adams, Letter to Massachusetts Militia, October 11, 1798, https://founders.archives.gov/documents/Adams/99-02-02-3102.

8   George Washington, "First Inaugural Address," April 30, 1789, https://www.archives.gov/exhibits/american_originals/inaugtxt.html.

9   James Madison, "Memorial and Remonstrance against Religious Assessment— Full Text" (1785), https://billofrightsinstitute.org/founding-documents/primary-source-documents/memorial-and-remonstrance/.

10   Thomas Jefferson, Letter to Thomas Leiper, January 21, 1809, https://founders.archives.gov/documents/Jefferson/99-01-02-9606.

11   Alexis de Tocqueville, "On the Use That the Americans Make of Association in Civil Life," trans. Harvey Mansfield and Delba Winthrop, from *Democracy in Amer-ica*, http://www.press.uchicago.edu/Misc/Chicago/805328.html.

12   Alexis de Tocqueville, *Democracy in America*, trans. Harvey Mansfield and Delba Winthrop (Chicago: University of Chicago Press, 2000).

13   James Madison, "Memorial and Remonstrance against Religious Assessment— Full Text" (1785).

14 "Thomas Jefferson and the Virginia Statute for Religious Freedom," Virginia Museum of History & Culture, https://www.virginiahistory.org/collections-and-resources/virginia-history-explorer/thomas-jefferson.

15 Jonathan Evans, "US Adults Are More Religious than Western Europeans," Pew Research.org, September 5, 2018, https://www.pewresearch.org/fact-tank/2018/09/05/u-s-adults-are-more-religious-than-western-europeans/.

16 David Masci and Claire Gecewicz, "Share of Married Adults Varies Widely Across US Religious Groups," PewResearch.org, March 19, 2018, https://www.pewresearch.org/fact-tank/2018/03/19/share-of-married-adults-varies-widely-across-u-s-religious-groups/.

17 Michael Lipka, "Mormons More Likely to Marry, Have More Children than Other US Religious Groups," PewResearch.org, May 22, 2015, https://www.pewresearch.org/fact-tank/2015/05/22/mormons-more-likely-to-marry-have-more-children-than-other-u-s-religious-groups/.

18 Alexander Hamilton, *Federalist No. 29* (1788), https://avalon.law.yale.edu/18th_century/fed29.asp.

19 "No freeman shall be debarred the use of arms," Monticello.org, https://www.monticello.org/site/research-and-collections/no-freeman-shall-be-debarred-use-arms.

20 David Harsanyi, *First Freedom: A Ride Through America's Enduring History* with *the Gun, from the Revolution to Today* (New York: Simon & Schuster, 2018), 63.

21 James Lindgren and Justin Heather, "Counting Guns in Early America," *William & Mary Law Review* 43, no. 5 (2002), http://scholarship.law.wm.edu/cgi/viewcontent.cgi?article=1489&context=wmlr.

22 Harsanyi, *First Freedom*, 68.

23 Noah Shusterman, "What the Second Amendment Really Meant to the Found-ers," *Washington Post*, February 12, 2008, https://www.washingtonpost.com/news/made-by-history/wp/2018/02/22/what-the-second-amendment-really-meant-to-the-founders/.

24 Zach Weismueller, "Gun Rights, Civil Rights," Reason.com, June 2015, https://reason.com/2015/04/30/gun-rights-civil-rights/.

25 Charles E. Cobb, *This Nonviolent Stuff'll Get You Killed* (New York: Basic Books, 2014).

26 Locke, *Second Treatise of Government.*

27 James Madison, *Federalist No. 10* (1787).

28 Friedrich Hayek, *The Fatal Conceit* (London: Routledge, 1988), 7.

29 "North Korea's Economy Grew at 3.7% in 2017, Pyongyang Professor Estimates," *Japan Times*, October 13, 2018, https://www.japantimes.co.jp/news/2018/10/13/asia-pacific/north-koreas-economy-grew-3-7-2017-pyongyang-professor-estimates/#.XR Ebd9NKjOQ.

30 "GDP Per Capita," WorldBank.org, https://data.worldbank.org/indicator/NY.GDP.PCAP.CD?locations=JP-KR.

31 "Nine Charts Which Tell You All You Need to Know About North Korea," BBC.com, September 26, 2017, https://www.bbc.com/news/world-asia-41228181.

32 "Danish PM in US: Denmark Is Not Socialist," *The Local* (Denmark), Novem-ber 1, 2015, https://www.thelocal.dk/20151101/danish-pm-in-us-denmark-is-not-socialist.

33 Rich Lowry, "Sorry, Bernie—Scandinavia Is No Socialist Paradise After All," NYPost.com, October 19, 2015, http://nypost.com/2015/10/19/sorry-bernie-scan dinavia-is-no-socialist-paradise-after-all/.

34 Tocqueville, *Democracy in America.*

35 H. G. Wells, *The Future in America: A Search After Realities* (N.p.: Musaicum Books, 2017).

36 Tocqueville, *Democracy in America.*

4. 분열주의적 문화

1 Herbert Marcuse, "Repressive Tolerance" (1965), https://www.marcuse.org/herbert/pubs/60spubs/65repressivetolerance.htm.

2 Eve Fairbanks, "The 'Reasonable Rebels,'" Washington Post, August 29, 2019, https://www.washingtonpost.com/outlook/2019/08/29/conservatives-say-weve-abandoned-reason-civility-old-south-said-that-too/?arc404=true.

3 Kevin D. Williamson, *The Smallest Minority* (Washington, DC: Gateway Edi-tions:

2019)

4   "ACLU Case Selection Guidelines: Conflicts between Competing Values or Priorities," WSJ.com, June 21, 2018, http://online.wsj.com/public/resources/documents/20180621ACLU.pdf?mod=article_inline.

5   Ben Shapiro, "INSANE: ACLU Now Opposes Accused Having So Many Rights, All to Bash Trump," DailyWire.com, November 16, 2018, https://www.dailywire.com/news/insane-aclu-now-opposes-accused-students-having-so-ben-shapiro.

6   Alexis de Tocqueville, *Democracy in America* (London: Longmans, Green, 1875), 268–69.

7   Ibid.

8   Jon Ronson, "How One Stupid Tweet Blew Up Justine Sacco's Life," NYTimes.com, February 15, 2015, https://www.nytimes.com/2015/02/15/magazine/how-one-stupid-tweet-ruined-justine-saccos-life.html.

9   Associated Press, "Mozilla CEO Resignation Raises Free-Speech Issues," USA Today.com, April 4, 2014, https://www.usatoday.com/story/news/nation/2014/04/04/mozilla-ceo-resignation-free-speech/7328759/.

10   Caitlin Flanagan, "The Media Botched the Covington Catholic Story," The Atlantic.com, January 23, 2019, https://www.theatlantic.com/ideas/archive/2019/01/media-must-learn-covington-catholic-story/581035/.

11   Adam Johnson, "Sarah Silverman: Anger Over Political Correctness Is a Sign of Being Old," Alternet.org, September 16, 2015, https://www.alternet.org/2015/09/sarah-silverman-anger-over-political-correctness-sign-being-old-video/.

12   Francesca Bacardi, "Sarah Silverman Fired from New Movie for Blackface Photo," PageSix.com, August 12, 2019, https://pagesix.com/2019/08/12/sarah-silverman-fired-from-new-movie-for-blackface-photo/.

13   Elahe Izadi, "Hannah Gadsby Broke Comedy. So What's She Building Now?," WashingtonPost.com, July 12, 2019, https://www.washingtonpost.com/lifestyle/style/hannah-gadsby-broke-comedy-so-whats-she-building-now/2019/07/11/3f720124-a27d-11e9-bd56-eac6bb02d01d_story.html.

14   Aude White, "On the Cover: In Conversation with Jimmy Kimmel," *New York*, October 30–November 12, 2017, http://nymag.com/press/2017/10/on-the-cover-

in-conversation-with-jimmy-kimmel.html.

15 Ben Shapiro, "Media Matters Makes America a Worse Place, One Bad Faith Hit at a Time," DailyWire.com, March 11, 2019, https://www.dailywire.com/news/media-matters-makes-america-worse-place-one-bad-ben-shapiro.

16 Jennifer Medina, "Bernie Sanders Retracts Endorsement of Cenk Uygur After Criticism," NYTimes.com, December 13, 2019, https://www.nytimes.com/2019/12/13/us/politics/bernie-sanders-cenk-uygur.html.

17 Michael S. Roth, "Don't Dismiss 'Safe Spaces,'" NYTimes.com, August 29, 2019, https://www.nytimes.com/2019/08/29/opinion/safe-spaces-campus.html.

18 "Spotlight on Speech Codes 2020," TheFire.org, https://www.thefire.org/resources/spotlight/reports/spotlight-on-speech-codes-2020/.

19 Greg Lukianoff and Jonathan Haidt, "The Coddling of the American Mind," TheAtlantic.com, September 2015, https://www.theatlantic.com/magazine/archive/2015/09/the-coddling-of-the-american-mind/399356/.

20 Celine Ryan, "POLL: Most Young Americans Support 'Hate Speech' Exemption in First Amendment," CampusReform.org, October 25, 2019, https://www.campusreform.org/?ID=13916.

21 Julia Alexander, "YouTube Revokes Ads from Steven Crowder Until He Stops Linking to His Homophobic T-shirts," TheVerge.com, June 5, 2019, https://www.theverge.com/2019/6/5/18654196/steven-crowder-demonetized-carlos-maza-youtube-homophobic-language-ads.

22 "YouTube Bans 'Malicious Insults and Veiled Threats,'" BBC.com, December 11, 2019, https://www.bbc.com/news/technology-50733180.

23 Matt Drake, "Researcher Who Lost Job for Tweeting 'Men Cannot Turn into Women' Loses Employment Tribunal," Independent.co.uk, December 19, 2019, https://www.independent.co.uk/news/uk/home-news/maya-forstater-transgender-test-case-equalities-act-employment-tribunal-a9253211.html.

24 Aja Romano, "J. K. Rowling's Latest Tweet Seems Like Transphobic BS. Her Fans Are Heartbroken," Vox.com, December 19, 2019, https://www.vox.com/culture/2019/12/19/21029852/jk-rowling-terf-transphobia-history-timeline.

25 Eugene Volokh, "You Can Be Fined for Not Calling People 'Ze' or 'Hir,' If That's the Pronoun They Demand That You Use," WashingtonPost.com, May 17, 2016, https://www.washingtonpost.com/news/volokh-conspiracy/wp/2016/05/17/you-can-be-fined-for-not-calling-people-ze-or-hir-if-thats-the-pronoun-they-demand-that-you-use/.

26   Richard Stengel, "Why America Needs a Hate Speech Law," WashingtonPost.com, October 29, 2019, https://www.washingtonpost.com/opinions/2019/10/29/why-america-needs-hate-speech-law/.

27   Karl Marx, Critique of Hegel's "Philosophy of Right" (Cambridge: Cambridge University Press, 1970), 131.

28   Karl Marx and Frederick Engels, The Communist Manifesto (Chicago: Haymarket Books, 2005), 66–67.

29   Danielle Kurtzleben, "We're All Getting Married Too Late," USNews.com, February 14, 2014, https://www.usnews.com/news/blogs/data-mine/2014/02/14/think-were-all-getting-married-super-late-think-again.

30   Ben Wattenberg, The First Measured Century, "Family," PBS.org, https://www.pbs.org/fmc/book/4family9.htm.

31   "Trends in Premarital Childbearing: 1930–1994," Census.gov, October 1999, https://www.census.gov/prod/99pubs/p23-197.pdf.

32   Christina Hoff Sommers, "Reconsiderations: Betty Friedan's 'The Feminine Mystique,'" NYSun.com, September 17, 2008, https://www.nysun.com/arts/reconsiderations-betty-friedans-the-feminine/86003/.

33   Betty Friedan, The Feminist Mystique (New York: Norton, 2001), 480.

34   Betty Friedan, It Changed My Life (Cambridge, Massachusetts: Harvard University Press, 1998), 397

35   Simone de Beauvoir, The Second Sex (New York: Vintage Books, 1989), 97, 486.

36   Sue Ellin Browder, "Kinsey's Secret: The Phony Science of the Sexual Revolution," CrisisMagazine.com, May 28, 2012, https://www.crisismagazine.com/2012/kinseys-secret-the-phony-science-of-the-sexual-revolution.

37   Caleb Crain, "Alfred Kinsey: Liberator or Pervert?," New York Times, October 3, 2004, https://www.nytimes.com/2004/10/03/movies/alfred-kinsey-liberator-or-pervert.html.

38 James H. Jones, *Alfred C. Kinsey: A Life* (New York: Norton, 1997), 524–25.

39 Herbert Marcuse, *Eros and Civilization* (Boston: Beacon Press, 1974), 5.

40 Ibid., 227–28.

41 Theodor Adorno, *The Authoritarian Personality* (London: Verso, 2019), 727–28.

42 Jeremiah Morelock, "Introduction: The Frankfurt School and Authoritarian Populism—A Historical Outline," in J. Morelock, ed., *Critical Theory and Authoritar-ian Populism* (London: University of Westminster Press), xv–xvi.

43 Amity Shlaes, *Great Society: A New History* (New York: Harper, 2019), 98–99.

44 "Cory Booker Claims Catholic Schools Use Religion to 'Justify' Discrimina-tion," *Grabien News*, October 11, 2019, https://news.grabien.com/story-cory-booker-claims-catholic-schools-use-religion-justify-dis.

45 Michael R. Strain, "Beto O'Rourke's Bad Idea to Punish Conservative Churches," Bloomberg.com, October 16, 2019, https://www.bloomberg.com/opinion/articles/2019-10-16/beto-o-rourke-s-bid-to-end-tax-exemptions-for-churches.

46 Jayme Deerwester, "Chris Pratt Defends Church after Ellen Page Calls It 'Infa-mously Anti-LGBTQ,'" USAToday.com, February 10, 2019, https://www.usatoday.com/story/life/people/2019/02/10/ellen-page-calls-out-chris-pratt-over-anti-lgbtq-church-affiliation/2831293002/.

47 Kory Grow, "Ellie Goulding, Salvation Army Clash Over Gay Rights and Half-time Performance," RollingStone.com, November 14, 2019, https://www.rolling stone.com/music/music-news/ellie-goulding-salvation-army-gay-rights-912521/.

48 Timothy Bella, "A Gay Catholic Schoolteacher Was Fired for His Same-Sex Marriage. Now, He's Suing the Archdiocese," WashingtonPost.com, July 12, 2019, https://www.washingtonpost.com/nation/2019/07/12/cathedral-high-school-law suit-archdiocese-indianapolis-joshua-payne-elliott/.

49 "Catholic Charities Pulls Out of Adoptions," WashingtonTimes.com, March 14, 2006, https://www.washingtontimes.com/news/2006/mar/14/20060314-010603-3657r/.

50 Emma Green, "Even Nuns Aren't Exempt from Obamacare's Birth Control Man-date," TheAtlantic.com, July 14, 2015, https://www.theatlantic.com/politics/archive/2015/07/obama-beats-the-nuns-on-contraception/398519/.

51 Marc Thiessen, "Hillary Clinton's War on Faith," NYPost.com, October 15, 2016, https://nypost.com/2016/10/15/hillary-clintons-war-on-faith/.

52   Ed Pilkington, "Obama Angers Midwest Voters with Guns and Religion Remark,"
      TheGuardian.com, April 14, 2008, https://www.theguardian.com/world/2008/
      apr/14/barackobama.uselections2008.

53   Yuval Levin, "Conservatism in an Age of Alienation," *Modern Age* (Spring 2017),
      https://eppc.org/publications/conservatism-in-an-age-of-alienation/.

54   Chris Cillizza, "President Obama's Amazingly Emotional Speech on Gun Con-trol,"
      WashingtonPost.com, January 5, 2016, https://www.washingtonpost.com/news/
      the-fix/wp/2016/01/05/president-obamas-amazingly-emotional-speech-on-gun-
      control-annotated/.

55   "'A Human Rights Crisis': US Accused of Failing to Protect Citizens from Gun
      Violence," TheGuardian.com, September 12, 2018, https://www.theguardian.com/
      us-news/2018/sep/12/us-gun-control-human-rights-amnesty-international.

56   Kate Sullivan and Eric Bradner, "Beto O'Rourke: 'Hell, Yes, We're Going to Take
      Your AR-15, Your AK-47,'" CNN.com, September 13, 2019, https://www.cnn.
      com/2019/09/12/politics/beto-orourke-hell-yes-take-ar-15-ak-47/index.html.

57   "Senator-elect Elizabeth Warren Plans to Advocate for Gun Control, Assault Weapons
      Ban in US Senate," MassLive.com, December 19, 2012, https://www.masslive.com/
      politics/2012/12/senator-elect_elizabeth_warren_2.html.

58   Michael Bowman, "Obama Calls for Action on Gun Violence," VOA News, Janu-ary
      14, 2013, https://www.voanews.com/usa/obama-calls-action-gun-violence.

59   Leah Libresco, "I Used to Think Gun Control Was the Answer. My Research Told Me
      Otherwise," WashingtonPost.com, October 3, 2017, https://www.washington post.
      com/opinions/i-used-to-think-gun-control-was-the-answer-my-research-told-me-
      otherwise/2017/10/03/d33edca6-a851-11e7-92d1-58c702d2d975_story.html.

60   John Paul Stevens, "Repeal the Second Amendment," NYTimes.com, March 27, 2018,
      https://www.nytimes.com/2018/03/27/opinion/john-paul-stevens-repeal-second-
      amendment.html.

61   Rebecca Savransky, "Connecticut Governor: There's Blood on the NRA's Hands,"
      TheHill.com, March 11, 2018, https://thehill.com/blogs/blog-briefing-room/
      news/377831-connecticut-governor-theres-blood-on-the-nras-hands.

62 Cillizza, "President Obama's Amazingly Emotional Speech on Gun Control."

63 J. D. Tuccille, "What Will Gun Controllers Do When Americans Ignore an 'As-sault Weapons' Ban?," Reason.com, June 21, 2016, https://reason.com/2016/06/21/what-will-gun-controllers-do-when-americ/.

64 David DeGrazia, "Gun Rights Include the Right Not to Be Shot," *Baltimore Sun*, March 15, 2016, https://www.baltimoresun.com/opinion/op-ed/bs-ed-shooting-rights-20160315-story.html.

65 Brad Slager, "CNN Gets Rewarded For, and Brags About, the Disastrous Parkland Town Hall," SunshineStateNews.com, March 21, 2019, http://www.sunshinestatenews.com/story/cnn-gets-rewarded-and-brags-about-disastrous-parkland-town-hall.

66 Associated Press, "Superstore Chain Fred Meyer to Stop Selling Guns and Ammo," LATimes.com, March 17, 2018, https://www.latimes.com/nation/la-na-fred-meyer-guns-20180317-story.html.

67 Kate Gibson, "Kroger to Stop Selling Guns of All Kinds," CBSNews.com, March 19, 2018, https://www.cbsnews.com/news/kroger-to-stop-selling-guns-of-all-kinds/.

68 Alexis de Tocqueville, *Democracy in America*, trans. Harvey C. Mansfield and Delba Winthrop (Chicago: University of Chicago Press, 2000), 290.

69 Ben Shapiro, "The AOC School of Economics," Creators Syndicate, January 24, 2020, https://www.grandforksherald.com/opinion/columns/4878100-Ben-Shapiro-The-AOC-School-of-Economics.

70 Tara Golshan, "Read: Bernie Sanders Defines His Vision for Democratic Socialism in the United States," Vox.com, June 12, 2019, https://www.vox.com/2019/6/12/18663217/bernie-sanders-democratic-socialism-speech-transcript.

71 Edward Conard, *The Upside of Inequality* (New York: Penguin, 2016).

72 Dierdre Nansen McCloskey, "Equality vs. Lifting Up the Poor," *Financial Times*, August 12, 2014, https://www.deirdremccloskey.com/editorials/FTAug2014.php.

73 Doyle McManus, "Most 2020 Democrats Say Capitalism Is a System That Needs Fixing," *Los Angeles Times*, March 20, 2019, https://www.latimes.com/politics/la-na-pol-democrats-socialism-capitalism-20190320-story.html.

74 "Hillary Clinton: Being a Capitalist 'Probably' Hurt Me in Dem Primaries,"

Real ClearPolitics.com, May 2, 2018, https://www.realclearpolitics.com/video/2018/05/02/hillary_clinton_being_a_capitalist_probably_hurt_me_in_dem_primaries.html.

75 "Noah: For Progressive White People, Being Called Rich Is Equivalent to the 'N-Word,'" Grabien.com, https://grabien.com/story.php?id=265585.

76 William McGurn, "Must Freedom Destroy Itself?," *Wall Street Journal*, June 7, 2019, https://www.wsj.com/articles/must-freedom-destroy-itself-11559944247.

77 Terry Schilling, "How to Regulate Pornography," FirstThings.com, November 2019, https://www.firstthings.com/article/2019/11/how-to-regulate-pornography.

78 Joseph Schumpeter, *Capitalism, Socialism, and Democracy* (New York: Harper Perennial, 2008), 143.

79 Various, "Against the Dead Consensus," FirstThings.com, March 21, 2019, https://www.firstthings.com/web-exclusives/2019/03/against-the-dead-consensus.

80 Senator Marco Rubio, "Catholic Social Doctrine and the Dignity of Work," Catholic University of America, November 5, 2019, https://www.rubio.senate.gov/public/_cache/files/6d09ae19-8df3-4755-b301-795154a68c59/C58480B07D02452574C5DB8D603803EF.final---cua-speech-11.5.19.pdf.

81 Ben Shapiro, "America Needs Virtue Before Prosperity," NationalReview.com, January 8, 2019, https://www.nationalreview.com/2019/01/tucker-carlson-populism-america-needs-virtue-before-prosperity/.

82 Isaac Stanley-Becker, "'She Sounds like Trump at His Best': Tucker Carlson Endorses Elizabeth Warren's Economic Populism," *Washington Post*, June 6, 2019, https://www.washingtonpost.com/nation/2019/06/06/she-sounds-like-trump-his-best-tucker-carlson-endorses-elizabeth-warrens-economic-populism/.

83 Sabrina Tavernise, "Frozen in Place: Americans Are Moving at the Lowest Rate on Record," *New York Times*, November 20, 2019, https://www.nytimes.com/2019/11/20/us/american-workers-moving-states-.html?action=click&module=Latest&pgtype=Homepage.

84 Leigh Buchanan, "American Entrepreneurship Is Actually Vanishing. Here's Why," Inc.com, May 2015, https://www.inc.com/magazine/201505/leigh-buchanan/the-vanishing-startups-in-decline.html.

5. 미국의 역사

1   Henry Louis Gates, "How Many Slaves Landed in the US?," PBS.org, https:// www.pbs.org/wnet/african-americans-many-rivers-to-cross/history/how-many-slaves-landed-in-the-us/.

2   "Emancipation," National Archives (UK), https://www.nationalarchives.gov.uk/ pathways/blackhistory/rights/emancipation.htm.

3   Frederick Douglass, "What to the Slave Is the Fourth of July?," TeachingAmerican History.org, July 5, 1852, https://teachingamericanhistory.org/library/document/ what-to-the-slave-is-the-fourth-of-july/.

4   Colman Andrews, "These Are the 56 People Who Signed the Declaration of Independence," *USA Today*, July 3, 2019, https://www.usatoday.com/story/ money/2019/07/03/july-4th-the-56-people-who-signed-the-declaration-of-independence/39636971/.

5   John Adams, Letter to Robert J. Evans, June 8, 1819, https://founders.archives.gov/ documents/Adams/99-02-02-7148.

6   Benjamin Franklin, "Petition from the Pennsylvania Society for the Abolition of Slavery," February 3, 1790, http://www.benjamin-franklin-history.org/petition-from-the-pennsylvania-society-for-the-abolition-of-slavery/.

7   Thomas G. West, *Vindicating the Founders: Race, Sex, Class and Justice in the Ori-gins Of America* (Oxford: Rowman & Littlefield, 1997), 7.

8   James Kirschke, *Gouverneur Morris: Author, Statesman, and Man of the World* (New York: Thomas Dunne Books, 2005), 176.

9   George Washington, Letter to Robert Morris, April 12, 1786, https://founders. archives.gov/documents/Washington/04-04-02-0019.

10   "A Decision to Free His Slaves," MountVernon.org, https://www.mountvernon.org/ george-washington/slavery/washingtons-1799-will/.

11   "Jefferson's Attitudes Toward Slavery," Monticello.org, https://www.monticello.org/ thomas-jefferson/jefferson-slavery/jefferson-s-attitudes-toward-slavery/.

12   Bill to Prevent the Importation of Slaves, June 16, 1777, https://founders.archives.gov/ documents/Jefferson/01-02-02-0019.

13 Vermont Constitution, 1777.

14 An Act for the Gradual Abolition of Slavery, March 1, 1780, http://www.phmc.state. pa.us/portal/communities/documents/1776-1865/abolition-slavery.html.

15 "Massachusetts Constitution and the Abolition of Slavery," Mass.gov, https:// www. mass.gov/guides/massachusetts-constitution-and-the-abolition-of-slavery.

16 Abraham Lincoln, Cooper Union Address, February 27, 1860, http://www.abraham lincolnonline.org/lincoln/speeches/cooper.htm.

17 "Africans in America," Library of Congress, https://www.loc.gov/teachers/ classroommaterials/presentationsandactivities/presentations/immigration/afri can4.html.

18 "Madison Debates," August 8, 1787, https://avalon.law.yale.edu/18th_century/ debates_808.asp.

19 Abraham Lincoln, Speech on the Kansas-Nebraska Act at Peoria, Illinois, October 16, 1854, https://teachingamericanhistory.org/library/document/speech-on-the-kansas-nebraska-act-at-peoria-illinois-abridged/.

20 "Madison Debates," August 25, 1787, https://avalon.law.yale.edu/18th_century/ debates_825.asp.

21 "The Growing New Nation," PBS.org, https://www.pbs.org/wgbh/aia/part3/map3. html.

22 Thomas Jefferson, "Notes on the State of Virginia, Query XVIII: Manners," 1781, https://teachingamericanhistory.org/library/document/notes-on-the-state-of-virginia-query-xviii-manners/.

23 Russell Thornton, "Population History of Native North Americans," in Mi-chael R. Haines and Richard H. Steckel, eds., *A Population History of North America* (Cambridge: Cambridge University Press, 2000), 24.

24 "Table 1. Population and Area: 1790 to 2000," Census.gov, ftp://ftp.census.gov/ library/publications/2010/compendia/statab/130ed/tables/11s0002.pdf.

25 "Following the Frontier Line, 1790 to 1800," https://www.census.gov/dataviz/ visualizations/001/.

26 Thomas Jefferson, Letter to George Rogers Clark, December 25, 1780, https:// founders.archives.gov/documents/Jefferson/01-04-02-0295.

27 "North America in 1800," NationalGeographic.org, https://www.national geographic.

org/photo/northamerica-colonization-1800/.

28   Thomas Jefferson, Letter to George Rogers Clark, December 25, 1780, https://
        founders.archives.gov/documents/Jefferson/01-04-02-0295.

29   "December 2, 1823: Seventh Annual Message (Monroe Doctrine)," Univer-sity of
        Virginia Miller Center, https://millercenter.org/the-presidency/presidential-speeches/
        december-2-1823-seventh-annual-message-monroe-doctrine.

30   Johnson, *The Birth of the Modern*, 27–28.

31   Ibid., 32–33.

32   Larry Schweikart and Michael Allen, *A Patriot's History of the United States* (New York:
        Penguin, 2004), 207–9.

33   Paul Johnson, *The Birth of the Modern* (New York: HarperCollins, 1991), 211.

34   Douglas Bamforth, "Intertribal Warfare," Encyclopedia of the Great Plains, http://
        plainshumanities.unl.edu/encyclopedia/doc/egp.war.023.

35   Lawrence H. Keeley, *War Before Civilization* (Oxford: Oxford University Press, 1996).

36   Tocqueville, *Democracy in America*, 391.

37   Ibid., 324.

38   1860 U.S. Census, https://www2.census.gov/library/publications/decennial/1860/
        population/1860a-02.pdf.

39   Alan Greenspan and Adrian Woolridge, *Capitalism in America: A History* (New York:
        Penguin, 2018), 77–79.

40   John C. Calhoun, "Speech on the Oregon Bill," June 27, 1848, https://teaching
        americanhistory.org/library/document/oregon-bill-speech/.

41   Abraham Lincoln, "House Divided Speech," June 16, 1858, http://www.abraham
        lincolnonline.org/lincoln/speeches/house.htm.

42   "The Declaration of the Causes of Seceding States: South Carolina," Decem-ber
        20, 1860, https://www.battlefields.org/learn/primary-sources/declaration-causes-
        seceding-states#South_Carolina.

43   Constitution of the Confederate States, March 11, 1861, https://avalon.law.yale.
        edu/19th_century/csa_csa.asp.

44   Henry Louis Gates, "The Truth Behind '40 Acres and a Mule,'" PBS.org, https://
        www.pbs.org/wnet/african-americans-many-rivers-to-cross/history/the-truth-be

hind-40-acres-and-a-mule/.

45 HomesteadAct(1862),https://www.ourdocuments.gov/doc.php? flashfalse&doc=31.

46 Greenspan and Woolridge, *Capitalism in America*, 77–79.

47 Ibid., 92–96.

48 Lochner v. New York (1905), 198 US 45.

49 Daniel Oliver, "James J. Hill: Transforming the American Northwest," FEE.org, July 1, 2001, https://fee.org/articles/james-j-hill-transforming-the-american-north west/.

50 Schweikart and Allen, *A Patriot's History of the United States*, 459.

51 "From the Archives: President Teddy Roosevelt's New Nationalism Speech," WhiteHouse.gov, August 31, 1910, https://obamawhitehouse.archives.gov/ blog/2011/12/06/archives-president-teddy-roosevelts-new-nationalism-speech.

52 Bruce S. Thornton, *Democracy's Dangers and Discontent* (Stanford, CA: Hoover Institution Press, 2014).

53 Lawrence W. Reed, "Of Meat and Myth," Mackinac.org, February 13, 2002, https:// www.mackinac.org/4084.

54 Jim Powell, *Bully Boy: The Truth About Theodore Roosevelt's Legacy* (New York: Crown Forum, 2006).

55 Jonah Goldberg, "You Want a More 'Progressive' America? Be Careful What You Wish For," CSMonitor.com, February 5, 2008, https://www.csmonitor.com/ Commentary/Opinion/2008/0205/p09s01-coop.html.

56 Woodrow Wilson, *The Political Thought of Woodrow Wilson* (Indianapolis: Bobbs-Merrill, 1965), 192.

57 Judson MacLaury, "A Brief History: The US Department of Labor," DOL.gov, https://www.dol.gov/general/aboutdol/history/dolhistoxford.

58 Geoffrey Wawro, "Everything You Know About How World War I Ended Is Wrong," Time.com, September 26, 2018, https://time.com/5406235/everything-you-know-about-how-world-war-i-ended-is-wrong/.

59 Goldberg, "You Want a More 'Progressive' America?"

60 Woodrow Wilson, "War Message to Congress," April 2, 1917, https://wwi.lib.byu. edu/index.php/Wilson%27s_War_Message_to_Congress.

61 MacLaury, "A Brief History: The US Department of Labor."

62 Calvin Coolidge, "Speech on the 150th Anniversary of the Declaration of Independence," July 5, 1926, https://teachingamericanhistory.org/library/document/speech-on-the-occasion-of-the-one-hundred-and-fiftieth-anniversary-of-the-declaration-of-independence/.

63 Greenspan and Woolridge, *Capitalism in America*, 193–96.

64 Ben Shapiro, "Herbert Hoover's Daughter Hillary," Creators Syndicate, April 30, 2003, https://townhall.com/columnists/benshapiro/2003/04/30/herbert-hoovers-daughter-hillary-n1146318.

65 Steven Horwitz, "Hoover's Economic Policies," EconLib.org, https://www.econlib.org/library/Enc/HooversEconomicPolicies.html.

66 Albin Krebs, "Rexford Tugwell, Roosevelt Aide, Dies," *New York Times*, July 24, 1979, https://www.nytimes.com/1979/07/24/archives/rexford-tugwell-roosevelt-aide-dies-recruited-for-inner-circle-in.html.

67 Steven Horwitz, "Hoover's Economic Policies," EconLib.org, https://www.econlib.org/library/Enc/HooversEconomicPolicies.html.

68 Franklin D. Roosevelt, "Campaign Address," October 14, 1936, https://teachingamericanhistory.org/library/document/campaign-address/.

69 Franklin D. Roosevelt, Re-Nomination Acceptance Speech, July 27, 1936, https://teachingamericanhistory.org/library/document/acceptance-speech-at-the-democratic-national-convention-1936/.

70 Samuel Staley, "FDR Policies Doubled the Length of the Great Depression," Reason.org, November 21, 2008, https://reason.org/commentary/fdr-policies-doubled-the-lengt/.

71 Harold L. Cole and Lee E. Ohanian, "How Government Prolonged the Depression," *Wall Street Journal*, February 2, 2009, https://www.wsj.com/articles/SB123353276749137485.

72 *Biennial Reports of the Chief of Staff of the United States Army to the Secretary of War, 1 July 1939–30 June 1945* (Washington, DC: Center of Military History, 1996), v, https://history.army.mil/html/books/070/70-57/CMH_Pub_70-57.pdf.

73 Winston Churchill, "We Shall Fight on the Beaches," June 4, 1940, https://

winstonchurchill.org/resources/speeches/1940-the-finest-hour/we-shall-fight-on-the-beaches/.

74   Franklin D. Roosevelt, Radio Address, December 29, 1940, https://www.mtholy oke. edu/acad/intrel/WorldWar2/arsenal.htm.

75   Carl M. Cannon, "When Churchill, FDR Found Themselves 'in the Same Boat,'" RealClearPolitics.com, December 26, 2018, https://www.realclearpolitics.com/ arti cles/2018/12/26/when_churchill_fdr_found_themselves_in_the_same_boat _139023.html.

76   Greenspan and Woolridge, *Capitalism in America*, 273.

77   "Marshall Plan," History.com, December 16, 2009, https://www.history.com/topics/ world-war-ii/marshall-plan-1.

78   "Berlin Airlift," History.com, March 2, 2011, https://www.history.com/topics/cold-war/berlin-airlift.

79   Harry Truman, Statement on the Situation in Korea, June 27, 1950, https://www. docsteach.org/documents/document/truman-statement-korea.

80   Stephen Thernstrom and Abigail Thernstrom, *America in Black and White: One Nation, Indivisible* (New York: Simon & Schuster, 1997), 234.

81   Tobin Grant, "The Great Decline: 60 Years of Religion in One Graph," Religion News.com, January 27, 2014, https://religionnews.com/2014/01/27/great-decline-religion-united-states-one-graph/.

82   Lyndon B. Johnson, "Commencement Address at Howard University: 'To Fulfill These Rights,'" June 4, 1965, https://teachingamericanhistory.org/library/document/ commencement-address-at-howard-university-to-fulfill-these-rights/.

83   Amity Shlaes, *Great Society: A New History* (New York: HarperCollins, 2019), 9.

84   Thernstrom and Thernstrom, *America in Black and White*, 234–35.

85   Daniel Patrick Moynihan, "The Negro Family: The Case for National Action," March 1965, https://www.dol.gov/general/aboutdol/history/webid-moynihan.

86   Thernstrom and Thernstrom, *America in Black and White*, 234–35.

87   Greenspan and Woolridge, Capitalism in America, 306.

88   Shlaes, *Great Society*, 304.

89   Bryan Burrough, "The Bombings of America That We Forgot," Time.com, September 20, 2016, https://time.com/4501670/bombings-of-america-burrough/.

90   Barry Latzer, *The Rise and Fall of Violent Crime in America* (New York: Encounter Books, 2016).

91   Jimmy Carter, "Crisis of Confidence," July 15, 1979, https://www.pbs.org/wgbh/americanexperience/features/carter-crisis/.

92   Ronald Reagan, First Inaugural Address, January 20, 1981, https://avalon.law.yale.edu/20th_century/reagan1.asp.

93   *Hearings on Military Posture and HR 6495* (Washington, DC: U.S. Government Printing Office, 1980), 94.

94   Gabriel Florit, Kim Soffen, Aaron Steckelberg, and Tim Meko, "40 Years of Budgets Show Shifting National Priorities," WashingtonPost.com, March 17, 2017, https://www.washingtonpost.com/graphics/politics/budget-history/?utm_term =.1336a2b613ba.

95   William J. Clinton, 1996 State of the Union Address, January 23, 1996, https://clintonwhitehouse4.archives.gov/WH/New/other/sotu.html.

96   Eric Schmitt, "Iraq-Bound Troops Confront Rumsfeld Over Lack of Armor," NYTimes.com, December 8, 2004, https://www.nytimes.com/2004/12/08/international/middleeast/iraqbound-troops-confront-rumsfeld-over-lack-of.html.

6. 미국의 역사 파괴하기

1   Jefferson Davis, Speech at Boston's Faneuil Hall, October 11, 1858, *The Papers of Jefferson Davis*, https://jeffersondavis.rice.edu/archives/documents/jefferson-davis-speech-boston.

2   Ibid.

3   John C. Calhoun, "Speech on the Oregon Bill," June 27, 1848, https://teachingamericanhistory.org/library/document/oregon-bill-speech/.

4   William J. Cooper Jr., *Jefferson Davis, American* (New York: Vintage Books, 2001), 1–8.

5   Jefferson Davis, First Inaugural Address, February 18, 1861, *The Papers of Jefferson Davis*, https://jeffersondavis.rice.edu/archives/documents/jefferson-davis-first-inau

gural-address.

6   Theodore R. Johnson, "How Conservatives Turned the 'Color-Blind Constitution' Against Racial Progress," TheAtlantic.com, November 19, 2019, https://www.theatlantic.com/ideas/archive/2019/11/colorblind-constitution/602221/.

7   Eve Fairbanks, "The 'Reasonable' Rebels," WashingtonPost.com, August 29, 2019, https://www.washingtonpost.com/outlook/2019/08/29/conservatives-say-weve-abandoned-reason-civility-old-south-said-that-too/?.arc404=true.

8   David W. Blight, "'A Doubtful Freedom,'" NYBooks.com, January 16, 2020, https://www.nybooks.com/articles/2020/01/16/fugitive-slaves-doubtful-freedom/.

9   Woodrow Wilson, *Constitutional Government in the United States* (New York: Columbia University Press, 1908), 4–5.

10   Milan Griffes, "The Origin and Development of Carl Becker's Historiography," https://www.academia.edu/9101433/The_Origin_and_Development_of_Carl_Beckers_Historiography.

11   Carl Becker, "Everyman His Own Historian," *American Historical Review 37*, no 2 (1931): 221–36, https://www.historians.org/about-aha-and-membership/aha-history-and-archives/presidential-addresses/carl-l-becker.

12   James Harvey Robinson, *The Human Comedy as Devised and Directed by Mankind Itself* (New York: Harper & Brothers, 1937), 21.

13   Burton W. Folsom, "The Founders, the Constitution, and the Historians," FEE.org, June 11, 2009, https://fee.org/articles/the-founders-the-constitution-and-the-historians/.

14   Peter Rutkoff and William B. Scott, *New School: A History of the New School for Social Research* (New York: Free Press, 1986), 6.

15   Folsom, "The Founders, the Constitution, and the Historians."

16   David Waldstreicher, "Foreword" to Staughton Lynd, *Intellectual Origins of Amer-ican Radicalism* (New York: Cambridge University Press, 1968), xxxi.

17   Eric Foner, *Who Owns History? Rethinking the Past in a Changing World* (New York: Hill & Wang, 2002), 27–28.

18   George F. Will, "Candidate on a High Horse," *Washington Post*, April 15, 2008, https://www.washingtonpost.com/wp-dyn/content/article/2008/04/14/AR200

8041402450.html?tid=lk_inline_manual_2.

19   David Plotkinoff, "Zinn's Influential History Textbook Has Problems, Says Stanford Education Expert," Stanford.edu, December 2012, https://news.stanford.edu/news/2012/december/wineburg-historiography-zinn-122012.html.

20   Mary Grabar, *Debunking Howard Zinn: Exposing the Fake History That Turned a Generation Against America* (Washington, DC: Regnery History, 2019), 40.

21   Howard Zinn, *A People's History of the United States* (New York: HarperPerennial, 2015), 10–11.

22   Ibid., 59.

23   Ibid., 198.

24   Ibid., 424.

25   Ibid., 430.

26   Sam Wineburg, "Undue Certainty: Where Howard Zinn's A *People's History Falls Short*," *American Educator*, Winter 2012–2013, https://www.aft.org/sites/default/files/periodicals/Wineburg.pdf.

27   "Eric Foner: The Best Antidote to Bad History Is Good History," History News Network, April 11, 2017, https://historynewsnetwork.org/article/165667.

28   Payne Hiraldo, "The Role of Critical Race Theory in Higher Education," *Vermont Connection* 31 (2010): 53–59, https://www.uvm.edu/~vtconn/v31/Hiraldo.pdf.

29   Gloria Ladson-Billings and William F. Tate IV, "Toward a Critical Race Theory of Education," *Teachers College Record* 97, no. 1 (Fall 1995), http://hs.iastate.edu/wp-content/uploads/2011/01/Toward_a_Critical_Race_Theory_of_Education.pdf.

30   "Transcript: Barack Obama's Speech on Race," NPR.org, March 18, 2008, https://www.npr.org/templates/story/story.php?storyId=88478467.

31   Bill Chappell, "'We Are Not Cured': Obama Discusses Racism in America with Marc Maron," NPR.org, June 22, 2015, https://www.npr.org/sections/thetwo-way/2015/06/22/416476377/we-are-not-cured-obama-discusses-racism-in-america-with-marc-maron.

32   Victor Davis Hanson, "Obama: Transforming America," RealClearPolitics.com, October 1, 2013, https://www.realclearpolitics.com/articles/2013/10/01/obama_trans forming_america_120170.html.

33   Jake Silverstein, "Why We Published the 1619 Project," NYTimes.com, Decem-ber 20, 2019, https://www.nytimes.com/interactive/2019/12/20/magazine/1619-intro.html.

34   Adam Serwer, "The Fight Over the 1619 Project Is Not About the Facts," The Atlantic.com, December 23, 2019, theatlantic.com/ideas/archive/2019/12/historians-clash-1619-project/604093/.

35   Elliot Kaufman, "The 1619 Project Gets Schooled," WSJ.com, December 16, 2019, https://www.wsj.com/articles/the-1619-project-gets-schooled-11576540494.

36   Christina Joseph, "'1619 Project' Poised to Reframe Teaching of Slavery. Here's How Educators Are Using the Information, Curriculum," SLJ.com, October 24, 2019, https://www.slj.com/?detailStory=1619-project-poised-to-reframe-teaching-slavery-how-educators-using-information-curriculum.

37   Heather MacDonald, "Ethnic Studies 101: Playing the Victim," City-Journal.org, January 16, 2020, https://www.city-journal.org/lorgia-garcia-pena-harvard-diversity-debate.

38   Ashley Thorne, "The Drive to Put Western Civ Back in the College Curriculum," New York Post, March 29, 2016, https://nypost.com/2016/03/29/the-drive-to-put-western-civ-back-in-the-college-curriculum/.

39   Emily Deruy, "The Complicated Process of Adding Diversity to the College Syllabus," TheAtlantic.com, July 29, 2016, https://www.theatlantic.com/education/archive/2016/07/the-complicated-process-of-adding-diversity-to-the-college-syllabus/493643/.

40   Diane Ravitch, "Decline and Fall of Teaching History," New York Times, November 17, 1985, https://www.nytimes.com/1985/11/17/magazine/decline-and-fall-of-teaching-history.html.

41   Nikole Hannah-Jones, Twitter, November 21, 2019, https://twitter.com/nhannahjones/status/1197573220037201922.

42   Michael Harriot, "Black History, According to White People," TheRoot.com, Jan-uary 16, 2020, https://www.theroot.com/black-history-according-to-white-people-1841047480?utm_source=theroot_twitter&utm_medium=socialflow.

43   Ta-Nehisi Coates, "The Casefor Reparations," The Atlantic, June 2014, https://www.theatlantic.com/magazine/archive/2014/06/the-case-for-reparations/361631/.

44   Zinn, *A People's History of the United States*, 1.

45   Ibid., 21.

46   Grabar, *Debunking Howard Zinn.*

47   Steven Pinker, "A History of Violence," *New Republic*, March 18, 2007, https://newrepublic.com/article/77728/history-violence.

48   Silverstein, "Why We Published the 1619 Project."

49   Folsom, "The Founders, the Constitution, and the Historians."

50   Tocqueville, *Democracy in America*, 51–52.

51   Ibid., 200.

52   Michelle Alexander, "Injustice on Repeat," NYTimes.com, January 17, 2020, https://www.nytimes.com/2020/01/17/opinion/sunday/michelle-alexander-new-jim-crow.html?action=click&module=Opinion&pgtype=Homepage.

53   Matthew Desmond, "In Order to Understand the Brutality of American Capitalism, You Have to Start on the Plantation," NYTimes.com, August 14, 2019, https://www.nytimes.com/interactive/2019/08/14/magazine/slavery-capitalism.html.

54   Tocqueville, *Democracy in America*, 331–32.

55   Greg Toppo and Paul Overberg, "After Nearly 100 Years, Great Migration Be-gins Reversal," USAToday.com, February 2, 2015, https://www.usatoday.com/story/news/nation/2015/02/02/census-great-migration-reversal/21818127/.

56   Scott Sumner, "Ending Slavery Made America Richer," EconLib.org, September 2014, https://www.econlib.org/archives/2014/09/ending_slavery.html.

57   Coleman Hughes, "Black American Culture and the Racial Wealth Gap," Quillette.com, July 19, 2018, https://quillette.com/2018/07/19/black-american-culture-and-the-racial-wealth-gap/.

58   Raj Chetty, Nathaniel Hendren, Maggie Jones, and Sonya R. Porter, "Race and Economic Opportunity in the United States," Equality of Opportunity Project, March 2018, http://www.equality-of-opportunity.org/assets/documents/race_summary.pdf.

59   Thomas Sowell, *Ethnic America: A History* (New York: Basic Books, 1981), 219.

60   "Children in Single-Parent Families by Race in the United States," Annie E. Casey Foundation Kids Count Data Center, https://datacenter.kidscount.org/data/tables/107-children-in-single-parent-families-by#detailed/1/any/fal

se/867,133,38,35,18/10,9,12,1,185,13/432,431.

61 Barack Obama, "Obama's Father's Day Remarks," NYTimes.com, June 15, 2008, https://www.nytimes.com/2008/06/15/us/politics/15text-obama.html.

62 "Marriage and Poverty in the United States: By the Numbers," Heritage Founda-tion, 2010, https://thf_media.s3.amazonaws.com/2010/pdf/wm2934_bythenumbers.pdf.

63 "Dropout Rates," National Center for Education Statistics, https://nces.ed.gov/fastfacts/display.asp?id=16.

64 Eli Hager, "A Mass Incarceration Mystery," TheMarshallProject.org, Decem-ber 15, 2017, https://www.themarshallproject.org/2017/12/15/a-mass-incarceration-mystery.

65 Hughes, "Black American Culture and the Racial Wealth Gap."

66 Karma Allen, "Democrats Tackle Racism, Mass Incarceration on Debate Stage," ABCNews.com, September 12, 2019, https://abcnews.go.com/Politics/democrats-tackle-racism-mass-incarceration-debate-stage/story?id=65583080.

67 Ibid.

68 Mary Margaret Ohlson, "FLASHBACK: Buttigieg Said the Founding Fathers 'Did Not Understand That Slavery Was a Bad Thing,'" DailyCaller.com, Decem-ber 31, 2019, https://dailycaller.com/2019/12/31/pete-buttigieg-founding-fathers-slavery/.

69 Ian Schwartz, "Biden: 'White Man's Culture' Has Got to Change," RealClear Politics. com, March 26, 2019, https://www.realclearpolitics.com/video/2019/03/26/biden_white_mans_culture_english_jurisprudential_culture_has_to_change.html.

결 론

1 Adam Edelman, "Trump Blasts Cuomo for Saying 'America Was Never That Great,'" NBCNews.com, August 15, 2018, https://www.nbcnews.com/politics/politics-news/n-y-gov-andrew-cuomo-america-was-never-great-n901071.

2 "Holder: America Was Never Great," FreeBeacon.com, March 28, 2019, https://freebeacon.com/politics/holder-america-was-never-great/.

3 Tocqueville, *Democracy in America*, 663.

미국은 어떻게 망가지는가

분열주의로 얼룩진 미국의 철학, 문화, 역사

초판 1쇄 발행   2021년 4월 13일
초판 4쇄 인쇄   2023년 5월 27일

지은이   벤 샤피로(Ben Shapiro)
옮긴이   노태정
펴낸이   안병훈
펴낸곳   도서출판 기파랑
등 록   2004. 12. 27 제300-2004-204호
주 소   서울시 종로구 대학로8가길 56 동숭빌딩 301호   우편번호 03086
전 화   02-763-8996(편집부) 02-3288-0077(영업마케팅부)
팩 스   02-763-8936
이메일   info@guiparang.com
홈페이지   www.guiparang.com

ISBN 978-89-6523-593-4   03300